新能源汽车技术

(第三版)

主　编　陈　新　潘天堂
副主编　卞荣花　张凤娇
　　　　孙彭城　王　建

南京大学出版社

图书在版编目(CIP)数据

新能源汽车技术 / 陈新，潘天堂主编. -- 3 版.
南京 ：南京大学出版社，2025. 5. -- ISBN 978 - 7 - 305
- 29268 - 2

Ⅰ. U469.7

中国国家版本馆 CIP 数据核字第 2025J67P47 号

出版发行　南京大学出版社
社　　址　南京市汉口路 22 号　　　邮　　编　210093

书　　名　新能源汽车技术
　　　　　XINNENGYUAN QICHE JISHU
主　　编　陈　新　潘天堂
责任编辑　吴　华　　　　　　　　编辑热线　025 - 83596997

照　　排　南京开卷文化传媒有限公司
印　　刷　南京新世纪联盟印务有限公司
开　　本　787 mm×1092 mm　1/16 开　　印张 15.25　字数 390 千
版　　次　2025 年 5 月第 3 版
印　　次　2025 年 5 月第 1 次印刷
ISBN　978 - 7 - 305 - 29268 - 2
定　　价　49.80 元

网　　址：http://www.njupco.com
官方微博：http://weibo.com/njupco
微信公众号：njupress
销售咨询：(025)83594756

前　言

当前，全球能源结构正经历深刻转型，环境保护意识日益深入人心。在这一大背景下，新能源汽车产业以前所未有的速度蓬勃发展，已成为推动全球汽车产业革命性变革的核心引擎，更是我国构建现代化产业体系、实现高质量发展的重要着力点。党的二十大报告明确提出“推动经济社会发展绿色化、低碳化是实现高质量发展的关键环节”，并强调要“加快规划建设新型能源体系”，同时将教育、科技、人才作为“全面建设社会主义现代化国家的基础性、战略性支撑”。培养掌握新能源汽车核心技术、具备创新能力和工匠精神的高素质技术技能人才，对于落实国家“双碳”战略目标、推动产业转型升级、实现科技自立自强具有至关重要的战略意义。

《新能源汽车技术》教材的编写，正是基于这样的时代背景、国家战略和行业迫切需求。职业教育作为连接教育与产业的桥梁，必须紧密对接国家重大战略部署和产业发展前沿，精准把握企业职业岗位的核心能力要求，以培养服务高质量发展、适应产业变革的实战型、创新型人才为根本目标。

本书严格遵循职业教育规律，深入调研汽车服务行业、企业的真实职业岗位能力需求，采用任务引领、项目驱动的教学模式，贯彻理论与实践一体化的教学理念，始终突出以能力为本位、以学生为中心的原则。我们对新能源汽车的核心知识体系进行了科学整合，设立了清晰的学习目标。通过本书的学习与实践，学生能够自主完成学习任务，逐步掌握新能源汽车技术的精髓，为投身制造强国、交通强国建设打下坚实基础。

全书共设置 4 个学习单元，系统涵盖：新能源汽车概况、新能源汽车主要类型（纯电动汽车、混合动力汽车和燃料电池汽车）、新能源汽车关键技术以及其他新能源汽车（如空气动力汽车、太阳能汽车）。教材重点介绍了新能源汽车的核心技术，包括动力电池技术（涵盖固态电池、钠离子电池等前沿方向）、驱动电机技术、电控技术、充电技术以及智能网联技术；详细解析了纯电动汽车、混合动力电动汽车和燃料电池电动汽车的结构组成与工作原理；同时对空气动力汽车和太阳能汽车的特点、发展现状及未来趋势进行了介绍。通过学习，学生能够深入理解新能源汽车各系统的结构特点、工作原理及其相互关系。本书第一版于 2020 年入选“十三五”职业教育国家规划教材，第二版于 2023 年入选“十四五”职业教育国家规划教材，第三版于 2025 年通过了“十四五”职业教育国家规划教材的修订备案，这既是对教材质量的肯定，也体现了其在服务国家战略需求、助力高素质技术技能人才培养方面的价值。

本书在编写过程中参阅了大量国内外文献资料和行业标准，在此，编者向所有原作者致以最诚挚的谢意。由于编者水平所限，加之新能源汽车技术日新月异，书中难免存在疏漏与不足之处，恳请广大师生、行业专家和读者朋友不吝批评指正，我们将持续改进，力求完善。

编　者

目　录

单元一 新能源汽车概况

扫码可见本单元视频及拓展阅读资料

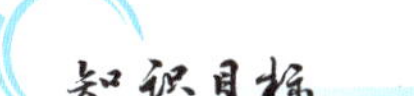

知识目标

1. 掌握新能源汽车的概念及种类；
2. 了解发展新能源汽车的必要性；
3. 熟悉国内外新能源汽车的发展现状；
4. 对新能源汽车的发展趋势有明确的认识。

技能目标

1. 能根据驱动汽车的能量不同，掌握新能源汽车的类型；
2. 了解石油短缺、环境污染、气候变暖是发展新能源汽车的根本原因；
3. 会分析新能源汽车产业政策，明确发展新能源汽车的方向。

素质目标

1. 认同绿色低碳理念，理解新能源汽车对可持续发展的重要意义；
2. 关注技术革新，主动思考新能源汽车对未来能源与交通的影响；
3. 能在团队中高效协作完成调研或方案设计，持续跟踪行业动态更新知识。

单元导读

能源消费高碳攀升，气候警钟长鸣

2024年《BP世界能源统计年鉴》数据显示，全球能源消费总量较2022年增长2.7%，化石能源占比仍高达82%，导致二氧化碳排放量同比增加1.8%，突破370亿吨历史峰值。这一趋势与《巴黎协定》控温目标严重背离，全球变暖警报再度拉响。

报告指出，2023年极端天气频发背景下，能源需求出现结构性矛盾：地缘冲突与能源安全焦虑导致煤炭消费量逆势反弹3.1%，印度、东南亚国家煤炭进口量创十年新高。美国页岩气产量攀升 4.2%，天然气消费占比持续扩大，其全生命周期碳排放被严重低估。

气候科学家警告，当前碳排放轨迹将使 21 世纪末温升突破 2.7℃。北极海冰面积已缩减至 1980 年的 40%，格陵兰冰盖消融速度较 20 年前加快 5 倍。BP 首席经济学家坦言："能源转型速度落后于气候恶化速度，需每年投入 3 万亿美元清洁能源资金，而目前缺口达 47%。"

图 1－1　全球变暖

联合国气候小组强调，若 2030 年前无法实现碳排放量减半，临界点事件将不可逆转。能源转型已从技术竞赛升级为文明存续之战，人类亟需重构能源政治与经济逻辑。

模块一　新能源汽车基础认知

【知识点 1】　新能源汽车的定义及分类

1. 新能源汽车定义

新能源汽车英文为 New Energy Vehicles，我国 2009 年 7 月 1 日正式实施了《新能源汽车生产企业及产品准入管理规则》，此规则明确指出：新能源汽车是指采用非常规的车用燃料作为动力来源（或使用常规的车用燃料，但采用新型车载动力装置），综合车辆的动力控制和驱动方面的先进技术，生产出来的技术原理先进，具有新技术、新结构的汽车。

2. 新能源汽车分类

2020 年 7 月 24 日修订的《新能源汽车生产企业及产品准入管理规定》中新能源汽车包括三大类型：插电式混合动力汽车（PHEV，含增程式）、纯电动汽车（BEV）、燃料电池汽车（FCEV）。

除此，还有其他新能源汽车如太阳能汽车，空气动力汽车等。非常规的车用燃料指除汽油、柴油、天然气（NG）、液化石油气（LPG）、乙醇汽油（EG）、甲醇、二甲醚之外的燃料，因此人们熟知的天然气汽车、液化石油气汽车、甲醇汽车都不属于新能源汽车，而属于节能汽车。

纯电动汽车：驱动能量完全由电能提供，由电机驱动的汽车，电机的驱动电能来源于车载可充电储能系统或其他能量储存装置。

插电式混合动力汽车：混合动力电动汽车是指同时装备两种动力源——热动力源（由传统的汽油机或者柴油机产生）与电动力源（电池与电动机）的汽车。插电式混合动力汽车是指可以使用电力网对车载可充电动力蓄电池进行充电的混合动力汽车。增程式汽车是以电能为主要驱动能源、发动机为辅助动力源，兼有外接电源充电和车载自供电功能的一种特殊混合动力汽车。

燃料电池电动汽车：动力系统主要由燃料电池发动机、燃料箱（氢瓶）、电机和动力蓄电池等组成，采用燃料电池发电作为主要能量源，通过电机驱动的汽车。

【知识点2】　新能源汽车发展的必要性认知

石油短缺、环境污染、气候变暖是全球汽车产业面对的共同挑战，各国政府及产业界纷纷提出各自的发展战略，积极应对，以保持其汽车产业的可持续发展，并提高未来的国际竞争力。新能源汽车已成为汽车工业的发展热点。

1. 石油短缺

世界能源主要包括石油、天然气、煤炭等，目前汽车的燃料主要是来自石油的汽油和柴油。2020年6月17日，《BP世界能源统计年鉴》第69版发布对2019年能源数据的收集和分析。据预测，目前全球已探明的石油储量可开采不到40年，已探明天然气储量可开采约60年，已探明煤炭储备量可开采约150年，世界能源危机日益突出。

2020年，在世界能源消耗总量中，石油占31.2%，煤炭占27.2%，天然气占24.7%，其他占16.9%。中长期角度来看，在碳中和背景下，一次性能源需求将不断降低，新能源新业务实现清洁替代是未来能源发展的大方向。

截至2019年底，全球前10大探明石油储量国排名见表1-1，石油储量总共为17 339亿桶，占世界石油储量的86.7%。

表1-1　全球前十大探明石油储量国排名

排　名	1	2	3	4	5
国家	沙特阿拉伯	加拿大	伊朗	伊拉克	科威特
储量/亿桶	2 599	1 752	1 376	1 150	1 015
所占比例	21.8%	14.69%	11.54%	9.65%	8.51%
排　名	6	7	8	9	10
国家	委内瑞拉	阿联酋	俄罗斯	利比亚	尼日利亚
储量/亿桶	994	978	600	443	372
所占比例	8.34%	8.2%	5.03%	3.72%	3.12%

石油在交通运输行业的消费占比非常大，近60%。美国能源部预测，2020年以后，全球石油需求与常规石油供给之间将出现净缺口，2050年的供需缺口几乎相当于2000年世界石油总产量的两倍。

我国是一个能源短缺的国家，已探明石油储量约256亿桶，约占世界储量的1.50%，却是一个能源消费大国。我国的石油消耗量仅次于美国，位居世界第2位，国际能源机构预测，随着中国汽车购买量的增加，到2030年，我国石油消耗量的80%需要依靠进口。

目前世界汽车保有量约8亿辆，预计到2030年全球汽车保有量将突破20亿辆，主要增量来自发展中国家。至2021年年底，我国汽车保有量已达3.95亿辆，由此带来的能源安全问题将更加突出。

汽车消费的快速增长导致石油消耗加速增长。我国机动车燃油消耗量约占全国总油耗的 1/3，这也使得我国石油对外依存度每年都在不断攀升，2021 年我国石油对外依存度已达 70%，其中汽车的石油消耗占国内石油总需求的 70%。

表 1-2　汽车占全国汽油和柴油消耗的比例

年　份	汽　油			柴　油		
	汽油消耗量/万吨	汽车消耗量/万吨	汽车消耗比例(%)	柴油消耗量/万吨	汽车消耗量/万吨	汽车消耗比例(%)
2005	4 816	4 193	86.7	10 967	3 971	36.2
2006	5 209	4 547	87	11 600	4 469	38.5
2007	5 606	4 894	87	12 422	5 050	40.7

2. 环境污染

燃油汽车在行驶过程中会产生大量的有害气体，不但污染环境，而且大大地影响人类健康。汽车尾气排放的主要污染物为一氧化碳(CO)、碳氢化合物(HC)、氮氧化物(NO_x)、铅(Pb)、细微颗粒物及硫化物等。这些一次污染物还会通过大气化学反应生成光化学烟雾、酸沉降等二次污染物。全球大气污染的 42%源于交通车辆产生的污染。随着城市机动车数量的快速增长，机动车排气污染已成为城市大气污染的主要贡献者。一些城市机动车排放的污染物对多项大气污染指标的贡献率已达到 70%。机动车排放污染已对城市大气污染构成了严重威胁。因此，必须研究改善城市机动车排放污染的对策和措施。

即使每一辆机动车都达到了国家规定的排放法规要求，也不能保证城市的交通污染就一定可以达到环保标准要求。这是由于大量机动车在一定时间、空间内的相对集中，从而造成城市的某一地区在排放污染物总量上超标。因此，从机动车管理的角度来考虑，减轻环境污染就要疏导交通，提高机动车运行速度，优化路网布局，合理分配车流，减少城市中心区的车流密度，改善汽车运行工况，降低机动车污染物排放。

欧洲制订了旨在限制汽车污染物排放的欧Ⅴ和欧Ⅵ标准。根据新标准，未来欧盟国家本地生产及进口汽车的污染物排放量，特别是氮氧化物和颗粒物排放量的控制将日益严格。

欧Ⅴ标准于 2009 年 9 月 1 日开始实施。根据这一标准，柴油轿车的氮氧化物排放量不应超过 180 mg/100 km，比欧Ⅳ标准规定的排放量减少了 28%；颗粒物排放量则比欧Ⅳ标准规定的减少了 80%，所有柴油轿车必须配备颗粒物滤网。柴油 SUV 执行欧Ⅴ标准的时间是 2012 年 9 月。

相对于欧Ⅴ标准，于 2014 年 9 月实施的欧Ⅵ标准则更加严格。根据欧Ⅵ标准，柴油轿车的氮氧化物排放量不应超过 80 mg/100 km，与欧Ⅴ标准相比，欧Ⅵ标准对人体健康的益处将增加 60%～90%。

柴油面包车和 7 座以下载客车实施欧Ⅴ和欧Ⅵ标准的时间分别比轿车晚 1 年。2010 年 9 月，面包车等实施欧Ⅴ标准，面包车的氮氧化物排放量不应超过 280 mg/100 km；2015 年 9 月实施欧Ⅵ标准后，新款面包车的氮氧化物排放量不应超过 125 mg/100 km。

欧洲标准是我国借鉴的汽车排放标准，目前国产新车都会标明发动机废气排放达到的欧洲标准。2020 年 7 月 1 日起，我国汽车尾气排放标准全面迈进国六时代，与国五标准相

比，重型车国六标准要求进一步加严，NO_x 和颗粒物限值分别减低 77%和 67%，本次“国六”标准是目前世界上尾气排放最严标准之一，甚至超过了“欧六”标准。

3. 气候变暖

能源的大量消耗会带来温室气体排放问题。二氧化碳是全球最重要的温室气体，是造成气候变化的主要原因，而它主要来自石化燃料的燃烧。

据世界上许多科学家预测，未来 50～100 年人类将完全进入一个变暖的世界。由于人类活动的影响，温室气体和硫化物气溶胶的浓度增加过快，未来 100 年全球平均地表温度将上升 1.4℃～5.8℃，到 2050 年我国平均气温将上升 2.2℃。

越来越多的证据证明，人类活动是造成气候变暖的原因，而气候变暖又是由于大气中聚集了大量温室气体，主要是二氧化碳。

气候变化风险加剧，交通领域二氧化碳排放成为关注焦点，据 IEA 估计，汽车二氧化碳总排放量将从 1990 年的 29 亿吨增加到 2020 年的 60 亿吨。汽车排放对地球环境造成了巨大的影响。

模块二　新能源汽车发展趋势认知

新一轮科技革命正在全球范围内兴起，新能源、互联网、大数据、人工智能等新技术创新加速、跨产业深度融合，新产业、新模式、新业态孕育发展。汽车产业具有产业链长、高度集成化的特点，是历次科技革命和产业变革的先导产业，正在向绿色化、智能化发展，全球汽车产业迎来百年未有之大变革。传统内燃机汽车通过协同发展碳中和燃料与零碳内燃机技术，加速混动技术升级与市场化，积极转型应对碳中和目标；当前，全面电动化已成为全球共识，我国引领电动化转型，美国和欧洲等汽车强国均加快电动化转型；智能驾驶、智能座舱等技术水平快速提升，智能网联汽车正逐步成为智能移动空间应用终端；新一代信息技术与汽车制造技术深度融合，贯穿于设计、生产、管理、服务等制造活动各个环节，推动汽车产业由传统机械制造向智能制造转型。

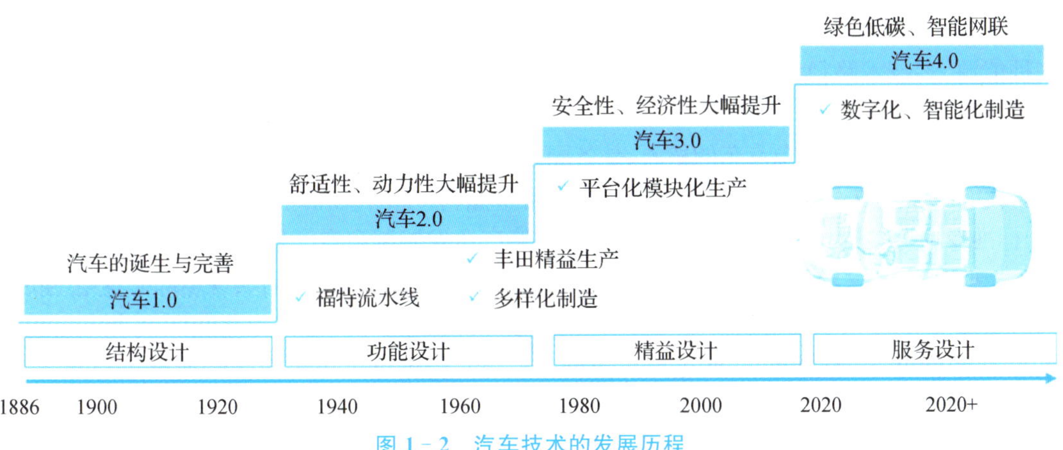

图 1－2　汽车技术的发展历程

【知识点 1】 全球汽车发展现状

一、各国政府积极推动传统内燃机低碳化和零碳内燃机发展

节能低碳化是传统内燃机汽车的主要发展方向，各汽车强国积极出台政策推动传统内燃机汽车高效、清洁发展。美国 EPA 与 NHTSA 先后发布新的碳减排和燃油经济性标准提案，NHTSA 提议方案到 2032 年，乘用车与轻型卡车行业平均燃油经济性为 58 mpg（4.06 L/100 km）；2023 年欧洲议会和理事会发布（EU）2023/851 号条例，进一步加严新车碳排放要求，2025 年乘用车和轻型商用车碳排放较 2021 年目标值各减少 15%，2030 年乘用车和轻型商用车碳排放较 2021 年目标值分别减少 55%和 50%，2035 年实现乘用车和轻型商用车零碳排放。

碳中和愿景下，碳中和燃料和零碳内燃机技术协同发展成为各国政府重要选项，中、美、欧、日等国家和地区已进行碳中和燃料及零碳内燃机的战略布局和基础研发。中国发布《内燃机产业高质量发展规划(2021—2035)》，提出开展氨、氢等可再生燃料发动机关键技术研究，实现合成燃料、生物燃料和氢等碳中和燃料规模化应用；《美国长期战略：2050 年实现净零温室气体排放的路径》提出加速研发和推广生物质燃料、氢基燃料等替代低碳技术；欧盟《战略交通研究与创新议程 STRIA》提出推动醇/醚/酯类生物质燃料和电力合成燃料的研发和降本，并开发适合生物质燃料、氢/氨燃料的内燃机；《日本 2050 年碳中和绿色增长战略》提出支持电力合成燃料规模化降本和效率提升，支持藻类生物质燃料、氢/氨内燃机核心技术研发。

二、各主要汽车强国进一步强化汽车产业电动化转型战略

美国和欧盟等全球汽车强国争抢战略竞争优势，大力推动本土新能源汽车产业快速发展。美国发布《美国就业计划》《建立弹性供应链，振兴美国制造业，促进基础广泛增长》《总统行政命令》《两党基础设施协议》，提出重启汽车电动化战略，将新能源汽车作为战略必争领域，提出到 2030 年新能源汽车销售份额达到 50%的目标；欧盟发布 *Fit for55*、*Horizon Europe*、《轻型车排放法规》修正案等，提出加快推进汽车产业持续脱碳，要求 2035 年新售轻型车达成零排放，致力于在 2050 年前实现汽车产业完全脱碳；日本发布《绿色成长战略》《2050 碳中和绿色增长战略》《蓄电池产业战略》《燃料电池与氢能技术路线图》等，提出支持多种能源、多技术路径协同发展，实现 2035 年新售乘用车 100%电动化目标，提出 2050 年实现零排放目标。

动力电池作为新能源汽车的核心，是各国电动化转型关注的焦点，以全固态电池为代表的下一代能源动力技术成为各国竞相布局的战略重点，各个国家和地区通过战略规划、技术研发、标准专利等多层面进行布局，力争抢占下一轮产业发展制高点。日本蓄电池产业战略研究公私理事会于 2022 年 9 月发布《蓄电池产业战略》，提出到 2030 年左右实现全固态锂电池的正式商业化应用；德国系统与创新研究所于 2022 年 5 月发布了《固态电池路线图 2035+》；韩国政府于 2022 年 11 月发布《二次电池产业创新战略》，将推进车用全固态电池技术的开发，目标是到 2026 年实现商用化；美国能源部于 2023 年 10 月资助多个全固态电池技术研发项目。

三、全球各国加快推动氢能与燃料电池汽车协同发展

全球氢能社会建设加快，各国加大战略部署和政策支持力度，以终端应用为牵引，加快

氢能在交通运输、工业和家庭用能等终端领域的示范应用，带动氢能的制-储-输-用全链条快速协调发展，并通过加强研发投入、加快基础设施建设打通产业链薄弱环节。美国 2023 年 6 月发布《国家清洁氢能战略和路线图》，到 2030 年、2040 年、2050 年，清洁氢生产能力分别达到 1 000 万吨、2 000 万吨和 5 000 万吨；日本 2023 年 6 月发布《氢能基本战略（修订版）》明确中远期氢能供应目标，重点发展燃料电池乘用车和商用车，计划到 2030 年推广乘用车 80 万台，建设 1 000 个加氢站；德国 2023 年 8 月发布新版《国家氢能战略》，2030 年前打通氢能生产、储运、进口和消费各环节，到 2030 年德国氢能技术进一步提高，产品供应将覆盖从生产（如电解槽）到各类应用（如燃料电池技术）的氢能技术全价值链；韩国 2022 年 11 月发布《氢经济发展战略》提出 2030 年实现普及 3 万辆氢能商用车的目标，建造年产量 4 万吨的液化氢成套设备、年进口 400 万吨氨进口终端等基础设施。我国发布《氢能产业发展中长期规划（2021—2035 年）》，提出到 2025 年，形成较为完善的氢能产业发展制度政策环境，产业创新能力显著提高，基本掌握核心技术和制造工艺，初步建立较为完整的供应链和产业体系。燃料电池车辆保有量约 5 万辆，部署建设一批加氢站。可再生能源制氢量达到 10—20 万吨/年，成为新增氢能消费的重要组成部分，实现二氧化碳减排 100—200 万吨/年；我国设立“氢进万家”科技示范工程，推动氢能创新链与产业链融合发展，加快氢能在交通运输、工业和家庭用能等终端领域应用，引导氢能进入居民能源消费终端，为打造“氢能社会”奠定基础带动氢能产业发展。

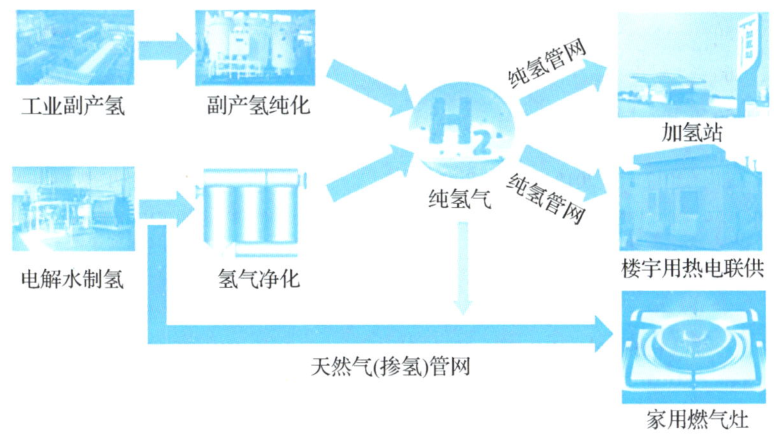

图 1-3 “氢进万家”科技示范工程示意图

四、各国加大支持力度，L3 级自动驾驶即将实现商业化应用

全球以 L3 级量产应用和 L4 级特定场景应用为目标，通过政策创新不断完善法律法规环境、设立重大项目支持技术水平提升、加快测试与示范应用，推动高级别自动驾驶落地应用。我国工业和信息化部等四部门于 2023 年 11 月联合发布《关于开展智能网联汽车准入和上路通行试点工作的通知》，首次为开展智能网联汽车准入和上路通行试点工作提供政策依据，将促进智能网联汽车产业向着 L3 级和 L4 级自动驾驶发展迈出坚实步伐；日本警察厅于 2022 年 10 月公布《道路交通法》修正案，并于 2023 年 4 月 1 日起正式实施，该法案允许特定条件下 L4 级别自动驾驶上路，以及无人配送机器人在人行道行驶，要求提供自动驾驶车辆服务的经营者有义务配置“特定自动运行负责人”，并规定了经营者和负责人在发生交

通事故时相应的法律义务与责任；欧盟委员会于2022年8月发布自动驾驶车辆型式认证法规 Regulation(EU)2022/1426—L4级/L5级自动驾驶系统(ADS)型式认证的统一程序和技术规范，涉及特定区域内的载客或载货，预定路线上运送乘客或货物的点对点接驳以及在预定停车设施内的自主泊车。2023年8月，美国加州公用事业委员会(CPUC)批准 Waymo 和 Cruise 在旧金山提供全天候无人驾驶出租车收费服务，这一决定意味着旧金山将成为美国第一个实现无人驾驶出租车全面商业化的城市。梅赛德斯-奔驰 L3 级自动驾驶系统已获批加州机动车辆管理局(DMV)上路行驶申请，装备该系统的奔驰车型可以在指定公路上开启自动驾驶功能。

五、全球汽车市场加速向绿色低碳升级

1. 节能汽车

全球传统燃油车加快转型。油价高企和碳排放税等推动欧洲 HEV 销量快速提升，中国和美国由于缺乏政策支持 HEV 销量增长相对较慢；替代燃料汽车全球范围内仍限于小规模市场应用，国内市场渗透率几乎为零，氢/氨内燃机汽车目前主要处于技术研发阶段。全球主要车企燃油经济性持续提升，单位里程 CO_2 排放量不断下降。

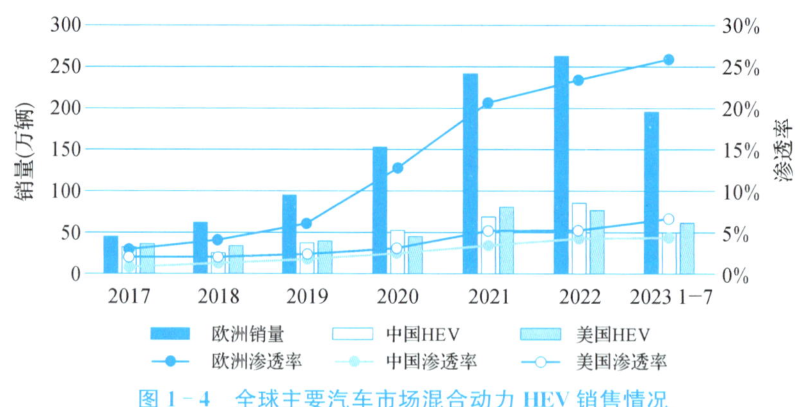

图 1-4　全球主要汽车市场混合动力 HEV 销售情况

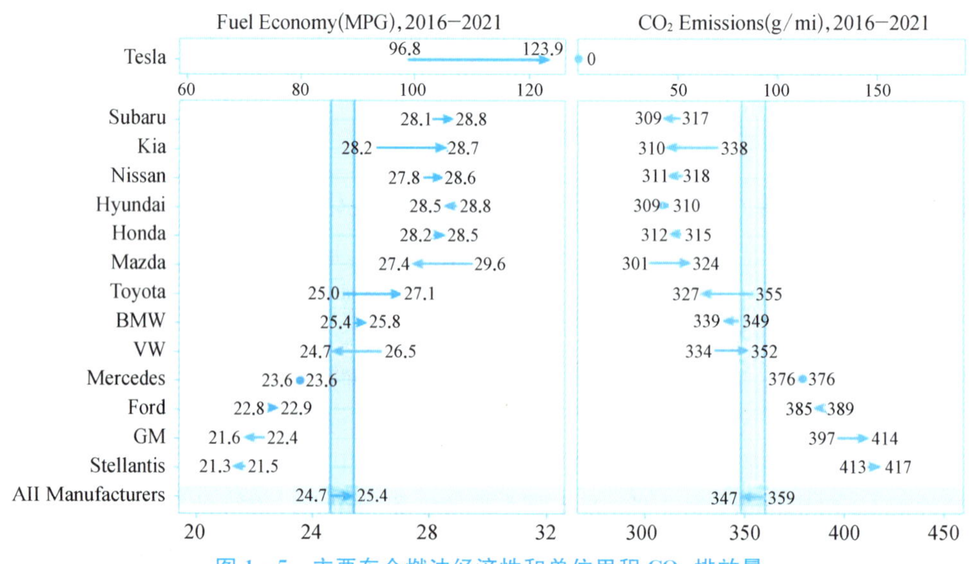

图 1-5　主要车企燃油经济性和单位里程 CO_2 排放量

2. 新能源汽车

全球新能源汽车快速发展，已进入高速发展窗口期。2022 年销量突破千万大关，市场渗透率快速增长达到 13.4%，2023 年 1—11 月份销量达 1267 万辆，市场渗透率达 15.7%，已启动全面市场化进程。

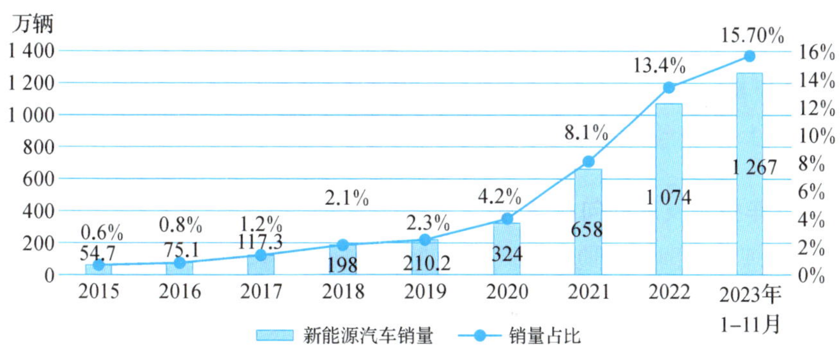

图 1-6　2015—2023 年全球新能源汽车销量及渗透率

全球新能源汽车进入高速发展窗口期、中欧美三足鼎立的新能源汽车市场格局逐步形成。2023 年 1—11 月，我国新能源汽车销量达 830.4 万辆，全球占比约 65.5%，市场渗透率达 30.8%，我国新能源汽车进入全面市场化拓展期；欧洲 2023 年 1—11 月新能源汽车销量达到 265.9 万辆，全球占比约 21%，市场渗透率达 17.2%；美国 2023 年 1—11 月新能源汽车销量达到 134.1 万辆，全球占比约 10.6%，市场渗透率达 9.2%。中、欧、美新能源汽车销量合计占全球销量的 97.1%。

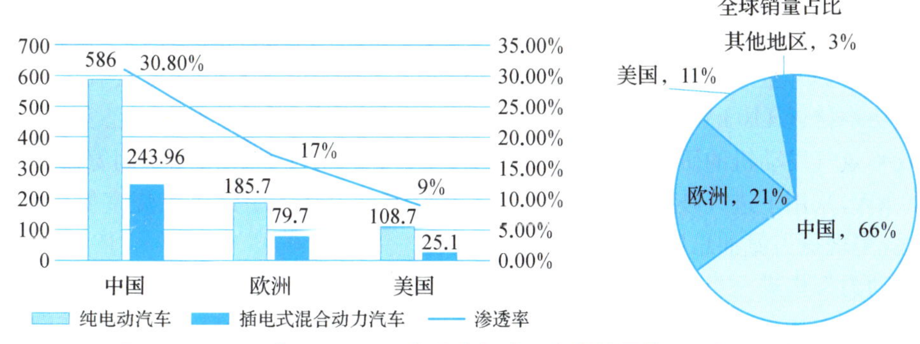

图 1-7　2023 年(1—11 月)中美欧新能源汽车销量情况(单位:万辆)

3. 燃料电池汽车

全球氢燃料电池汽车保有量持续提升，我国燃料电池汽车加速区域示范。截至 2022 年底，全球燃料电池汽车总保有量达到 6.7 万辆，同比增长 36%；在营加氢站数量达到 727 座，同比增长 22%。我国燃料电池汽车推广应用形成了京津冀、上海、广州、河南、河北等五大示范城市群，推动燃料电池汽车在港口、矿山、环卫、城建、公交、城际物流等多种场景的示范应用，并加快加氢站建设，燃料电池汽车成为商用车绿色低碳转型的重要技术路径。

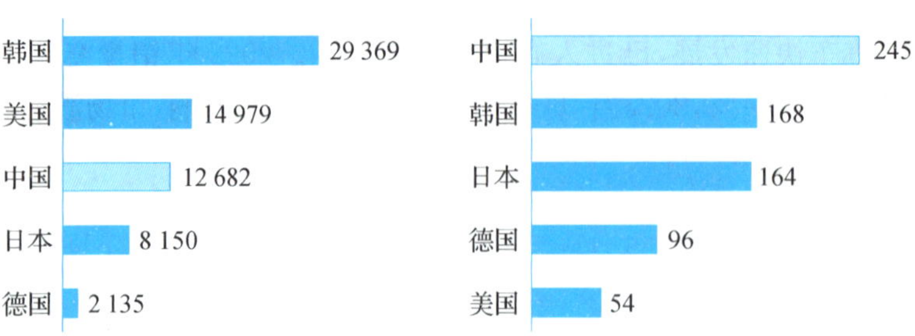

图 1-8　2022 年全球主要国家氢燃料电池汽车保有量、2022 年全球主要国家在营加氢站数量

六、全球汽车技术发展动向和趋势

通过系统梳理主要国家和地区的汽车产业战略规划、各领域重要技术动向，我们认为全球汽车产业重要进展和趋势如下：

1. 节能汽车

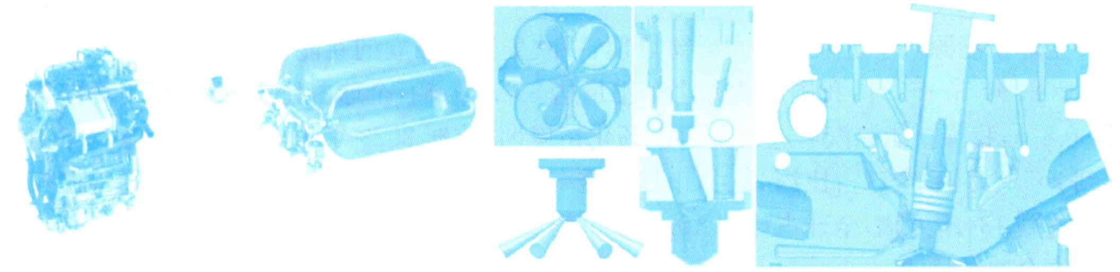

图 1-9　热效率 46%氢动力系统、氨气燃料喷射系统

零碳内燃机技术持续革新，热效率突破 45%。2023 年，吉利将自研的 2.0L 直喷增压氢内燃机热效率提升至 46.11%，氧气消耗量降至 65 g/kW·h，可有效降低氮氧化物的排放，同时最大功率接近 110 kW，最大扭矩可达 230 N·m。广汽、东风等企业也已实现了 44%～45%热效率氢气发动机的研制。氨气内燃机方面，广汽发布了首款乘用车用氨发动机，功率达到 120 kW，采用了进气歧管喷射氨气，预燃室射流点火技术引燃主燃烧室氨气混合气的着火模式，实现氨占氨油总比超 90%的稳定着火。

混合动力架构进一步向多挡多模发展，混动专用发动机热效率向 50%热效率冲击。截至 2023 年，比亚迪、长城、吉利、广汽、奇瑞、五菱、东风、一汽等企业陆续发布全新混动技术，架构形式上均为串并联方案，并且最多挡位和模式数量纪录被持续打破。东风于 2023 年 4 月发布融合串并联和功率分流的四挡智能混动变速箱(4HD)，可实现 EV、串联、发动机四挡直驱、并联、功率分流、制动能量回收、驻车发电等多种模式；本田先后在北美市场的 C-RV 和国内市场的皓影产品上换装了新的具有两挡的 DHT 混动系统，允许发动机在城市工况车速下介入驱动。混动专用发动机方面，一汽、东风发布的混动专用发动机热效率均已突破 45%，东风等企业规划混动专用发动机热效率目标达到 50%。

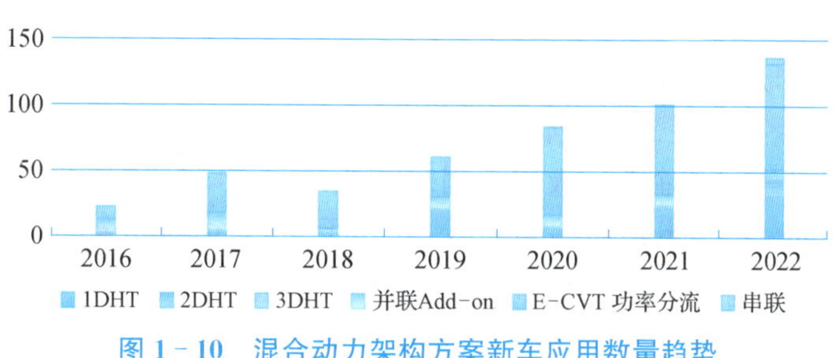

图 1-10　混合动力架构方案新车应用数量趋势

2. 新能源整车

乘用车电动化扩散到越野/高性能轿跑等领域，促进分布式驱动技术量产。国内自主品牌车企不断提升整车性能集成设计能力，叠加在电动化领域的技术积累和先发优势，率先将电动化技术量产在非城市运行工况的高性能产品领域。东风、比亚迪、极氪的四电机分布式驱动技术纷纷应用于乘用车高性能越野和超跑车型。其中，东风猛士 917 四电机分布式驱动已经量产，风神 E70 分布式轮毂驱动乘用车进入 2022 年工业和信息化部第 365 批次公告，分布式轮毂电驱动整车多目标协调控制能力和可靠性快速提升，逐步进入小规模应用阶段。

图 1-11　高性能越野四电机分布式驱动构型、超跑车型四电机驱动构型

纯电动商用车平台逐步量产，底部换电应用于电动重卡。2023 年，奔驰、三一、远程、时代新安、悠跑科技、前晨商用车、LightningeMotors、LEVC、WEVC 等国内外新旧势力企业纷纷发布基于滑板底盘的轻型商用车平台战略和产品。4.5 吨以下 VAN 产品滑板底盘化开发主要是将同轴式驱动桥和电池与底盘进行 CTC 方式集成，并去除中央驱动轴，通过最小改动达到改善整车运力空间和性能，可实现体积减少 25%，重量减少 15%。

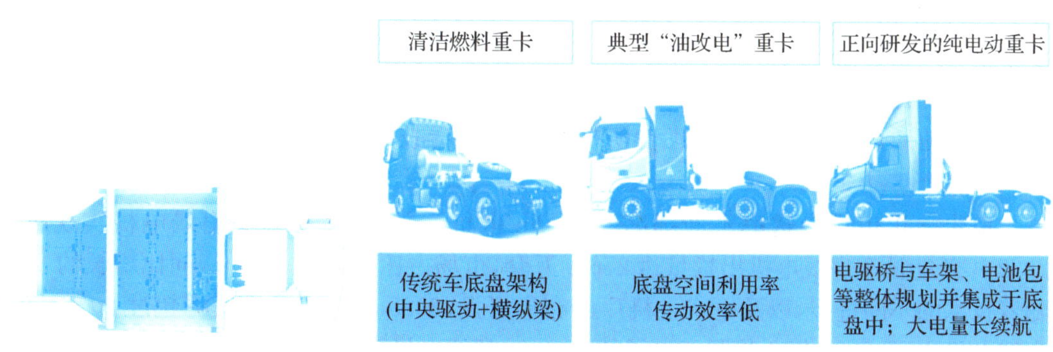

图 1-12　轻型商用车滑板底盘平台、重型商用车纯电平台发展

3. 动力电池

日韩欧美企业加大对全固态电池的研发投入，抢占未来产业发展优势。丰田宣布在固态电池技术上取得了重大突破，计划于2027—2028年在纯电动汽车实现装车应用。韩国LG、SKon、三星SDI等电池企业积极推动固态电池产业化，LG预计2026年可量产固态电池，三星SDI已建成全固态电池试验生产线，计划于2027年实现全固态电池大规模量产。美国SolidPower公司宣称开发出的全固态电池单体能量密度达到390 Wh/kg，循环寿命超1 000次，已通过针刺、过充等安全性测试，并建立了中试线，宝马与SolidPower合作，计划推出固态电池原型车；QuantumScape公司开发的2.2Ah实验室原型全固态电池推算能量密度超过400 Wh/kg，1 C充放电循环580次容量保持率达到90%，大众与QuantumScape公司合作，计划量产固态电池。

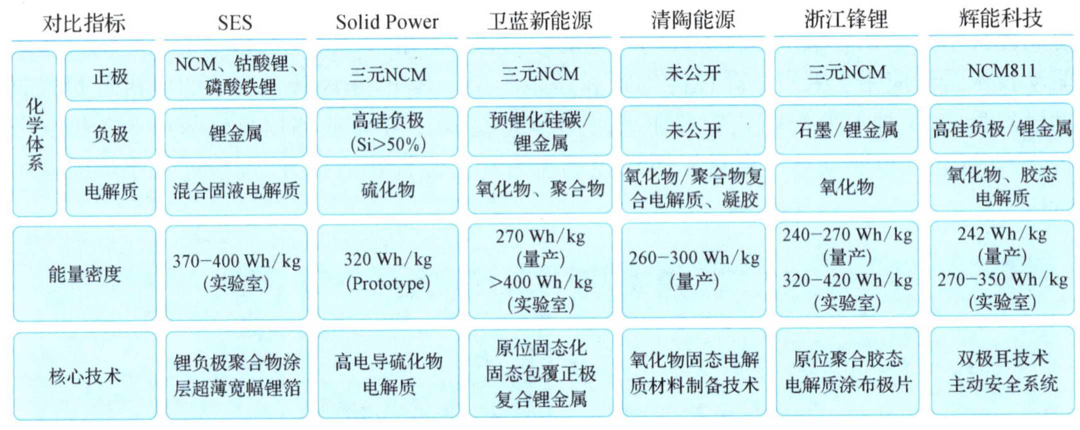

对比指标		SES	Solid Power	卫蓝新能源	清陶能源	浙江锋锂	辉能科技
化学体系	正极	NCM、钴酸锂、磷酸铁锂	三元NCM	三元NCM	未公开	三元NCM	NCM811
	负极	锂金属	高硅负极(Si>50%)	预锂化硅碳/锂金属	未公开	石墨/锂金属	高硅负极/锂金属
	电解质	混合固液电解质	硫化物	氧化物、聚合物	氧化物/聚合物复合电解质、凝胶	氧化物	氧化物、胶态电解质
能量密度		370-400 Wh/kg(实验室)	320 Wh/kg(Prototype)	270 Wh/kg(量产) >400 Wh/kg(实验室)	260-300 Wh/kg(量产)	240-270 Wh/kg(量产) 320-420 Wh/kg(实验室)	242 Wh/kg(量产) 270-350 Wh/kg(实验室)
核心技术		锂负极聚合物涂层超薄宽幅锂箔	高电导硫化物电解质	原位固态化 固态包覆正极 复合锂金属	氧化物固态电解质材料制备技术	原位聚合胶态电解质涂布极片	双极耳技术 主动安全系统

图1-13 部分固态电池企业技术布局及研发进展

我国持续加大动力电池技术研发，钠离子电池、磷酸锰铁锂电池等新体系电池已迎来小规模量产。2023年中科海钠等多家企业实现钠离子电池量产，并在两轮车、低速四轮车、储能等场景获得应用。宁德时代、比亚迪、亿纬锂能、欣旺达、国轩高科等多家头部电池厂积极布局磷酸锰铁锂电池，预计逐步量产。盟维科技推出的锂金属电池产品能量密度已达530 Wh/kg，300次循环后仍可保持超过90%的容量，已应用于航空航天等特定场景，针对新能源车的样品，已完成验证并发布A样，经过500次深度充放电循环，容量保持率仍高于80%以上。

材料、结构和软件电控等多方面取得突破，动力电池安全性进一步提升。2023年以来，多个整车厂及电池厂发布动力电池系统方案，安全性得到普遍提高，广汽的弹匣电池2.0可实现整包枪击不起火，巨湾技研的凤凰电池在热失控实验中实现48小时不起火，蜂巢能源龙鳞甲电池通过优化防爆阀泄压、热防护、冷却抑制等技术来解决安全问题。

4. 电驱动系统

扁线电机市场渗透率不断提高，X-Pin电机、不等槽宽等新型扁线电机实现应用。2022年新能源车扁线电机出货量达276.2万套，市场占比飙升至47.6%，同比增长约28%，随着技术的不断进步，以及更多主机厂的布局研发，2025年左右渗透率将超过90%。新型扁线电机方面，2023年6月联合电子的X-pin扁线电机率先实现批产应用，2023年1月博

格华纳开发并试制出了 X－pin 工艺的扁线工程样机，2023 年 3 月广汽埃安电驱发布了采用 X－pin 工艺的全新一代高性能集成电驱技术夸克电驱，上海 EVK 公司采用阶梯槽设计、单槽双拼导体、多并联支路紧凑出线绕组拓扑等技术，实现了功率密度再提升 20%，并于 2023 年在吉利 E51、哪吒电动跑车、上通五菱 HIT151 等车型上实现量产应用。

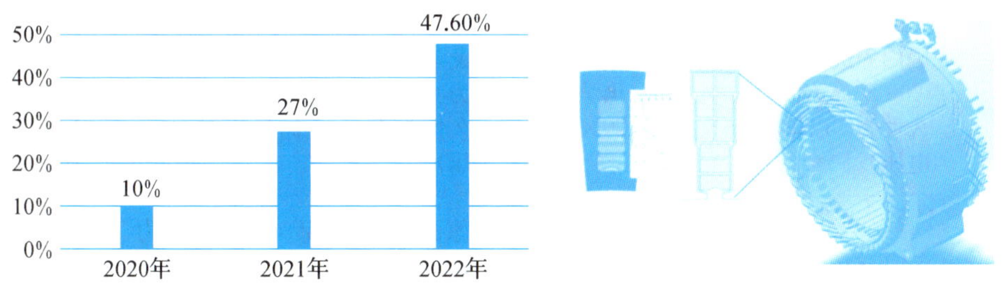

图 1－14　我国扁线电机渗透率、第三代扁线电机

多合一总成的渗透率快速提升，产品形态由机械结构集成向多电力电子深度集成转变。2023 年上半年多合一总成渗透率突破 10%，弗迪动力、长安新能源、英搏尔、华为数字能源是主要的四家供应商，主要在比亚迪海豚、海豹、元 PLUS、深蓝 SL03、腾势 D9、帝豪 EVPRO 等搭载。另外，2023 年华为数字能源发布了面向 A 级 BEV 市场的 150 kW 超融合十合一动力域模块，通过首创芯片融合、功率融合、功能融合、域控融合，实现 BOM 数量降低 40%，芯片数量降低 60%。同年，东风发布量子架构 3 号平台首款车型纳米 01，搭载 70 kW的 800 V SiC 十合一总成，集成了电机、减速器、MCU、DCDC、PDU、OBC、VCU、BMS、TMCU、PTC，将系统体积减小 18%，重量减轻 15%以上，功率密度达到 7 kW/kg 以上，系统最高效率 94.5%，CLTC 综合效率 89%。

5. 燃料电池汽车

燃料电池汽车关键零部件自主化程度持续提升，但较国外先进水平仍有较大差距。国内燃料电池质子交换膜处于产业化应用初期，东岳公司生产的厚度 15 μm 的 DMR 系列复合增强全氟质子膜具有优异的性能和寿命：氢气透过率≤0.01 ml/(min×cm^2)，OCV 循环测试超过 1 000 h，短堆循环寿命测试超过 6 000 h，通过了奔驰公司的技术考核，干湿循环测试的循环次数超过 2 万次，但在产品可靠性、寿命方面还需进一步提高。国产车用炭纸正处于量产前的产品验证阶段，国产车用炭纸主要在透气率性能方面与国外知名产品具有显著差异性，还存在工艺链条长、装备要求多、中间品多、特性不一、原丝原纸难控制、炭纸和涂层影响因素多、不易平衡等难点。

国内燃料电池催化剂产品处于小规模应用阶段，大部分企业已实现氢燃料电池用铂碳催化剂公斤级批量生产能力，部分产品已进行小规模装车应用，国氢科技 Pt 基多元合金催化剂技术，氧化还原催化活性≥0.75 A/mg・Pt，电化学活性面积≥50 m^2/g，高电位耐久性≥20 万循环，氢电中科、济平新能源的合金催化剂产品质量活性为 0.30—0.45 A/mg・Pt，耐久性为 8—10 万循环，而现阶段国际先进催化剂商业产品如日本田中贵金属，同类型催化剂氧化还原活性为 0.5 A/mg・Pt，高电位耐久性约为 15 万循环。我国膜电极单片有效面积和功率密度等膜电极性能不断提升，鸿基创能目前批量出货的膜电极产品功率密度达到 1.3 W/cm^2，寿命 2 万小时以上，唐锋能源自主开发的产品功率密度超过 1.5W/cm^2，并通过了车规级严苛工况的性能和稳定性验证，国外巴拉德、Gore、Johnson Matthey 的膜电极功率密度达 2W/cm^2@0.65 V。

表 1-3 国内外燃料电池关键零部件技术对比

关键零部件	我国技术水平	国际先进技术水平
质子交换膜	国内先进水平为厚度 15 μm，电导率为 0.03 S/cm(85℃，50%RH)，化学机械耐久性为 15 000 循环次数(≤20%@开路电压)	戈尔等国际先进水平为厚度 8.5 μm，电导率为 0.106 S/cm(80℃，80%RH)，化学机械耐久性为 20 000 循环次数(≤20%@开路电压)
炭纸	0.1 bar 压力下厚度 125±10 μm，体电阻≤5 mΩ·cm^2，0.1 bar 压力下气通量 1 300 m^3/(m^2 h)，拉升强度 10 MPa	德国 SGL 产品 0.1 bar 压力下气通量为 1 000 m^3/(m^{2}h)，体电阻(10±1)mΩ·cm^2，拉升强度(10±2)MPa；美国 Avcarb 产品 0.1 bar压力下气通量为 900 m^3/(m^{2}h)，拉升强度 12±2 MPa，体电阻(8±1)mΩ·cm^2
催化剂	Pt 基多元合金催化剂技术，氧化还原催化活性≥0.75 A/mg·Pt，电化学活性面积≥50 m^2/g，高电位耐久性≥20 万循环	现阶段国际先进催化剂商业产品如日本田中贵金属，同类型催化剂氧化还原活性为 0.5 A/mg·Pt，高电位耐久性约为 15 万循环
膜电极	国内膜电极企业最新发布的产品功率密度大多在 1.2 W/cm^2 @ 0.6V—1.6 W/cm^2@0.6 V、1 W/cm^2@0.6 V—1.4 W/cm^2@0.65 V	国外巴拉德、Gore、JohnsonMatthey 的膜电极功率密度达 2 W/cm^2@0.65 V

管道输氢发展迅速，我国仍处于起步阶段。北美已建成输氢管道 2 850 公里，其中美国建成 6.9 MPa 管网共 2700 公里；欧洲已建成 1 770 公里输氢管道，并启动了跨国包含海底输氢管道的建设；我国研究起步相对较晚，输氢管道规模较小，总里程约 450 公里，在用管道仅有百公里左右，输送压力 2.5～4 MPa，我国正在加快输氢管道建设，已公布规划的氢气管道建设项目有 10 个，规划总长度将超 1 500 km，拟运行压力≤6.3 MPa，均为陆地敷设，尚未开展管网连接计划。

6. 智能网联汽车

自动驾驶芯片性能提升，支持跨域融合功能实现。高通推出 Snapdragon Ride Flex SoC，以单颗 SoC 同时支持数字座舱、ADAS 和 AD 功能，硬件架构层面达到 ASIL-D 级，2024 年开始量产；安霸宣布推出基于 CVflow3.0AI 架构的 SoCCV72AQ，在同等功耗下性能比上一代产品 CV22AQ 提高 6 倍，可高效运行基于 Transformer 神经网络的深度学习算法，可支持前视 ADAS 一体机、单芯片 6V5R 行泊一体等解决方案；日本丰田、索尼等 8 家公司以合资形式共同成立新公司以研发和生产高端芯片，目标在 2027 年量产 2 纳米或者更高制程芯片以实现国产化。

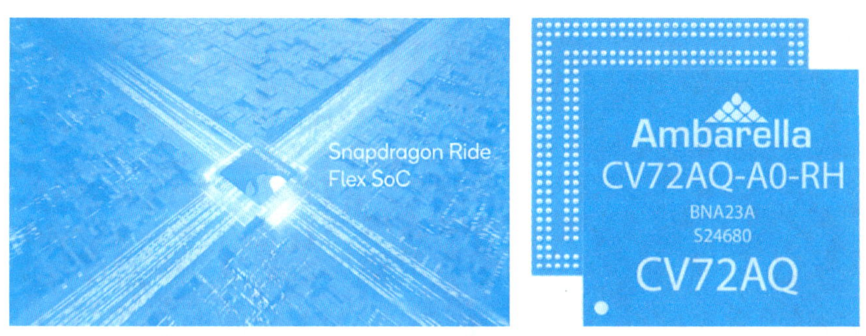

图 1－15　高通 SnapdragonRideFlexSoC、安霸基于 CVflow3.0AI 架构的 SoCCV72AQ

整车自动驾驶功能提升，高级别自动驾驶落地应用。美国加州机动车辆管理局(DMV)于 2023 年 6 月批准了梅赛德斯-奔驰的 L3 级自动驾驶系统的上路行驶申请，装备该系统的奔驰车型可以在指定公路开启自动驾驶功能。L4 方面，加州公用事业委员会(CPUC)已批准 Cruise 和 Waymo 在旧金山提供全天候 Robo Taxi 收费服务，Cruise Origin 豁免请愿书已递交 NHTSA，如获批将寻求每年部署多达 2 500 辆无需人工控制装置的自动驾驶车辆。宝马新纯电动轿车 i5 搭载系统集成高速公路辅助功能 Highway Assistant，支持脱手驾驶，跟车的车速限制将从 60 km/h 以内提升至 130 km/h 以内。福特野马 Mach－E 车型辅助驾驶脱手功能在英国和德国先后获批，被允许将在高速公路特定地理围栏使用。梅赛德斯-奔驰获得 KBA 的首个 AVP 系统的通用运营许可证，配备 INTELLIGENTPARKPILOT 的某些 S 级或 EQS 车辆将可以使用该功能，并被应用于斯图加特机场 APCOA 运营的 P6 停车场。

【知识点 2】　国内新能源汽车发展现状

2020 年 11 月份，在国务院办公厅印发的《新能源汽车产业发展规划(2021～2035 年)》指出(如图 1－16)：到 2025 年，新能源汽车新车销售量达到汽车新车销售总量的 20%左右；到 2035 年，纯电动汽车成为新销售车辆的主力，公共领域用车全面电动化，发展新能源是我国从汽车大国走向汽车强国的必由之路。

虽然欧盟美国的很多汽车生产技术领先于我们，但是我国的电池生产技术在世界范围内占有一定的领先地位，因此，目前在世界新能源汽车领域出现了三座大山：中国、美国、欧盟。全世界 88%的新能源汽车是由中国、美国和欧盟生产的，其中中国市场的销售量占比最大，高达 34%。由此看来，我国新能源汽车行业的发展势态良好。

早在 2001 年根据“863”计划建立了“三横三纵”的开发布局(三纵指的是混合动力、纯电动和燃料电池汽车；三横指的是多能源动力总成控制、驱动电机和动力蓄电池)，随后在“十五”期间、“十一五”期间等相继提出一系列的鼓励扶持政策，推动着新能源汽车行业的快速发展。相关数据显示，2021 年我国新能源汽车产量达 354.5 万辆，同比增长 145.6%；同时，新能源汽车的销售量为 352.1 万辆，同比增长 1.6 倍，连续 7 年位居全球第一。其中，纯电动汽车产销分别完成 294.2 万辆和 291.6 万辆，同比分别增长 1.7 倍和 1.6 倍；插电式混合动力汽车产销分别完成 60.1 万辆和 60.3 万辆，同比分别增长 1.3 倍和 1.4 倍；燃料电池汽车产销完成 0.2 万辆，同比呈现增长。

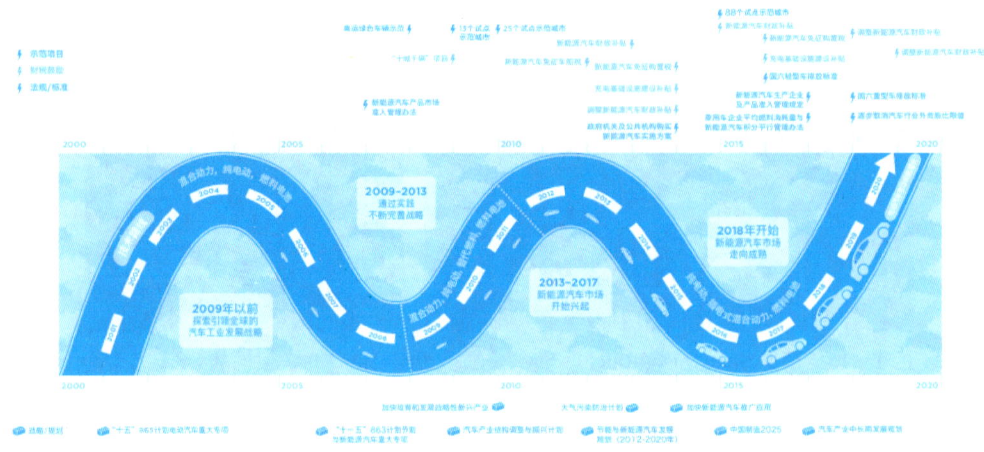

图 1-16　中国电动汽车的发展历程图

在新能源汽车产销两旺的背景下，中国品牌新能源乘用车也借势急追，实现“弯道超车”。2021 年，中国品牌新能源乘用车销售 247.6 万辆，同比增长 1.7 倍，占新能源乘用车销售总量的 74.3%。

中国新能源汽车行业已完成转型，政策端激励逐渐退潮，市场内生需求开始接力。未来整个行业料将完全进入市场化竞争状态，To C 端将成为未来增长的主要动力，丰富的车型结构或将刺激消费端需求持续发力，如图 1-17 所示。

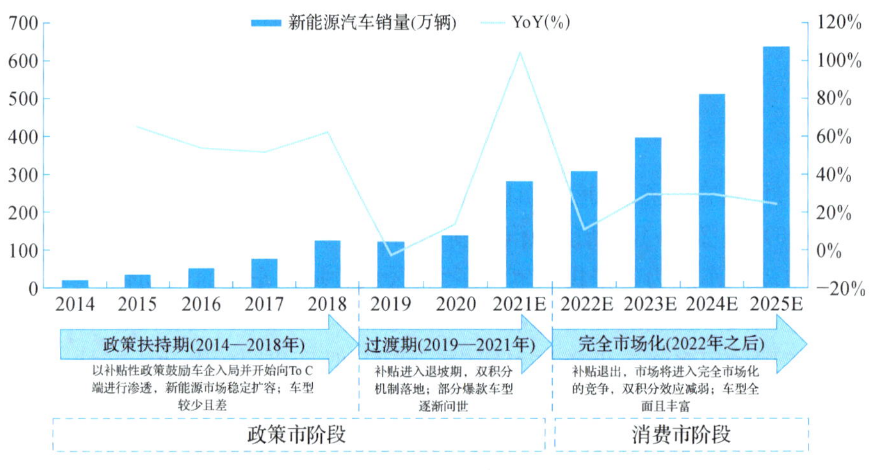

图 1-17　中国新能源汽车市场阶段发展

1. 政策端：“1+N 双碳”顶层政策布局，双积分政策引领

“1+N 双碳”顶层政策发布助力实现“碳中和、碳达峰”。2021 年 10 月 24 日，中共中央、国务院印发了《关于完整准确全面贯彻新发展理念做好碳达峰碳中和工作的意见》；10 月 26 日，发布《2030 年前碳达峰行动方案》，其中《意见》在双碳政策体系中发挥统领作用，是“1+N”中的“1”，而《方案》则是“N”中为首的政策文件，除此之外，“N”还包括重点领域、具体行业的碳达峰实施方案以及各种保障政策，后续也陆续出台。

国补政策持续支撑。新能源车的补贴延长两年至 2022 年，原则上 2021～2022 年补贴标准分别在上一年基础上下降 20%、30%；公用领域用车 2021～2022 年补贴标准分别在上

一年基础上下降 10%、20%，奠定今后两年相对稳定的政策环境。

地方政策频繁刺激需求。各省市包括一线城市深圳、上海、广州、北京以及杭州、长沙、武汉等皆通过一系列地方政策刺激新能源车销量增长。上海于 2020 年 10 月 24 日发布了更加严苛的外地牌照机动车限行政策，在沪牌月度中标率仅为 10%的情况下，部分潜在购车者势必会将注意力转移到绿牌上，而随着政策的进一步收紧，后续上海对绿牌需求或将持续高增。

2. 车企端：2022 年新车型周期爆发

自主品牌向上，合资外资品牌电动化加速，带动高端品牌车型持续放量。见表 1-4 所示，2021 年大量新电动化平台和新车型上市，且 2021 年新车投放继续加速，优良车型的供给将刺激需求提升，2021～2022 年有超 40 款车型上市，涵盖多个车型级别，车型丰富度和产品力将进一步提升。

表 1-4　2021～2022 年国内自主品牌、合资品牌上市

车企	品牌	品牌分类	车型	动力类型	上市时间
小鹏汽车	小鹏	自主品牌	P5 G3i	EV EV	2021 年 9 月 2021 年 7 月
蔚来汽车	蔚来	自主品牌	ET7 ET5 EF9	EV EV EV	2022Q1 2022 2022
理想汽车	理想	自主品牌	X01	PHEV(增程式)	2022
威马汽车	威马	自主品牌	M7 E5	EV EV	2021H2 2021Q4
上汽集团	智已 R	自主品牌 自主品牌	L7 LS7 ES33	EV EV EV	2022 2022 2022
哪吒汽车	哪吒	自主品牌	Eureka 03	EV	2022
吉利集团	沃尔沃 路特斯 极氪	合资/外资 合资/外资 自主品牌	极星 3 极星 4 路特斯 Lambda 路特斯 Sigma 路特斯 Alpha ZEEKR 001	EV EV EV/PHEV EV EV EV	2022 2022 2022 2023 2024 2021Q4
宝马集团	宝马	合资/外资	3 系 EV X2 PHEV ix1	EV PHEV EV	2022 2022 2023
戴姆勒集团	梅赛德斯-奔驰 Smart	合资/外资 合资/外资	EQA EQE EQS Smart	EV EV EV EV	2021Q4 2022 2022 2022

（续表）

车企	品牌	品牌分类	车型	动力类型	上市时间
比亚迪汽车	比亚迪	自主品牌	元 PLUS EV 汉 EV 海豚	EV EV EV	2021H2 2021H2 2021H2
大众集团	大众 奥迪	合资/外资 合资/外资	ID.6 X/CROZZ ID.3 Q4 e-tron	EV EV EV	2021Q3 2022 2022
通用集团	凯迪拉克 五菱	合资/外资 自主品牌	Lyriq 宏光 Mini 敞篷版	EV EV	2022 2022
丰田集团	丰田	合资/外资	bZ4X	EV	2022
长城汽车	长城	自主品牌	C30－C01 沙龙 SUV 车型	EV EV	2022 2022

自主品牌引领市场，新势力发展势头强劲，特斯拉地位稳固，豪华车亟待发力。从国内新能源乘用车市场结构来看，自主品牌转型加速占据较大的市场份额，成为国内市场中流砥柱，新势力“蔚小理”等凭借优质的车型及较好的市场口碑，市场占有率稳步提升，特斯拉自2020年进入国内市场后鲶鱼效应显著，倒逼国内企业不断创新，同时自身占据近20%市场份额，豪华品牌渗透率亟待提升（如图1－18、图1－19）。

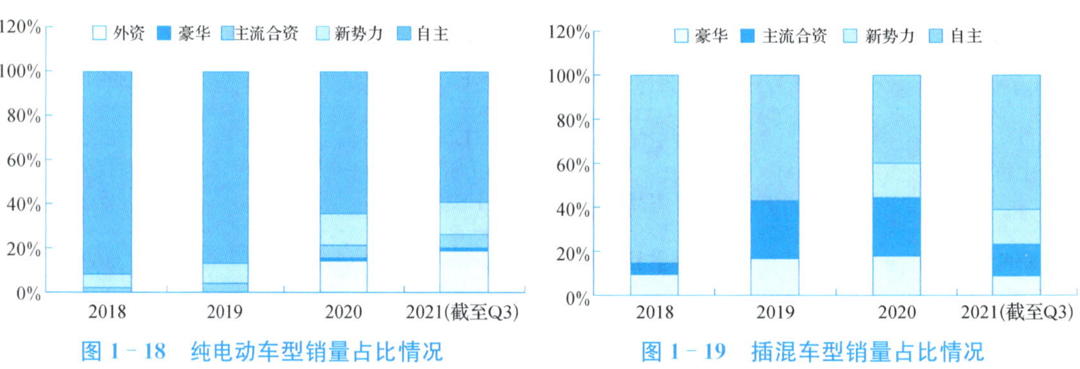

图1－18　纯电动车型销量占比情况

图1－19　插混车型销量占比情况

【知识点3】　新能源汽车发展趋势

根据目前新能源汽车的发展状况，新能源汽车主要有以下发展趋势。

1. 动力深度电气化

现如今，第三次工业革命推动能源动力电气化转型升级，从全球范围看，纯电驱动正成为主流的技术路线，纯电驱动汽车的大规模市场正在形成。

相关的动力蓄电池、氢燃料电池、太阳能电池（转化效率高达30%）等能源技术突飞猛进，各类电动动力系统的技术已经全面开始商业化，被业界认为很难的燃料电池汽车也进入市场，因此，可以说电动汽车的技术全方位产业化已经开始。

动力深度电气化的表现：

首先，插电式混合动力汽车。机电混合装置也已经成熟，尤其值得一提的是比亚迪“秦”成为全球最畅销的插电式车型之一，总体上达到了国际先进水平。

第二，动力电池与纯电动汽车的技术。动力电池的综合性能总体趋势在今后10年比能量会有大幅度增长，成本也将会随着比能量的提升大幅下降，但是安全性和耐久性的问题会进一步凸显。

第三，燃料电池汽车。燃料电池发动机技术在不断进步，燃料电池的波载量已经从每千瓦1克下降到目前像丰田轿车到0.3克以下，实验室已经到0.1克，在未来会接近于现在燃油汽车催化剂的波载量，而且燃料电池发动机逐步在成熟。

2. 车身底盘轻量化

在车身底盘轻量化方面，电动汽车比传统汽车更需要轻量化，更能平衡轻量化材料导致成本上升，更能够带动轻量化的规模应用。为提升电动汽车能效和续驶里程，国际上先进的轻量化材料与技术呈现广泛应用到电动汽车上的趋势。

轻量化材料与车身电池相结合是理想化目标，特斯拉电动汽车是汽车轻量化的典型。因为要放电池，所以形成了真正的电池车身底盘，除了这个车身之外，还要承载底盘的框架，而且全采用了铝合金。

宝马i3的轻量化技术也是这样，采用一个独立的底盘平台，车身全部采用碳纤维。

车身底盘轻量化设计使新能源汽车在保证强度和安全性能的前提下，降低了整车的整备质量、减少了燃料消耗、降低了排气污染，使新能源汽车的节能效果更佳。

3. 整车智能网联化

在整车智能网联化方面，电动汽车是实现智能化技术的最佳移动平台，整车智能网联化技术的应用必将推动电动汽车产业和技术的大发展。除了传统汽车企业在开发自动驾驶技术，像谷歌等互联网公司也纷纷借助车辆智能，开始介入智能驾驶、自动驾驶的研究开发。

整车智能网联化技术变革包含了三个阶段。目前是以驾驶员为中心的主动安全辅助系统，接着会进入以网络为中心的网联汽车的阶段，再到以车辆为中心的自动驾驶汽车。目前，智能驾驶辅助系统(ADAS)系统已是欧美争相进行市场普及化的热点。

整车智能网联化技术在产业化方面，美、德两国走在前列。美国交通运输部于2016年9月发布联邦《自动驾驶汽车政策指南》，持续推进自动驾驶汽车的安全监管与测试，并于2018年10月发布《为未来交通做准备：自动驾驶汽车3.0》，加强自动驾驶汽车与整个交通出行体系的安全融合。德国联邦参议院在2017年通过法律，允许汽车自动驾驶系统未来在特定条件下代替人类驾驶。

在欧美车企加快民用自动驾驶技术应用的同时，中国自主车企也已开始涉足这一领域。现阶段国内已有一汽、上汽、长安、广汽、比亚迪和吉利等多家自主车企开始相继研发自动驾驶技术；另外我国一些大学和多家科研院所也相继投入自动驾驶技术的研发，并取得了不错的成果。

以电动汽车为储能终端的能源互联网、汽车物联网、信息互联网将会相互融合，也就是说在人类历史上第一次将能源、信息、物质这三个基本元素全部连接起来，这也要靠电动汽车，因为电动汽车跟智能电网的互动是双向的，既可以储能作为分布式的能源，也可以往电网回馈电，这是第三次工业革命的一个核心支柱。

另外，政府对加快新能源汽车的发展起着至关重要的作用，政府要加大资金投入和政策引导，企业要加大对新能源汽车研发的力度；同时要加大示范运行范围和力度，为新能源汽车规模化、产业化发展做准备。

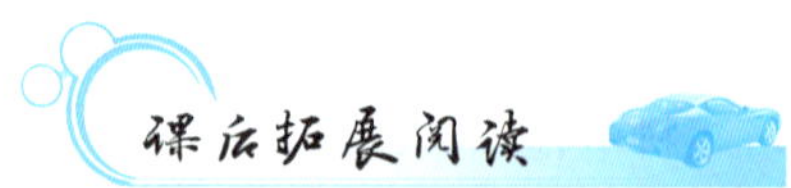

课后拓展阅读

能源革命重塑全球格局：中国绿色转型见证能源安全与气候治理突破

中国从“石油依赖”向“双碳驱动”的战略转型，是全球能源革命的里程碑，标志着中国在应对气候变化与保障能源安全中的创新与担当。2020 年“双碳”目标承诺开启新纪元，2025 年可再生能源装机占比突破 45%，印证制度与产业升级的同频共振。

政策演进贯穿系统性重构：从 2015 年巴黎协定自主贡献，到 2022 年《氢能产业发展中长期规划》出台，通过全国碳排放权交易市场、气候投融资试点、“可再生能源＋储能”协同机制，构建起覆盖研发、转化、交易的绿色网络，破解传统能源转型“锁定效应”，为全球提供“中国方案”。

技术与制度融合重塑价值链：西北戈壁光伏矩阵年发电量 3 000 亿千瓦时，通过“绿电入欧”特高压通道输向欧洲；南海漂浮式风电平台技术达国际领先。“一带一路”绿色能源合作使中国新能源装备出口覆盖 80 国，光伏组件全球市占率超 70%，推动全球能源价值链重构。

当中国新能源汽车保有量突破 2 000 万辆，沙漠光伏年减排二氧化碳 2.5 亿吨，我们见证的不仅是能源消费强度年均下降 3.3% 的数字跃升，更是从能源进口大国向绿色技术输出大国的转变。这种转型为破解“石油困局”提供中国智慧，为全球气候治理贡献东方方案，彰显社会主义市场经济体制在应对全球性挑战中的独特优势。

思考与练习

一、填空题

1. 新能源汽车的英文全称是________。

2. 我国于________年正式实施了《新能源汽车生产企业及产品准入管理规则》，该规则对新能源汽车的定义进行了明确规定。

3. 新能源汽车包括三大类型，________(BEV)、________(FCEV)以及________汽车(FCEV)。

4. ________________、环境污染、________________是新能源汽车发展的必要性。

二、选择题

1. 以下哪种汽车不属于新能源汽车？(　　)

A. 插电式混合动力汽车(PHEV)

B. 纯电动汽车(BEV)

C. 燃料电池汽车(FCEV)

D. 天然气汽车(NGV)

2. 根据《BP 世界能源统计年鉴》第 69 版,以下哪种能源的已探明储量可开采时间最长?(　　)

A. 石油　　B. 天然气

C. 煤炭　　D. 核能

3. 以下哪项是新能源汽车发展的主要原因之一?(　　)

A. 提高传统燃油车的销量

B. 减少对石油的依赖

C. 增加城市交通拥堵

D. 降低汽车制造成本

三、简答题

1. 国内外新能源汽车发展现状如何?

2. 全球新能源汽车的发展趋势是什么?

扫码可见本单元视频
及拓展阅读资料

单元二 新能源汽车类型

1. 掌握纯电动汽车的结构原理、驱动布置形式和特点，了解关键技术和主要车型特点；
2. 掌握混合动力电动汽车的定义与分类、结构原理和特点；
3. 掌握燃料电池电动汽车的类型、结构原理和特点，了解主要车型特点。

1. 熟悉目前主流纯电动汽车、混合动力电动汽车和燃料电池电动汽车车型；
2. 会正确提取出纯电动汽车、混合动力电动汽车和燃料电池电动汽车技术参数；
3. 会对比分析不同品牌同类车型在结构与技术上的优劣。

1. 养成对技术参数、性能指标的严谨分析习惯，能够客观、精准地提取和对比车型数据；

2. 主动关注不同品牌车型的技术差异，敢于质疑现有设计缺陷，探索优化方向；

3. 主动跟踪新能源汽车技术迭代与市场动态，灵活适应行业变化，养成通过手册、数据库等渠道自主学习新技术的习惯。

北京冬奥会氢燃料电池车的“高光时刻”

2022 年 2 月 4 日北京冬奥会隆重开幕。本届冬奥会新能源车辆的使用比例为历届冬奥会之最，在全部车辆中占比高达 85% 左右。冬奥会期间使用清洁能源车辆将实现减排约

1.1 万吨二氧化碳，相当于 5 万余亩森林一年的碳汇蓄积量。

根据北京冬奥组委公布的数据，本届冬奥会示范运行超 1 000 辆氢能源汽车，并配备 30 多个加氢站，是全球最大的一次燃料电池汽车示范。这也使得氢燃料电池汽车成为绿色冬奥中一抹亮色，来自丰田汽车、北汽集团、宇通客车、福田汽车等车企的氢燃料电池汽车均积极投入到北京冬奥会之中。

据了解，本次冬奥会示范运营车型包括氢燃料电池大巴、氢燃料电池小轿车、氢燃料电池特种车等。其中，福田汽车提供了 515 辆氢燃料客车，在为本次冬奥会提供保障的氢燃料大客车中占比高达 80%，创下有史以来氢燃料客车服务国际级运动赛事规模最大、车型数量最多的纪录；宇通 185 辆氢燃料客车（北京 100 辆，张家口 85 辆）服务北京、延庆、张家口全赛区（如图 2－1）；吉利星际提供了 80 辆氢燃料城市客车，丰田提供了 107 辆氢燃料中巴车；在小轿车车型方面，丰田提供了 140 辆第二代 MIRAI。

图 2－1　助力冬奥会的宇通氢燃料电池客车

值得一提的是从 2008 年北京奥运会的 3 辆氢燃料电池大巴，到 2010 年上海世博会的 196 辆氢燃料电池车，再到 2022 年北京冬奥会的上千辆氢燃料电池车示范运行，经过十几年发展，我国氢能和燃料电池汽车正迎来新的发展机遇。

在“双碳”目标的指引下，以绿色冬奥为契机，氢燃料电池汽车产业也将步入新的发展阶段。

模块一　纯电动汽车

纯电动汽车是指以车载电源为动力，用电机驱动车轮行驶，符合道路交通、安全法规各项要求的车辆，一般采用高效率充电蓄电池作为动力源。纯电动汽车不需要使用内燃机，因此，纯电动汽车的电动机相当于传统汽车的发动机，蓄电池相当于原来的油箱，电能是二次能源，可以来源于风能、水能、热能、太阳能等多种方式。

【知识点 1】　纯电动汽车的类型

纯电动汽车可分为 2 种类型，即用纯蓄电池作为动力源的纯电动汽车和装有辅助动力源的纯电动汽车。

1. 用纯蓄电池作为动力源的纯电动汽车

用单一蓄电池作为动力源的纯电动汽车，只装置了蓄电池组，它的电力和动力传输系统如图 2－2 所示。

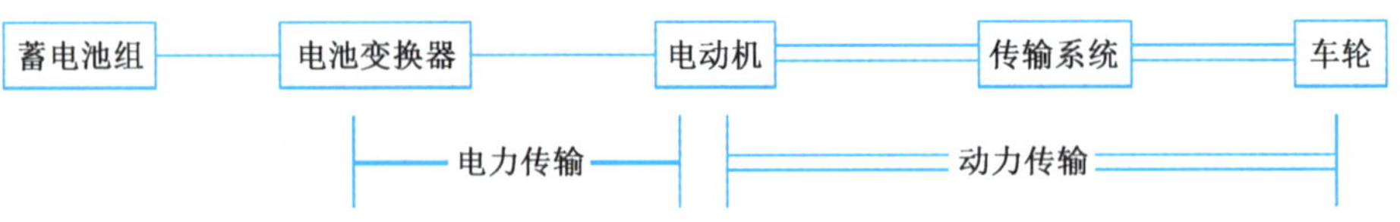

图 2－2　用单一蓄电池作为动力源的纯电动汽车的电力和动力传输系统

2. 装有辅助动力源的纯电动汽车

用单一蓄电池作为动力源的纯电动汽车，蓄电池的比能量和比功率较低，蓄电池组的质量和体积较大。因此，在某些纯电动汽车上增加辅助动力源，如超级电容器、发电机组、太阳能等，由此改善纯电动汽车的启动性能和增加续驶里程。装有辅助动力源的纯电动汽车的电力和动力传输系统如图 2－3 所示。

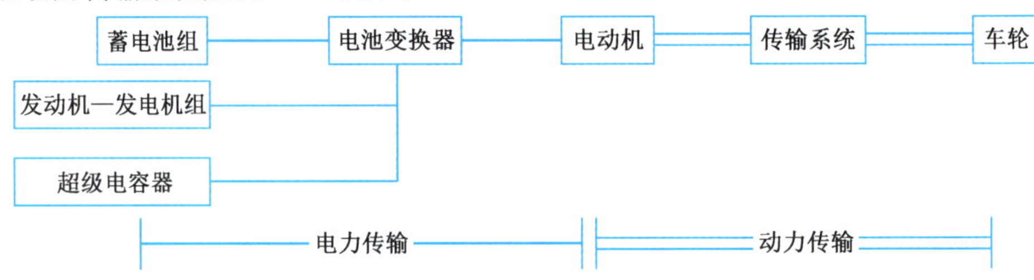

图 2－3　装有辅助动力源的纯电动汽车的电力和动力传输系统

【知识点 2】　纯电动汽车的结构原理

燃油汽车主要由发动机、底盘、车身和电气 4 大部分组成，纯电动汽车的结构与燃油汽车相比，主要增加了电力驱动控制系统并取消了发动机。电力驱动控制系统的组成与工作原理如图 2－4 所示，它由电力驱动主模块、车载电源模块和辅助模块 3 大部分组成。

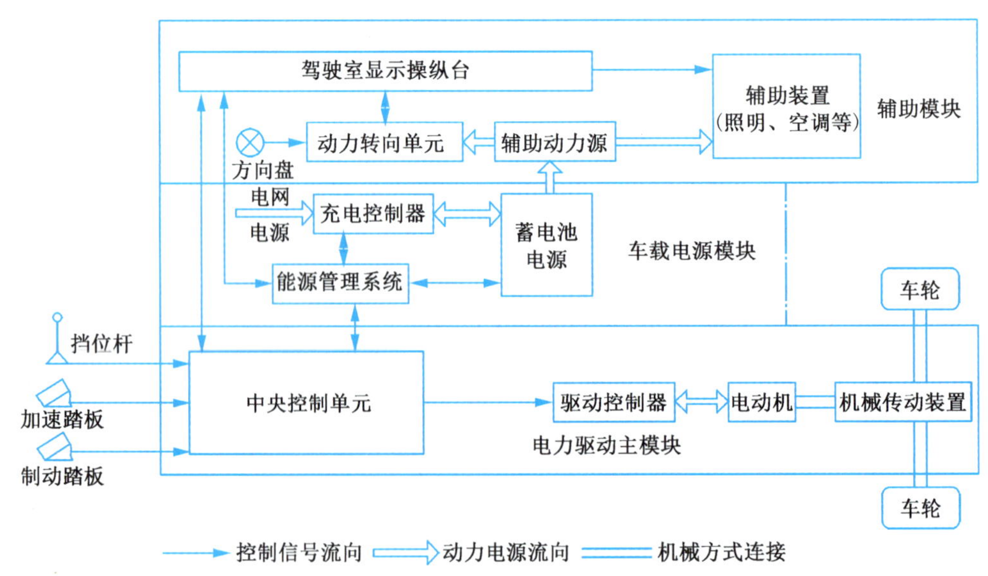

图 2－4　电力驱动控制系统的组成与工作原理图

当汽车行驶时，由蓄电池输出电能（电流）通过控制器驱动电动机运转，电动机输出的转矩经传动系统带动车轮前进或后退。电动汽车续驶里程与蓄电池容量有关，蓄电池容量受诸多因素限制。要提高一次充电续驶里程，必须尽可能地节省蓄电池的能量。

1. 电力驱动主模块

电力驱动主模块主要包括中央控制单元、驱动控制器、电动机、机械传动装置和车轮等。它的功用是将存储在蓄电池中的电能高效地转化为车轮的动能，并能够在汽车减速制动时，将车轮的动能转化为电能充入蓄电池。

中央控制单元根据加速踏板和制动踏板的输入信号，向驱动控制器发出相应的控制指令，对电动机进行启动、加速、减速、制动控制。

驱动控制器是按中央控制单元的指令、电动机的速度和电流反馈信号，对电动机的速度、驱动转矩和旋转方向进行控制。驱动控制器必须和电动机配套使用。

电动机在电动汽车中被要求承担电动和发电的双重功能，即在正常行驶时发挥其主要的电动机功能，将电能转化为机械能；在减速和下坡滑行时又被要求进行发电，将车轮的惯性动能转化为电能。

机械传动装置是将电动机的驱动转矩传输给汽车的驱动轴，从而带动汽车车轮行驶。

2. 车载电源模块

车载电源模块主要包括蓄电池电源、能量管理系统和充电控制器等。它的功用是向电动机提供驱动电能、监测电源使用情况以及控制充电机向蓄电池充电。

纯电动汽车的常用蓄电池电源有镍氢电池、锂离子电池、铅酸电池和燃料电池等。

纯电动汽车的能量管理主要是指电池管理系统，它的主要功用是对电动汽车用电池单体及整组进行实时监控、充放电、巡检、温度监测等。

充电控制器是把交流电转化为相应电压的直流电，并按要求控制其电流。

3. 辅助模块

辅助模块主要包括辅助动力源、动力转向系统、驾驶室显示操纵台和辅助装置等。辅助模块除辅助动力源外，依据不同车型而不同。

辅助动力源主要由辅助电源和 DC/DC 功率转换器组成，其功用是供给电动汽车其他各种辅助装置所需要的动力电源，一般为 12 V 或 24 V 的直流低压电源。它主要给动力转向单元、制动力调节控制、照明、空调、电动窗门等各种辅助装置提供所需的能源。

动力转向单元是为实现汽车的转弯而设置的，它由转向盘、转向器、转向机构和转向轮等组成。作用在转向盘上的控制力，通过转向器和转向机构使转向轮偏转一定的角度，实现汽车的转向。

驾驶室显示操纵台类似于传统汽车驾驶室的仪表盘，不过其功能根据电动汽车驱动的控制特点有所增减，其信息指示更多地选用数字或液晶屏幕显示。

辅助装置主要有照明、各种声光信号装置、车载音箱设备、空调、刮水器、风窗除霜清洗器、电动门窗、电控玻璃升降器、电控后视镜调节器、电动座椅调节器、车身安全防护装置控制器等。它们主要是为提高汽车的操控性、舒适性、安全性而设置的，可根据需要进行选用。

【知识点 3】　纯电动汽车驱动系统布置形式

电动汽车的驱动系统是电动汽车的核心部分，其性能决定着电动汽车运行性能的好坏。电动汽车的驱动系统布置取决于电机驱动系统的方式。常见的驱动系统布置形式如图 2 - 5 所示。

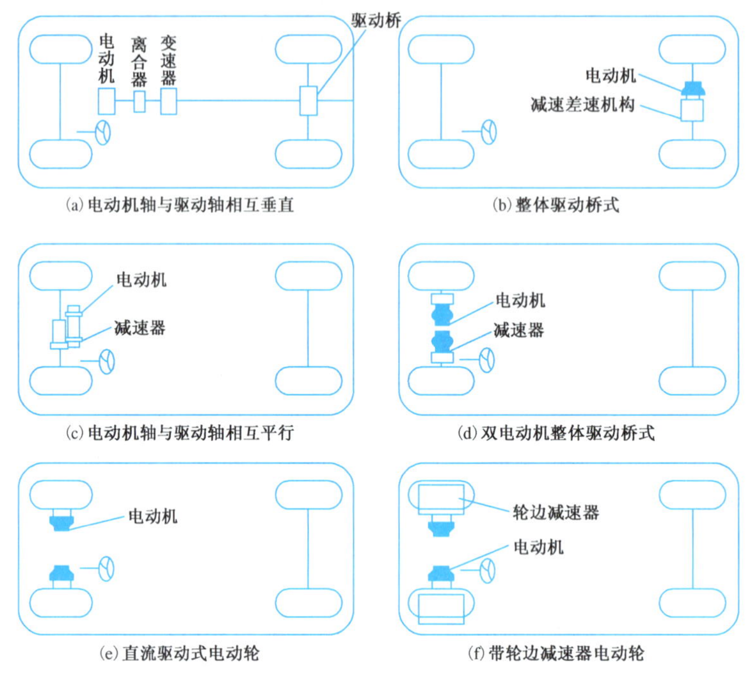

图 2 - 5　纯电动汽车驱动系统布置方案

1. 传统的驱动模式

图 2 - 5(a)与传统汽车驱动系统的布置方式一致，带有变速器和离合器，只是将发动机换成电动机，属于改造型电动汽车。这种布置可以提高电动汽车的起动转矩，增加低速时电动汽车的后备功率。

2. 电动机—驱动桥组合式驱动模式

图 2 - 5(b)和(c)取消了离合器和变速器，但具有减速差速机构，由一台电动机驱动两车轮旋转。优点是可以继续沿用当前发动机汽车中的动力传动装置，只需要一组电动机和逆变器。这种方式对电动机的要求较高，不但要求电动机具有较高的起动转矩，而且要求具有较大的后备功率，以保证电动汽车的起动、爬坡、加速超车等动力性能。

3. 电动机—驱动桥整体式驱动模式

图 2 - 5(d)是将电动机装到驱动轴上，直接由电动机实现变速和差速转换。这种传动方式同样对电动机有较高的要求，要求有大的起动转矩和后备功率，同时不但要求控制系统有较高的控制精度，而且要具备良好的可靠性，从而保证电动汽车安全、平稳行驶。

4. 轮毂电机驱动模式

图 2 - 5(e)、(f)同图 2 - 5(d)布置方式比较接近，将电动机直接装到了驱动轮上，由电动机直接驱动车轮行驶。

目前，我国的电动汽车大都建立在改装车的基础上，其设计是一项机电一体化的综合工程。改装后高性能的获得并不是简单地将内燃机汽车的发动机和油箱换成电动机和蓄电池便可以实现的，它必须对蓄电池、电动机、变速器、减速器和控制系统等参数进行合理匹配，而且在总体方案布置时必须保证连接可靠、轴荷分配合理等才能获得。

【知识点 4】　纯电动汽车的特点

纯电动汽车与燃油汽车相比，具有以下特点。

1. 无污染，噪声低

纯电动汽车无内燃机汽车工作时产生的废气，不产生排气污染，对环境保护和空气的洁净是十分有益的，有“零污染”的美称；电动汽车无内燃机产生的噪声，电动机的噪声也较内燃机小。

2. 能源效率高、多样化

电动汽车的能源效率已超过汽油机汽车，特别是在城市运行、汽车走走停停、行驶速度不高时，电动汽车更加适宜。电动汽车停止时不消耗电量，在制动过程中，电动机可自动转化为发电机，实现制动减速时能量的再利用。

另一方面，电动汽车的应用可有效地减少对石油资源的依赖，可将有限的石油资源用于更重要的方面。向蓄电池充电的电力可以由煤炭、天然气、水力、核能、太阳能、风力、潮汐等能源转化。除此之外，如果夜间向蓄电池充电，还可以避开用电高峰，有利于电网均衡负荷，减少费用。

3. 结构简单、使用维修方便

电动汽车较内燃机汽车结构简单，运转、传动部件少，维修保养工作量小。当采用交流感应电动机时，电动机不用保养维护，更重要的是电动汽车易操纵。

4. 动力电源使用成本高、续驶里程短

目前电动汽车技术尚不如内燃机汽车技术完善，尤其是动力电池的寿命短、使用成本高。电池的储能量小，一次充电后行驶里程不理想，且电动车的价格较贵。但随着电动汽车技术的发展，电动汽车存在的缺点会逐步得到解决。

【知识点 5】　电动汽车的关键技术

发展电动汽车必须解决好 4 个方面的关键技术：电池及管理技术、电机及控制技术、整车控制技术以及整车轻量化技术。

1. 电池及管理技术

电池是电动汽车的动力源，也是一直制约电动汽车发展的关键因素。要使电动汽车能与燃油汽车相竞争，关键就是要开发出比能量高、比功率大、使用寿命长、成本低的高效电池，但目前还没有任何一种电池能达到纯电动汽车普及的要求。

电池组性能直接影响整车的加速性能、续驶里程以及制动能量回收的效率等。电池的成本和循环寿命直接影响车辆的成本和可靠性，所有影响电池性能的参数必须得到优化。

电动汽车的电池在使用中发热量很大，电池温度影响电池的电化学系统的运行、循环寿命和充电可接受性、功率和能量、安全性和可靠性等。所以，为了达到最佳的性能和寿命，需将电池包的温度控制在一定范围内，减小包内不均匀的温度分布以避免模块间的不平衡，以此避免电池性能下降，且可以消除相关的潜在危险。

2. 电机及控制技术

电动汽车的驱动电机属于特种电机，是电动汽车的关键部件。要使电动汽车有良好的使用性能，驱动电机应具有较宽的调速范围及较高的转速，足够大的起动转矩，体积小、质量轻、效率高，且有动态制动强和能量回馈的性能。电动汽车所用的电机正在向大功率、高转速、高效率和小型化方向发展。

随着电机及驱动系统的发展，控制系统趋于智能化和数字化。变结构控制、模糊控制、神经网络、自适应控制、专家系统、遗传算法等非线性智能控制技术，都将各自或结合应用于电动汽车的电动机控制系统。它们的应用将使系统结构简单，呼应迅速，抗干扰能力强，参数变化具有鲁棒性，可大大提高整个系统的综合性能。

3. 整车控制技术

新型纯电动汽车整车控制系统是两条总线网络结构，即驱动系统的高速 CAN 总线和车身系统的低速总线，高速 CAN 总线每个节点为各子系统的 ECU，低速总线按物理位置设置节点，基本原则是基于空间位置的区域自治。

实现整车网络化控制，其意义不只是解决汽车电子化中出现的线路复杂和线束增加问题，网络化实现的通信和资源共享能力成为新的电子与计算机技术在汽车上应用的一个基础，同时也为 X-by-Wire 技术提供有力的支撑。

4. 整车轻量化技术

整车轻量化技术始终是汽车技术重要的研究内容。纯电动汽车由于布置了电池组，整车重量增加较多，轻量化问题更加突出，可以采用以下措施减轻整车质量。

（1）通过对整车实际使用工况和使用要求的分析，对电池的电压、容量，驱动电机功率、转速和转矩，整车性能等车辆参数的整体优化，合理选择电池和电动机参数。

（2）通过结构优化和集成化、模块化优化设计，减轻动力总成、车载能源系统的重量，这里包括对电动机及驱动器、传动系、冷却系统、空调和制动真空系统的集成和模块化设计，使系统得到优化；通过电池、电池箱、电池管理系统、车载充电机组成的车载能源系统的合理集成和分散，实现系统优化。

（3）积极采用轻质材料，如电池箱的结构框架、箱体封皮、轮毂等采用轻质合金材料。

（4）利用 CAD 技术对车身承载结构件（如前后桥、新增的边梁、横梁等）进行有限元分析研究，用计算和试验相结合的方式，实现结构最优化。

【知识点 6】 纯电动汽车车型性能分析

一、比亚迪纯电动汽车

1. 一家做车的科技企业

比亚迪是全球范围内唯一的同时掌握 IGBT 芯片、SiC 全产业链核心技术、三电技术、太阳能和储能解决方案的整车企业。2020 年，比亚迪动力电池装机量全国第二、全球第四，电机、电控装机量均位居全国第一，2019 年 IGBT 模块出货量全国第二，目前公司已经是全国最大的 IGBT 制造商，在汽车市场占比接近 20%（如图 2－6）。全产业链协同发展赋予公司明显的成本优势和技术壁垒。

2. 纯电平台：发布 e3.0 平台，加速车型迭代

2021 年 9 月 8 日，比亚迪发布了 e 平台 3.0 版，在“安全、高效、智能、美学”四大方面实现突破，进一步释放电动汽车潜能，化解电动车发展痛点。

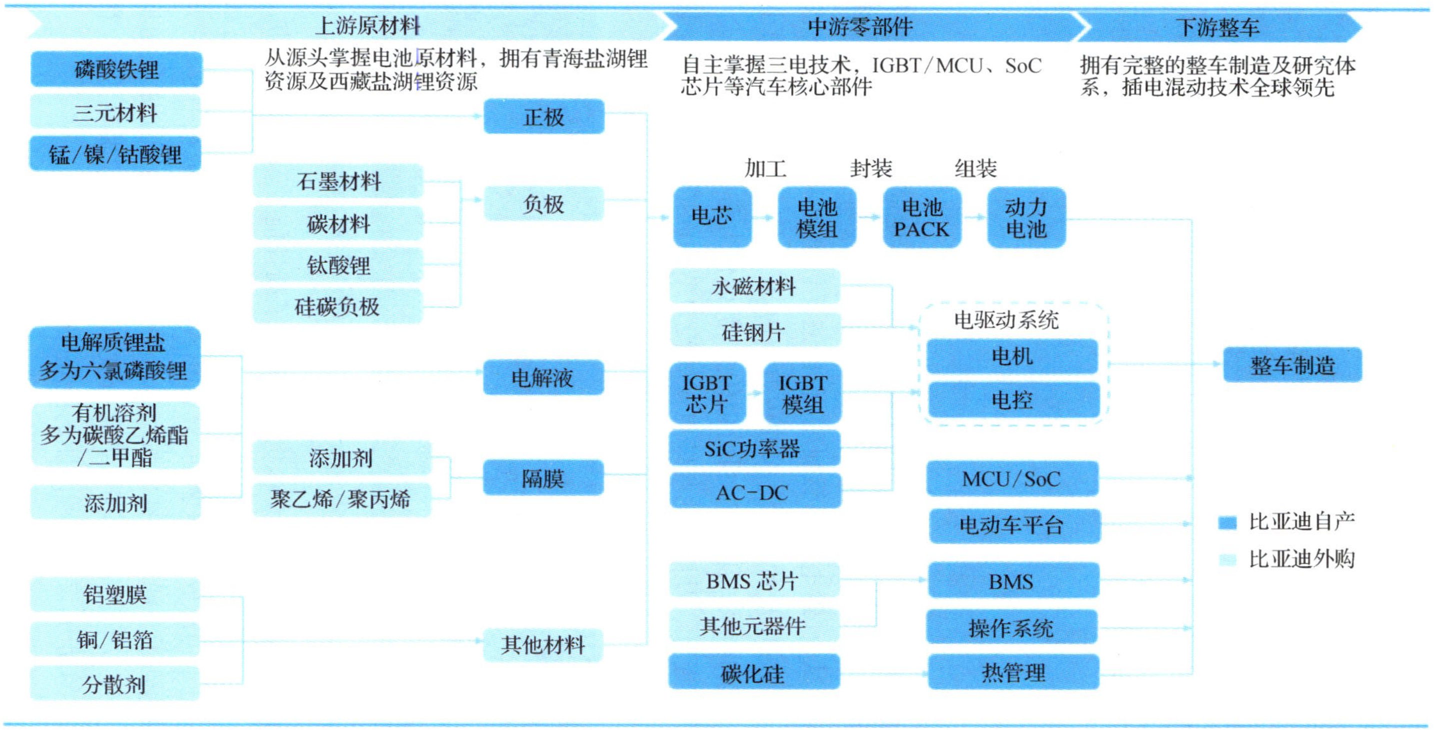

上游原材料

从源头掌握电池原材料，拥有青海盐湖锂资源及西藏盐湖锂资源

中游零部件

自主掌握三电技术，IGBT/MCU、SoC芯片等汽车核心部件

下游整车

拥有完整的整车制造及研究体系，插电混动技术全球领先

磷酸铁锂
三元材料
锰/镍/钴酸锂
正极
石墨材料
碳材料
钛酸锂
硅碳负极
负极
电解质锂盐多为六氯磷酸锂
有机溶剂多为碳酸乙烯酯/二甲酯
添加剂
电解液
添加剂
聚乙烯/聚丙烯
隔膜
铝塑膜
铜/铝箔
分散剂
其他材料

加工
封装
组装
电芯
电池模组
电池PACK
动力电池
永磁材料
硅钢片
IGBT芯片
IGBT模组
SiC功率器
AC-DC
电驱动系统
电机
电控
MCU/SoC
电动车平台
BMS芯片
其他元器件
BMS
操作系统
碳化硅
热管理
整车制造

比亚迪自产
比亚迪外购

图 2-6　比亚迪产业布局

e3.0 平台在此前 e2.0 平台的基础上进一步实现了整车核心模块的集成化，同时构建了全新的车身结构、电子电器架构以及车用操作系统。从 e2.0 平台高低压双层架构扩展至3.0 时代底盘层、动力层、智能层、车身层的四层架构，如图 2－7 所示。

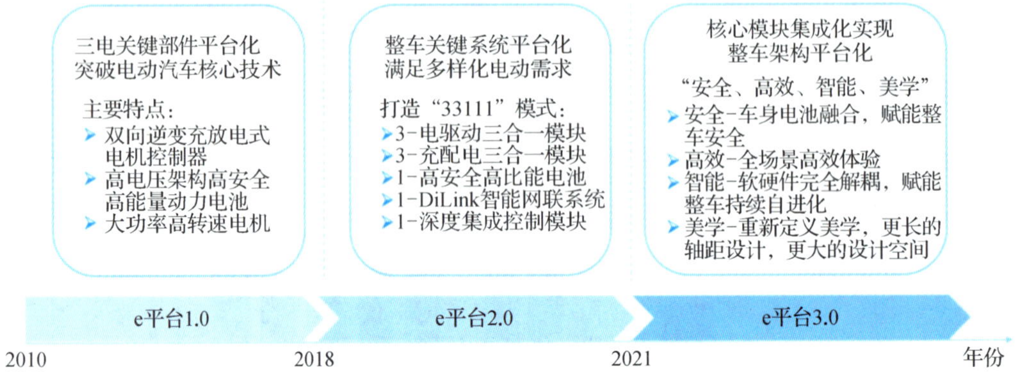

三电关键部件平台化
突破电动汽车核心技术
主要特点：
- 双向逆变充放电式电机控制器
- 高电压架构高安全高能量动力电池
- 大功率高转速电机

整车关键系统平台化
满足多样化电动需求
打造“33111”模式：
- 3-电驱动三合一模块
- 3-充配电三合一模块
- 1-高安全高比能电池
- 1-DiLink智能网联系统
- 1-深度集成控制模块

核心模块集成化实现
整车架构平台化
“安全、高效、智能、美学”
- 安全-车身电池融合，赋能整车安全
- 高效-全场景高效体验
- 智能-软硬件完全解耦，赋能整车持续自进化
- 美学-重新定义美学，更长的轴距设计，更大的设计空间

e平台1.0　e平台2.0　e平台3.0
2010　2018　2021　年份

图 2－7　e 平台发展历程及亮点

（1）在安全方面，e3.0 平台标配刀片电池（如图 2－8），电芯到整包的直接集成，大幅提升电池系统能量密度，三明治结构有效提升电池系统的结构强度。比亚迪的刀片电池可安全通过严苛的针刺测试，杜绝电池爆燃问题，相比三元锂电池和磷酸铁锂块状电池更为安全。此外，e3.0 平台为纯电平台打造专属的传力结构，正面传力路径方面，缩小了纵梁高度差，可顺畅传力，标配的全框式副车架，可分散传力；侧面传力路径方面，采用全平地板设计，使侧面传力结构稳定连贯。刀片电池与纯电专属传力结构的搭配，使车身与电池更好地融合，形成完整的传力结构，赋能整车安全。

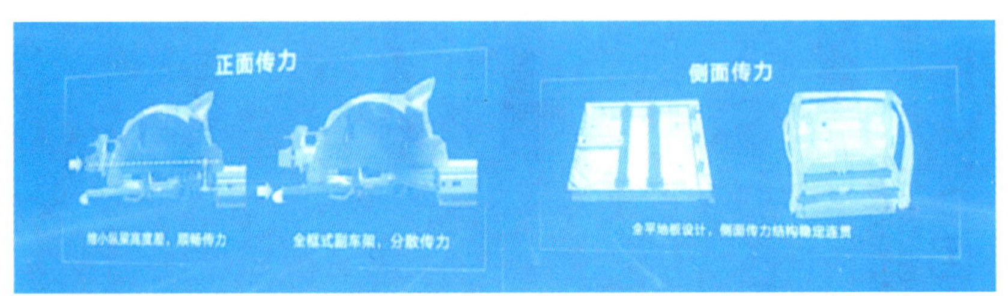

图 2－8　e3.0 平台打造纯电平台专属传力结构

（2）在高效方面，在零部件层级，e3.0 平台搭载了高性能发卡式扁线电机，最高效率达到了 97.5%，高性能电机控制器的模块最大效率达到了 99.7%。e3.0 平台搭载了全球首款深度集成的八合一电动力总成，将电驱动、充配电、VCU、BMS 集成在一起，最大功率达到了 270 kW，综合效率达到了全球顶级的 89%。e3.0 平台采用异步电机加永磁同步电机的高性能四驱架构，加速工况双电机最大输出，日常行驶以永磁同步电机驱动为主，兼顾不同使用场景，既可实现四驱的动力，又能兼顾两驱的能耗（如图 2－9）。

图 2-9　高性能四驱架构

e3.0 平台同时实现了三次首创，各是动力总成多模式热量补偿技术、动力电池直冷直热技术、驱动电机升压充电架构（如图 2-10）。e3.0 平台的宽温域高效热泵系统（如图 2-11），使整车热量综合利用，打破传统乘员舱电池驱动总成、热管理系统分裂的边界，通过热泵将各个系统深度融合。

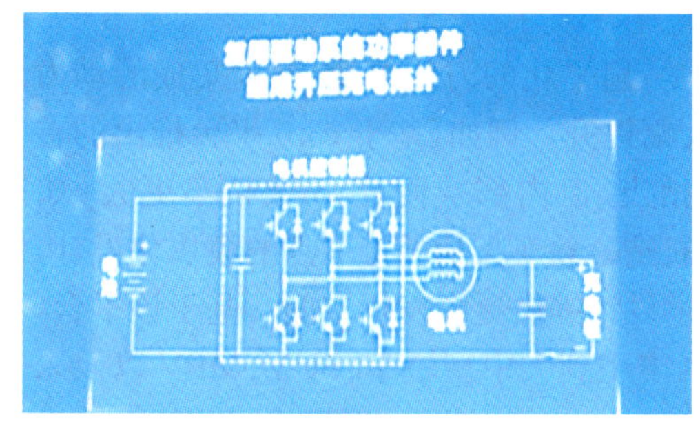

图 2-10　驱动电机升压拓扑架构

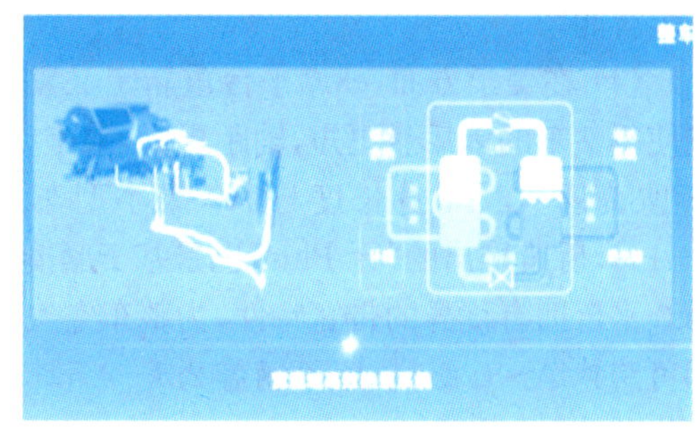

图 2-11　高温域高效热泵系统

在极端低温环境下，动力总成多模式热量补偿技术，通过系统的融合设计，开源和节流并重，热泵系统可实现－30 ℃～60 ℃的宽域工作温度；动力电池直冷直热技术，使热效率最大提升 20%；驱动电机升压充电架构，复用大功率驱动系统，实现宽域大功率充电。

基于刀片电池、八合一电动力总成、宽温域高效热泵系统融合创新，搭载全新 e 平台的高端车型可实现最大续航 1 000 公里，百公里加速 2.9s，百公里电耗比同级别车型降低 10%，低温续航提升最大 20%，充电 5 分钟，最大行驶 150 公里等突破。

（3）在智能方面，e3.0 平台实现硬件与软件的双向智能化。

➢ 在硬件层面，开发行业首个动力域控制器（如图 2-12），将整车的驱动、制动、转向等功能深度融合，充分发挥电机快速响应的优势。以驱动防滑控制（如图 2-13）为例，通过动力域功能集成，响应时间缩短至 10 毫秒，而传统的分散控制架构则需要 100 毫秒以上。整车的域控制融合使车辆在冰雪路面等低负荷工况的响应更快，稳定性更好，为智能驾驶提供安全基础。动力域控制器由智能动力域、智能车控域、智能座舱域和智能驾驶域四部分组成，将算力分散的分布式控制器融合为高性能域控制器，算力提升 30%。功能融合，交互效率提升 50%，支持高等级自智能驾驶。

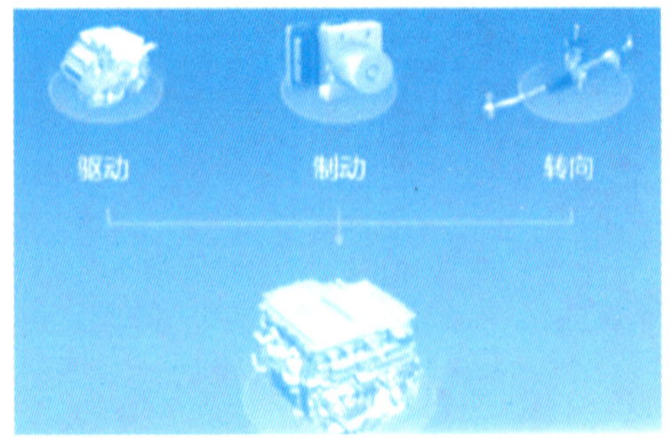

图 2-12　动力域控制器

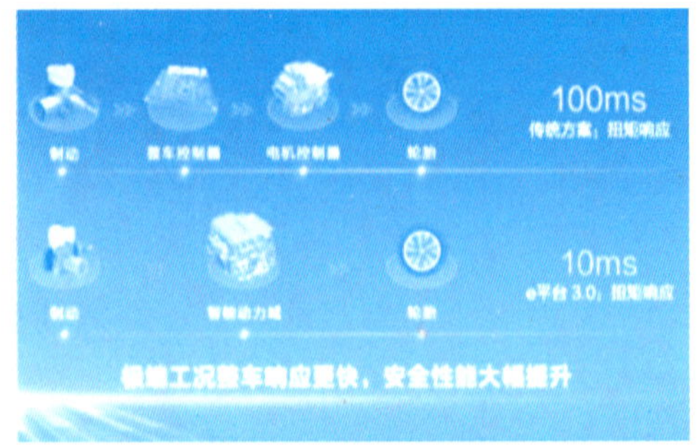

图 2-13　驱动防滑控制

➢ 在软件层面，比亚迪自主研发了国内首个车控操作系统，通过构建通用的硬件驱动层、操作系统层、系统服务层和功能服务层，实现了应用软件和整车硬件的完全解耦，应用程序跨平台复用不再受制于硬件差异。即插即用的硬件设计也为架构的持续升级提供了有力保障。后续搭载 e3.0 平台的电动汽车，支持软件 OTA 和硬件升级，电动汽车将持续进化，持续智能。

(4) 在美学方面，e3.0 平台重新定义整车美学，扁平化的刀片电池、深度集成的动力总成使得整车的前后悬更短，轴距更大，乘坐空间大幅提升。例如，基于 e3.0 平台推出的首款车型“海豚”，其车身长度与 A0 级小型车尺寸相当，但内部空间比 B 级轿车更大(如图 2-14)，后续推出的“元 Plus”也是基于紧凑平台打造。整车架构关键节点的模块化设计，使 e3.0 平台拥有优异的带宽特性，为整车空气动力学设计提供更多发挥空间。基于该平台，车辆可跨越 A～C 级，轴距可涵盖 2.5～3.5 米，从紧凑型到大中型轿车、SUV、MPV 以及未来新物种等(如图 2-15)。

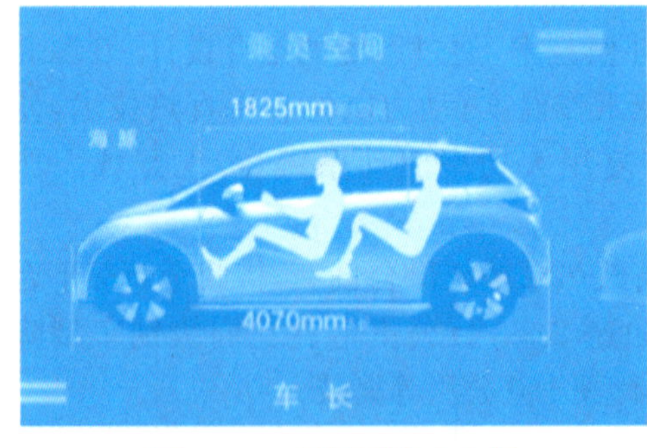

图 2-14　“海豚”车内空间

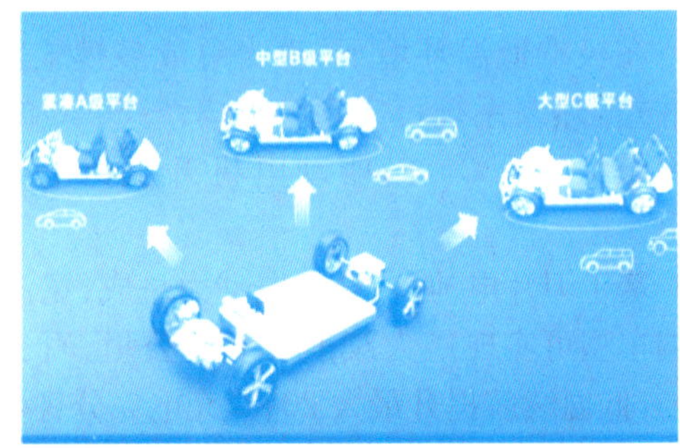

图 2-15　e 平台后续车型规划

3. 纯电品牌向上，成功攻入豪华轿车市场腹地

(1) 比亚迪汉成功引领公司品牌向上。2021 年 5 月，比亚迪汉单月销量达到 8 214 辆，其中汉 EV 销量为 5 763 辆，汉 DM 销量为 2 451 辆(如图 2-16)。截至 5 月底，比亚迪汉累计销量达到 84 401 辆，实现了中国品牌中大型轿车市场销量第一，填补了中国品牌在中大型 C 级轿车市场热销车型的空白。作为一款中国品牌的中大型 C 级轿车，比亚迪汉全系车型售价区间为 21.98 万元～27.95 万元，销量最大的汉 EV 平均销售价格达到 26 万元以上，汉顶配车型销量占到整体销量的 60%，成功突入主流豪华轿车市场的“腹地”，在由 BBA 燃

油车把持的高端市场站住脚。汉车主中，有 67%已经是豪华或超豪华品牌车主，高学历、高职阶、高收入人群占比较大，有 72%分布在北京、上海、广州、深圳、杭州、西安等一、二线城市。而唐系列的性价比也超过理想 ONE、蔚来 ES6、EC6、ES8 等新势力畅销 SUV，在高端车市场占据一席之地。

图 2-16(a)　汉 EV 外观(侧面)

图 2-16(b)　汉 EV 内饰

图 2-16(c)　汉 EV 主动安全

图 2-16(d)　汉 EV 5G 速联

图 2-16(e)　汉 EV 刀片电池

图 2-16(f)　汉 EV 智能辅助系统

(2) 深化高端布局，全面提升品牌价值。

① 布局高端品牌，公司于 2023 年推出高端品牌，价格区间在 30 万～50 万元，高端品牌的智能化以及产品性能将会有大幅度提升，并且该品牌拥有独立品牌、独立团队、独立销售网络。

② 智能化加持，比亚迪汉(见表 2-1)已经具备基于鸿蒙系统的 HiCar 系统、NFC 车钥匙、HiCar、DiPilotL2 的智能驾驶辅助系统，高端品牌车型将在此基础上再度提升智能化水平，目前比亚迪在搭建 L3 以上自动驾驶团队，进行算法融合和 OTA 开发，基于华为自动驾驶解决方案的路测也已开展。

表 2-1　汉 EV 电动车技术参数

电动机	交流永磁同步电机
电机功率	前电机最大功率 163 kW;后电机最大功率 200 kW
蓄电池	刀片电池电池容量分别为 64.8 kWh/76.9 kWh
续航里程	续航里程分别为 506 km/605 km/550 km
百公里加速时间	7.9 s/3.9 s
充电时间	25 min 可充电完成 80%

二、特斯拉纯电动汽车

1. 以智能电动车业务为核心

特斯拉成立于 2003 年,受马斯克主导。公司于 2003 年由马丁·艾伯哈德和马克·塔彭宁共同创办,埃隆·马斯克 2004 年进入公司并领投了 750 万美元的 A 轮融资,马斯克持股约 22%并拥有最终控制权,此后他持续跟投注资并保持住控制权。2010 年公司在美国纳斯达克上市。

目前公司以汽车业务为核心(如图 2-17)。特斯拉已覆盖 Master plan 提出的汽车和能源业务,包括汽车生产销售/租赁、能源生产及储存、其他相关服务。其中汽车业务位居核心,2021 年 1 季度汽车业务营收占比高达 86.6%。

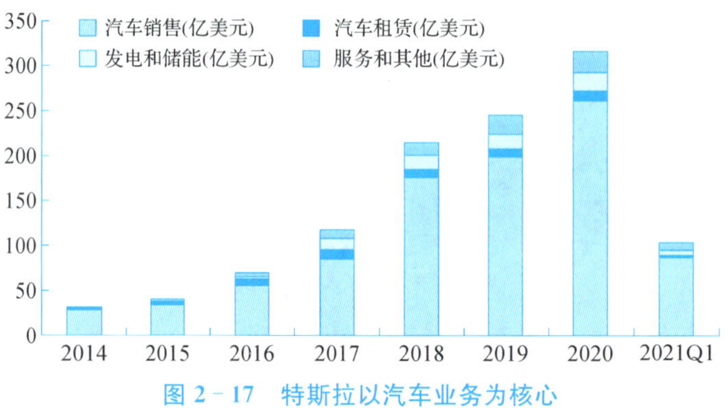

图 2-17　特斯拉以汽车业务为核心

特斯拉车型发展历程(如图 2-18 所示)。按照 Master Plan 的计划,特斯拉于 2006 年与莲花跑车合作打造电动超跑 Roadster,由莲花 Elise 改装而来,搭载性能强悍的电动系统,售价 10 万美元。之后于 2008 年和 2012 年分别推出轿车 Model S、SUV Model X,定位豪华车,售价 7.5 万美元以上,克服了量产过程中的各种难题并成功上市。在 2016 年、2019 年又分别推出 Model 3、Model Y,定位消费级爆款车型,售价 3.4 万美元起。

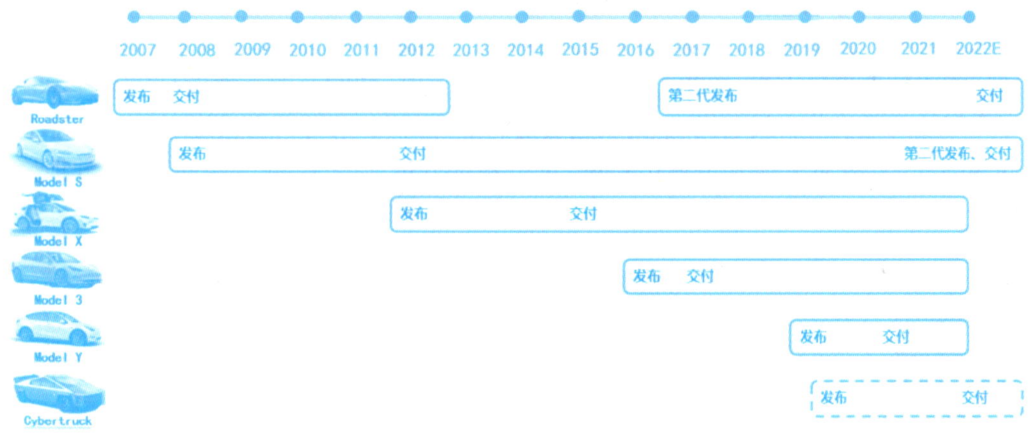

图 2-18　特斯拉产品发展进程

2. 特斯拉电动汽车特点

(1) 三电系统

① 电池保持高能量密度、低成本、低衰减技术趋势

依靠 18650 电池率先实现商业化。特斯拉在 2008 年即开始在 Roadster 和 Model S 车型上应用松下的 18650 圆柱形动力电池。

21700 电池在能量密度和降低成本方面成效明显，见表 2-2 所示。Model 3/Y 车型开始应用松下的 21700 电池，21700 电池尺寸更大、单体电芯能量密度更高，同等带电量下电池的数量大幅减少，LFP 电池进一步拉低成本。国产 Model 3 车型采用宁德时代提供的磷酸铁锂电池(LFP)，结合宁德时代特有的 CTP 电池组装技术，电池成本降至约 100 美元/kWh。

表 2-2　特斯拉电池发展历程

时间	2008—2016	2016—2018		2018—2020	
车型	Roadster、Model S	Model S、Model X		Model 3、Model Y	
电池型号	18650	18650	21700	21700	方形
正极类型	LCO	NCA	NCA	NCM811	LEP
负极材料	石墨	硅碳	硅碳	石墨	石墨
电池组能量密度	120 Wh/kg	150 Wh/kg	160 Wh/kg	125 Wh/kg	
成本	190+ 美元/kWh	190～160 美元/kWh	160～120 美元/kWh	153～114 美元/kWh	约 100 美元/kWh
供应商	松下	松下	松下	LG	宁德时代

② 电机持续升级(如图 2-19～图 2-22)

2012 与 2015 年推出的 Model S 与 Model X 受永磁材料供应链的限制，从性能考虑选择了感应电机。随着大功率永磁电机技术成熟、供应链成熟，2017 年上市的 Model 3 开始转向永磁电机。在双电机车型方面，从最早 Model S 采用的双感应电机方案，到 Model 3 转向感应＋永磁双电机方案，两类电机优势结合形成互补，同时兼顾了性能与成本。2021 年 Model Y/3 开始换装扁线电机，比圆线电机槽满率高 20%～30%，有效绕组电阻降低，进而降低铜损耗，宽截面又提升了输出功率，进一步提升电机效率，减小电机体积，并能降低成本。

应用车型	Model S/Model X	Model 3/Model Y
电机	异部感应交流电机	永磁同步交流电机
转速范围(r/min)	9000-15000	4000-10000
过载能力%	300-500	300
峰值效率%	94-95	95-97
结构坚固性	好	一般
成本	低	高
可靠性	好	较好
电机外形尺寸	中	小
控制操作性能	好	好

图 2-19　特斯拉两种电机参数对比

均匀
感应交流电机

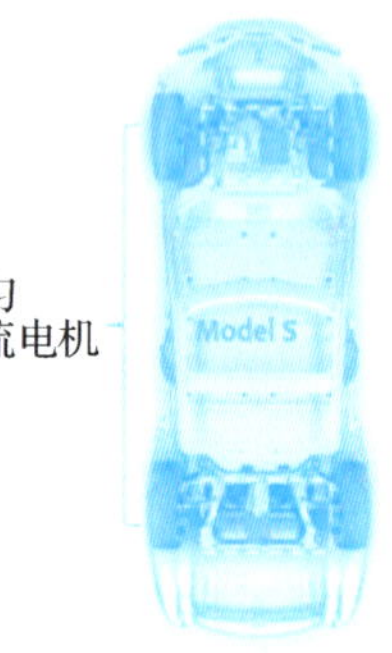

前桥感应
交流电机
后桥永磁
同步电机

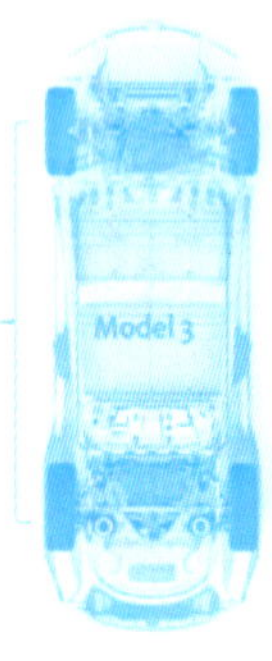

图 2-20　特斯拉电机升级历程

图 2-21　特斯拉采用扁线电机功率密度高·体积小

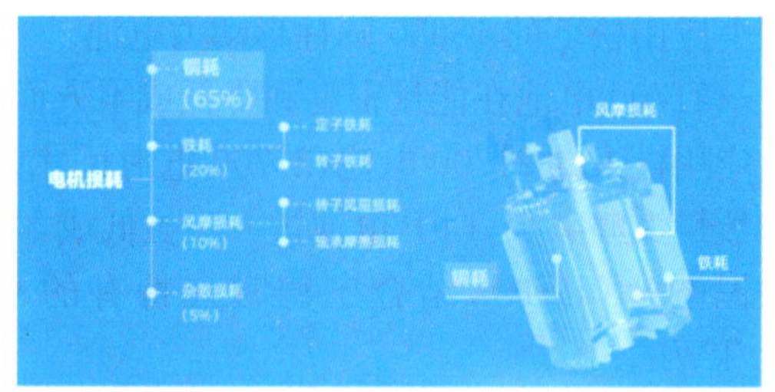

图 2-22　扁线电阻小以降低铜耗

③ 电控技术

率先使用新一代 SiC 功率器件。特斯拉是第一家集成全碳化硅 SiC 功率模块的车企，如图 2-23 所示。Model 3 逆变器由 24 个功率模块组成，为达到更好的连接效果，特斯拉采用了大量的激光焊接工艺。与特斯拉 Model S 相比，Model 3 逆变器效率从 82%提升至 90%，对续航里程数提升显著，同时可降低传导损耗和开关损耗。

24 SEMI-CUSTOM MOODULES

CUSTOM DC LINK CAPACITOR

图 2-23　Model 3 采用全 SiC 逆变器

自主研发的 BMS 系统实现精确控制，如图 2－24 所示。特斯拉 2008～2015 年间的核心知识产权大多与 BMS 相关，特斯拉在每个电池片、电池组整体及整车层面均设置有监控板，以监控电池电压和温度，已经实现了对超过 7 000 节电池单体的有效管理，电池的可靠性与安全性得到充分认证。另外，特斯拉 BMS 电池管理系统中包含 4 个核心芯片，其中两个 38 针芯片是特斯拉自研，独有的技术可对电池单体的荷电状态进行精准的估测和一致性控制。

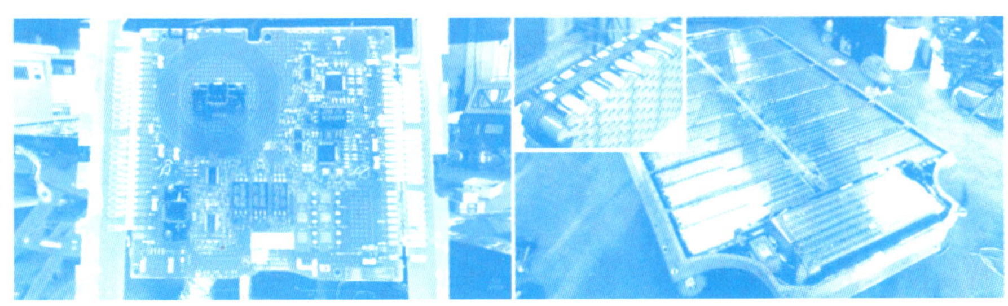

图 2－24　特斯拉 BMS 系统及控制单元

④ 超充桩布局

充电桩分布密集。2012 年特斯拉在美国为 Model S 配套了第一批超级充电桩，之后在全球范围拓展充电网络，如图 2－25 所示。而在国内，特斯拉超级充电站数量突破 900 座，超级充电桩超过 6 900 桩，搭配 700 多个目的地充电站、1 700 多个目的地充电桩，特斯拉充电网络已覆盖中国 320 个以上的城市。

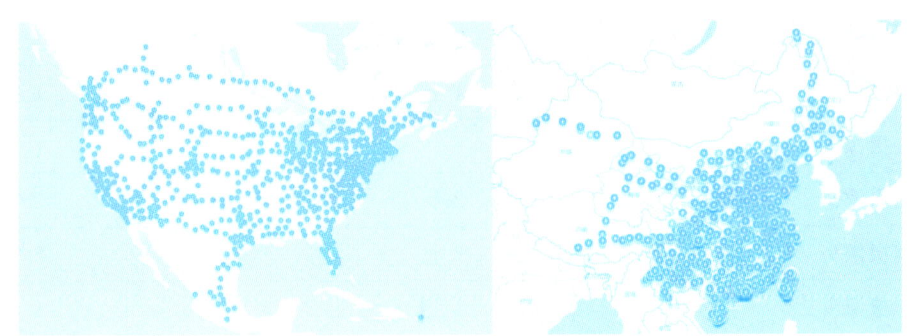

图 2－25　特斯拉全球充电站布局

(2) 汽车底层架构设计

特斯拉重构 EEA 架构(如图 2－26)，是真正的汽车底层革命。传统汽车的每项功能都由独立的 ECU 进行控制，随着车辆电子化程度越来越高，汽车 ECU 的应用数量急速增加，增加成本与能耗，造成算力的冗余浪费；大量分离的嵌入式 OS 和应用程序 Firmware，由不同 Tier1 提供，软、硬件强耦合，语言和编程风格迥异，功能更新需同步升级软、硬件，导致没法统一维护和 OTA 升级。特斯拉对 EEA 架构进行了全面彻底的自主研发，率先定义了下一代电子电气架构的形态。在 Model 3 中，整个 EEA 架构被整合为非常简洁的三大部分(如图 2－27)：中央计算模块(CCM)、左车身控制模块(BCMLH)和右车身控制模块(BCMRH)。其中中央计算模块完全整合了 ADAS 域、信息娱乐系统域和通信系统域，左车身和右车身控制模块分别整合了车身与便利域、底盘与安全域和动力总成域。域控制器尽可能集中，EEA 架构更抽象化、标准化，实现了软硬件的解耦。电子电气架构的改变，是真正底层的革命。其带来最重要的改变，就是智能汽车可以实现 OTA(Over-the-Air)升级。

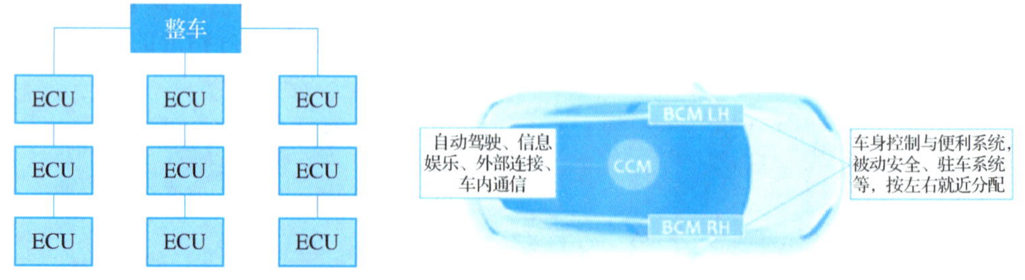

图 2-26　传统分布式 EEA 架构　　　图 2-27　特斯拉域集中式 EEA 架构

(3) 特斯拉 Autopilot 系统

特斯拉是全球第一家具备自研芯片能力的车企。特斯拉是全球最早推出自动驾驶的车企(见表 2-3)。

表 2-3　特斯拉 Autopilot 系统演进历程

时间	2014 年 1 月	2016 年 1 月	2017 年 8 月	2019 年 4 月
系统版本	Autopilot 1.0	Autopilot 2.0	Autopilot 2.5	Autopilot 3.0
硬件版本	HW1.0	HW2.0	HW2.5	HW3.0
决策控制冗余	无	部分	完整	完整
毫米波雷达	1 个	1 个	1 个	1 个
后视摄像头	1 个	1 个	1 个	1 个
侧后摄像头	无	2 个	2 个	2 个
侧前摄像头	无	2 个	2 个	2 个
前置摄像头	1 个	1 个	1 个	1 个
超声波雷达	12 个	12 个	12 个	12 个
计算平台	MobileEye EyeQ3	Nvidia drive PX2	Nvidia drive PX2+	Tesla FSD
定位模块	/	/	有	有
性能(TOPS)	36	24	24	144

其自动驾驶系统 Autopilot 自推出至今历经四代，2014 年推出 Autopilot 1.0，搭载 Mobileye Q3 芯片，实现全速自适应巡航、车道保持、紧急制动、变道辅助、自动泊车等 L2 级别功能；2016 年推出 Autopilot 2.0，增加传感器数量，搭载英伟达 Drive PX2 芯片，实现 L2+级功能。2019 年推出 Autopilot 3.0 时，即开始使用自研芯片 FSD 替代英伟达 Drive PX2，拥有每秒可处理 2300 帧的图像处理能力，是 HW2.5 版本的 21 倍，可实现 L2++级自动驾驶功能，而算力 216TOPS 的 HW4.0 芯片也在 2022 年投入量产，继续保持领先地位。

(4)“硬件预埋＋软件收费”商业模式

“硬件预埋＋软件收费”的商业模式将成主流。智能化时代，消费者的驾驶将变得更加简单，增加了用户在车内的“剩余时间”，进而具备将时间变现的可能，车企后端的软件服务收费业务潜力巨大。特斯拉正在利用其在电动汽车方面的成本领先优势，积极扩大用户群。随着特斯拉销量的上涨，“硬件预埋＋软件收费”的商业模式，将为特斯拉的营收贡献重要力量。

特斯拉的软件收入由 3 块业务组成，分别是车联网功能、OTA 付费升级和 FSD 自动驾驶功能，如图 2－28 所示。

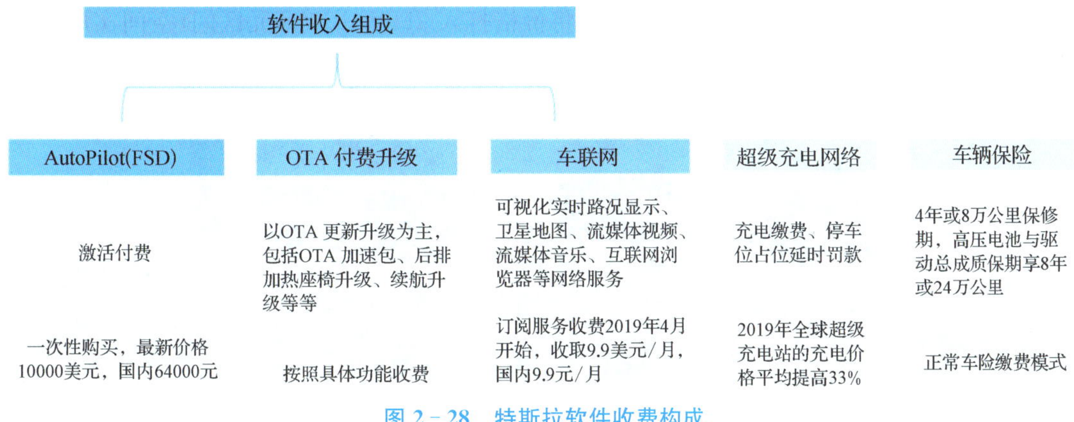

图 2－28　特斯拉软件收费构成

(5)一体压铸技术

压铸是将熔化状态金属在模具内加压冷却成型的精密铸造方法，相比传统的冲压-焊装工艺，具备高效、高精度的优势。大众、宝马等车企已逐步应用压铸件替代传统钣金件，但受固有工艺流程及压铸机规格限制，冲压-焊接仍是白车身的主流制造工艺。

特斯拉率先采用一体压铸技术。特斯拉在 2019 年申请了“汽车车架的多向车身一体成型铸造机和相关铸造方法”的技术专利，并开发出独家的适用于一体压铸的铝合金配方，稳定性强，成型效果好，为一体压铸做好技术储备。随后联合大型压铸设备头部供应商力劲科技，研发出 6 000 吨级压铸设备 Giga Press，在四座超级工厂都进行了布局。2020 年开始采用一体压铸成型的工艺生产 Model　Y 的整个后部车体，如图 2－29 所示。

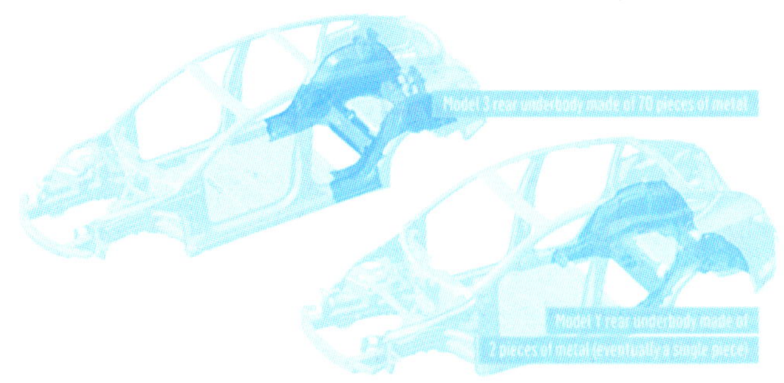

图 2－29　Model　Y 采用一体压铸后零件数大幅减少

3. Model　Y 加速替代燃油车

Model　Y 是特斯拉第四款大规模量产车型。特斯拉 Model　Y 是基于 Model 3 研发的一款中型5座SUV(可选装7座),如图2-30所示,于北京时间2019年3月15日在洛杉矶发布,2020年一季度开始在美国交付,目前在美国有标准续航版(3.4万美元)、长续航版(4.4万美元)以及高性能版(5.1万美元)三种版型。2021年1月1日在国内发售国产的长续航版和高性能版,7月8日发售标准续航版。

Model Y有望成为特斯拉销量最多的车型。Model Y基于Model 3打造,有75%~80%的组件可共用,拥有同样的外观和内饰设计,智能化和驾驶体验一致。且Model Y将大规模采用一体式压铸工艺,提高产品质量的同时节约生产成本,可让利给用户,增强车型售价吸引力。标续版Model Y的上市直接将价格打入25万~30万元区间,空间实用性高于Model 3,见表2-4所示,潜在市场大于Model 3,有望成为特斯拉最走量的车型。

图2-30 Model Y与Model 3造型风格一致

表2-4 Model Y与Model 3配置对比

	Model 3标准续航版改款	Model Y标准续航版
指导价(万元)	25.174	29.2
补贴后售价(万元)	23.59	27.6
上市时间	2021年1月	2021年7月
交付时间	2021年1月	2021年8月
尺寸(mm)	4 694×1 850×1 443	4 750×1 921×1 624
轴距(mm)	2 875	2 890
驱动方式	后驱	后驱
总功率/kW	220	220
总扭矩/N·m	440	440
续航里程/km	468	525
电池类型	磷酸铁锂	磷酸铁锂
带电量/kWh	55	60
最高时速(kW/h)	225	217
百公里加速时间/s	5.6	5.6

三、大众纯电动汽车

1. MEB是大众转型新能源的重要平台

大众电动化战略:大众汽车截至2020年基于现有车型推出10款新能源车型版本,到2022年底,大众汽车旗下所有子品牌VW、奥迪、斯柯达、西雅特等累计发布27款基于MEB

平台生产的车型。至2023年大众推出10款纯电动ID家族车型，截至2025年大众汽车计划达到每年销售100万电动车的目标，在中国市场销售车型将有25%～30%为纯电动车型。截至2028年将推出70款电动车，并将计划销量由1 500万提升至2 200万辆。大众集团首席执行官表示，2020年起大众后期基于MEB平台打造的电动车累计产量将达到5 000万辆。

大众的MEB平台是模块化电气化工具Modular Electrification Toolkit的缩写，MEB平台是大众首个模块化传统车平台MQB向电动化进化的平台，结构层面来看，与大众传统燃油车模块化平台MQB相比，MEB去除了传统燃油车底盘需要的横向设计、前置发动机、前轮驱动的布局，将电池以及电机融入底盘架构，采取平板式电池模组布置于车轴两侧，其外观类似于一块“巧克力”，位于底盘中央，前桥与后桥之间，一方面可实现载荷的均匀分布，同时电池可实现前驱、后驱以及四驱，此外，由于省略了前置发动机、复杂的变速箱以及配套的传动系统，因此，车身在相同的车长情况下可以拥有更长的轴距和更短的前后悬挂。

MEB平台模块化程度较高，动力层面，后期所有基于MEB生产的车型根据车型是后驱还是四驱可提供两套标准的动力传统系统，但是仅采用一款通用的动力电子系统，且所有车型仅配备一款永磁同步电机，如图2-31所示。

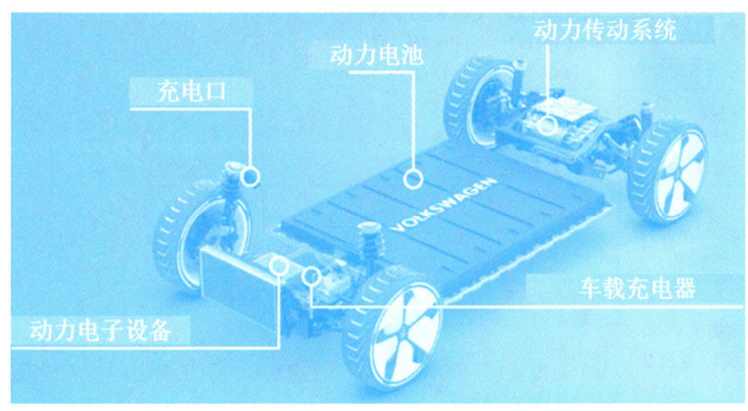

图2-31　大众MEB平台示意图

MEB采用3区域的域控EEA架构，从目前披露的大众MEB的EEA架构来看，大众主要是基于3个ICAS域控系统：

ICAS1：主要是车内应用服务，依靠网关进行传递的ECU，包括车身控制、电动系统、高压驱动系统、舒适系统、灯具系统，全部引入车身应用的服务单元里；

ICAS2：支持高级自动驾驶功能，有单独的自动驾驶域控制器；

ICAS3：娱乐系统的域控制器，把导航系统、仪表系统、抬头显示、智能座舱，即所有算法和硬件放入第三个域控制器。

2. MEB延续性强，产品外观改善，成本下降，续航里程提升

MEB平台因其模块化能力较强而具备较好的延展性，目前发布的基于MEB平台打造的新能源车型其最高续航里程将达到550多公里，并且全部搭载vw.OS操作系统。MEB平台车型包括轿车、SUV、MPV以及部分商用车，可实现紧凑型到中大型的跨越，同时不局限于大众品牌，还将涵盖斯柯达、西雅特以及奥迪等高端品牌。首批车型主要包括奥迪

Q4e-tron，大众 ID. CROZZ、ID. 3，西雅特 EL - BORN，斯柯达 Vision E、ID. BUZZ、ID.BIZZION等。

通过对大众 MEB2020～2022 年上市部分车型的分析(见表 2 - 5)，我们认为这些车型具备以下共性：

表 2 - 5　大众 MEB 平台新能源车型与竞品续航里程对标分析

品牌	子品牌	车型						
特斯拉	—	Model S 660(国际工况法)	Model X 575(国际工况法)	Model 3 445/590/595(国际工况法)	Model Y 480/505(WLTP标准)	皮卡 403/483/805(EPA标准)		
蔚来	—	EST 610(NEDC标准)	ES8 580(NEDC标准)	EC6 615(NEDC标准)				
大众	VW	ID.3 330/420/550(WLTP标准)	ID.4(ID. CROZZ)500(NEDC 标准)	ID.BUZZ Concept 600(NEDC标准)/435(EPA 标准)	ID. Vizzion Concept 665(NEDC标准)	ID.ROOMZZ(ID.Lounge) 450(WLTP标准)	ID.SPACE VIZZION 590(WLTP标准)	BUDD-e 533(NEDC标准)
	斯柯达	VISION E Concept 500	VISION iV 500(WLTP标准)	CITIGO-e iV 260(WLTP标准)				
	奥迪	Q4 e-tron 450(WLTP标准)	e-tron Sback 347/446(WLTP 标准)					
	西雅特	el-born 420(WLTP标准)						
比亚迪	—	唐 EV600 600(等速法)	秦 Pro - EV500 420(工况法)	e1 305(工况法)	e2 305/405(工况法)	e3 305/405(工况法)	s2 305(工况法)	

第一，续航里程大幅度提升，普遍达到 500 km 以上。大众推出的国产纯电动车型续航里程均低于 300 km(上汽大众朗逸续航里程为 278 km，一汽大众纯电动高尔夫续航里程为 270 km)，后续车型高配版本的续航里程普遍达到 450～600 km。与对标车型特斯拉、蔚来、比亚迪的核心车型相当。MEB 平台车型的续航里程大幅度显著提升主要由于 MEB 是专门针对新能源汽车的独立平台，而且之前大众国产车型的新能源均是基于原传统车平台打造，由于新能源独立平台的结构有所差异，车身搭载的电池数量大幅度提升。基于 MEB 平台打造的 ID 车型的基本续航里程是 350 km，最高可提升至 665 km。

第二，外观内饰相较传统车改动较大，更加具备科技感，如图 2 - 32 和图 2 - 33 所示。基于 MEB 的新能源车型外观普遍更加具有运动感和科技感，体现在造型上，整体偏圆润，前脸均取消原传统燃油车使用的横拉式进气格栅而采用封闭式进气格栅，车身流线感加强，前后均大部分采用贯穿式大灯等设计，采用五辐式轮毂。内饰层面则普遍做了较大简化，整体设计理念更加向造车新势力靠拢。

图 2-32 ID.3 外观(侧面)

图 2-33 ID.3 内饰

第三,成本显著下降。纵向比较来看,以车型类似的 ID.3(基于 MEB 平台)与纯电动版高尔夫(基于 MQB 平台)进行比较,据大众 CEO Herbert Diess 表示,ID.3 成本比纯电动版高尔夫大约便宜 40%。成本大幅度下降主要由于 MQB 平台虽然能够兼容新能源车型,但是重心仍是传统燃油车系统的平台架构,而 MEB 由于专门为新能源车型打造,结构布局等更加合理化,同时模块化研发、采购、设计也使得 MEB 平台具备横向比较的成本相对优势,见表 2-6 所示。

表 2-6 近期大众车型规划及对应产品性能参数

品牌	车型	级别	长宽高(mm)	轴距(mm)	续航里程(km)	电池功率(kWh)	充电时间(min)
VW	ID.3	紧凑级两厢车	4 260/1 810/1 550	2 765	330/420/550(WLTP 标准)	45/58/77	30(290 公里)
VW	ID.4(ID. CROZZ)	紧凑级 SUV	4 625/1 890/1 608	2 774	500(NEDC 标准)	83	30(80%,快速充电)
VW	ID.BUZZ Concept	紧凑级 MPV(4~8 座小型客车)	4 941/1 979/1 963	3 300	600(NEDC 标准)/435(EPA 标准)	111	30(80%,快速充电)
VW	ID.Vizzion Concept	全尺三厢车	5 163/1 947/1 506	3 100	665(NEDC 标准)	111	—
VW	ID. ROOMZZ	全尺寸跨界 SUV	4 930/1 903/1 675	2 965	450/600(WLTP 标准)	77/111	30(80%,快速充电)
VW	ID.SPACE VIZZION	紧凑级跨界 SUV	4 958/1 897/1 529	2 964	590(WLTP 标准)	82	30(80%,快速充电)
VW	BUDD-e	MPV	4 597/1 938/1 834	3 152	533(NEDC 标准)	101	30(80%,快速充电)
奥迪	Q4 e-tron	紧凑级跨界 SUV	4 590/1 900/1 610	2 770	450(WLTP 标准)	82	30(80%,快速充电)
斯柯达	CITIGO-e iV	次紧凑级两厢车	3 597/1 926/1 645	2 765	260(WLTP 标准)	32.2	1 小时(80%,40 kW,快速充电)

ID.3 是大众基于 MEB 平台打造的首款车型，定位紧凑型纯电动轿车，车型长宽高分别为 4 261 mm、1 809 mm、1 552 mm，轴距为 2 765 mm，整体车长与 Golf 相近，但得益于纯电动平台带来优势，其轴距更大，且车内无中央通道，内部空间显著提升，见表 2－7 所示，如图 2－34、图 2－35 所示。

表 2－7 ID.3 电动车技术参数

电动机	后置永磁单电动机　最大功率：150 kW
蓄电池	锂离子蓄电池电池容量分别为 45 kWh/58 kWh/77 kWh
续航里程	续航里程分别为 330 km/420 km/550 km
充电时间	直流快充时 30 分钟便可充入续航 290 公里所需的电量

图 2－34 ID.4 外观(正面)

图 2－35 ID.4 外观(侧面)

ID.4 基于 ID.CROZZ Concept 打造，该车型同样基于 MEB 平台，ID.4 比 ID.3 尺寸更大，定位紧凑型 SUV，车型长宽高分别为 4 565 mm、1 845 mm、1 621 mm，轴距为 2 765 mm，见表 2－8所示，如图 2－36、图 2－37 所示。

表 2－8 ID.4 电动车技术参数

电动机	前、后轴搭载两台电机　224 kW
蓄电池	锂离子蓄电池电池容量分别为 58 kWh/83 kWh
续航里程	续航里程分别为 330 km/500 km
充电时间	30 min 可充电完成 80%

图 2－36 Q4 e-tron 外观(正面)

图 2－37 Q4 e-tron 外观(侧面)

Q4 e-tron 是奥迪首款基于 MEB 平台打造的车型，相对于由保时捷纯电平台(J1)打造的 e-tron 车型更加平民化。Q4 e-tron 定位紧凑型跨界 SUV，车身介于 Q3 和 Q5 之间，车

型长宽高分别为 4 590 mm、1 900 mm、1 610 mm，轴距为 2 770 mm，尺寸与 Q5 相当，见表 2－9所示，如图 2－38、图 2－39 所示。

表 2－9　Q4 e-tron 电动车技术参数

电动机	搭载 quattro 电动四驱系统，前后分别配备一台感应异步电机和一台永磁同步电机，综合输出功率 225 kW
蓄电池	锂离子蓄电池　电池容量：82 kWh
续航里程	续航里程最大为 450 km
充电时间	直流快充时 30 分钟可充电完成 80%

图 2－38　斯柯达 CITIGOe iV 外观（正面）

图 2－39　斯柯达 CITIGOe iV 外观（侧面）

斯柯达 CITIGOe iV 是大众旗下 e-Up 车和未来的 eMii 的姊妹款，为 MEB 平台产品，定位次紧凑型微型车，车型长宽高分别为 3 597 mm、1 926 mm、1 645 mm，轴距为 2 765 mm，见表 2－10 所示。

表 2－10　斯柯达 CITIGOe iV 电动车技术参数

电动机	搭载 quattro 电动四驱系统，前后分别配备一台感应异步电机和一台永磁同步电机，综合输出功率 225 kW
蓄电池	锂离子蓄电池　电池容量：82 kWh
续航里程	续航里程最大为 450 km
充电时间	直流快充时 30 分钟可充电完成 80%

模块二　混合动力电动汽车

混合动力电动汽车是燃油汽车向纯电动汽车发展过程中的过渡车型，目前技术相对成熟，其中丰田、比亚迪和本田混合动力电动汽车为市场主流品牌。

【知识点 1】　混合动力电动汽车的定义与分析

一、混合动力电动汽车的定义

国际电子技术委员会对混合动力车辆的定义为：在特定的工作条件下，可以从两种或两种以上的能量存储器、能量源或能量转化器中获取驱动能量的汽车，其中至少一种存储器或转化器要安装在汽车上。混合动力电动汽车至少有一种能量存储器、能量源或能量转化器可以传递电能。串联式混合动力车辆只有一种能量转化器可以提供驱动力，并联式混合车辆则不止由一种能量转化器提供驱动力。

二、混合动力电动汽车的分类

混合动力电动汽车分类方法较多，这里主要介绍以下 6 种分类方法。

1. 按照动力系统结构形式划分

根据混合动力电动汽车零部件的种类、数量和连接关系，可以将其分为串联式混合动力电动汽车（SHEV）、并联式混合动力电动汽车（PHEV）和混联式混合动力电动汽车（PSHEV）。

串联式混合动力电动汽车是指车辆行驶系统的驱动力只来源于电动机的混合动力电动汽车。它的结构特点是发动机带动发电机发电，电能通过电机控制器输送给电动机，由电动机驱动汽车行驶。另外，动力电池也可以单独向电动机提供电能驱动汽车行驶。

并联式混合动力电动汽车是指车辆行驶系统的驱动力由电动机及发动机同时或单独供给的混合动力电动汽车。它的结构特点是并联式驱动系统可以单独使用发动机或电动机作为动力源，也可以同时使用电动机和发动机作为动力源驱动汽车行驶。

混联式混合动力电动汽车是指具备串联式和并联式两种混合动力系统结构的混合动力电动汽车。它的结构特点是可以在串联混合模式下工作，也可以在并联混合模式下工作，兼顾了串联式和并联式的特点。

2. 按照混合度划分

按照电动机相对于燃油发动机的功率比大小，可以将其分为微混合型混合动力电动汽车、轻度混合（弱混合）型混合动力电动汽车、中度混合型混合动力电动汽车和重度混合（强混合）型混合动力电动汽车。

微混合型混合动力电动汽车是以发动机为主要动力源，不具备纯电动行驶模式的混合动力电动汽车。只具备停车怠速停机功能的混合动力电动汽车是一种典型的微混合模式。一般情况下，电动机的峰值功率和发动机的额定功率比≤5%。

轻度混合（弱混合）型混合动力电动汽车是以发动机为主要动力源，电动机作为辅助动力，在车辆加速和爬坡时，电动机可向车辆行驶系统提供辅助驱动力矩，但不能单独驱动车辆行驶的混合动力电动汽车。一般情况下，电动机的峰值功率和发动机的额定功率比为5%～15%。

中度混合型混合动力电动汽车是以发动机和/或电动机为动力源的混合动力电动汽车。一般情况下，电动机的峰值功率和发动机的额定功率比为 15%～40%。

重度混合（强混合）型混合动力电动汽车是以发动机和/或电动机为动力源，且电动机可以独立驱动车辆行驶的混合动力电动汽车。一般情况下，电动机的峰值功率和发动机的额定功率比>40%。

3. 按照外接充电能力划分

按照是否能够外接充电，可分为可外接充电型混合动力电动汽车和不可外接充电型混合动力电动汽车。

可外接充电型混合动力电动汽车是一种被设计成可以在正常使用情况下从非车载装置

中获取能量的混合动力电动汽车。不可外接充电型混合动力电动汽车是一种被设计成在正常使用情况下从车载燃料中获取全部能量的混合动力电动汽车。

4. 按照行驶模式的选择方式划分

按照行驶模式的选择方式划分，可分为有手动选择功能的混合动力电动汽车和无手动选择功能的混合动力电动汽车。

有手动选择功能的混合动力电动汽车是指具备行驶模式手动选择功能的混合动力电动汽车，车辆可选择的行驶模式包括热机模式、纯电动模式和混合动力模式三种。

无手动选择功能的混合动力电动汽车是指不具备行驶模式手动选择功能的混合动力电动汽车，车辆的行驶模式根据不同工况自动切换。

5. 按照车辆用途划分

按照车辆用途划分，可以分为混合动力电动乘用车、混合动力电动客车和混合动力电动货车。

6. 按照与发动机混合的可再充电能量储存系统划分

按照与发动机混合的可再充电能量储存系统不同，可以划分为动力蓄电池式混合动力电动汽车、超级电容器式混合动力电动汽车、机电飞轮式混合动力电动汽车和动力蓄电池与超级电容器组合式混合动力电动汽车。

【知识点 2】　混合动力电动汽车的结构原理

一、串联式混合动力电动汽车

1. 串联式混合动力汽车结构

串联式混合动力电动汽车系统结构如图 2－40 所示，它主要由发动机、发电机、电动机和蓄电池组等部件组成。发动机仅用于发电，发电机发出的电能通过电动机控制器直接输送到电动机，由电动机产生的电磁力矩驱动汽车行驶。发电机发出的部分电能向蓄电池充电，以延长混合动力电动汽车的行驶里程。另外蓄电池还可以单独向电动机提供电能驱动电动汽车，使混合动力电动汽车在零污染状态下行驶。

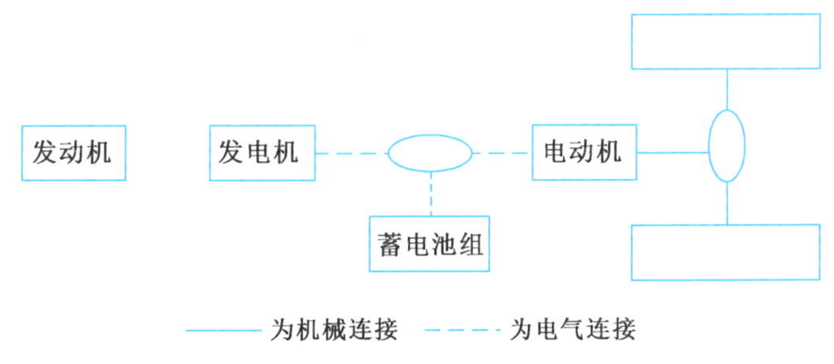

图 2－40　串联式混合动力电动汽车系统结构

在串联式混合动力电动汽车上，由发动机带动发电机所产生的电能和蓄电池输出的电能，共同输出到电动机来驱动汽车行驶，电力驱动是唯一的驱动模式。动力流程图如图 2－41所示。电动机直接与驱动桥相连，发动机与发电机直接连接产生电能，来驱动电动机或者给蓄电池充电，汽车行驶时的驱动力由电动机输出，将存储在蓄电池中的电能转化为车

轮上的机械能。当蓄电池的荷电状态 SOC 降到一个预定值时，发动机即开始对蓄电池进行充电。发动机与驱动系统并没有机械地连接在一起，这种方式可以很大程度地减少发动机所受到的车辆瞬态响应。瞬态响应的减少可以使发动机进行最优的喷油和点火控制，使其在最佳工况点附近工作。

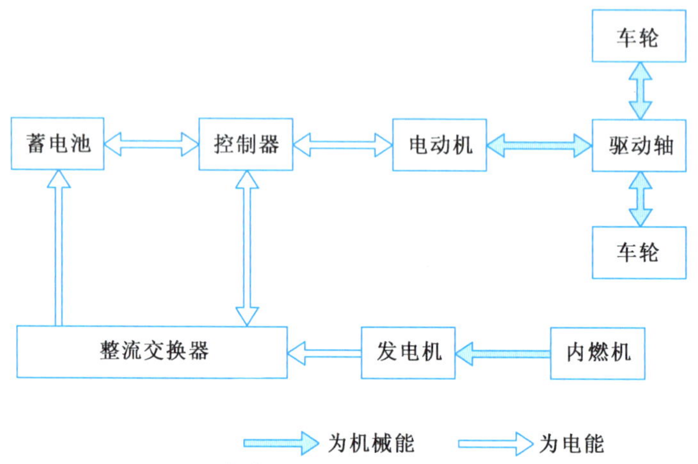

图 2-41　串联式混合动力电动汽车动力流程图

2. 串联式混合动力电动汽车的工作模式(见表 2-11，如图 2-42)

(1) 当动力电池组具有较高的电量且动力电池组输出功率满足整车行驶功率需求时，串联混合动力电动汽车以纯电池组驱动模式工作，此时发动机—发电机组处于关机状态；

(2) 当汽车以纯电池组驱动行驶时，若汽车减速制动，电动/发电机工作于发电模式，实施再生制动，汽车制动能量通过再生发电回收到动力电池组中，即工作于再生制动充电模式；

(3) 当汽车加速或爬坡需要更大的功率输出且超出了动力电池组的输出功率限制时，发动机—发电机组启动发电，并同动力电池组一起输出电功率，实施混合动力驱动工作模式；

(4) 当动力电池组的电量不足且发动机—发电机组输出功率在驱动车辆的同时有富裕时，实施动力电池组强制补充充电工作模式；

(5) 当动力电池组的电量不足且发动机—发电机组处于发电状态时，若汽车减速制动，电动/发电机工作于再生制动状态，汽车制动能量通过再生发电与发动机—发电机组输出功率一起为动力电池组充电，实施动力电池组的混合补充充电；

(6) 当动力电池组的电量在目标范围内，且发动机—发电机组输出功率满足汽车行驶功率需求时，为提高串联混合动力系统的能量利用效率，采用纯发动机驱动工作模式，此时发动机—发电机组输出功率与汽车行驶功率需求相等；

(7) 若动力电池组的电量过低，为保证整车行驶的综合性能，需要对动力电池组进行停车补充充电，此时发动机—发电机组输出的电功率全部用于为动力电池组进行补充充电。

表 2－11　串联式混合动力汽车工作模式表

工作模式	发动机-发电机组	动力电池组	电机驱动系统
纯电池组驱动	关机	放电	电动
再生制动充电	关机	充电	发电
混合动力驱动	发电	放电	电动
强制补充充电	发电	充电	电动
混合补充充电	发电	充电	发电
纯发动机驱动	发电	—	电动
停车补充充电	发电	充电	停机

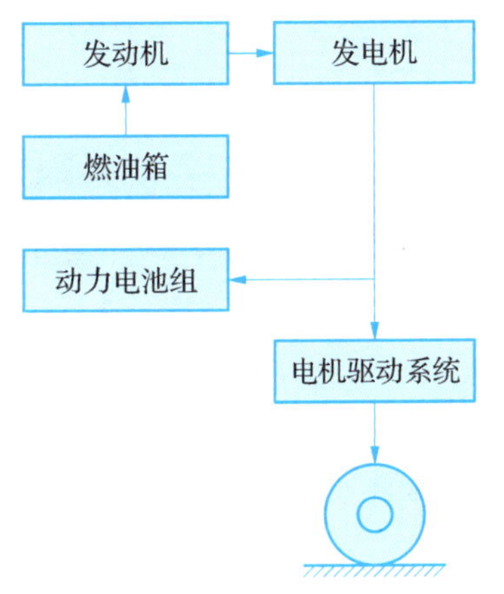

图 2－42　串联式混合动力汽车工作模式图

二、并联式混合动力电动汽车

1. 并联式混合动力汽车结构原理

并联式混合动力电动汽车系统结构如图 2－43 所示，它主要是由发动机、电动机/发电机和蓄电池等部件组成，有多种组合形式，可以根据使用要求选用。并联式混合动力系统采用发动机和电动机两套独立的驱动系统驱动车轮。发动机和电动机通常通过不同的离合器来驱动车轮，可以采用发动机单独驱动、电动机单独驱动或者发动机和电动机混合驱动三种工作模式。当发动机提供的功率大于车辆所需驱动功率时或者当车辆制动时，电动机工作于发电机状态，给蓄电池充电。发动机和电动机的功率可以互相叠加，发动机功率和电动机/发电机功率为电动汽车所需最大驱动功率的 50%～100%，因此，可以采用小功率的发动机与电动/发电机，使得整个动力系统的装配尺寸、质量都较小，造价也更低，行程也可以比串联式混合动力电动汽车的长一些，其特点更加趋近于内燃机汽车。并联式混合动力驱动系统通常被应用在小型混合动力电动汽车上。

并联式驱动系统的动力流程图如图 2－44 所示。发动机和电动机通过某种变速装置同时与驱动桥直接相连接。电动机可以用来平衡发动机所受的载荷，使其能在高效率区域工作,因为通常发动机工作在满负荷(中等转速)下燃油经济性最好。当车辆在较小的路面载荷下工作时,内燃机车辆的发动机燃油经济性比较差,而并联式混合动力电动汽车的发动机此时可以被关闭掉而只用电动机来驱动汽车,或者增加发动机的负荷使电动机作为发电机,给蓄电池充电以备后用(即一边驱动汽车,一边充电)。由于并联式混合动力电动汽车在稳定的高速下,发动机具有比较高的效率和相对较小的质量,因此,它在高速公路上行驶具有比较好的燃油经济性。

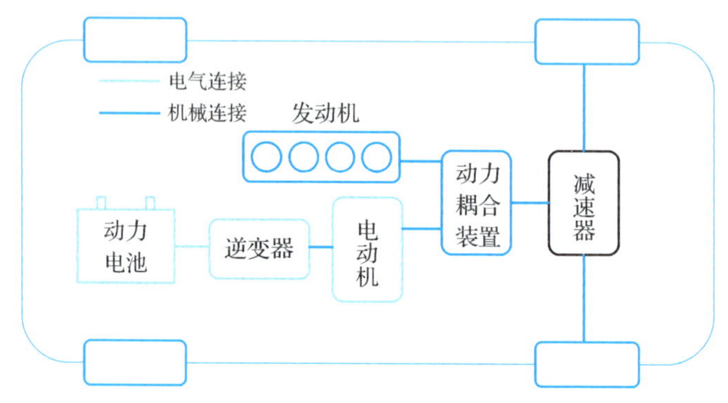

图 2-43　并联式混合动力电动汽车系统结构

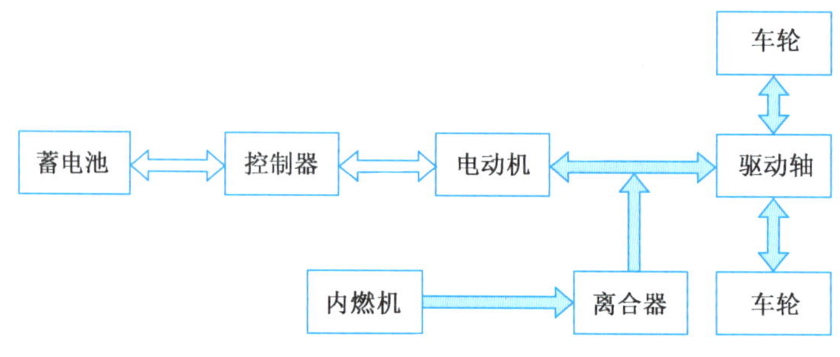

图 2-44　并联式混合动力电动汽车动力流程图

并联式驱动系统有两条能量传输路线,可以同时使用电动机和发动机作为动力源来驱动汽车,这种设计方式可以使其以纯电动汽车或低排放汽车的状态运行,但是此时不能提供全部的动力能源。

2. 并联式混合动力电动汽车工作模式(见表 2-12,如图 2-45)

(1) 当动力电池组具有较高的电量且动力电池组输出功率满足整车行驶功率需求或整车需求功率较小时,为避免发动机工作于低负荷和低效率区,并联式混合动力电动汽车以纯电动机驱动模式工作,此时发动机处于关机状态;

(2) 当汽车以纯电动机驱动行驶时,若汽车减速制动,电动/发电机工作于再生制动状态,汽车制动能量通过再生发电回收到动力电池组中,即工作于再生制动充电模式;

(3) 当汽车加速或爬坡需要更大的功率输出时,发动机启动工作,并同电动机一起输出机械功率,经机电耦合装置后联合驱动汽车行驶,实施混合动力驱动工作模式;

(4) 当动力电池组的电量不足且发动机输出功率在驱动汽车的同时并有富余时,电动/

发电机工作于发电模式，实施动力电池组强制补充充电工作模式；

(5) 当动力电池组的电量在目标范围内，且发动机输出功率满足汽车行驶功率需求时，为提高并联混合动力系统的能量利用效率，采用纯发动机驱动工作模式，此时发动机输出功率与汽车行驶功率需求相等；

(6) 若动力电池组的电量过低，为保证整车行驶的综合性能，需要对动力电池组进行停车补充充电，此时发动机输出的电功率全部用于为动力电池组进行补充充电，电动/发电机工作于发电模式。

表 2－12　并联式混合动力汽车工作模式分析表

工作模式	发动机	动力电池组	电机驱动系统
纯电动机驱动	关机	放电	电动
再生制动充电	—	充电	发电
混合动力驱动	机械动力输出	放电	电动
强制补充充电	机械动力输出	充电	发电
纯发动机驱动	机械动力输出	—	—
停车补充充电	机械动力输出	充电	发电

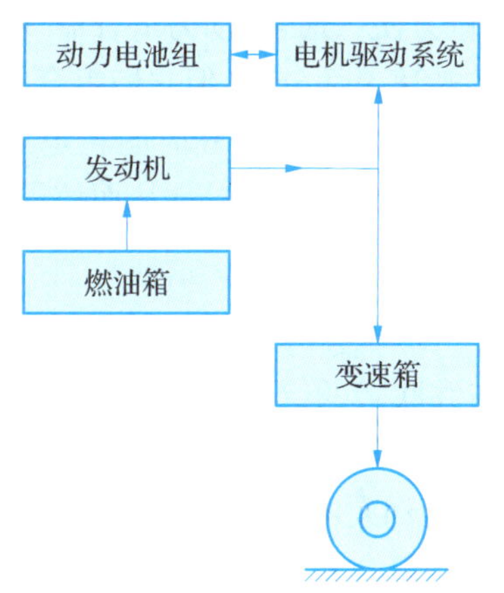

图 2－45　并联式混合动力汽车工作模式图

3. 并联式驱动系统动力合成装置

并联式驱动系统的主要元件为动力合成装置，由于动力合成的实现方法具有多样性，相应的动力传动系统结构也多种多样，通常可归类为驱动力合成式、转矩合成式和转速合成式。

(1) 驱动力合成式。驱动力合成式并联混合动力电动汽车示意图，如图 2－46(a)所示。其采用一个小功率的发动机，单独地驱动汽车的前轮。另外一套电动机驱动系统单独地驱动汽车的后轮，可以在汽车起动、爬坡或加速时增加混合动力电动汽车的驱动力。两套驱动系统可以独立驱动汽车，也可以联合驱动汽车，使汽车变成四轮驱动的电动汽车。此种混合动力电动汽车具有四轮驱动汽车的特性。

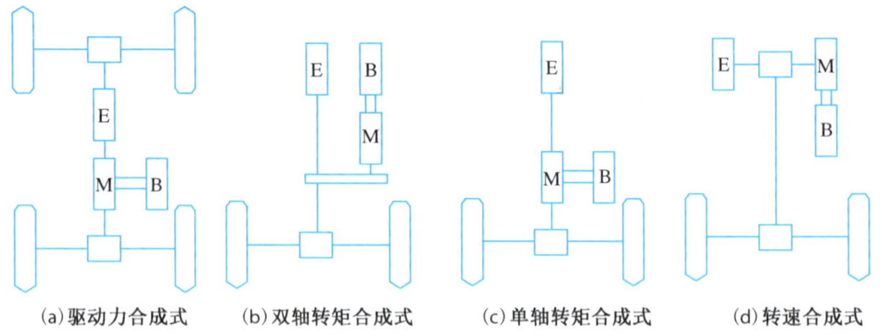

图 2-46　并联式混合动力电动汽车的驱动方式

E-发动机；M-电动机；B-蓄电池。

(2) 转矩合成式(双轴式和单轴式)。转矩合成式并联混合动力电动汽车示意图，如图 2-46(b)、2-46(c)所示。发动机通过传动系统直接驱动混合动力电动汽车，并直接(单轴式)或间接(双轴式)带动电动机/发电机转动，向蓄电池充电。蓄电池也可以向电动机/发电机提供电能，此时电动机/发电机转换成电动机，可以用来起动发动机或驱动汽车。

(3) 转速合成式。转速合成式并联混合动力汽车示意图，如图 2-46(d)所示。发动机通过离合器和一个"动力组合器"来驱动汽车，电动机也是通过"动力组合器"来驱动汽车，可以利用普通内燃机汽车的大部分传动系统的总成。电动机只需通过"动力组合器"与传动系统连接，结构简单、改制容易、维修方便。通常"动力组合器"就是一个行星齿轮机构，这种装置可以使发动机或电动机之间的转速灵活分配，但它们组合在特定的"动力组合器"中，因为"动力组合器"使它们的转矩固定在电动汽车行驶时的转矩上，调节发动机节气门的开度来与电动机的转速相互配合，才能获得最佳传动效果，从而使得控制装备变得十分复杂。

三、混联式混合动力电动汽车

1. 混联式混合动力汽车结构原理

混联式驱动系统是串联式与并联式的综合，其系统结构如图 2-47 所示，它主要由发动机、发电机、电动机、行星齿轮机构和蓄电池组等部件组成。发动机发出的功率一部分通过机械传动输送给驱动桥，另一部分则驱动发电机发电。发电机发出的电能输送给电动机或蓄电池，电动机产生的驱动力矩通过动力复合装置传送给驱动桥。混联式驱动系统的控制策略是：在汽车低速行驶时，驱动系统主要以串联方式工作；当汽车高速稳定行驶时，则以并联工作方式为主。

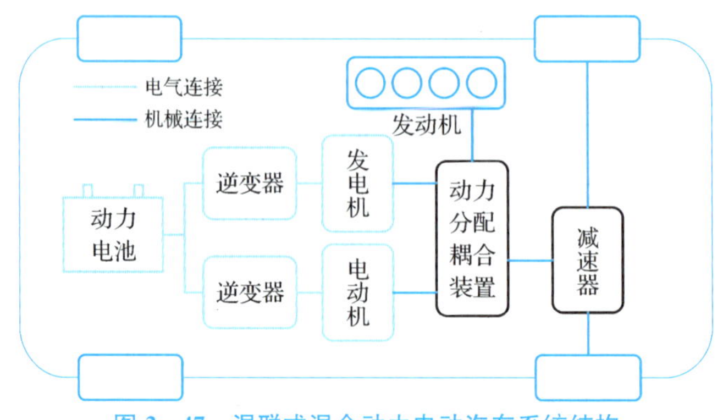

图 2-47　混联式混合动力电动汽车系统结构

目前，混联式混合动力结构一般采用行星齿轮机构作为动力分配装置。有一种最佳的混联式结构是将发动机、发电机和电动机通过一个行星齿轮装置连接起来，动力从发动机输出到与其相连的行星架，行星架将一部分转矩传送到发电机，另一部分传送到传动轴，同时发电机也可以驱动电动机来驱动传动轴。这种机构有两个自由度，可以自由地控制两个不同的速度。此时车辆并不是串联式或并联式，而是两种驱动形式同时存在，充分利用两种驱动形式的优点，其动力流程图如图 2－48 所示。

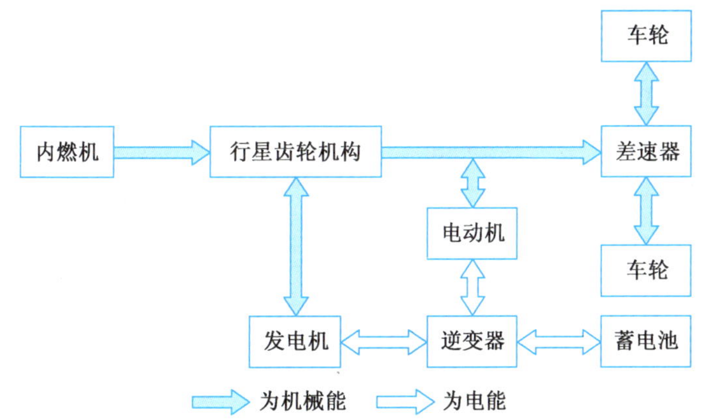

图 2－48　混联式混合动力电动汽车动力流程图

混联式驱动系统充分发挥了串联式和并联式的优点，能够使发动机、发电机、电动机等部件进行更多的优化匹配，从而在结构上保证了在更复杂的工况下使系统在最优状态下工作，所以更容易实现排放和油耗的控制目标，因此，是最具影响力的混合动力电动汽车。

与并联式相比，混联式的动力复合形式更复杂，因此，对动力复合装置的要求更高。目前的混联式结构一般以行星齿轮作为动力复合装置的基本构架。

2. 混联式混合动力汽车工作模式(见表 2－13，如图 2－49)

(1) 当动力电池组具有较高的电量且动力电池组输出功率满足整车行驶功率需求或整车需求功率较小时，为避免发动机工作于低负荷和低效率区，混联混合动力电动汽车以纯电动机驱动模式工作，发动机关机；

(2) 当汽车以纯电动机驱动行驶时，若汽车减速制动，电动/发电机工作于再生制动状态，汽车制动能量通过再生发电回收到动力电池组中，即工作于再生制动充电模式；

(3) 当汽车需求功率增加或动力电池组电量偏低时，发动机启动工作，若发动机输出功率满足汽车行驶功率且动力电池组不需要充电时，整车以纯发动机驱动模式工作，此时动力电池组既不充电也不放电，发动机输出的功率分两部分，一部分直接输出到驱动轮，一部分经过发电机、电动机转化后输出到驱动轮；

(4) 当汽车急加速需要更大的功率输出时，整车以混合动力驱动模式工作，此时发动机工作，动力电池组放电，发动机输出的功率分两部分，一部分直接输出到驱动轮，一部分经过发电机、电动机转化后输出到驱动轮，另外，动力电池组放电输出额外的电功率到电机控制器，使得电动机输出更大的功率，满足汽车总功率需求；

(5) 当动力电池组的电量不足且发动机输出功率在驱动汽车的同时并有富余时，实施动力电池组强制补充充电工作模式，此时，发动机工作，发动机输出的功率分两部分，一部分直接输出到驱动轮，一部分经过发电机、电动机转化后输出到驱动轮，一部分经过发电机后为动力电池组进行充电。

表 2-13　混联式混合动力工作模式分析表

工作模式	发动机	发电机	动力电池组	电动/发电机	整车状态
纯电动机驱动	关机	关机	放电	电动	驱动
再生制动充电	关机	关机	充电	发电	制动
纯发动机驱动	启动	发电	既不充也不放	电动	驱动
混合动力驱动	启动	发电	放电	电动	驱动
强制补充充电	启动	发电	充电	电动	驱动

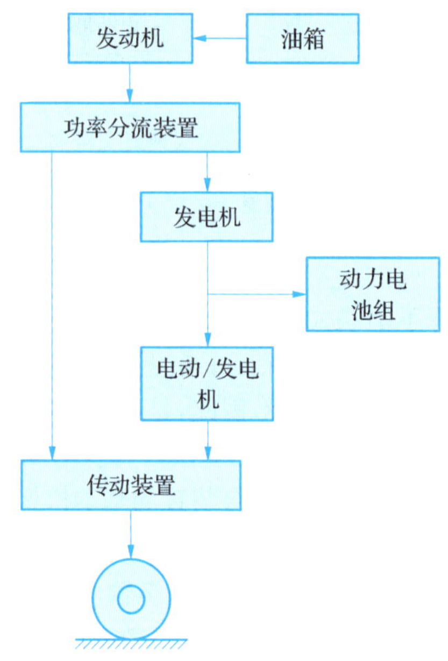

图 2-49　混联式混合动力工作模式图

【知识点 3】　混合动力电动汽车的特点

混合动力电动汽车是将原动机、电动机、能量存储装置（蓄电池）等组合在一起，它们之间的良好匹配和优化控制可充分发挥内燃机汽车和电动汽车的优点，避免各自的不足，混合动力电动汽车是当今最具实际开发意义的低排放和低油耗汽车。较之纯电动汽车，混合动力电动汽车具有如下优点。

（1）由于有原动机作为辅助动力，蓄电池的数量和质量可减少，因此，汽车自身重量可以减小。

（2）汽车的续驶里程和动力性可达到内燃机的水平。

（3）借助原动机的动力，可带动空调、真空助力、转向助力及其他辅助电器，不用消耗蓄电池组有限的电能，从而保证了驾车和乘坐的舒适性。

较之内燃机汽车，混合动力电动汽车具有如下优点。

(1) 可使原动机在最佳的工况区域稳定运行，避免或减少了发动机变工况下的不良运行，使发动机的排污和油耗大为降低。

(2) 在人口密集的商业区、居民区等地可用纯电动方式驱动车辆，实现零排放。

(3) 可通过电动机提供动力，因此，可配备功率较小的发动机，并可通过电动机回收汽车减速和制动时的能量，进一步降低汽车的能量消耗和排污。

显然，混合动力电动汽车研究开发的主要目的就是要减少石油能源的消耗，减少汽车尾气中的有害气体量，降低大气污染。

表 2-14 对不同类型的混合动力电动汽车在燃油经济性、尾气排放和控制难易程度等方面做了比较。表 2-15 对不同类型的混合动力电动汽车在驱动模式、传动效率、整车布置、适用条件等方面进行了比较。

表 2-14 不同类型的混合动力电动汽车类型的比较

项 目	串联式	并联式	混联式
公路行驶燃油经济性	较优	优	优
城市行驶燃油经济性	优	较优	优
无路行驶燃油经济性	较优	优	优
低排放性能	优	较优	较优
成本	低	较低	较低
复杂程度	简单	较复杂	复杂
控制难易程度	简单	较复杂	复杂

表 2-15 不同类型的混合动力电动汽车特点的比较

结构模型	串联式	并联式	混联式
动力总成	发动机、发电机、驱动电动机等三大动力总成	发动机、电动/发电机或电动机两大动力总成	发动机、电动/发电机、电动机等三大动力总成
驱动模式	电动机是唯一的驱动模式	发动机驱动模式、电动机驱动模式、发动机—电动机混合驱动模式	发动机驱动模式、电动机驱动模式、发动机—电动机混合驱动模式
传动效率	能量转换效率较低	传动效率较高	传动效率较高
制动能量回收	能够回收制动能量	能够回收制动能量	能够回收制动能量
整车总布置	三大动力总成之间没有机械式连接装置，结构布置的自由度较大，但三大动力总成的质量、尺寸都较大，一般在大型车辆上采用	发动机驱动系统保持机械式传动系统，发动机与电动机两大动力总成之间被不同的机械装置连接起来，结构复杂，使布置受到一定的限制	三大动力总成之间采用机械装置连接，三大动力总成的质量、尺寸都较小，能够在小型车辆上布置，但结构更加紧凑
适用条件	适用于大型客车或货车，适应在路况较复杂的城市道路和普通公路上行驶，更加接近电动汽车性能	适用于中小型汽车，适应在城市道路和高速公路上行驶，接近普通的内燃机汽车性能	适用于各种类型的汽车，适应在各种道路上行驶，更加接近普通的内燃机汽车性能

【知识点4】 混合动力电动汽车车型性能分析

一、比亚迪汽车混合动力车型

截至2023年，比亚迪插电式混合动力（PHEV）车型全球累计销量突破600万辆，连续三年稳居中国混动市场占有率第一（占比超40%）。其第四代DM（Dual Mode）技术通过骁云高效发动机、刀片电池与EHS电混系统，实现NEDC工况亏电油耗2.9 L/100 km，纯电续航最高达250 km（CLTC），重新定义插混技术标杆。

DM技术即Dual Mode技术，是比亚迪双模混合动力技术的简称，是一种开创性的插电混合动力技术。经过十余年经验积累、技术不断升级，比亚迪打造出了动力性能和经济性能同样出色的双模混合动力技术平台。

1. DM-i+DM-p双平台战略，覆盖多重场景

比亚迪在混动技术方面拥有丰富的研究经验，其混动技术于2004年启动研发，2008年推出第一款DM车型，DM混动技术发展至今，先后历经4次迭代。2021年1月，比亚迪发布了主打超低油耗的新一代混动系统——比亚迪DM-i混动系统，配合之前发布的主打超强动力的双擎四驱DM-p混动系统，构成了目前的"DM技术双平台战略"。

比亚迪是国内在混动系统研发方向起步较早的主机厂，自2008年发布第一代DM混动技术开始，其混动系统已经先后经历4轮迭代。此前，比亚迪的新一代混动系统已经发布了DM-p平台，DM-p延续了前三代混动系统的构型，主打"超强动力"，是对DM3的传承，如图2-50所示。

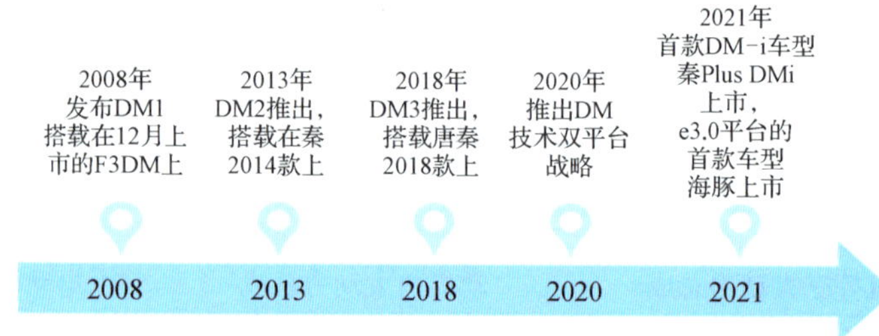

图2-50 比亚迪DM技术发展历程

DM-p技术成熟，性能强，已搭载量产新车汉DM上。而2021年1月最新发布的DM-i平台，采用新的双电机EHS混动结构，主打"超低油耗"，经济性更好，成本低。双平台优势互补，覆盖不同需求场景（见表2-16）。

表2-16 DM-p与DM-i比较

混动系统	DM-p	DM-i
构型亮点	动力强劲、四驱高性能	能耗表现好、价格低
0～100 kph加速时间	4.7 s（汉DM）	7.3 s（秦Plus DM-i）
亏电油耗	5.8 L/100 km（汉DM）	3.8 L/100 km（秦Plus DM-i）
混动构型	双擎四驱	双电机EHS电混

（续表）

混动系统	DM-p	DM-i
发动机	普通发动机	混动专用发动机
混动系统特点	多次迭代，技术成熟 支持燃油车、PHEV、EV 车型同平台开发	新技术路线 构型具备同时覆盖 PHEV、HEV 的能力

2. DM-i：主打超低油耗

DM-i 平台，i 即 intelligent，指智慧、节能、高效、主打超低油耗，满足“追求极致的行车能耗”的用户。DM-i 创造性地定义了以电为主的混动技术，围绕着大功率电机驱动和大容量动力电池供能为主，发动机为辅的电混架构。

DM-i 平台实现五大核心系统的超越：

(1) 全球量产最高热效率 43.04%的发动机：DM-i 混动系统配备了两款发动机，骁云插混专用 1.5 升高效发动机和覆盖 C 级车的骁云插混专用涡轮增压 1.5Ti 高效发动机。

➢ 骁云插混专用 1.5 升高效发动机：拥有全球领先的 43.04%热效率。运用六大技术分别为：阿特金森循环、15.5 超高压缩比、超低摩擦技术、EGR 废气再循环技术、分体冷却技术以及无轮系设计，实现热效率 43.04%，峰值功率 81 kW，峰值扭矩 135 N·m。

➢ 骁云插混专用涡轮增压 1.5Ti 高效发动机：运用 12.5 高压缩比、米勒循环、可变截面涡轮增压器以及超低摩擦等技术，实现热效率超 40%，峰值功率 102 kW/5 300 rpm，峰值扭矩 231 N·m/(1 350～4 000)rpm。

(2) EHS 电混系统（如图 2－51 和图 2－52）：高度集成化，由双电机、双电控、直驱离合器、电机油冷系统、单挡减速器组成，其构型上与本田 i-MMD 类似，结构简化，集成度高。双电机可根据需求以串联或并联模式行驶，经济性好。EHS 电混系统的工作原理传承 DM1 双电机总成，但相比第一代体积减小 30%，重量也减轻 30%。EHS 电混系统以功率划分为三款，适配 A～C 级全部车型，采用扁线电机、油冷技术以及自主 IGBT4.0 技术。

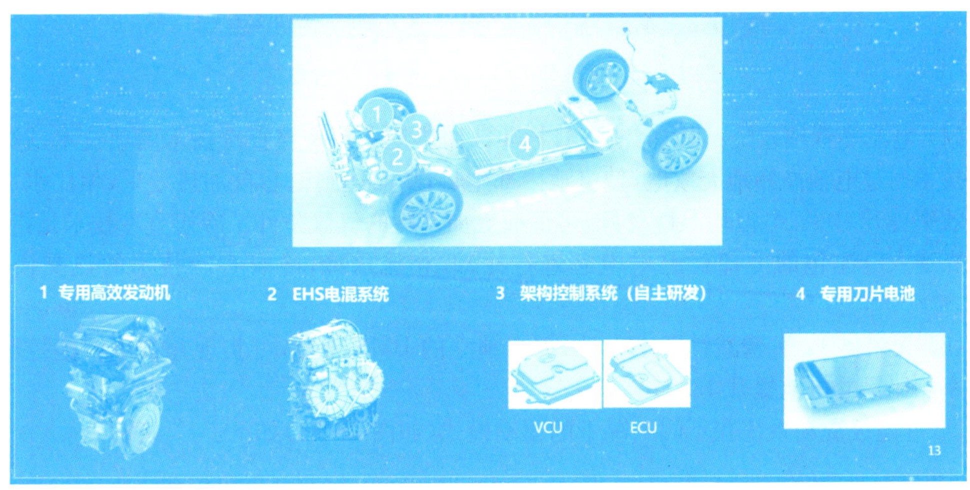

图 2－51　比亚迪 DM-i 超级混动专用发动机

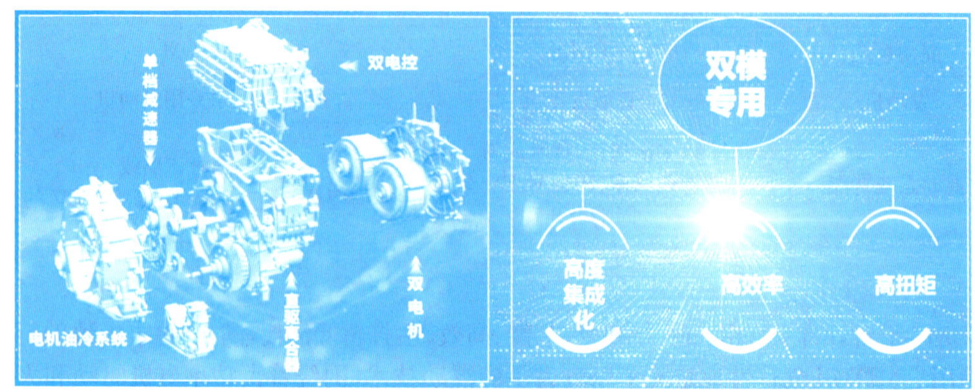

图 2-52　比亚迪 DM-iEHS 电混构模型

(3) 功率型刀片电池(如图 2-53):采用串联式电芯设计,提高体积利用率;电池卷芯采用软铝包装、刀片电池采用硬铝外壳包装,形成二次密封,提升安全等级;电池的单节电压高过 20V,单节电量 1.53 kWh;整个电池包内有 10～20 节刀片电池,电池包结构简化,零部件减少 35%。根据车型不同,搭载电池的电池电量 8.3 kWh～21.5 kWh,纯电续航里程 50～120 km;磷酸铁锂更好的稳定性与刀片电池的结构设计保障电池整体的安全性;磷酸铁锂稳定的材料晶体结构搭配先进的热管理系统使刀片电池的寿命提升。

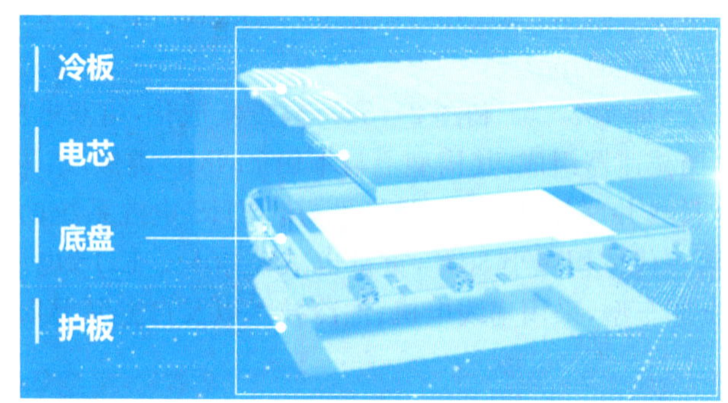

图 2-53　比亚迪 DM-i 搭载的专用刀片电池

(4) 电池热管理系统:动力电池搭载脉冲自加热技术和冷媒直冷技术两项技术,脉冲自加热技术通过电池高频地充放电,使电池内部生热,从而达到电芯自加热效果,相比水加热,加热效率提升 10%,电池均温性更好,可适应更加寒冷的气候条件。冷媒直冷技术是指直接将冷媒通入电池包的冷却板上对电芯进行冷却,相比水冷,冷媒直冷技术的热交换率提升 20%。

(5) 无铅化 12 V 磷酸铁锂小电池:拥有独立的 BMS 系统,可实现充放电智能控制,系统效率相比铅酸电池提升 13%。

DM-i 超级混动系统在不同工况下的驱动模式(如图 2-54)如下:

图 2－54　DM-i 超级混动系统在不同工况下的驱动模式

➢ 纯电模式：当电量充足时，车辆纯电行驶，具有纯电动车静谧、平顺、零油耗的优点。

➢ 制动能量回收：减速制动时，能量回收，节能高效。

➢ 高速巡航：发动机直驱车辆，效率高。

➢ 高速超车：高负载工况时，并联模式，发动机和电机共同工作，加速性能更好。

通过五大核心系统的突破，DM-i 超级混动系统实现百公里亏电油耗 3.8 L 的超低油耗、零百加速超过同级燃油车 2～3 秒、综合续航里程超过 1 000 km 的成绩，可实现超低油耗、静谧平顺、卓越动力的近乎完美的整车表现。

目前搭载 DM-i 超级混动系统的车型有：2022 款宋 Pro DM-i、唐 DM-i、宋 Plus DM-i、秦 PlusDM-i 等，可以在享受免购置税及补贴后达到与燃油车相比有竞争力的售价，如图 2－55 所示。

车型	图片	简介	推出年份	动力类型	售价（万元）
秦 PLUS DM－i		百公里加速度 7.3 秒、创新 DM－i 超级混动技术、百公里油耗降至 3.8 L，颠覆轿车油耗标准、实现 1 245 km超长续航、EHS 电混系统	2021	油电混动	10.58—14.58
唐 DM－i		DM－i 超级混动专用功率型刀片电池、7 座大空间、智能音乐座舱；DiPilot 智能辅助驾驶、DiLink 3.0 智能网联、手机 NFC 车钥匙	2021	油电混动	18.98—21.68
宋 PLUS DM－i		晶钻龙眼 LED 前大灯、一体贯穿式 LED 尾灯；1 890 mm超长车宽，2 765 mm 跨级别轴距，超大五座空间；手机 NFC 车钥匙、DiLink 智能网联系统、DiPilot 智能驾驶辅助系统	2021	油电混动	14.68—19.98
2022 款宋 Pro DM－i		龙爪之痕贯穿式尾灯、DiLink 4.0(4G)智能网联系统，内置自主研发深度优化的 Android 系统、OTA 远程升级、手机 NFC 钥匙、360°环绕影像	2021	油电混动	1 348

图 2－55　比亚迪目前搭载 DM-i 的在售车型

3. DM-p：主打超强动力

DM-p 平台，p 即 powerful，指动力强劲、极速，主打超强动力，是 DM3 的延续，满足“追求更好驾驶乐趣”的用户。

相较于 DM-i，DM-p 更加强调动力的性能优势，追求加速感，定位相对较高。性能方面，DM-p 系统可以实现零百加速 4 秒级，其动力可以碾压大排量燃油车。DM-p 平台最大特点在于发动机加入了 BSG 电机，既可以作为发动机，又可以作为动力的辅助电机。

DM-p 混动系统采用双擎四驱的结构(如图 2－56 和图 2－57)，发动机通过双离合变速箱驱动前轴，并通过 BSG 电机向电池充电，主驱动电机则直接驱动后轴。DM-p 系统技术相对成熟，且由于发动机和电机独立驱动两根轴，仅保留前轴发动机部分即可成为传统燃油车，仅保留后轴电机部分即可成为纯电动车，因此，DM-p 系统非常便于对传统车型、PHEV 车型和 EV 车型进行同平台开发。

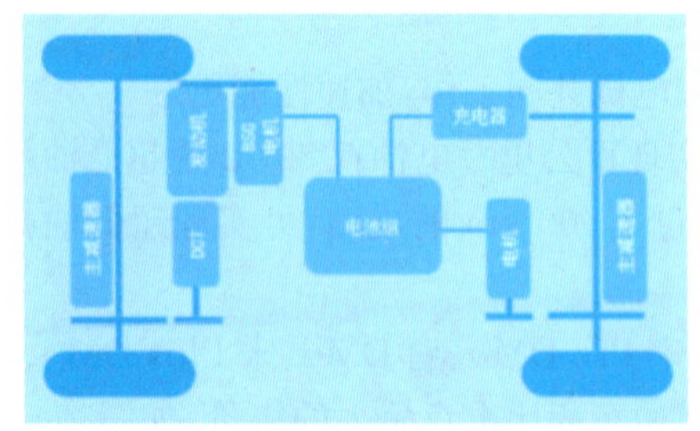

图 2－56　比亚迪 DM-p 双擎四驱原理

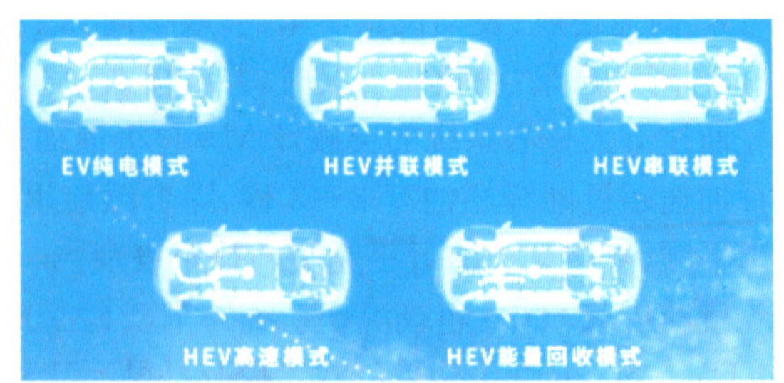

图 2－57　比亚迪 DM-p 双擎四驱工作模式

目前搭载 DM-p 的车型主要包括：21 款唐 DM、汉 DM、宋 Pro DM、全新宋 MAX DM、秦 Pro 超能版 DM 等。

比亚迪是新能源汽车的领军者，经过多年的积累，在 PHEV 领域已经积累了大量的经

验和口碑。DM-p 平台巩固了追求高性能表现的用户，DM-i 平台满足了追求高性价比的用户，双平台战略共同发力，助力比亚迪进一步巩固自己在新能源市场上的龙头地位。

根据比亚迪发布的 2021 年 12 月销量数据(如图 2－58)，新能源乘用车中插电式混合动力车型 12 月销量 44 506 辆，同比增长 448.64％，全年累计 272 935 辆，同比增长 467.62％。插混车型的强力增长，主要得益于 DM-i 车型的产能爬坡带来的交付支撑。

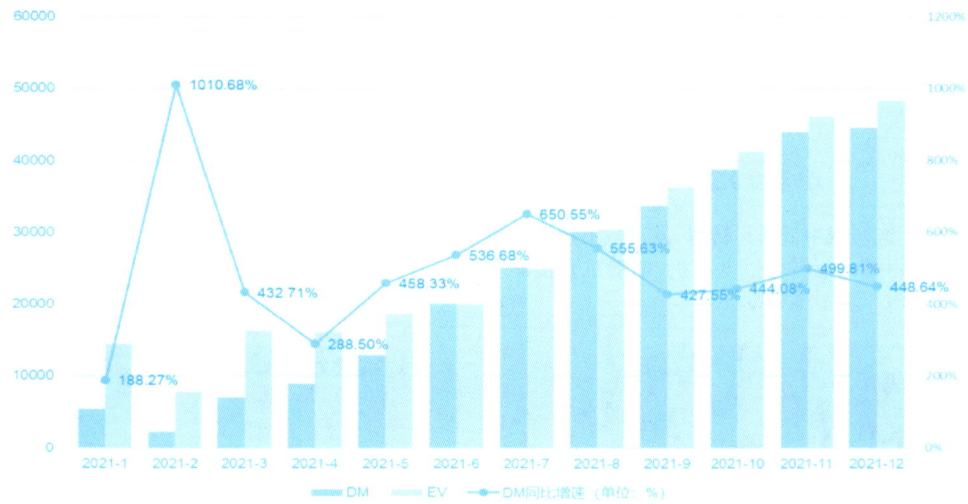

图 2－58　比亚迪 2021 年新能源乘用车销量构成(单位:辆)及 DM 车型增速(单位:％)

二、丰田混合动力车型

截至 2023 年，丰田混合动力车型全球累计销量突破 2300 万辆，覆盖 90 余个国家，占据全球混动市场 65％的份额。第五代 THS 系统通过热效率 41％的发动机、高密度锂电池与 AI 电控技术，将综合油耗降至 2.5L/100km(WLTC 标准)。

1. THS 的工作模式

丰田混合动力系统(Toyota Hybrid System，THS)，它利用汽油发动机和电动机两种动力系统，通过串联和并联相结合的形式进行工作。THS 是世界上最早商业化量产的混合动力系统，目前该系统装备于丰田的多款混合动力车型上。

图 2－59　THS 丰田混合动力系统

表 2-2-17　THS 的工作模式

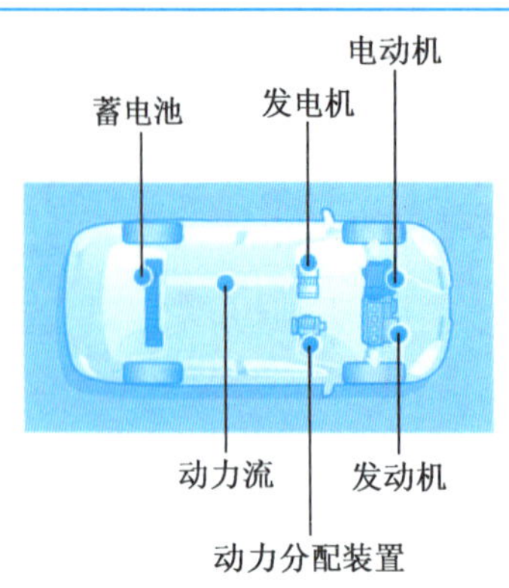 	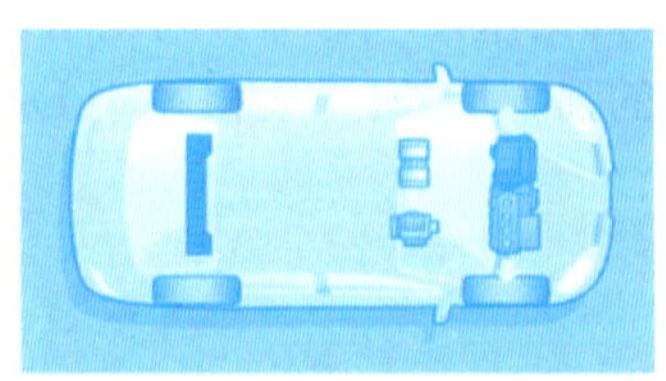
当车辆处于起步或中低速运转时，发动机不用于驱动车辆，而由蓄电池供电给电动机，电动机直接驱动车辆，此时车辆不排放废气	当车辆处于普通行驶状态时，车辆的行驶动力以发动机为主，发动机驱动车轮，同时也带动电动机工作
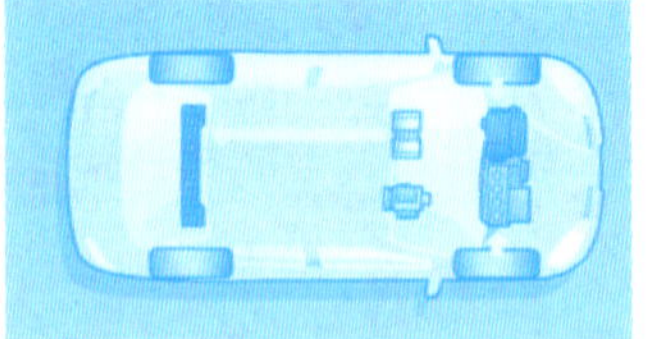 当车辆减速、制动时，车轮驱动电动机，电动机起到发电机的作用，再生制动将动能转变为电能，并储存于镍氢蓄电池	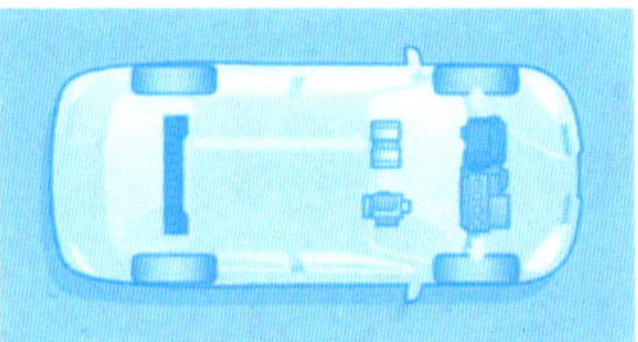 车辆瞬间加速时，车辆蓄电池会提供额外的动力给电动机，电动机会辅助发动机来提高整车动力，改善整车加速性能，此时发动机瞬态加速性能大幅提高
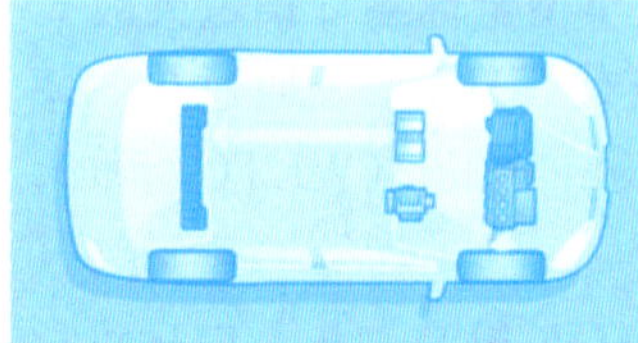 当系统检测到蓄电池电量低时，发动机可以在驱动车辆的同时，随时带动发电机运转，给蓄电池充电	

2. 第一代 THS(1997—2003)

技术架构：串联＋并联双模混动，镍氢电池＋1.5 L 发动机，综合油耗 5.74 L/100 km。历史意义：全球首款量产混动车型，碳排放较同级燃油车降低 50%。

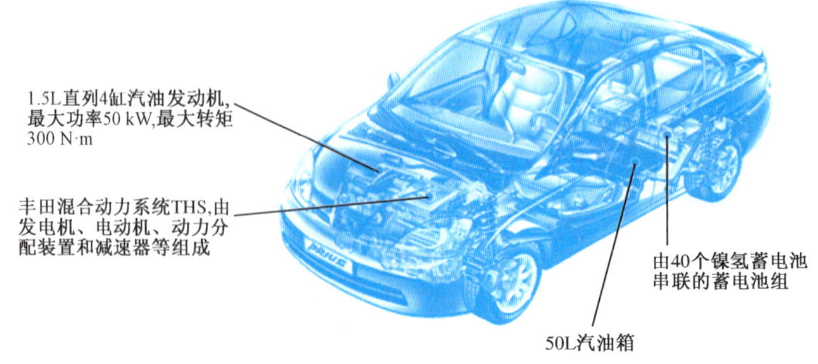

图 2-60　第一代丰田普锐斯透视图

表 2-18　丰田第一代普锐斯技术参数

动力源	类　型	最大功率	最大转矩
发动机	1.5 L 直列 4 缸汽油内燃机	120 kW	240 N·m
电动机	274 永磁同步交流型	30 kW	165 N·m
蓄电池	6.5 Ah,40 个镍氢电池串联		

3. 第二代 THS-II(2003—2009)

2003 年 9 月,丰田在日本首先上市了全新第二代普锐斯,除了外表的改进外,最重要的是引入了第二代丰田混合动力系统 THS-Ⅱ。

图 2-61　2003～2009 年第二代丰田普锐斯

THS-Ⅱ最大的改进在于使用了高电压线路——发动机、电动机和蓄电池之间的电压高达 500 V,而上一代 THS 的电压只有 274 V。

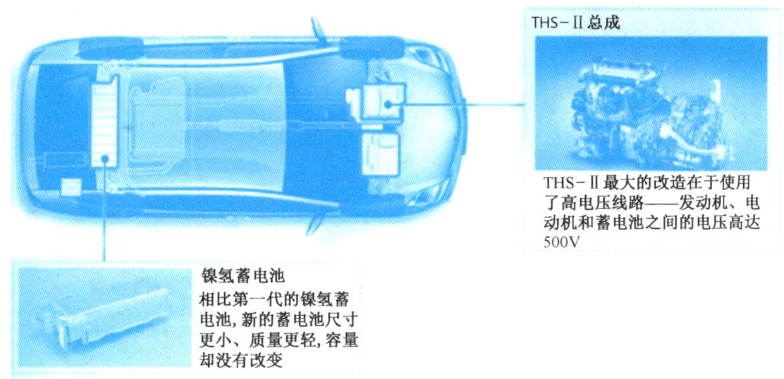

图 2-62　THS Ⅱ透视图

表 2-19　丰田第二代普锐斯技术参数

动力源	类　型	排量/电压/容量	最大功率	最大转矩
发动机	直列 4 缸汽油内燃机	1.5 L	57 kW	115 N·m
电动机	永磁同步交流型	500 V	50 kW	400 N·m
蓄电池	28 个镍氢电池串联	6.5 Ah	—	—

4. 第三代 THS(2009—2016)

图 2-63　2009 年第三代丰田普锐斯

图 2-64　第三代丰田普锐斯制动能量回收

2009 年,丰田推出了全新第三代普锐斯,并于 2010 年全面上市。新一代的普锐斯对混合动力系统进行了改进,主要包括两个方面:一个是使用全新的 1.8 L 阿特金森循环发动机代替原有的 1.5 L 发动机;另外一个是对 HSD 混合动力协同驱动系统进行重新设计。发动机加上电动机动力整车最大功率为 100 kW,低速转矩进一步提升,这也意味着低速时能够获得更好的燃油经济性。0～100 km/h 加速时间比老款提高 1 s,仅需 9.8s。

第三代普锐斯提供 4 种不同的驾驶模式:Normal 为正常模式;EV Drive 模式允许驾驶人在低速状态下单纯依靠电力行驶约 1.6 km;Power 模式提高加速灵敏度,以提升运动性能;Eco 模式则可以帮助驾驶人获得最佳的燃油经济性能。

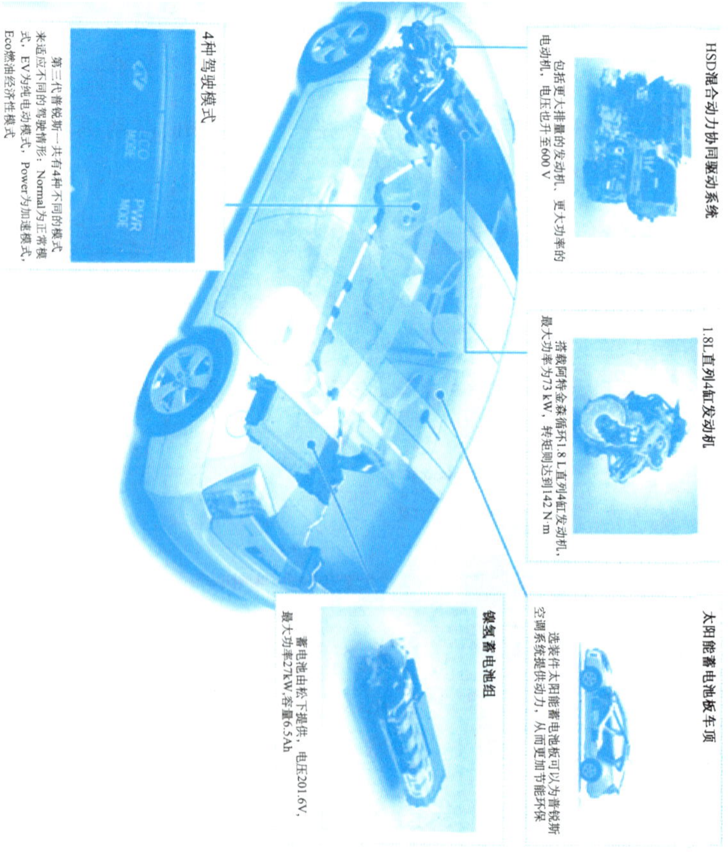

图 2-65　丰田第三代普锐斯透视图

表 2－20　丰田第三代普锐斯技术参数

动力源	类　型	排量/电压/容量	最大功率	最大转矩
发动机	直列 4 缸汽油内燃机	1.8 L	73 kW	142 N·m
电动机	永磁同步交流型	600 V	60 kW	207 N·m
蓄电池	镍氢电池串联	6.5 Ah	27 kW	—

5. 第四代 THS(2016—2023)

随着第三代普锐斯的上市，基于新车型的插电型混合动力车也从实验阶段进入准商业化运作阶段。普锐斯插电型混合动力汽车以锂离子电池作为驱动蓄电池，可使用 3.3 kW 家用电源进行外部充电。

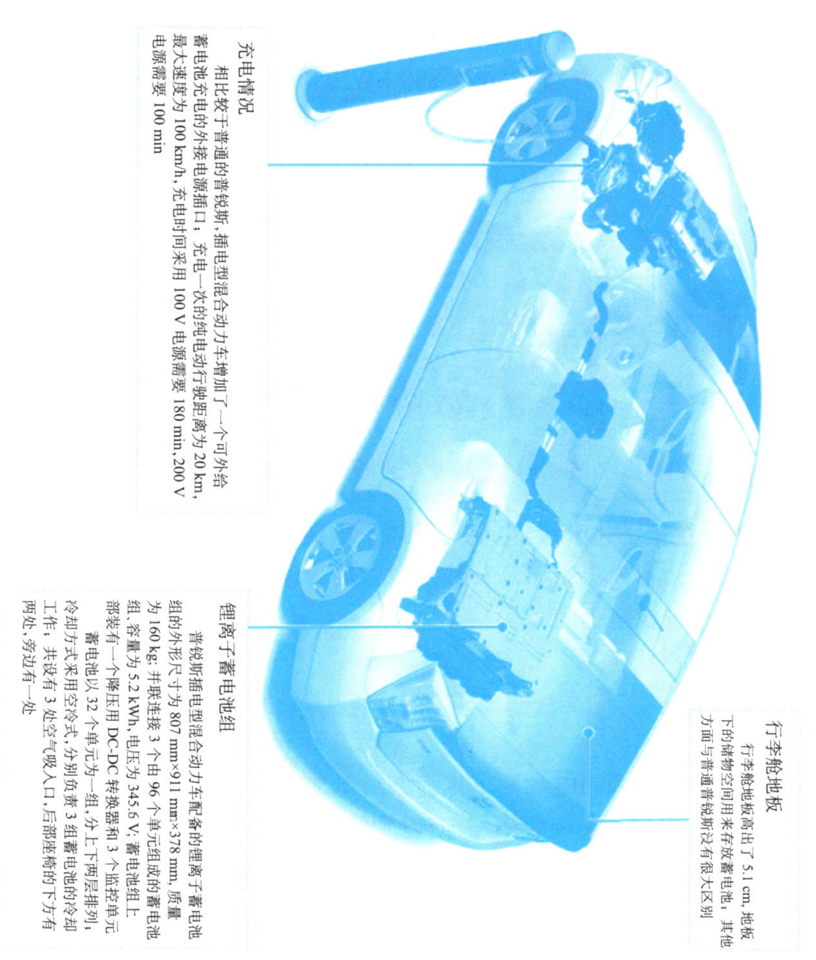

图 2－66　普锐斯插电型混合动力车透视图

普锐斯插电型混合动力汽车每升汽油可以行驶 55 km，在充满电的情况下，纯电动模式续驶里程为 20 km。充电时间方面，100 V 电源需要 180 min，200 V 电源需要 100 min。

表 2-21　丰田第三代插电型普锐斯技术参数

动力源	类　型	排量/电压/容量	最大功率	最大转矩
发动机	直列 4 缸汽油内燃机	1.8 L	73 kW	142 N·m
电动机	永磁同步交流型	600 V	60 kW	207 N·m
蓄电池	锂离子蓄电池串联	6.5 Ah	—	—

6. 第五代 THS(2023—至今)

2023 年 1 月上市的新一代普锐斯，为插电混动版，采用 2.0 L 发动机＋电机的组合，系统总输出功率约 167 kW，0—100 km/h 加速时间缩短至 6.7 秒；电池容量为 13.6 kWh，可提供超过 94 km 的纯电续航。混动版车型则提供 1.8 L 和 2.0 L 两种发动机，其中 2.0 L 版本的系统最大功率 146 kW，并配备 E-Four 四驱系统。

设计上使用太阳能车顶，年发电量达 860 kWh，可供行驶 1 250 km。智能驾驶采用了 T-Pilot智能辅助系统，支持 L2＋级自动驾驶。

图 2-67　2023 款全新普锐斯 Hybrid

第五代 THS 系统电动化升级：电池用锂离子电池，其能量密度提升至 250 Wh/kg，插混版纯电续航 95 km(WLTC)，支持 150 kW 快充。热管理方面，热泵空调降低冬季能耗 50%，−30℃低温续航衰减减少至 15%。

模块三　燃料电池电动汽车

采用燃料电池作为电源的电动汽车称为燃料电池电动汽车(Fuel Cell Electric Vehicle, FCEV)。FCEV 一般以质子交换膜燃料电池(PEMFC)作为车载能量源。

【知识点 1】　燃料电池电动汽车的类型

FCEV 按燃料特点可分为直接燃料电池电动汽车和重整燃料电池电动汽车。

直接燃料电池电动汽车的燃料主要是氢气；重整燃料电池电动汽车的燃料主要有汽油、天然气、甲醇、甲烷、液化石油气等。直接燃料电池电动汽车排放无污染，被认为是最理想的汽车，但存在氢的制取和存储困难等缺点；重整燃料电池电动汽车的结构比氢燃料电池电动

汽车复杂得多。

FCEV 按燃料氢的存储方式可分为压缩氢燃料电池电动汽车、液氢燃料电池电动汽车和合金(碳纳米管)吸附氢燃料电池电动汽车。

FCEV 按“多电源”的配置不同,可分为纯燃料电池驱动(PFC)的 FCEV、燃料电池与辅助蓄电池联合驱动(FC+B)的 FCEV、燃料电池与超级电容联合驱动(FC+C)的 FCEV 以及燃料电池与辅助蓄电池和超级电容联合驱动(FC+B+C)的 FCEV。

1. 纯燃料电池驱动(PFC)的 FCEV

纯燃料电池驱动的电动汽车只有燃料电池一个动力源,汽车的所有功率负荷由燃料电池承担。纯燃料电池驱动的电动汽车的动力系统如图 2-68 所示。

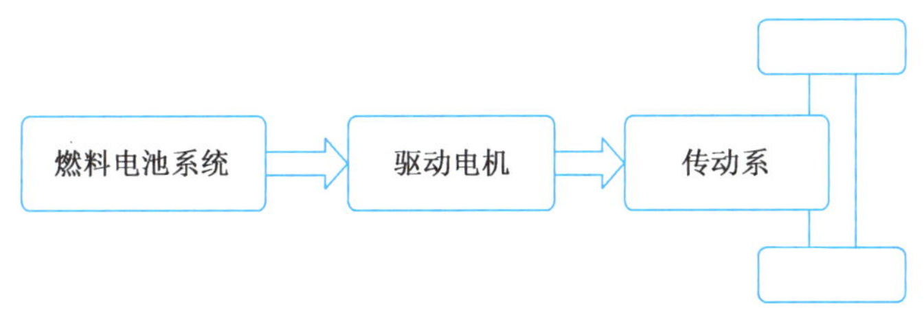

图 2-68　纯燃料电池驱动动力系统结构

纯燃料电池驱动系统将氢气与氧气反应产生的电能通过总线传给驱动电机,驱动电机将电能转化为机械能再传给传动系,从而驱动汽车行驶。这种系统结构简单,系统控制和整体布置容易;系统部件少,有利于整车的轻量化;整体的能量传递效率高,从而提高了整车的燃料经济性。但燃料电池功率大、成本高,对燃料电池系统的动态性能和可靠性提出了很高的要求,不能进行制动能量回收。

因此,为了有效解决上述问题,必须使用辅助能量存储系统作为燃料电池系统的辅助动力源和燃料电池联合工作,组成混合驱动系统共同驱动汽车。从本质上来讲,这种结构的燃料电池电动汽车采用的是混合动力结构。它与传统意义上的混合动力结构的差别仅在于发动机是燃料电池而不是内燃机。在燃料电池混合动力结构汽车中,燃料电池和辅助能量存储装置共同向电动机提供电能,通过变速机构来驱动汽车。

2. 燃料电池与辅助蓄电池联合驱动(FC+B)的 FCEV

燃料电池+辅助蓄电池联合驱动的燃料电池电动汽车的动力系统如图 2-69 所示。该结构是一个典型的串联式混合动力结构。在该动力系统结构中,燃料电池和蓄电池一起为驱动电机提供能量,驱动电机将电能转化成机械能传给传动系,从而驱动汽车行驶;在汽车制动时,驱动电机变成发电机,蓄电池将储存回馈的能量。在燃料电池和蓄电池联合供能时,燃料电池的能量输出变化较为平缓,随时间变化波动较小,而能量需求变化的高频部分由蓄电池分担。

这种结构由于增加了比功率价格相对低廉得多的蓄电池组,系统对燃料电池的功率要求较纯燃料电池结构形式有很大的降低,从而大大地降低了整车成本;燃料电池可以在比较好的设定工作条件下工作,工作时燃料电池的效率较高;系统对燃料电池的动态响应性能要求较低;汽车的冷起动性能较好;制动能量回馈采用可以回收汽车制动时的部分动能,该措施可能会增加整车的能量效率。但这种结构形式由于蓄电池的使用使得整车的质量增加,动力性和经济性受到影响,这一点在能量复合型混合动力汽车上表现更为明显;蓄电池充放

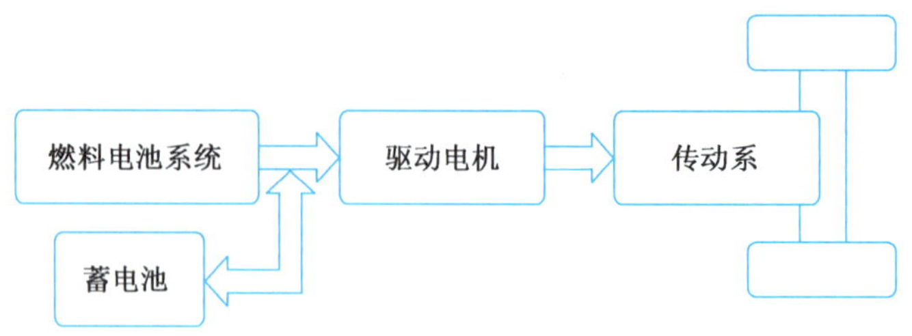

图 2-69 燃料电池＋辅助蓄电池形式动力系统结构

电过程会有能量损耗；系统变得复杂，系统控制和整体布置难度增加。

3. 燃料电池与超级电容联合驱动(FC+C)的 FCEV

燃料电池＋超级电容的结构与燃料电池＋蓄电池的结构相似，只是把蓄电池换成超级电容。相对于蓄电池，超级电容充放电效率高，能量损失小，功率密度大，在回收制动能量方面比蓄电池有优势，循环寿命长，但是超级电容的能量密度较小。随着超级电容技术的不断进步，这种结构将成为一种新的重要研究方向。

4. 燃料电池与辅助蓄电池和超级电容联合驱动(FC+B+C)的 FCEV

燃料电池与蓄电池和超级电容联合驱动的电动汽车的动力系统如图 2-70 所示，该结构也为串联式混合动力结构。在该动力系统结构中，燃料电池、蓄电池和超级电容一起为驱动电机提供能量，驱动电机将电能转化成机械能传给传动系，从而驱动汽车行驶；在汽车制动时，驱动电机变成发电机，蓄电池和超级电容将储存回馈的能量。在燃料电池、蓄电池和超级电容联合供能时，燃料电池的能量输出较为平缓，随时间变化波动较小，而能量需求变化的低频部分由蓄电池承担，能量需求变化的高频部分由超级电容承担。在这种结构中，各动力源的分工更加明晰，因此，它们的优势也得到更好的发挥。

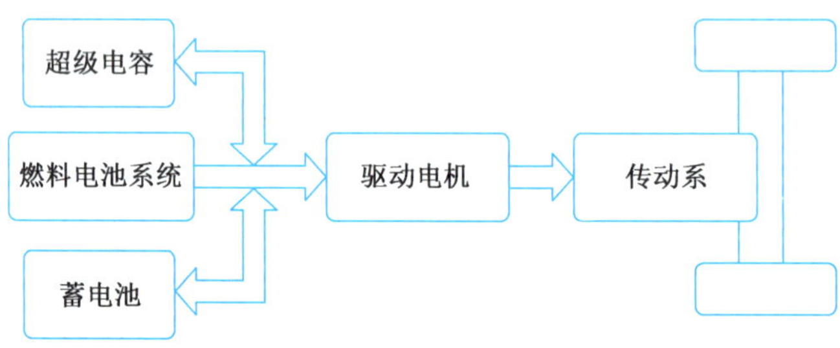

图 2-70 燃料电池＋蓄电池＋超级电容形式动力系统结构

这种结构的优点相比燃料电池＋蓄电池的结构形式，优点更加明显，尤其是在部件效率、动态特性、制动能量回馈等方面。缺点也一样更加明显，增加了超级电容，整个系统的质量将可能增加；系统更加复杂化，系统控制和整体布置的难度也随之增大。

总的来说，如果能够对系统进行很好的匹配和优化，这种结构带来的汽车良好性能具有很大的吸引力。

在 3 种混合驱动中，FC+B+C 组合被认为能够最大限度满足整车的起动、加速、制动的动力和效率需求，但成本最高，结构和控制也最为复杂。目前燃料电池电动汽车动力系统的一般结构是 FC+B 组合，这是因为它具有以下特点。

(1) 燃料电池单独或与动力电池共同提供持续功率，且在车辆起动、爬坡和加速等峰值功率需求时，动力电池提供峰值功率。

(2) 在车辆起步时和功率需求量不大时，蓄电池可以单独输出能量。

(3) 蓄电池技术比较成熟，可以在一定程度上弥补燃料电池技术上的不足。

可用于电动汽车的蓄电池包括锂离子电池、锂聚合物电池、镍氢电池、铅酸电池、镍镉电池、锌空气电池和铝空气电池等多种类型。

目前，FC+B 混合驱动系统主要有两种结构形式：燃料电池直接混合系统和动力电池直接混合系统。

燃料电池直接混合系统是燃料电池直接接入直流母线，所以驱动系统的电压必须设计在燃料电池可以调节的范围内，由于动力电池需要向驱动系统传输能量和从燃料电池与车辆系统取得能量，所以必须安装双向 DC/DC，且必须有响应速度快的特点。燃料电池和动力蓄电池之间的功率平衡由 DC/DC 和燃料电池管理系统共同实现。该结构形式对于燃料电池的输出电压达到了最优化设计。但是对燃料电池的要求比较高，同时 DC/DC 要实现双向快速控制，双向 DC/DC 的成本较高，整个系统的控制也比较复杂。

动力电池直接混合系统中，DC/DC 变换器将燃料电池的输出电压和系统电压分开，驱动系统电压可以设计得比较高，这样可以降低驱动系统的电流值，有利于延长各电器元件的寿命，同时高的系统电压可以充分满足动力电池的需要。DC/DC 还负责燃料电池和动力蓄电池之间的功率平衡。但是燃料电池的能量输出需要通过 DC/DC 才能进入直流母线，导致系统的效率比较低，特别是对于连续负载来说不是最优化设计。例如，匀速工况下，系统功率需求较小，由燃料电池单独提供车辆行驶所需的功率。

两种结构形式的主要差别在于 DC/DC 变换器的使用上。DC/DC 的位置和结构决定了动力系统的构型。DC/DC 的位置主要取决于电机及其控制器特性和燃料电池特性，另一个重要的因素是混合度。

【知识点 2】　燃料电池电动汽车的结构原理

目前燃料电池电动汽车绝大多数采用的是混合式燃料电池驱动系统，将燃料电池与辅助动力源相结合，燃料电池可以只满足持续功率需求，借助辅助动力源提供加速、爬坡等所需的峰值功率，而且在制动时可以将回馈的能量存储在辅助动力源中。混合式燃料电池驱动系统有并联式和串联式两种，如图 2－71 所示，原理图如图 2－72 所示。

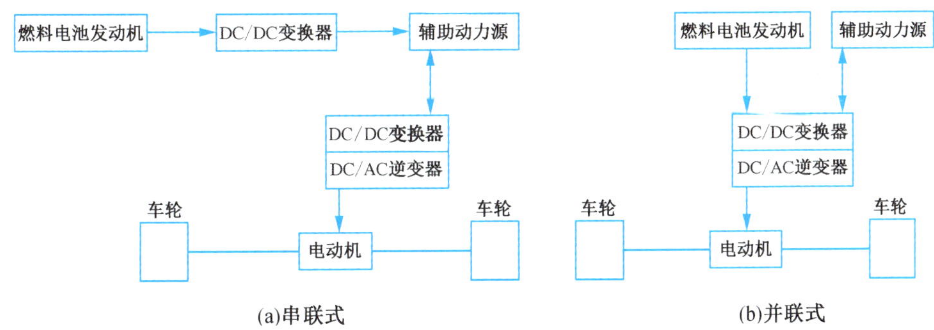

图 2－71　混合式燃料电池电动汽车驱动系统框图

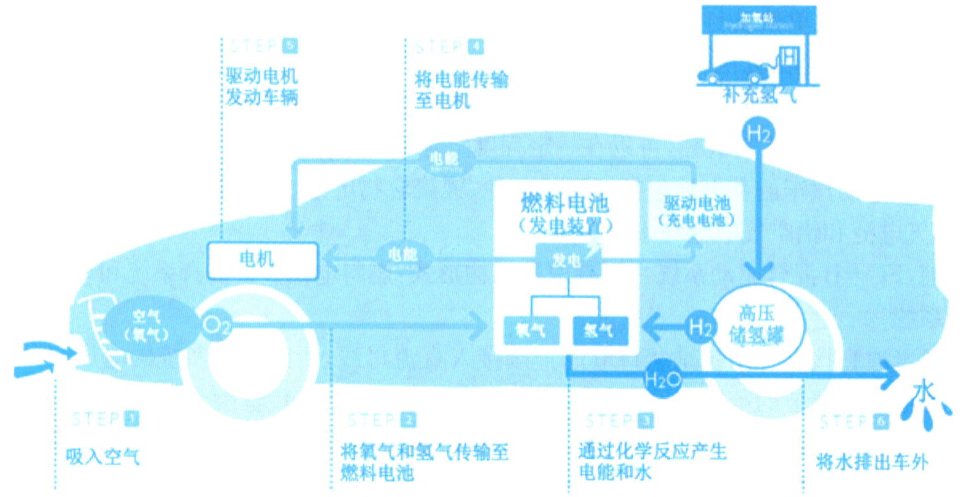

图 2-72　燃料电池电动汽车工作原理图

混合式燃料电池电动汽车的动力系统主要由燃料电池发动机、辅助动力源、DC/DC 变换器、DC/AC 逆变器、电动机和动力电控系统等组成。

1. 燃料电池发动机

在 FCEV 所采用的燃料电池发动机中，为保证 PEMFC 组的正常工作，除以 PEMFC 作为核心外，还装有氢气供给系统、氧气供给系统、气体加湿系统、反应生成物的处理系统、冷却系统和电能转换系统等。只有这些辅助系统匹配恰当并正常运转，才能保证燃料电池发动机正常运转。

图 2-73 所示是以氢为燃料的燃料电池发动机系统，图 2-74 所示是以氢气为燃料的 FCEV 的总布置基本结构模型。

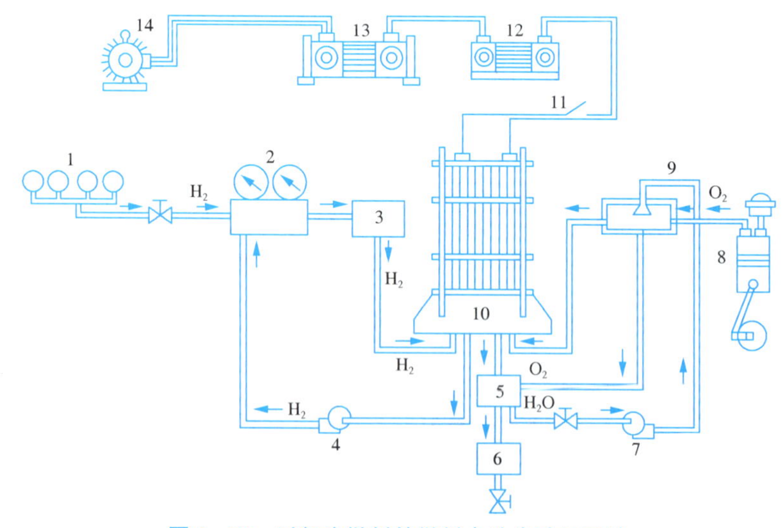

图 2-73　以氢为燃料的燃料电池发动机系统

1-氢气储存罐；2-氢气压力调节仪表；3-热交换器；4-氢气循环泵；
5-冷凝器及气水分离器；6-散热器；7-水泵；8-空气压缩机（或氧气罐）；
9-加湿器及去离子过滤装置；10-燃料电池组；11-电源开关；12-DC/DC 变换器；
13-逆变器；14-驱动电动机。

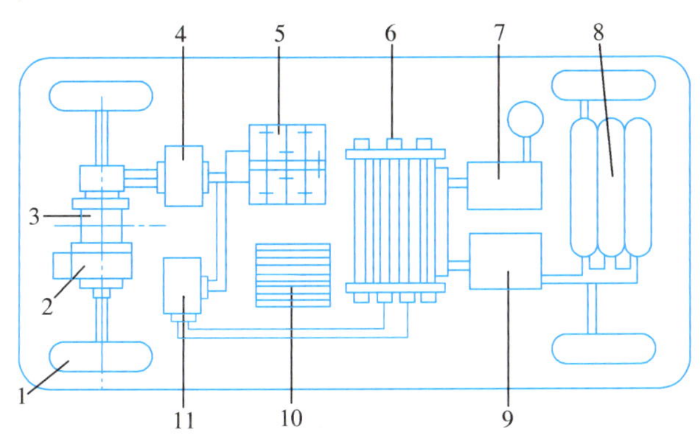

1 -驱动轮；2 -驱动系统；3 -驱动电动机；4 -逆变器；5 -辅助电源装置（动力电池组＋飞轮储能器或动力电池组＋超级电容）；6 -燃料电池发动机；7 -空气压缩机及空气供应系统辅助装置；8 -氢气储存罐；9 -氢气供应系统辅助装置；10 -中央控制器；11 -动力 DC/DC 变换器。

图 2－74　以氢气为燃料的 FCEV 的总布置基本结构模型

（1）氢气供应、管理和回收系统。气态氢的储存装置通常用高压储气瓶来装载，对高压储气瓶的品质要求很高，为保证燃料电池电动汽车一次充气有足够的行驶里程，就需要多个高压储气瓶来储存气态氢气。一般轿车需要 2～4 个高压储气瓶，大客车上需要 5～10 个高压储气瓶。

液态氢气虽然比能量高于气态氢，但由于液态氢气处于高压状态，它不仅需要用高压储气瓶储存，还要用低温保温装置来保持低温，且低温的保温装置是一套复杂的系统。

在使用不同压力的氢气（高压气态氢气和高压低温液态氢气）时，就需要用不同的氢气储存容器，不同的减压阀、调压阀、安全阀、压力表、流量表、热量交换器和传感器等来进行控制，并对各种管道、阀和仪表等的接头采取严格的防泄漏措施。从燃料电池中排出的水，含有未发生反应的少量的氢气。正常情况下，从燃料电池中排出的少量的氢气应低于 1%，应用氢气循环泵将这些少量的氢气回收。

（2）氧气供应和管理系统。氧气的来源有从空气中获取氧气或从氧气罐中获取氧气，空气需要用压缩机来提高压力，以增加燃料电池反应的速度。在燃料电池系统中，配套压缩机的性能有特定的要求，压缩机质量和体积会增加燃料电池发动机系统的质量、体积和成本，压缩机所消耗的功率会使燃料电池的效率降低。空气供应系统的各种阀、压力表、流量表等的接头要采取防泄漏措施。在空气供应系统中还要对空气进行加湿处理，保证空气有一定的湿度。

（3）水循环系统。燃料电池发动机在反应过程中将产生水和热量，在水循环系统中用冷凝器、气水分离器和水泵等对反应生成的水和热量进行处理，其中一部分水可以用于空气的加湿。另外还需要装置一套冷却系统，以保证燃料电池的正常运作。

（4）电力管理系统。燃料电池所产生的是直流电，需要经过 DC/DC 变换器进行调压，在采用交流电动机的驱动系统中，还需要用逆变器将直流电转换为三相交流电。

以氢气为燃料的燃料电池发动机的各种外围装置的体积和质量占燃料电池发动机总体积和质量的 1/3～1/2。

图 2－75 所示是以甲醇为燃料的燃料电池发动机系统。在以甲醇为燃料的燃料电池发动机系统中，用甲醇供应系统代替了上述的氢气供应系统。它包括甲醇储存装置、甲醇供应系统的泵、管道、阀门、加热器及控制装置等。图 2－76 所示是以甲醇为燃料的 FCEV 的总

布置基本模型。

(1) 甲醇储存装置。甲醇可以用普通容器储存,不需要加压或冷藏,可以部分利用内燃机汽车的供应系统,有利于降低 FCEV 的使用费用。

(2) 燃烧器、加热器和蒸发器。甲醇进入改质器之前,要用加热器加热甲醇和纯水的混合物,使甲醇和纯水的混合物一起受高温(621℃)热量的作用,蒸发成甲醇和纯水的混合气,然后进入改质器。

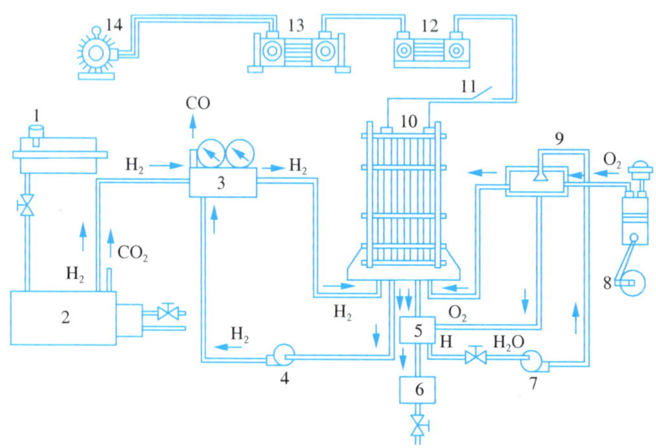

图 2-75 以甲醇为燃料的燃料电池发动机系统

1-甲醇储存罐;2-带燃烧器的改质器;3-H_2 净化装置;4-氢气循环泵水循环系统;5-冷凝器及气水分离器;6-散热器;7-水泵;8-空气压缩机(或氧气罐);9-加湿器及去离子过滤装置;10-燃料电池组;11-电源开关;12-DC/DC 变换器;13-逆变器;14-驱动电动机。

(3) 重整器。重整器是将甲醇用改质技术转化为氢气的关键设备。不同的碳氢化合物采用不同的重整技术,在重整过程中的温度、压力会有所不同,例如,甲醇用水蒸气重整法的温度为 621℃,用部分氧化重整法的温度为 985℃,用废气重整法的第一阶段温度为 985℃,第二阶段温度为 250℃。在 FCEV 用甲醇经过重整产生的氢气作燃料时,就需要对各种重整方法进行分析,选择最佳重整技术和最适合 FCEV 配套的重整器。

(4) 氢气净化器。改质器所产生的 H_2 因为含有少量的 CO,因此,必须对 H_2 进行净化处理。净化器中用催化剂来控制,使 H_2 中所含的 CO 被氧化成 CO_2 后排出,最终进入 PEMFC 的 H_2 中的 CO 的含量不超过规定的 10×10^{-6}。甲醇经过改质后所获得的氢气作为燃料时,燃料电池的效率为 40%～42%。以甲醇为燃料的燃料电池系统中的氧气供应、管理系统,反应生成的水和热量的处理系统和电力管理系统与以氢为燃料的燃料电池系统基本相同。燃料电池发动机的运作一般采用计算机进行控制,根据 FCEV 的运行工况,通过 CAN 总线系统进行信息传递和反馈,并经过计算机的处理,以保证燃料电池正常运行。

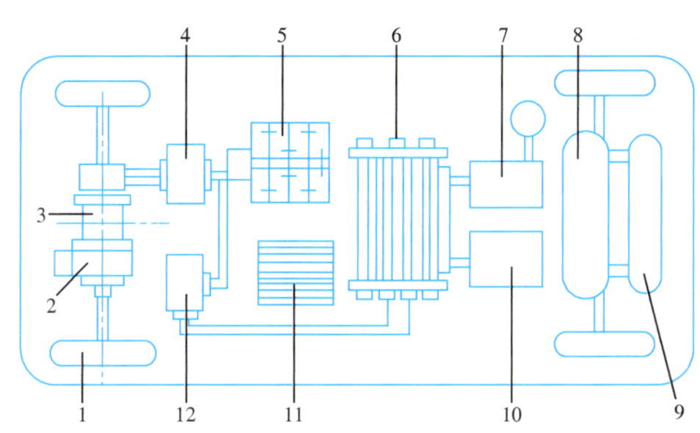

图 2-76　以甲醇为燃料的 FCEV 的总布置基本模型

1-驱动轮；2-驱动系统；3-驱动电动机；4-逆变器；
5-辅助电源装置(动力电池组＋飞轮储能器，或动力电池组＋超级电容器)；
6-燃料电池发动机；7-空气压缩机及空气供应系统辅助装置；8-重整器；9-甲醇罐；
10-氢气供应系统辅助装置；11-中央控制器；12-动力 DC/DC 变换器。

2. 辅助动力源

在 FCEV 上燃料电池发动机是主要电源，另外还配备有辅助动力源。根据 FCEV 的设计方案不同，其所采用的辅助动力源也有所不同，可以用蓄电池组、飞轮储能器或超大容量电容器等共同组成双电源系统。在具有双电源系统的 FCEV 上，驱动电动机的电源可以出现以下驱动模式。

(1) 在 FCEV 起动时，由辅助动力源提供电能带动燃料电池发动机起动，或带动车辆起步。

(2) 车辆行驶时，由燃料电池发动机提供驱动所需的全部电能，剩余的电能储存到辅助动力源装置中。

(3) 在加速和爬坡时，若燃料电池发动机提供的电能还不足以满足 FCEV 驱动功率要求，则由辅助动力源提供额外的电能，使驱动电动机的功率或转矩达到最大，形成燃料电池发动机与辅助动力源同时供电的双电源的供电模式。

(4) 储存制动时反馈的电能，以及向车辆的各种电子、电器设备提供所需要的电能。

由于燃料电池发动机的比功率和比能量在不断改进和提高，现代燃料电池电动汽车逐步向加大燃料电池发动机功率的方向发展，可以由燃料电池发动机提供驱动所需的全部电能。

另外采用 42 V 蓄电池来储存制动时反馈的电能，并为车载电子电器系统提供电能，可以取消用于辅助驱动的动力电池组，减轻辅助电池组和整车的质量。

3. DC/DC 变换器

FCEV 采用的电源有各自的特性，燃料电池只提供直流电，电压和电流随输出电流的变化而变化。燃料电池不可能接受外电源充电，电流的方向只是单向流动。FCEV 采用的辅助电源(蓄电池和超级电容)在充电和放电时，也是以直流电的形式流动，但电流的方向是可逆性流动。FCEV 上的各种电源的电压和电流受工况变化的影响呈不稳定状态。为了满足驱动电机对电压和电流的要求及对多电源电力系统的控制，在电源与驱动电机之间，用计算机控制实现对 FCEV 的多电源的综合控制，保证 FCEV 正常运行。FCEV 的燃料电池需要装置单向 DC/DC 变换器，蓄电池和超级电容器需要装置双向 DC/DC 变换器。

燃料电池轿车中的 DC/DC 变换器的主要功能概括起来包括以下 3 点。

(1) 调节燃料电池的输出电压。燃料电池的输出特性较软，输出电压随负载的变化而变化，轻载时输出电压偏高，重载时输出电压偏低，难以满足驱动电机控制器的需求，所以借助 DC/DC 变换器对燃料电池的输出电压进行调节。

(2) 调节整车能量分配。燃料电池轿车是一种混合动力轿车，具有燃料电池和动力蓄电池两种能源，控制燃料电池的输出能量就可以控制整车能量的分配。如果燃料电池的输出能量不足以驱动电机，缺口能量就由动力蓄电池来补充；当燃料电池输出的能量超出电机的需求时，多余的能量可以进入蓄电池中，补充蓄电池的能量。DC/DC 变换器用于控制燃料电池的能量输出。

(3) 稳定整车直流母线电压。燃料电池的输出电压经过 DC/DC 变换器后能稳定整车直流母线电压。

DC/DC 变换器在燃料电池电动汽车中起着重要的作用，它的性能必须满足以下要求。

(1) 变换器是能量传递部件，因此，需要高转换效率，以便提高能源的利用率。

(2) 为了降低对燃料电池的输出电压要求，变换器应具有升压功能。

(3) 由于燃料电池输出不稳定，需要变换器闭环运行进行稳压，为了给驱动器稳定的输入，需要变换器有较好的动态调节能力。

(4) 体积小、重量轻。

4. 驱动电机

燃料电池电动汽车用的驱动电机主要有直流电动机、交流电动机、永磁电动机和开关磁阻电动机等。燃料电池汽车驱动电机的选型必须结合整车开发目标，综合考虑电动机的特点。

5. 动力电控系统

燃料电池汽车的动力电控系统主要由燃料电池发动机管理系统(FCE - ECU)、蓄电池管理系统(BMS)、动力控制系统(PCU)及整车控制系统(VMS)组成，而原型车的变速器系统会简化很多，其系统结构框图如图 2 - 77 所示。

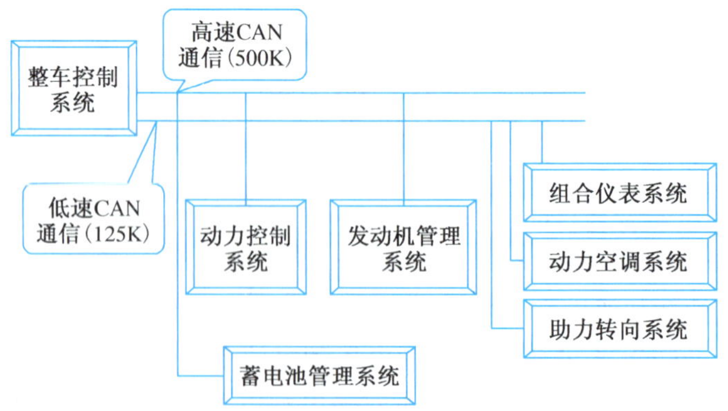

图 2 - 77 燃料电池汽车动力电控系统结构框图

(1) 发动机管理系统。燃料电池发动机管理系统按整车控制器的功率设定值控制燃料电池发动机的功率输出,监测发动机的工作状态,保证发动机稳定可靠地运行,同时进行故障诊断及管理。其具体组成包括供氢系统、供氧系统、水循环及冷却系统。

(2) 蓄电池管理系统。蓄电池管理系统分上、下两级,下级 LECU 负责蓄电池组电压、温度等物理参数的测量,进行过充过放保护及组内组间均衡;上级 CECU 负责动力蓄电池组的电流检测及 SOC 估算,以及相关的故障诊断,同时采用高压漏电保护策略。

(3) 动力控制系统。动力控制系统包含 DC/DC 变换器、DC/AC 逆变器、DCL 和空调控制器及空调压缩机变频器,以及电动机冷却系统控制器。DC/DC 逆变器和 DC/AC 逆变器的作用如前所述,DCL 负责将高压电源转换为系统零部件所需的 12 V/24 V 低压电源,电动机冷却系统控制器负责电动机及 PCU 的水冷却系统控制。

(4) 整车控制系统。整车控制系统的核心是多能源控制策略(包括制动能量回馈功能),它一方面接收来自驾驶员的需求信息(如点火开关、节气门踏板、制动踏板、变速信息等)实现整车工况控制;另一方面基于反馈的实际工况(如车速、制动、电动机转速等)以及动力系统的状况(燃料电池及动力蓄电池的电压、电流等),根据预先匹配好的多能源控制策略进行能量分配调节控制。当然,整车的故障诊断及管理也由它负责。

上述各系统都通过高速 CAN—Bus 进行信息交换。在上述基本动力系统架构基础上,可以根据混合度的不同,把燃料电池混合动力汽车分为电量消耗型和电量维持型。所谓混合度,是指燃料电池额定输出功率与驱动电机额定功率之比。前者的混合度较低,蓄电池是主要的能量源,燃料电池只作为里程延长器来使用;后者的混合度较高,在行驶过程中蓄电池的荷电状态基本保持在一个合理的范围,目前国外大部分国家及我国采用该方案。

【知识点 3】　燃料电池电动汽车的特点

1. 燃料电池汽车的优势

① 效率高:直接将氢化学能转化为电能,热电理论效率可达 85%,实际效率在 45%~60%;

② 能量密度高:加氢 3~5 min,续航 500~700 km;

③ 冷启动:燃料电池汽车可以在−30℃的环境下启动;

④ 环境友好:以氢氧为燃料,反应物仅为水,零排放;

⑤ 可靠性高:模块化结构,维修方便。

燃料电池汽车主要应用场景:燃料电池弥补了动力电池的不足,主要替代的是高纬度、中长距离运输,高负荷运输需求,对应重卡、叉车、客车、城市环卫车等。

2. 燃料电池发展的主要挑战

① 燃料电池汽车的性能(效率、成本、寿命)离商业化依然存在差距。主要挑战:核心原材料国产化、催化剂贵金属载量等。

② 国产性能和海外龙头有差距:因为载重、响应速度、怠速等问题,配备高功率锂电池是当前重卡的必需选项。

③ 燃料电池汽车和加氢站的匹配问题:行业陷入先有鸡还是先有蛋的问题,加氢需求不足导致加氢站建设缓慢,没有加氢站导致燃料电池加氢难、加氢贵。

【知识点4】 燃料电池电动汽车车型性能分析

一、本田 FCX 燃料电池汽车车型

原型车阶段(1999—2002 年):首款试验车 FCX - V1/V2 搭载巴拉德公司石墨极板电堆(49 kW),验证技术可行性;2000 年 FCX - V3/V4 改用自研金属极板电堆,功率提升至 86 kW,突破−20℃低温启动。

商品化突破(2002—2008 年):2002 年第五代 FCX 量产交付,首创双电堆模块设计,续航 430 km(LA4 标准),获美国 EPA 零污染认证;2008 年第六代 FCX Clarity 应用垂直流道(V Flow)电堆,体积缩小 33%,续航增至 620 km(JPN10 - 15 标准),实现电堆全舱内集成。

图 2 - 78　本田燃料电池发展历程

技术升级与市场扩展(2016 年至今):2016 年第七代 Clarity Fuel Cell 上市,电堆功率 100 kW,匹配 70 MPa 高压储氢罐,续航达 750 km(JC08 工况),加氢仅 3 分钟;2020 年与通用联合开发新一代系统,计划 2025 年推出兼容插电混动平台,目标续航超 800 km。

表 2－22　本田燃料电池汽车关键技术创新对比

参数	第五代 FCX（2002）	第七代 Clarity（2016）	2025 年规划
燃料电池堆功率	86 kW	100 kW	120 kW
续航里程	430 km	750 km	800 km＋
储氢罐压力	35 MPa	70 MPa	70 MPa
低温启动温度	－20℃	－30℃	－40℃
车身材料	钢铝混合	全铝合金＋生物纤维	碳纤维复合材料

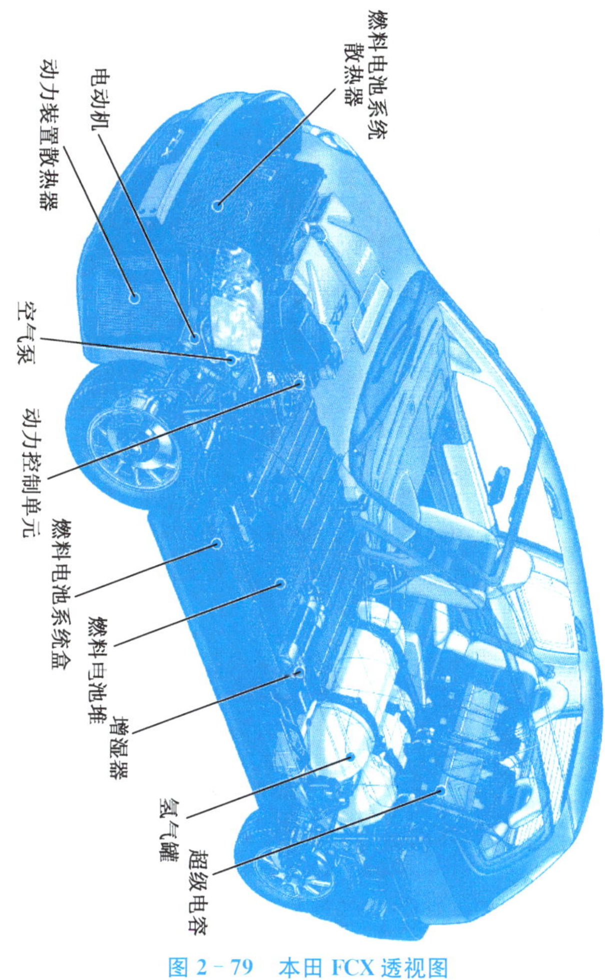

图 2－79　本田 FCX 透视图

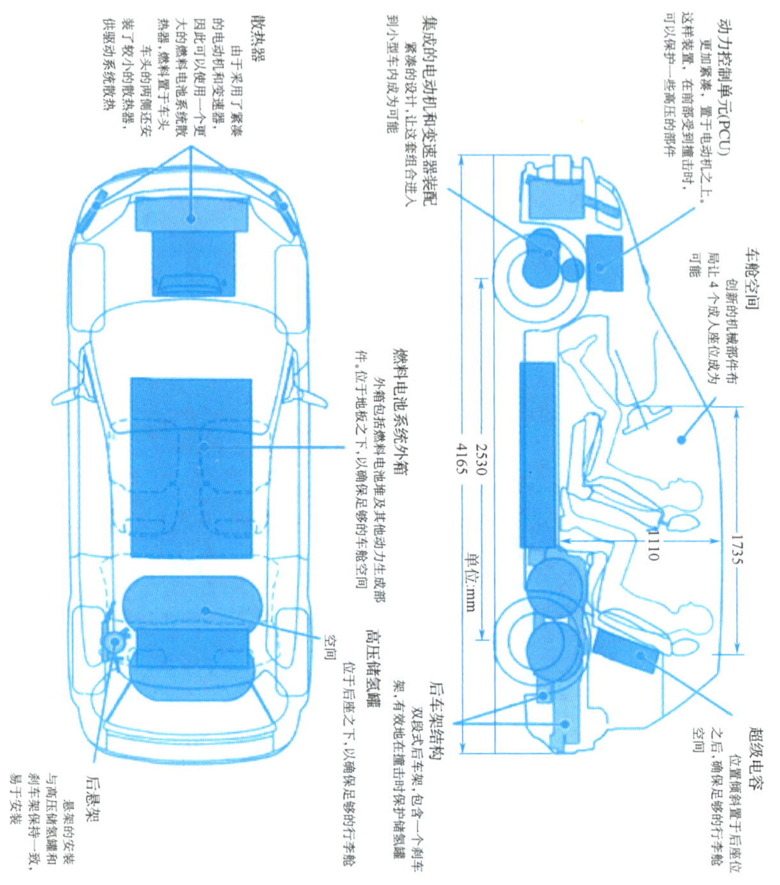

图 2-80 FCX 重要部件分解侧视和俯视图

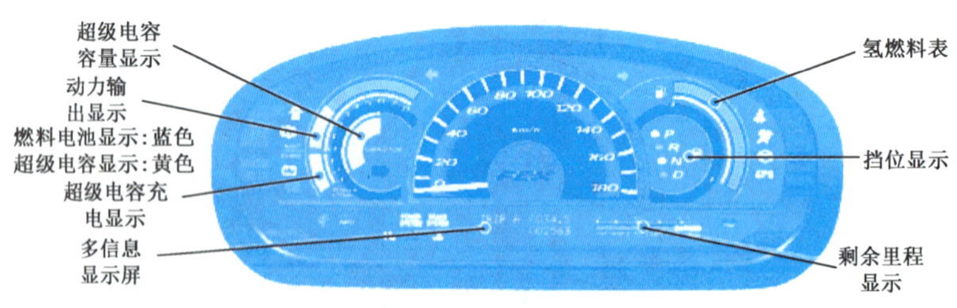

图 2-81 本田 FCX 仪表功能分解图

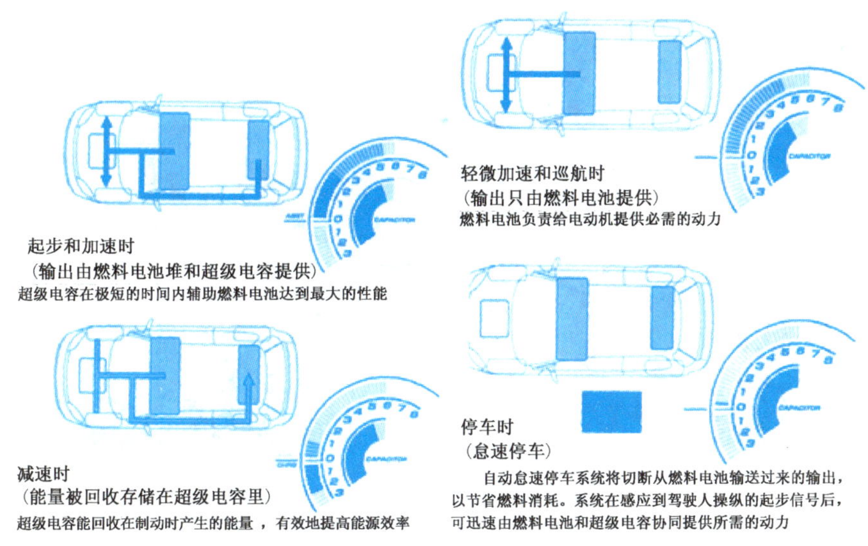

图 2－82　本田 FCX 燃料汽车工作过程

（1）本田 FCX 的能量管理

本田一直认为以氢为燃料，具备出色的续航性能和行驶性能，排放物只有水的燃料电池电动车，是未来社会终极的环保汽车。因此，本田从 FCX 一路研发，直到现在已经开始量产的 FCX Clarity 具有零下 30℃的低温起动功能，续航能力达至 620 km。如今 FCX Clarity 已在日本和美国市场进行租赁销售，是一款具有真正实用价值的环保车型。

FCX Clarity 以本田独创的燃料电池堆“V Flow FC Stack”技术为核心，实现了燃料电池电动车特有的未来感设计、先进的整体封装布局以及出色的驾驭感受。不仅具备不排放 CO_2 的清洁性，还赋予汽车独特的新价值和新魅力。

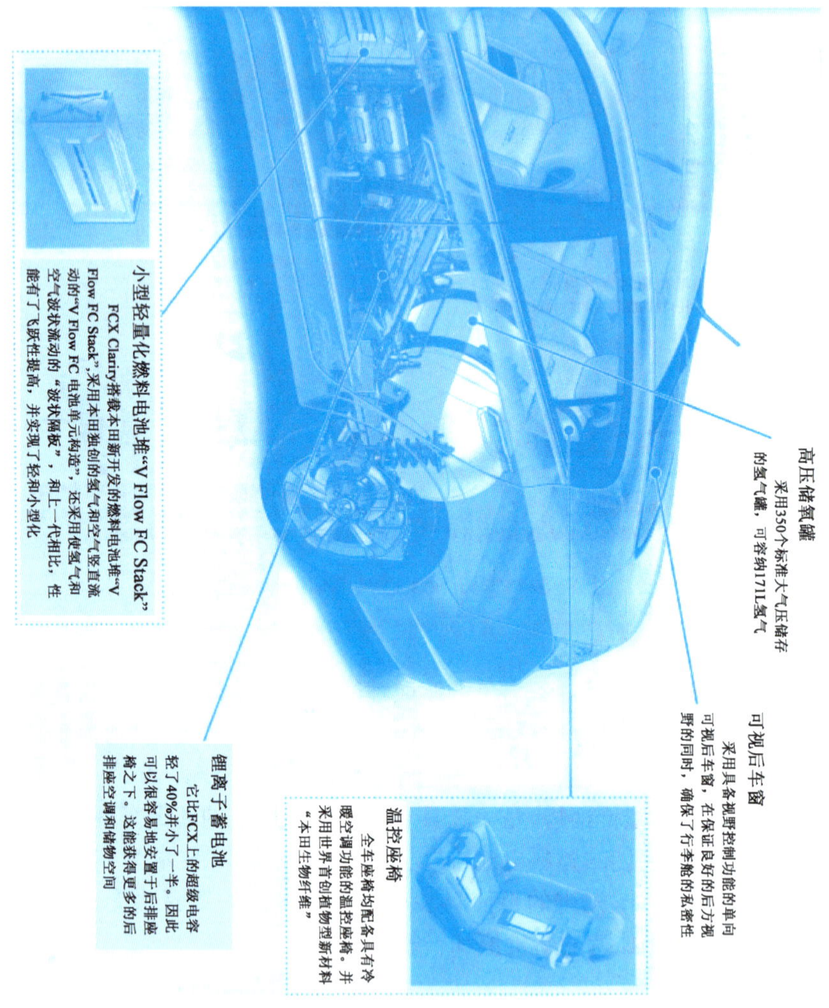

图 2－83　本田 FCX Clarity 透视图

(2) 本田新型燃料电池堆

新型燃料电池堆的最高功率提升至 100 kW，与上一代燃料电池堆相比，体积功率密度提高 50%，质量功率密度提高 67%。另外，低温状态起动性能也得到大幅度提高，最低可在－300℃正常起动。

表 2－23　本田新型燃料电池堆技术参数

技术阶段	1999 年	2003 年	2006 年
燃料电池堆外形			

（续表）

技术阶段	1999 年	2003 年	2006 年
特　点	本田最早自制的电池堆，采用了当时流行的氯电解质膜和切削碳隔离板结构，作为车载用电池堆，其体积相当大	燃料电池堆在世界上首次实现零下 20℃ 以下可正常起动，具有划时代意义，采用芳香型电解质膜以及冲压金属隔离板	将双盒型电池堆改造为单盒型电池堆结构，体积的变小使电池堆可以纵向装置，有效地提高了排水性能，而且稳定了电压
	传统电池堆布局： 氢气和生成的水横向流动 装置包括燃料电池在内的动力总成，所需空间较大，但由于室内空间及整体布置都有所限制，只能采用类似 SUV 那样的设计		传统电池堆布局： 氢气和生成的水纵向流动 采用将小型化的燃料电池堆纵向装置在中央通道内的设计，满足了未来汽车设计的需求
输出功率	60 kW	86 kW	100 kW
尺　寸	134 L	66 L	52 L
质　量	202 kg	96 kg	67 kg
电解质膜	氯电解质膜 最高工作温度：80℃	芳香型电解质膜 最高工作温度：95℃	芳香型电解质膜 最高工作温度：95℃
堆结构/电池结构	螺栓紧固，切削碳隔离板 单独密封	嵌板箱形结构，冲压金属隔离板，成组密封	单箱堆结构，V Flow 结构 波浪流体隔离板

（3）垂直气体流动（V Flow）单元结构

氢气和空气（氧气）纵向流动，生成的水在重力作用下可更顺畅地排出，由此可以防止生成的水停留在发电层面上，确保发电的持续稳定性。另外，纵向流动还可使流动通道更畅通，通道深度减少 17%，电池单元更薄、体积更小。

燃料电池是由膜电极组件（MEA）组成，它依次地包含在有氢气、空气和冷媒气流通道的隔离板之间，是一个由氢气和空气电极形成的一对电极层和扩散层之间的夹层。

垂直气体流动（V Flow）燃料电池堆由波浪形的垂直气流通道组成，这些气流通道负责氢气和空气的导向，在它们之前，还有水平的冷媒流动通道。

氢气和空气的流动通道呈波浪形状，冷媒则沿横向流动。波浪形流动通道不但比以往的直线通道长出一条通道的长度，而且可改变流动方向，提高了氢气和空气的扩散性。同时，冷媒出入口的横向布置可以扩大氢气和空气的通道，最终使发电能力比以往的本田燃料电池堆提高 10%。

另外，冷媒的横向流动还可以保持很好的冷却效果，避免了以往电池单元之间所必需的冷却层，使燃料电池堆质量减小约 30%，积层长度缩短约 20%，达到了飞跃性的轻量化和小型化。

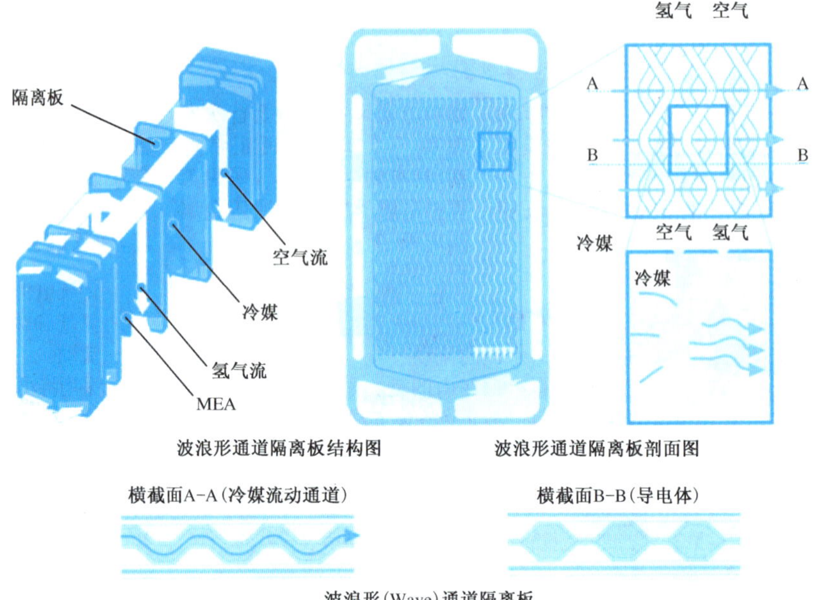

图 2-84 燃料电池结构图

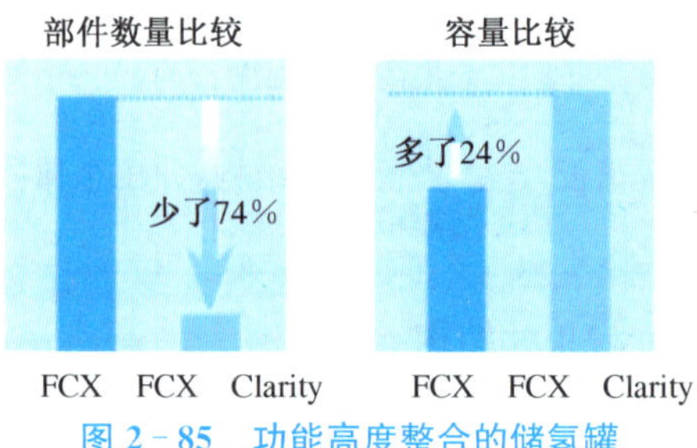

图 2-85 功能高度整合的储氢罐

FCX 采用了两个储氢罐的设计，而 FCX Clarity 则只有一个。这能给后座乘客提供更多的空间，包括储物空间。补给系统中的截流阀、调节阀、压力感应器和其他部件都集成在一个罐内模块中，部件减少 74%，这样可以让储氢罐的容量更大，让汽车行驶得更远。

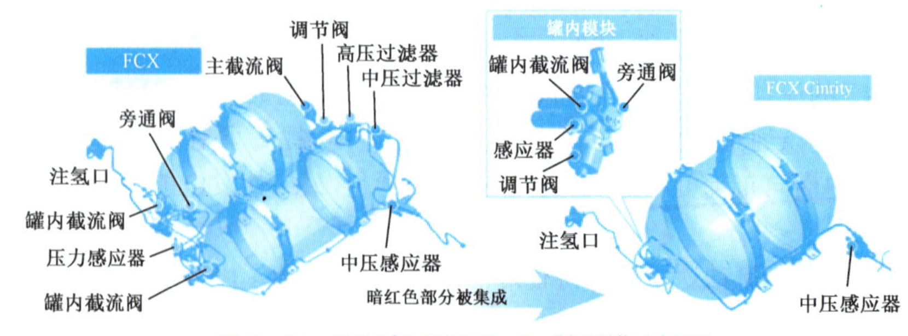

图 2-86 FCX 与 FCX Clarity 储氢罐比较图

(4) 紧凑高效的锂离子蓄电池占用极小空间

车辆的补充动力源和全新的锂离子蓄电池，能在必要时提供额外的动力辅助并能回收能量。它比 FCX 上的超级电容轻了 40%，体积小了一半，因此，可以很容易地安置于后排座

椅之下，这能获得更大的后排座空间和储物空间。

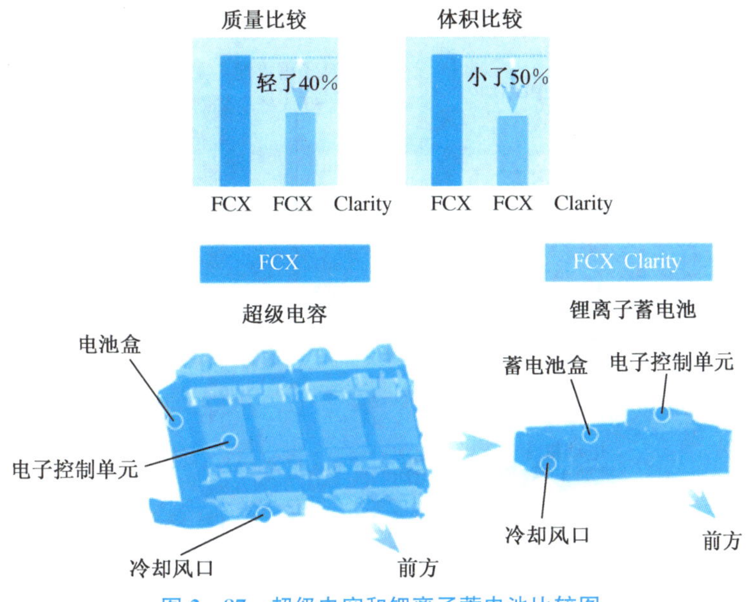

图 2－87　超级电容和锂离子蓄电池比较图

（5）线传操控技术

FCX Clarity 的固定齿轮比让操作变得更简单：只需要选择前进、后退和停车即可。紧凑的换挡装置完全电子控制，非常特别地安装在仪表台上。换挡装置、起动按钮和驻车按钮都非常容易操作。其他的操控系统同样布局合理，符合人体工程学。

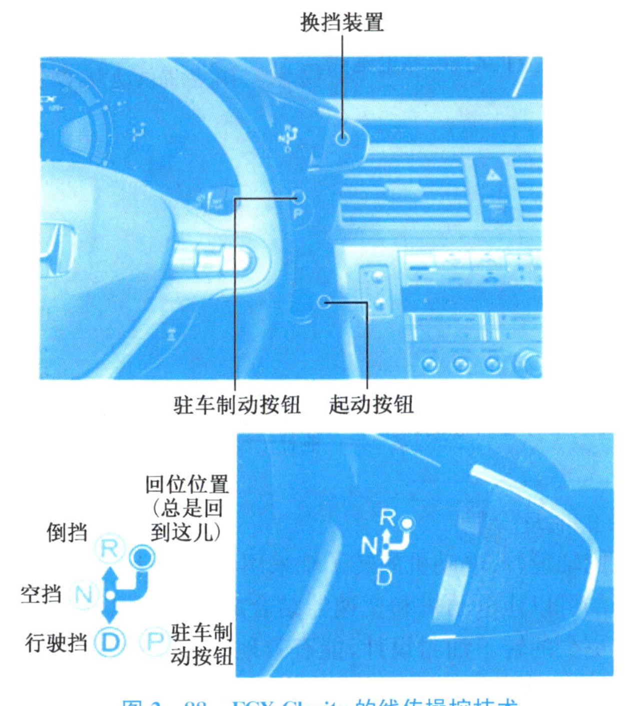

图 2－88　FCX Clarity 的线传操控技术

FCX Clarity 的主要动力源是燃料电池，由氢气产生电力。随着驾驶人的各种驾驶需求，动力驱动单元(PDU)将统管电动机、蓄电池、燃料电池和储氢罐，进行协同工作。

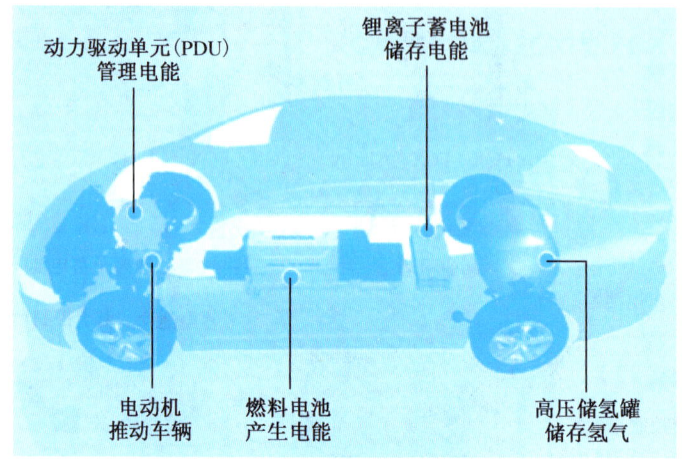

图 2－89　FCX Clarity 的主要部件

表 2－24　FCX Clarity 工作过程

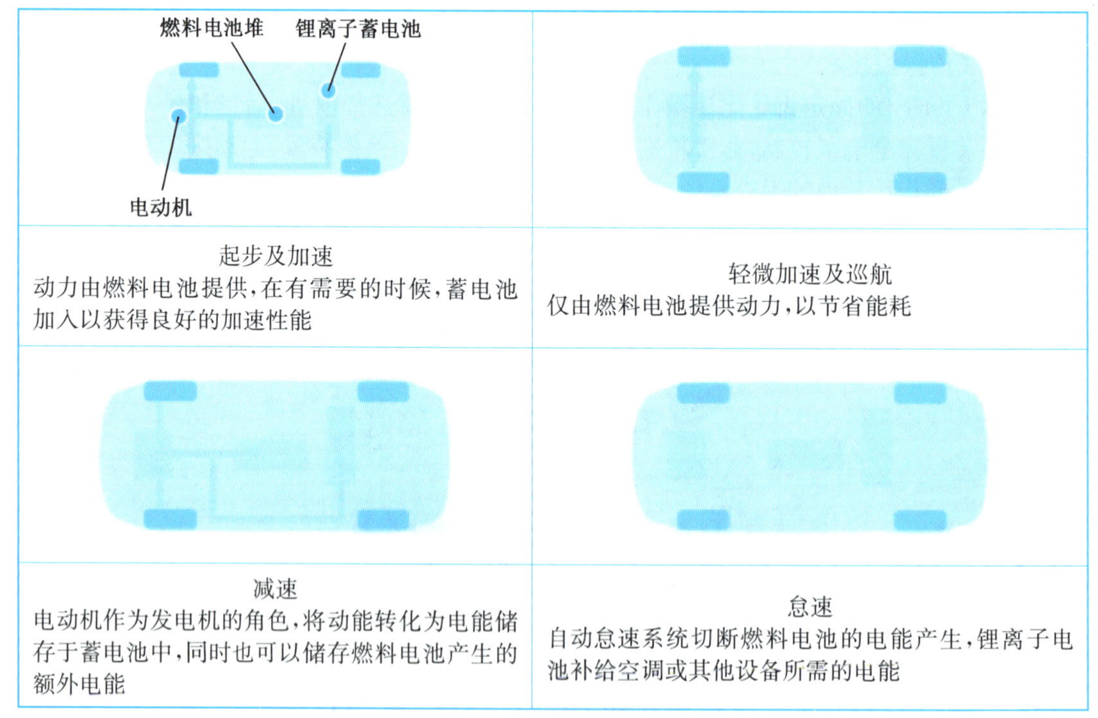

起步及加速 动力由燃料电池提供，在有需要的时候，蓄电池加入以获得良好的加速性能	轻微加速及巡航 仅由燃料电池提供动力，以节省能耗
减速 电动机作为发电机的角色，将动能转化为电能储存于蓄电池中，同时也可以储存燃料电池产生的额外电能	怠速 自动怠速系统切断燃料电池的电能产生，锂离子电池补给空调或其他设备所需的电能

(6) FCX Clarity 的能量管理

变速器与电动机同轴设计：电动机的转子轴采用中空设计，而驱动轴则从中间穿过形成同轴构造。这样的布局可以让电动机和变速器结合成为一个紧凑的整体，同时也能提高效率。更独特的轴承和更少的转子油封设计，能有效地降低摩擦，提高变速器效率，产生更直接的驾驶感觉。

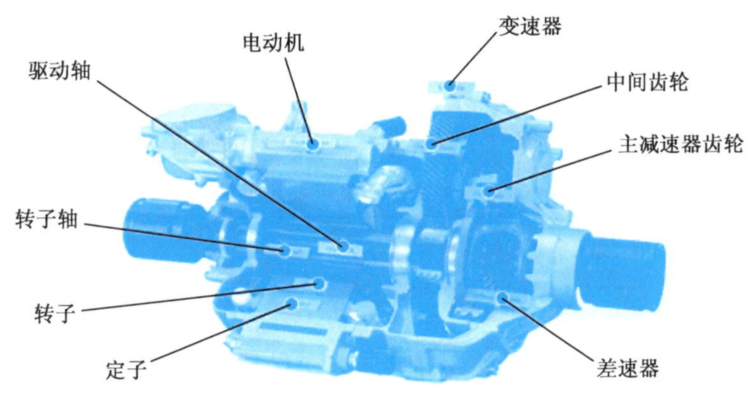

图 2－90　FCX Clarity 电动机分解图

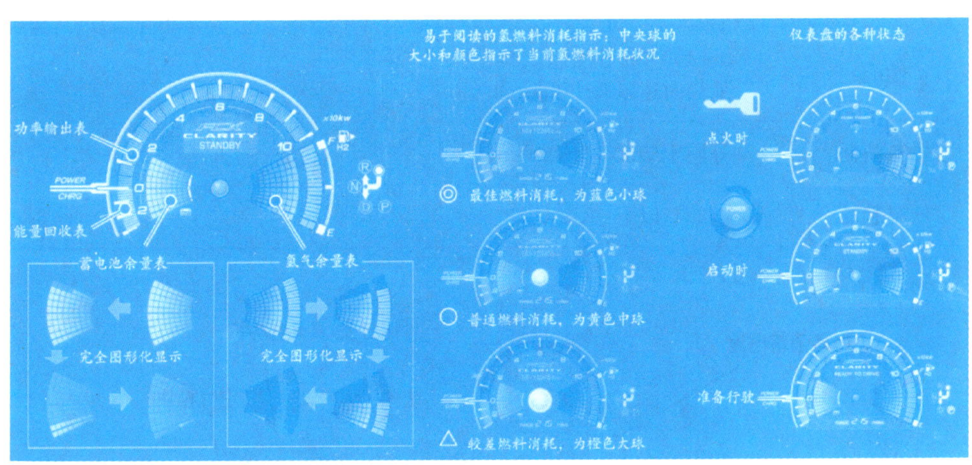

图 2－91　本田 FCX Clarity 仪表盘

二、奔驰燃料电池汽车车型

奔驰是全球燃料电池汽车研发的“元老级”车企，自 1994 年推出首款燃料电池概念车 NECAR 1 以来，累计投入超 20 亿欧元。2023 年，其新一代燃料电池系统功率密度突破 4.2 kW/L，搭载于 GenH2 氢能重卡，续航达 1 000 公里，重载性能对标柴油车，标志着燃料电池技术从实验走向商业化。奔驰燃料电池技术历经 30 年四代革新。

第一代(1994—2002)：推出全球首款燃料电池车 NECAR 1，搭载 50 kW 系统，液态储氢验证可行，但成本超百万欧元/辆，储氢占车身 2/3 空间。

第二代(2003—2017)：量产首款乘用车 B 级 F－CELL(续航 400 km/700 bar 储氢)与 Citaro 氢能巴士(氢耗 12 kg/100 km)，开启商业化试水。

第三代(2018—2022)：发布插电式燃料电池车 GLC F－CELL(续航 478 km/外放电 3.7 kW)，联合沃尔沃开发标准化电堆，成本降至 300 欧元/kW。

第四代(2023 至今)：推出 GenH2 重卡系统，双电堆并联功率 300 kW，－25℃冷启动 5 分钟，寿命 25 000 小时，非贵金属催化剂实现铂载量 0.1 g/kW，液氢重卡续航突破 1 000 km。技术路径从实验验证迈向重载商用，奠定氢能长途运输领导地位。

1. 奔驰 B 级 F-Cell 燃料电池车

2005 年日内瓦车展，戴姆勒・克莱斯勒发布奔驰 B 级燃料电池车，拓展燃料电池汽车车型范围。该车采用夹层式车身结构，电动机功率超 100 kW。减少燃料消耗、提高存储容量后，续航约 400 km，2009 年底量产，2010 年初交付欧美消费者。

表 2-25 奔驰 B 级燃料电池车技术参数

电动机	最大功率：100 kW 最大转矩：290 N・m
燃料电池	锂离子蓄电池 最大容量：1.4 kW・h 最大输出：35 kW
续航里程	纯电动模式：385 km
性能	0～100 km/h 加速 4.8 s 最高时速限速 170 km/h
燃料消耗	等同于柴油 3 L/100 km
低温起动	−25℃以下

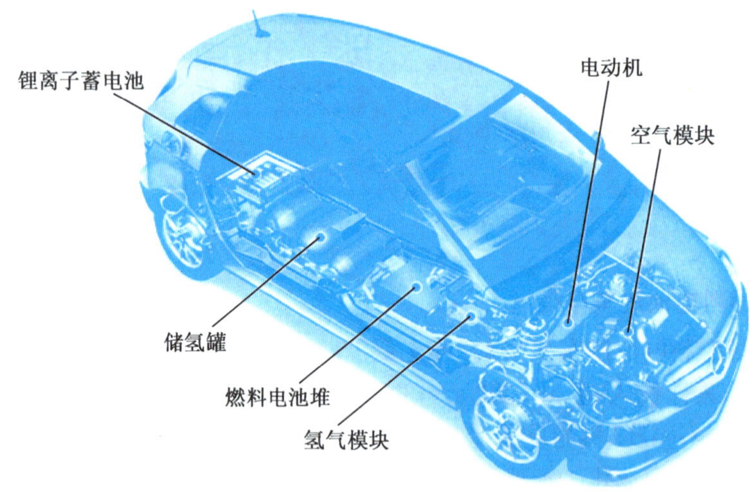

图 2-92 奔驰 B 级 F Cell 透视图

2. 奔驰 Blue ZERO 燃料电池概念车

奔驰在 2009 年的北美车展上，发布了三款 Blue ZERO 电动概念车。它们虽然都采用相同的外观设计，总长也同为 4.22 m，但动力驱动系统却截然不同。

表 2-26　奔驰 Blue ZERO 燃料电池概念车原理及特点对比

BlueZERO E CELL 概念车 大容量锂离子蓄电池可储存足以供日驾车所需的能量。	BlueZERO F CELL 概念车 燃料电池从氢气和氧气的化学反应中产生所需的能量。	BlueZERO E CELLPLUS 概念车 3 缸汽油发动机驱动发电机不断发电并储存在锂离子蓄电池中。
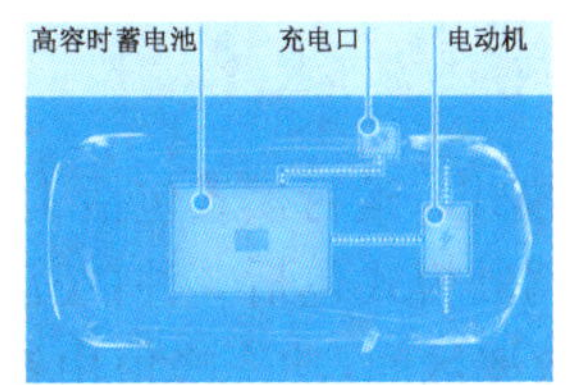	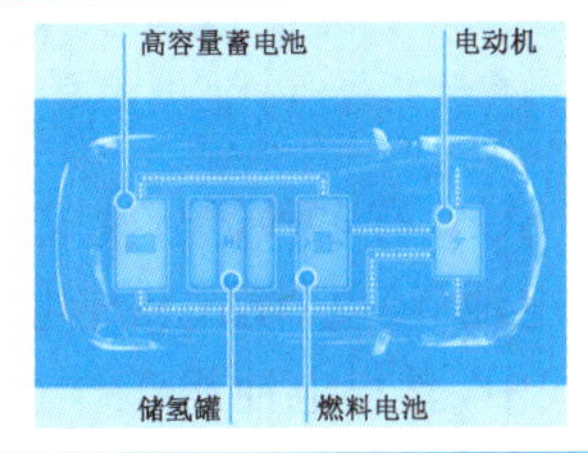	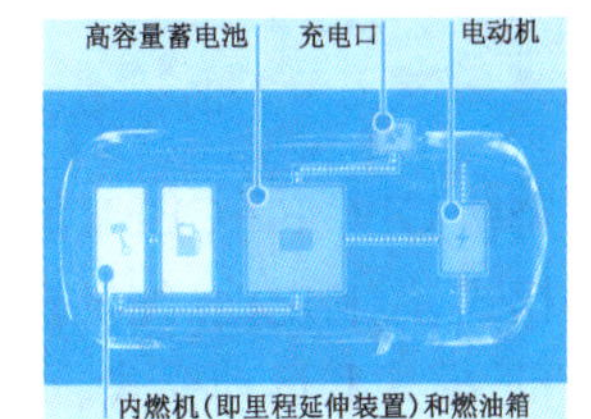
工作原理:在静态起动时即可提供全部动力;使用单速变速器,即产生持续驱动。	工作原理:氢气在燃料电池中与氧气发生反应,由此产生电流,这些电能被储存在电池中,再由发动机驱动车辆,它能实现零排放,排放出的仅仅是水。	工作原理:通过正常的电源插座从外部为锂离子蓄电池充电,充电一次足以供车辆行驶 50 km。
特点:近乎无噪声的驱动系统,带来全新的驾驶感受,它能在行驶过程中实现能量恢复/回收,即在制动和下坡行驶时将动能转化成电能,增加可行驶里程。蓄电池组件置于车辆地板之下,不影响车内舒适性,拥有正常大容量存储空间。	特点:在制动和下坡行驶时进行能量恢复,恢复的能量储存于锂离子蓄电池中。以 70 MPa (700 bar)的气压储存的氢气可供车辆行驶的里程长达 400 km。 以此燃料电池系统驱动的奔驰 B 级车已经在 2010 年实现小批量投产。	在制动和下坡行驶时将动能转化成电能。当蓄电池电量较低时,位于车辆尾部的三缸汽油发动机将自动起动并通过发电机为蓄电池充电。3 500 r/min 的发动机恒定转速,确保 CO_2 的低排放量。 电力驱动和汽油驱动模式组合使用时,最大行驶里程可达 600 km。

3. 奔驰 GLCF-Cell 燃料电池车

作为奔驰旗下第一款量产燃料电池汽车,GLC F-CELL 燃料电池插电混动 SUV 早在 2017 法兰克福车展发布。近日,梅赛德斯-奔驰已向德国铁路运营商交付了 GLC F-CELL 的首批示范车型。

动力方面,奔驰 GLC F-CELL 燃料电池 SUV 搭载了氢燃料电池和锂离子电池的插电式混动系统。由 400 片燃料电池单体组成的金属极电堆峰值功率 75 kW,锂离子电池组容量 13.5 kW·h。与奔驰上一代燃料电池汽车相比,新一代燃料电池系统体积减少约 30%,贵金属铂催化剂使用率降低 90%。基于全球标准化的 70 Mpa 储氢瓶技术,奔驰 GLC F-CELL 搭载的 2 个氢瓶分别位于底盘和后排座椅下方,储氢容量达到 4.4 kg。新车采用后轮驱动,位于后轴的异步电机最大功率达 160 kW(217 hp),峰值扭矩 375 N·m。在锂离子电池组满电情况下,NEDC 循环工况续航里程达到 487 km,其中纯电续航里程 50 km,纯氢续航里程 437 km。此外,插电混动系统配备了 7.4 kW 功率充电器,可在 1.5 小时内将电池容量从 10%充至 100%。

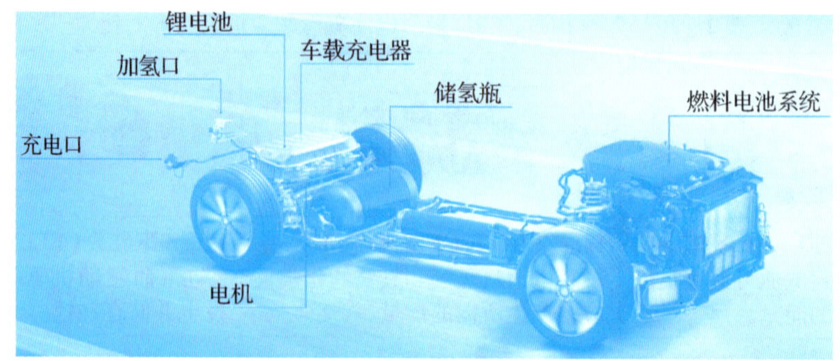

图 2-93　奔驰 GLCF-Cell 燃料电池—插电式混合动力总成系统总布置

奔驰 GLC F-CELL 燃料电池 SUV 有多种运行模式和驾驶模式。运行模式包括 4 种：混动模式、燃料电池(纯氢)模式、锂电池(纯电)模式和充电模式；驾驶模式包括 3 种：经济模式、舒适模式和运动模式。混动模式中，燃料电池组工作在最佳效率区间，功率峰值由锂离子电池组提供；燃料电池模式下，车辆行驶动力仅依赖氢气，锂离子电池组通过从燃料电池获取能量保持 SOC 不变，该模式适用于长距离稳态巡航；锂电池模式适用于短距行程，动力仅靠锂电池组提供；高压锂电池组充电享有优先权，氢气容量耗至限值前优先给锂电池组充电至满电。

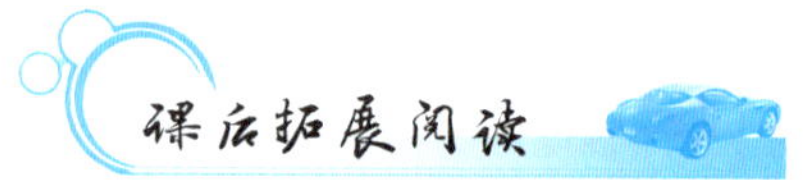
课后拓展阅读

绿色革命的破局者：中国新能源汽车的全球使命与技术担当

中国新能源汽车从政策孵化到全球领跑，是国家生态文明建设的战略实践。2009 年“十城千辆”工程启动技术破冰，2025 年新能源渗透率目标超 50%的规划，标志着产业从政策驱动迈向市场驱动的成熟跃迁。其背后是国家破解能源安全困局、实现“双碳”承诺的深远布局——以电动化转型重构汽车产业链，对内推动能源结构优化，对外输出绿色技术标准，形成“中国技术赋能全球减排”的新范式。

政策突破不仅在于产销规模全球第一(2023 年产销 950 万辆)，更体现于全链条生态构建。从补贴退坡倒逼技术自立，到“双积分”政策强化企业责任；从充换电网络纳入新基建，到车用氢能产业顶层设计，彰显中国对可持续发展路径的系统性掌控。而“电池护照”溯源体系、碳足迹核算规则的先行探索，更将绿色话语权嵌入全球产业治理。

当中国新能源车占全球市场份额超 60%，比亚迪、蔚来等品牌登陆欧美日市场时，世界看到的不仅是“三电”技术的成本优势，更是“人与自然和谐共生”的中国方案落地。这种绿色革命与产业升级的共振，赋予从业者“推动地球降温”的时代使命，激励我们以技术为刃，为人类命运共同体开辟低碳未来。

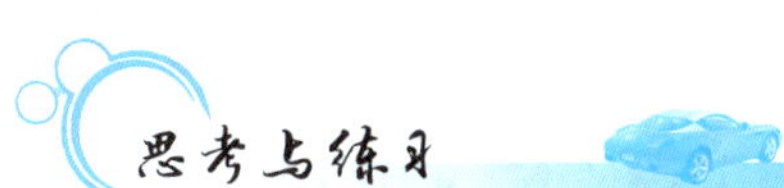

一、填空题

1. 纯电动汽车可分为 2 种类型，即用纯蓄电池作为动力源的＿＿＿＿＿＿＿和＿＿＿＿＿＿。

2. 纯电动汽车的结构与燃油汽车相比，主要增加了＿＿＿＿＿＿＿＿，而取消了＿＿＿＿＿。

3. 纯电动汽车电力驱动控制系统由电力驱动主模块、＿＿＿＿＿＿和＿＿＿＿三大部分组成。

4. 纯电力驱动主模块主要包括＿＿＿＿＿、驱动控制器、＿＿＿＿、机械传动装置和车轮等。

5. 车载电源模块主要包括＿＿＿＿＿＿、能量管理系统和＿＿＿＿＿＿等。

6. 辅助模块主要包括＿＿＿＿＿、动力转向系统、＿＿＿＿＿＿和辅助装置等。

7. 串联式混合动力电动汽车系统结构主要由发动机、＿＿＿＿、电动机和＿＿＿＿等部件组成。

8. 并联式混合动力电动汽车系统结构主要是由发动机、＿＿＿＿＿＿和蓄电池等部件组成。

9. 并联式驱动系统的主要元件为＿＿＿＿＿＿，通常可归类为＿＿＿＿＿、转矩合成式和转速合成式三种形式。

10. 直接燃料电池电动汽车的燃料主要是＿＿＿＿；重整燃料电池电动汽车的燃料主要有汽油、＿＿＿＿＿、甲醇、＿＿＿＿、＿＿＿＿等。

11. 混合式燃料电池电动汽车的动力系统主要由＿＿＿＿＿、辅助动力源、DC/DC 变换器、＿＿＿＿＿＿＿、电动机和＿＿＿＿等组成。

二、简答分析题

1. 纯电动汽车驱动系统布置形式有几种？它们的布置特点分别是什么？
2. 简述纯电动汽车的特点。
3. 发展电动汽车的关键技术有哪四点？
4. 国际电子技术委员会对混合动力车辆的定义是什么？
5. 简述串联式混合动力汽车的工作模式。
6. 简述并联式混合动力汽车的工作模式。
7. 简述混联式混合动力汽车的工作模式。
8. 和纯电动汽车相比，混合动力汽车的优点是什么？
9. 燃料电池电动汽车技术与传统汽车、纯电动汽车技术相比，具有的优点有哪些？
10. 简述 THS 的工作模式。

扫码可见本单元视频
及拓展阅读资料

单元三 新能源汽车关键技术

1. 掌握电池的类动力电池的类型、工作原理，熟悉电池的主要性能指标；

2. 了解新能源汽车电机驱动系统的组成与类型、电动汽车对电动机的要求和电机驱动系统的发展趋势；

3. 掌握新能源汽车 5 种电机驱动系统的结构原理及其主要特点和控制特性；

4. 掌握电池管理系统的功能和制动能量回收的方法和类型，理解纯电动汽车能量管理系统的组成、混合动力电动汽车的能量管理策略和工作模式，并且理解电动汽车的制动能量回收系统的组成和作用等；

5. 了解新能源汽车充电类型、充电方法以及充电装置技术指标和技术要求；

6. 了解新能源汽车的智联网技术的应用。

1. 会对电动汽车储能装置进行性能测试，并能分析出故障原因；

2. 熟悉电动机的额定指标，掌握电动机的运行特性和轮毂电机原理；

3. 掌握新能源汽车能量管理与回收系统。

1. 严格遵守动力电池、高压系统及充电设备的操作安全规范，强化对电击防护、热失控预防等安全风险的主动防范意识；

2. 养成对电池性能参数、电机特性等数据的客观分析习惯，能基于测试结果精准判断故障原因，避免主观臆断；

3. 理解能量回收系统在节能减排中的作用，主动践行绿色技术理念，认同新能源汽车对低碳交通的推动价值；

4. 关注智能网联、新型电机技术等前沿动态，主动通过技术手册、行业案例更新知识体系，适应技术快速迭代需求。

模块一　新能源汽车能量存储装置

动力电池：龙头卡位优势显著，强者恒强趋势不改

动力电池装机量快速提升，市场集中度进一步提升。根据 SNE Research 数据(如图 3－1)，2021 年 9 月全球动力电池装机量为 32.9 GWh，环比增长 30.6%，1～9 月全球动力电池装机量 195.4 GWh，环比增长 20.6%。排名前十的企业分别为宁德时代、LG 新能源、松下、比亚迪、SKI、三星 SDI、中航锂电、国轩高科、AESC 和 PEVE，10 家企业合计市场份额达到 93.6%，如图 3－2 所示。

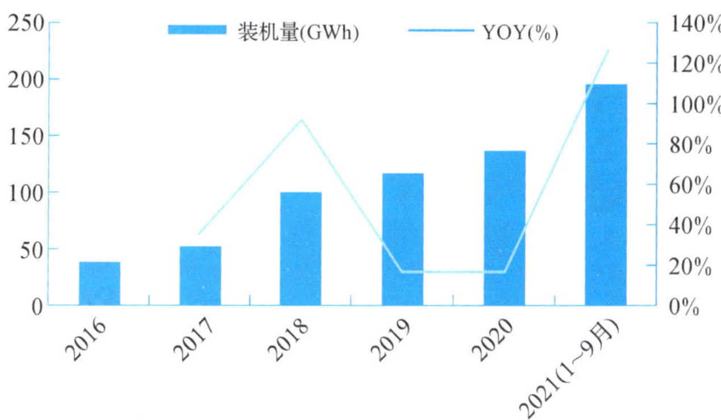

图 3－1　全球动力电池装机量情况

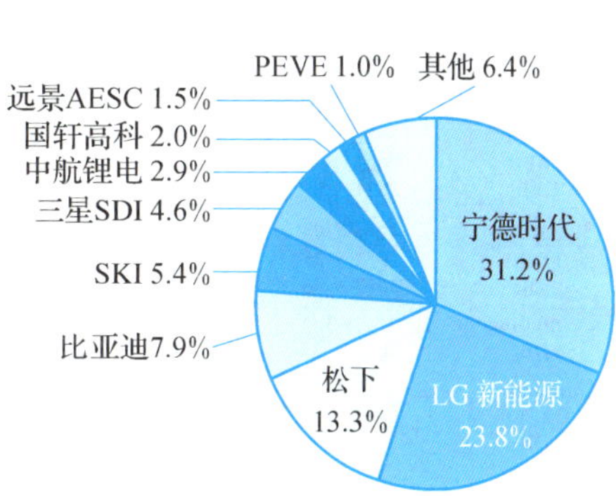

图 3－2　2021 年(1～9 月)全球动力电池装机量市场份额

中国企业增长势头迅猛，宁德时代、比亚迪、中航锂电、国轩高科等均实现三位数的同比增长，增速远高于市场平均水平。

全球锂电池主要企业产能扩张迅速。受终端市场电动化加快的影响，全球锂电池进入新一轮扩产竞备赛(见表 3－1)。国内企业的产能扩张全面提速，尤其是二线龙头如中航锂电、蜂巢能源、亿纬锂能等，如图 3－3 所示。2025 年全球锂电池产能超2 500 GWh。

表 3－1　全球锂电池主要企业产能情况(GWh)

企业	2020A	2021E	2022E	2023E	2024E	2025E
宁德时代	66.5	128.5	223.0	385.0	522.0	568.0
LG 新能源	120.0	158.0	175.0	193.0	203.0	218.0
松下	112.0	126.0	174.0	189.0	189.0	189.0
SKI	36.0	52.0	115.2	168.4	208.4	237.4
三星 SDI	32.0	35.0	49.0	76.0	82.5	105.5

（续表）

企业	2020A	2021E	2022E	2023E	2024E	2025E
比亚迪	75.0	106.0	140.0	150.0	160.0	160.0
国轩高科	19.8	107.3	216.5	259.7	270.5	270.5
中航锂电	12.0	47.6	88.5	155.5	162.5	250.0
蜂巢能源	5.9	47.1	104.9	167.6	191.6	211.6
远景 AESC	12.0	18.0	24.0	32.0	47.5	47.5
孚能科技	13.8	21.8	35.8	39.8	39.8	39.8
欣旺达	13.0	16.0	30.2	43.0	46.0	77.2
力神	8.8	16.0	16.0	16.0	16.0	16.0
亿纬锂能	17	32	69	138	199	240

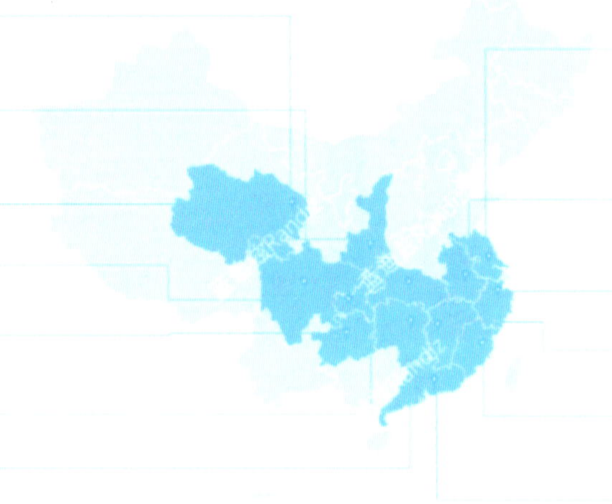

图 3-3 中国锂电池超级工厂布局

【知识点 1】 能量储能装置基础知识

电动汽车储能装置主要有蓄电池、燃料电池、超级电容器和飞轮电池等。其中蓄电池是电动汽车最常用的能量存储装置，也是目前制约电动汽车发展的关键因素。要使电动汽车能与燃油汽车相竞争，关键是开发出比能量高、比功率大、使用寿命长、成本低的电池。

一、电池的类型

电池是电动汽车的动力源，是能量的存储装置，它可以分为化学电池、物理电池和生物电池三大类。

1. 化学电池

化学电池是利用物质的化学反应发电，按工作性质分为原电池、蓄电池、燃料电池和储备电池。

原电池又称一次电池，是指电池放电后不能用简单的充电方法使活性物质复原而继续使用的电池，如锌-二氧化锰干电池、锂锰电池、一次锌银电池等。

蓄电池又称二次电池，是指电池在放电后可以通过充电的方法使活性物质复原而继续使用的电池，这种电池的充放电可以达数十次到上千次，如铅酸蓄电池、镍镉电池、镍氢电池、锂离子电池、锂聚合物电池、锂铁电池等。

燃料电池又称连续电池，是指参加反应的活性物质从电池外部连续不断地输入电池，电池就连续不断地工作以提供电能，如质子交换膜燃料电池、碱性燃料电池、磷酸燃料电池、熔融碳酸盐燃料电池、固体氧化物燃料电池等。

储备电池是指电池正、负极与电解质在储存期间不直接接触，使用前注入电解液或者使用其他方法使电解液与正、负极接触，此后电池进入待放电状态，如镁电池、热电池等。

2. 物理电池

物理电池是利用光、热、物理吸附等物理能量发电的电池，如太阳能电池、超级电容器、飞轮电池等。

3. 生物电池

生物电池是利用生物化学反应发电的电池，如微生物电池、酶电池、生物太阳电池等。

迄今已经实用化的车用动力蓄电池有传统的铅酸蓄电池、镍镉电池、镍氢电池和锂离子电池。在物理电池领域中，超级电容器已应用于电动汽车中。生物燃料电池在车用动力中应用前景也十分广阔，以氢为燃料的燃料电池和氧化物燃料电池的研发已进入重要发展阶段。

二、电池的性能指标

电池作为电动汽车的储能装置，在电动汽车上发挥着非常重要的作用，要评定电池的实际效应，主要是看电池的性能指标。电池的性能指标主要有电压、容量、内阻、能量、功率、输出效率、自放电率、放电倍率、使用寿命等，根据电池种类不同，其性能指标也有差异。

1. 电压

电压分为端电压、开路电压、额定电压、充电终止电压和放电终止电压等。

电池的端电压是指电池正极与负极之间的电位差；开路电压是指电池在没有负载情况下的端电压；额定电压是电池在标准规定条件下工作时应达到的电压；蓄电池充足电时，极板上的活性物质已达到饱和状态，再继续充电，电池的电压也不会上升，此时的电压称为充电终止电压；放电终止电压是指电池放电时允许的最低电压。如果电压低于放电终止电压后电池继续放电，电池两端电压会迅速下降，形成深度放电，这样，极板上形成的生成物在正常充电时就不易再恢复，从而影响电池的寿命。放电终止电压和放电率有关，放电电流直接影响放电终止电压。在规定的放电终止电压下，放电电流越大，电池的容量越小。

例如，镍氢电池的额定电压为 1.2 V，锂离子电池的额定电压为 3.6 V；镍氢电池的充电终止电压为 1.5 V，锂离子电池的充电终止电压为 4.25 V；镍氢电池的放电终止电压一般规定为 1 V，锂离子电池的放电终止电压为 3.0 V。

2. 容量

电池在一定的放电条件下所能放出的电量称为电池的容量，常用单位为安培・小时(A・h)，它等于放电电流与放电时间的乘积。

电池的容量可以分为理论容量、实际容量、标称容量和额定容量等。

理论容量是把活性物质的质量按法拉第定律计算而得到的最高理论值。为了比较不同系列的电池，常用比容量的概念，即单位体积或单位质量电池所能给出的理论电量，单位为A·h/L或A·h/kg。

实际容量是指电池在一定条件下所能输出的电量，它等于放电电流与放电时间的乘积，单位为A·h，其值小于理论容量。实际容量反映了电池实际存储电量的大小，电池容量越大，电动汽车的续驶里程就越远。在使用过程中，电池的实际容量会逐步衰减。国家标准规定新出厂的电池实际容量大于额定容量值为合格电池。

标称容量是用来鉴别电池的近似安时值。

额定容量也叫保证容量，是按国家或有关部门颁布的标准，保证电流在一定的放电条件下应该放出的最低限度的容量。

按照IEC标准和国标，镍氢电池在(20±5)℃条件下，以0.1C充电6 h后以0.2C放电至1.0 V时所放出的电量为电池的额定容量，以C表示；锂离子电池在常温、恒流(1C)、恒压(4.2 V)条件下充电3 h后，再以0.2C放电至2.75 V时所放出的电量为电池的额定容量。

以230 mA·h镍氢充电电池为例，表示该电池以230 mA(0.1C)充电16 h后以460 mA(0.2C)放电至1.0 V时，总放电时间为5 h，所放出的电量为2 300 mA·h。相应地，若以230 mA的电流放电，其放电时间约为10 h。

荷电状态(SOC)是电池在一定放电倍率下，剩余电量与相同条件下额定容量的比值，它反映电池容量的变化。SOC=1即表示电池充满状态。随着电池的放电，电池的电荷逐渐减少，此时电池的充电状态可以用SOC的百分数的相对量来表示电池中电荷的变化状态。一般电池放电高效率区为50%～80%SOC。

3. 内阻

电池的内阻是指电流流过电池内部时所受到的阻力。充电电池的内阻很小，需要用专门的仪器才可以测量到比较准确的结果。一般所知的电池内阻是充电态内阻，即电池充满电时的内阻(与之对应的是放电态内阻，指电池充分放电后的内阻，一般说来，放电态内阻比充电态内阻大，并且不太稳定)。电池内阻越大，电池自身消耗掉的能量越多，电池的使用效率越低。内阻很大的电池在充电时发热很厉害，使电池的温度急剧上升，对电池和充电器的影响都很大。随着电池使用次数的增多，由于电解液的消耗及电池内部化学物质活性的降低，电池的内阻会有不同程度的升高。

4. 能量

电池的能量是指在一定放电制度下，电池所能输出的电能，单位是W·h或kW·h。它影响电动汽车的行驶距离。能量分为理论能量、实际能量、比能量和能量密度。

理论能量是电池的理论容量与额定电压的乘积，指一定标准所规定的放电条件下，电池所输出的能量；实际能量是电池实际容量与平均工作电压的乘积，表示在一定条件下电池所能输出的能量；比能量也称质量比能量，是指电池单位质量所能输出的电能，单位是W·h/kg，常用比能量来比较不同的电池系统；能量密度也称体积比能量，是指电池单位体积所能输出的电能，单位是W·h/L。

电池的比能量是综合性指标，它反映了电池的质量水平。电池的比能量影响电动汽车的整车质量和续驶里程，是评价电动汽车的动力电池是否满足预定续驶里程的重要指标。

5. 功率

电池的功率是指电池在一定放电制度下，单位时间内所输出能量的大小，单位为 W 或 kW。电池的功率决定了电动汽车的加速性能和爬坡能力。功率分为比功率和功率密度。

比功率是指单位质量电池所能输出的功率，也称质量比功率，单位为 W/kg 或 kW/kg。功率密度是指单位体积电池所能输出的功率，也称体积比功率，单位为 W/L 或 kW/L。

6. 输出效率

动力电池作为能量存储器，充电时把电能转化为化学能储存起来，放电时把化学能转化为电能释放出来。在这个可逆的电化学转换过程中，有一定的能量损耗，这通常用电池的容量效率和能量效率来表示。

容量效率是指电池放电时输出的容量与充电时输入的容量之比，能量效率是指电池放电时输出的能量与充电时输入的能量之比。

7. 自放电率

自放电率是指电池在存放期间容量的下降率，即电池无负荷时自身放电使容量损失的速度。自放电率用单位时间容量降低的百分数表示。

8. 放电倍率

电池放电电流的大小常用“放电倍率”表示，即电池的放电倍率用放电时间表示或者说以一定的放电电流放完额定容量所需的小时数来表示。由此可见，放电时间越短，即放电倍率越高，则放电电流越大。

放电倍率等于额定容量与放电电流之比。根据放电倍率的大小，可分为低倍率（<0.5C）、中倍率（0.5～3.5C）、高倍率（3.5～7.0C）、超高倍率（>7.0C）。

例如，某电池的额定容量为 20 A·h，若用 4 A 电流放电，则放完 20 A·h 的额定容量需用 5 h，也就是说以 5 倍率放电，用符号 C/5 或 0.2C 表示，为低倍率。

9. 使用寿命

使用寿命是指电池在规定条件下的有效寿命期限。电池发生内部短路或损坏而不能使用，以及容量达不到规范要求时电池使用失效，这时电池的使用寿命终止。

电池的使用寿命包括使用期限和使用周期。使用期限是指电池可供使用的时间，包括电池的存放时间。使用周期是指电池可供重复使用的次数。

除此之外，成本也是一个重要的指标，电动汽车发展的瓶颈之一就是电池价格过高。

三、电动汽车对动力电池的要求

电动汽车对动力电池的要求主要有如下几点。

（1）比能量高。为了提高电动汽车的续驶里程，要求电动汽车上的动力电池尽可能储存多的能量，但电动汽车又不能太重，其安装电池的空间也有限，这就要求电池具有高的比能量。

（2）比功率大。为了使电动汽车在加速行驶、爬坡能力和负载行驶等方面能与燃油汽车相竞争，就要求电池具有高的比功率。

（3）充放电效率高。电池中能量的循环必须经过充电—放电—充电的循环，高的充放电效率对保证整车效率具有至关重要的作用。

（4）相对稳定性好。电池应当在快速充放电和充放电过程变工况的条件下保持性能的相对稳定，使其在动力系统使用条件下能达到足够的充放电循环次数。

(5) 使用成本低。除了降低电池的初始购买成本外，还要提高电池的使用寿命以延长其更换周期。

(6) 安全性好。电池应不会引起自燃或燃烧，在发生碰撞等事故时，不会对乘员造成伤害。

1991 年，美国先进电池开发联合体(USABC)对电动汽车用动力电池制定的开发目标，见表 3-2 所示。

表 3-2　USABC 对电动汽车用动力电池制定的开发目标

性能参数	单　位	中期目标	长期目标
能量密度	W·h/L	135	300
比能量	W·h/kg	80～100	200
功率密度	W/L	250	600
比功率	W/kg	150～200	400
使用寿命	a	5	10
循环寿命	次	600	1 000
正常充电时间	h	<6	3～6
工作循环温度	℃	−30～65	−40～80

目前，虽然有些电池的性能参数已经超过了开发目标，但距离大规模推广应用还有很多问题需要解决。电动汽车动力电池普遍存在安全性得不到保障、电池容量满足不了续驶里程的需要、电池循环寿命短、电池质量和尺寸较大、电池价格昂贵等问题，这些问题都有待进一步解决。

2010 年，工业和信息化部颁发了先进动力电池系统的规格和等级：工作温度为−20℃～55℃；储存和运输温度为−40℃～80℃；比能量≥90 W·h/kg(以电池包总体计)；最大放电倍率≥5C；最大充电倍率≥3C；循环寿命≥2 000 次(单体)，1 200 次(系统)。

【知识点 2】　蓄电池

电动汽车使用的蓄电池主要有镍氢电池、锂离子电池、固态电池、钠离子电池、铅酸蓄电池、镍镉电池、锌镍电池、空气电池等，下面我们主要介绍镍氢电池、锂离子电池、固态电池和钠离子电池的结构与原理。

一、镍氢电池

镍氢电池是 20 世纪 90 年代发展起来的一种新型电池。它的正极活性物质主要由镍制成，负极活性物质主要由储氢合金制成，是一种碱性蓄电池。镍氢电池具有高比能量、高功率、适合大电流放电、可循环充放电、无污染等优点，被誉为“绿色电源”。

在电动汽车领域，目前镍氢电池是商用化的主流，包括全球销量最高的丰田普锐斯在内的混合动力汽车都普遍使用了镍氢电池。从产业周期来看，镍氢电池已经进入成熟期，形成了规模化生产，具有价格上的优势。

虽然镍氢电池在技术上取得了很大突破，但仍有不少因素制约其实际应用，包括高温性能、储存性能、循环寿命、电池组管理系统和热管理等。

1. 镍氢电池的分类

按照外形，镍氢电池分为方形镍氢电池和圆形镍氢电池。

2. 镍氢电池的结构

镍氢电池主要由正极、负极、极板、隔板、电解液等组成。

镍氢电池正极是活性物质氢氧化镍，负极是储氢合金，用氢氧化钾作为电解质，在正、负极之间有隔膜，共同组成镍氢单体电池。在金属铂的催化作用下，完成充电和放电的可逆反应。

镍氢电池的极板有发泡体和烧结体两种，发泡体极板的镍氢电池在出厂前必须进行预充电，且放电电压不能低于 0.9 V，工作电压也不太稳定。特别是在存放一段时间后，会有近 20%的电荷流失，老化现象比较严重，为避免发泡镍氢电池老化所造成的内阻增高，镍氢电池在出厂前必须进行预充电。经过改进的烧结体极板的镍氢电池，其烧结体极板本身就是活性物质，不需要进行活性处理，也不需要进行预充电，电压平衡、稳定，具有低温放电性能好、不易老化和寿命长的优点。

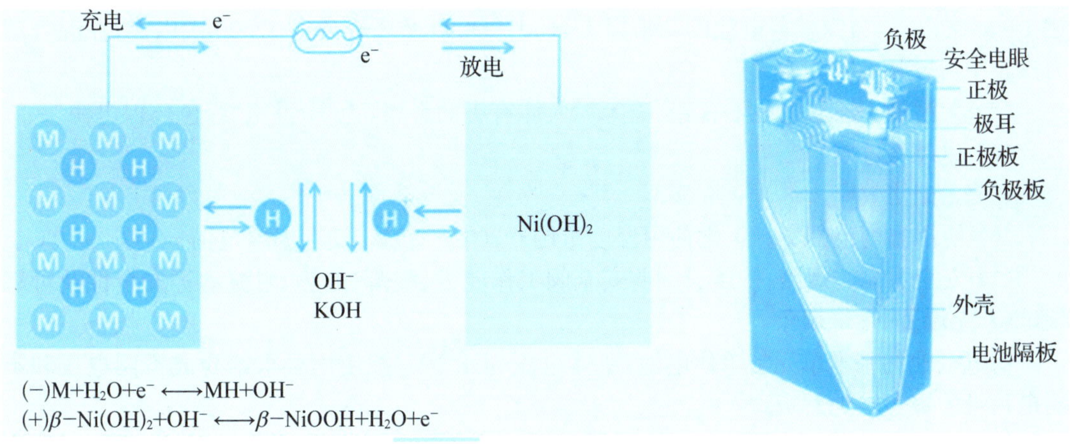

图 3－4　镍氢电池结构

3. 镍氢电池的工作原理

镍氢电池是将物质的化学反应产生的能量直接转化成电能的一种装置。镍氢电池由镍氢化合物正电极、储氢合金负电极以及碱性电解液（如 30%的氢氧化钾溶液）组成。镍氢电池的性能特点主要取决于本身体系的电极反应。

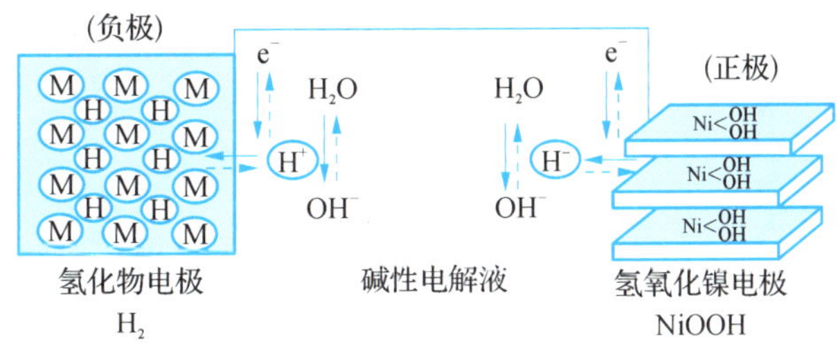

图 3－5　镍氢电池工作原理

充电时正、负极的电化学反应为

$$Ni(OH)_2 - e + OH^- \rightarrow NiOOH + H_2O$$

$$2MH + 2e \rightarrow 2M^- + H_2$$

放电时正、负极的电化学反应为

$$NiOOH + H_2O + e \rightarrow Ni(OH)_2 + OH^-$$
$$2M^- + H_2 \rightarrow 2MH + 2e$$

当镍氢电池以标准电流放电时，平均工作电压为 1.2 V。当电池以 8C 率放电时，端电压降至 1.1 V 时，则认为放电已完成。电压 1.1 V 称为 8C 率放电时的放电终止电压。

4. 镍氢电池的特点

镍氢电池具有无污染、高比能、大功率、快速充放电、耐用等许多优点。与铅酸蓄电池相比，镍氢电池具有比能量高、重量轻、体积小、循环寿命长的特点。

(1) 比功率高。目前商业化的镍氢功率型电池能做到 1 350 W/kg。

(2) 循环次数多。目前应用在电动汽车上的镍氢电池，80%放电深度(DOD)循环可以达 1 000 次以上，为铅酸蓄电池的 3 倍以上，100%DOD 循环寿命也在 500 次以上，在混合动力汽车中可使用 5 年以上。

(3) 无污染。镍氢电池不含铅、镉等对人体有害的金属，为 21 世纪“绿色环保电源”。

(4) 耐过充过放。

(5) 无记忆效应。

(6) 使用温度范围宽。正常使用温度范围−30℃～55℃，储存温度范围−40℃～70℃。

(7) 安全可靠。短路、挤压、针刺、安全阀工作能力、跌落、加热、耐振动等安全性及可靠性试验，无爆炸、燃烧现象。

镍氢电池的基本单元是单体电池，单体电压为 1.2 V，按使用要求组合成不同电压和不同电荷量的镍氢电池总成。

二、锂离子电池

锂离子电池是 1990 年由日本索尼公司首先推向市场的新型高能蓄电池，是目前世界上最新一代的充电电池。与其他蓄电池相比，锂离子电池具有电压高、比能量高、充放电寿命长、无记忆效应、无污染、快速充电、自放电率低、工作温度范围宽和安全可靠等优点，它已成为未来电动汽车较为理想的动力电源。

1. 锂离子电池的分类

按照锂离子电池的外形形状，可以分为方形锂离子电池和圆柱形锂离子电池。

(a) 圆柱形单体电池

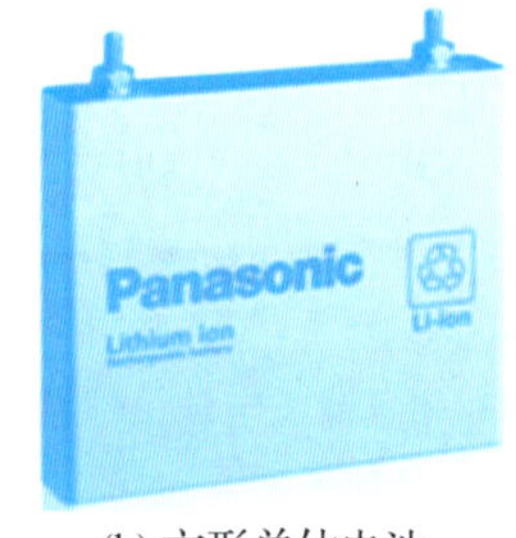

(b) 方形单体电池

(c) 软包单体电池

图 3-6 单体电池的形状

按照锂离子电池所用电解质材料的不同，可以分为聚合物锂离子电池和液态锂离子电池。

按照锂离子电池正极材料不同，锂离子电池主要包括磷酸铁锂（LFP）、锰酸锂（LMO）、钴酸锂（LCO）以及三元锂（NCM、NCA），其中三元锂分为镍钴锰（NCM）以及镍钴铝（NCA）。镍钴锰（NCM）三元锂电池依据镍、钴、锰的相对占比可分为 NCM523、NCM622 及 NCM811。523、622、811 就表示镍、钴、锰的相对占比，见图 3-7。

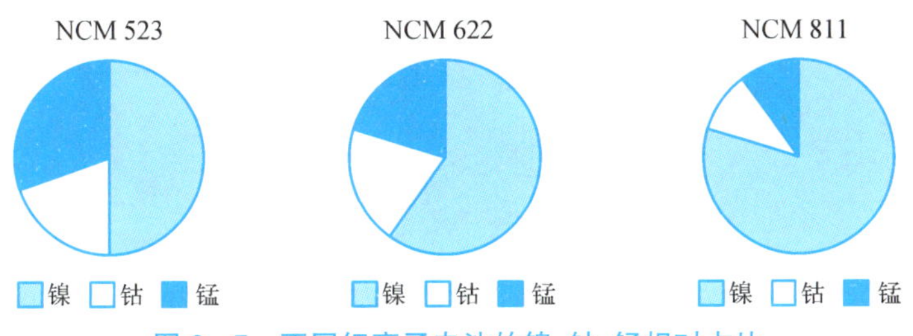

图 3-7　不同锂离子电池的镍、钴、锰相对占比

不同材料的镍钴锰三元锂电池的性能对比见表 3-3。

镍、钴、锰的不同占比主要影响电池的容量、寿命和稳定性；镍影响容量，相对占比越大容量就越大；钴影响寿命（充放电次数），相对占比越大寿命越长；锰影响稳定性，相对占比越大安全性越好。

表 3-3　镍钴锰三元锂电池的性能对比

三元材料名称	NCM523	NCM622	NCM811
化学式	$LiNi_{0.5}Co_{0.2}Mn_{0.3}O_2$	$LiNi_{0.6}Co_{0.2}Mn_{0.2}O_2$	$LiNi_{0.8}Co_{0.1}Mn_{0.1}O_2$
Ni 相对占比	50%	60%	80%
Co 相对占比	20%	20%	10%
Mn 相对占比	30%	20%	10%
质量比能量密度（W·h/kg）	165	175	>200
安全性	较好	较好	一般
单位成本	中	中	低
优点	比容量较高	比容量较高	比容量高
缺点	循环性能一般	循环性能一般	技术门槛高

2. 锂离子电池的结构

锂离子电池由正极、负极、隔板、电解液和安全阀等组成。圆柱形锂离子电池结构如图 3-8 所示。

（1）正极。正极物质在锰酸锂离子电池中以锰酸锂为主要原料，在磷酸铁锂离子电池中以磷酸铁锂为主要原料，在镍钴锂离子电池中以镍钴锂为主要材料，在镍钴锰锂离子电池中以镍钴锰锂为主要材料。在正极活性物质中再加入导电剂、树脂黏合剂，并涂覆在铝基体上，呈细薄层分布。

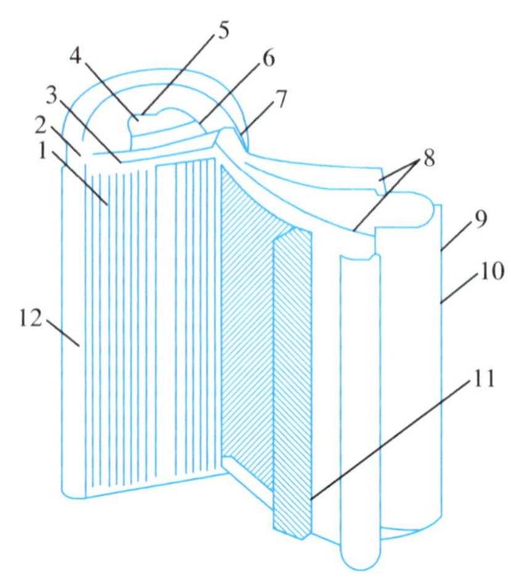

图 3-8　圆柱形锂离子电池结构

1-绝缘体；2-垫圈；3-PTC 元件；
4-正极端子；5-排气孔；6-安全阀；
7-正极板；8-隔板；9-负极；10-负极板；11-正极；12-外壳。

（2）负极。负极活性物质是由碳材料与黏合剂的混合物再加上有机溶剂调和制成糊状，并涂覆在铜基上，呈薄层状分布。

（3）隔板。隔板的功能是关闭或阻断通道，它一般使用聚乙烯或聚丙烯材料的微多孔膜。所谓关闭或阻断功能是指电池出现异常温度上升、阻塞或阻断作为离子通道的细孔时，使蓄电池停止充放电反应。隔板可以有效防止因外部短路等引起的过大电流而使电池产生的异常发热现象。这种现象如果产生一次，电池就不能正常使用了。

（4）电解液。电解液是以混合溶剂为主体的有机电解液。为了使主要电解质成分锂盐溶解，电解液必须是具有高电容率，并且具有与锂离子相容性好的溶剂，即以不阻碍离子移动的低黏度的有机溶液为宜，在锂离子蓄电池的工作温度范围内，它必须呈液体状态，凝固点低、沸点高。电解液对于活性物质具有化学稳定性，必须良好适应充放电反应过程中发生的剧烈的氧化还原反应。由于使用单一溶剂很难满足上述严格的条件，因此，电解液一般为几种不同溶剂的混合。

（5）安全阀。为了保证锂离子电池的使用安全性，一般会采取控制外部电路或在蓄电池内部设置异常电流切断安全装置的措施。即使这样，在使用过程中也有可能因其他因素引起蓄电池内压异常上升，因此，设置安全阀来释放气体，可以防止蓄电池破裂。安全阀实际上是一次性非修复式的破裂膜，一旦其进入工作状态，就会保护蓄电池，使其停止工作，因此是蓄电池的最后保护手段。

3. 锂离子电池工作原理

锂离子电池所涉及的物理机理，目前是以固体物理中嵌入质来解释的，嵌入是指可移动的客体粒子（分子、原子、离子）可逆地嵌入到具有合适尺寸的主体晶格中的网络空格点上。

（1）磷酸铁锂电池

磷酸铁锂电池正极材料采用磷酸铁锂，呈橄榄石结构。负极采用层状石墨，呈六边形结构。电解液目前主要采用含有六氟磷酸锂的碳酸乙烯酯、碳酸甲乙酯等有机溶剂组成

的混合溶液。

磷酸铁锂电池本质上仍然是通过电能和化学能之间的变化来储存能量。在 Li－ion 的充放电过程中，锂离子处于正极—负极—正极的运动状态，其正、负极上发生的电化学反应如图 3－9 所示。Li－ion 电池的两极就像一把摇椅，摇椅的两端为电池的两极，而锂离子就像运动员一样在摇椅上来回奔跑，所以 Li－ion 电池又叫摇椅式电池。

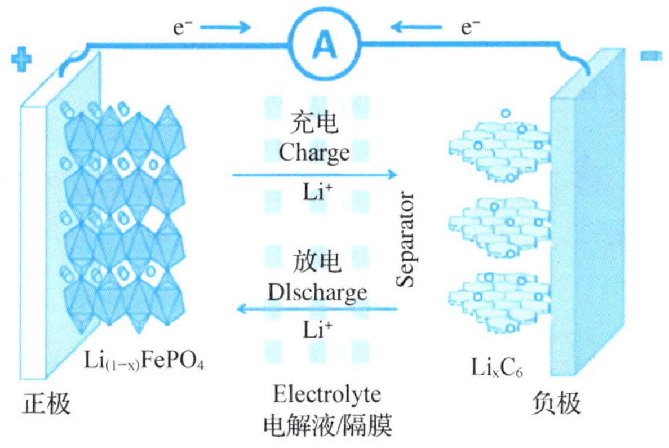

图 3－9　锂离子电池原理示意图

因此在正极上充电过程中伴随着锂离子的离去，正极材料磷酸铁锂被氧化成磷酸铁。铁的变价($Fe^{2+}-Fe^{3+}$)产生了电池的电压，同时溶液中的锂离子被还原，并与负极石墨碳材料生成锂碳合金。锂电池的原理示意如图 3－9 所示。

充电后 Fe^{2+} 变成了 Fe^{3+} 状态，正极处于 $FePO_4$ 状态：

$$LiFePO_4 = FePO_4 + Li^+ + e$$

Li^+ 进入电解液，在电场力的作用下向负极方向运动。Li^+ 运动到负极碳(C)的表面，吸收一个电子，即：

$$Li^+ + e = Li$$

得到电子的同时，Li 嵌入负极基体材料碳的六边形层结构 C_6 中，生成 LiC_6：

$$Li + C_6 = LiC_6$$

此时电池将电能变为化学能。

放电时，负极生成的锂碳合金分解，锂元素以锂离子的形式进入溶液，而溶液中的锂离子与正极的磷酸铁反应生成磷酸铁锂，此过程中化学能变为电能。

把两个反应式合并：

$$6C + LiFePO_4 \underset{放电}{\overset{充电}{\rightleftharpoons}} LiC_6 + FePO_4$$

从结果上看是锂离子在充放电过程中，通过电解质在正、负极之间发生嵌入和脱出的往复运动。电池充电时，锂离子从正极材料中脱出，穿过电解液和隔膜向负极迁移，外电路中电流流向正极，电子流向负极，到达负极后与溶液中扩散来的锂离子以及石墨碳材料反应生成金黄色的锂碳合金。电池放电时，锂碳合金分解成石墨碳、锂离子和电子。外电路中电流流向负极，电子流向正极，与磷酸铁以及溶液中扩散来的锂离子重新生成磷酸铁锂。

锂离子在单位时间里迁移的数量，决定着电池的充放电性能。锂离子迁移的总量，决定着电池的容量。

由于充放电时正、负极的物质有变化，不同物质密度有差异，会表现为极板的膨胀和收缩。磷酸铁锂电池充满电时，正极体积收缩 6.8%，刚好弥补了碳负极的体积膨胀，所以循环性能良好。这种电池的正极板是橄榄石结构（这种结构主体是由三角形组成），物理强度最稳定，其中所有阳离子与 P^{5+} 通过强的共价键结合形成 Fe—O—P。即便是在全充电态氧原子也很难脱出，提高了材料的稳定性和安全性，即使在大量锂离子脱嵌时，材料的结晶结构也不塌陷。

在负极的表面形成一层很薄的 SEI（固体电解质中间相）膜，这种膜具有半透膜的性质。它能保护负极被电解液腐蚀。这种膜在第一次充电时就生成了，其厚度、致密度和稳定性直接影响到电池的寿命。

（2）三元锂电池

锂离子电池在原理上实际是一种锂离子浓差电池，正、负电极由两种不同的锂离子嵌入化合物组成，正极采用锂化合物 Li_xCoO_2、Li_xNiO_2 或 $Li_xMn_2O_4$，负极采用锂碳层间化合物 Li_xC_6，电解质为 $LiPF_6$ 和 $LiAsF_6$ 等有机溶液。锂离子（Li+）在正、负电极间的往返嵌入和脱嵌形成电池的充电和放电过程，见图 3－10。

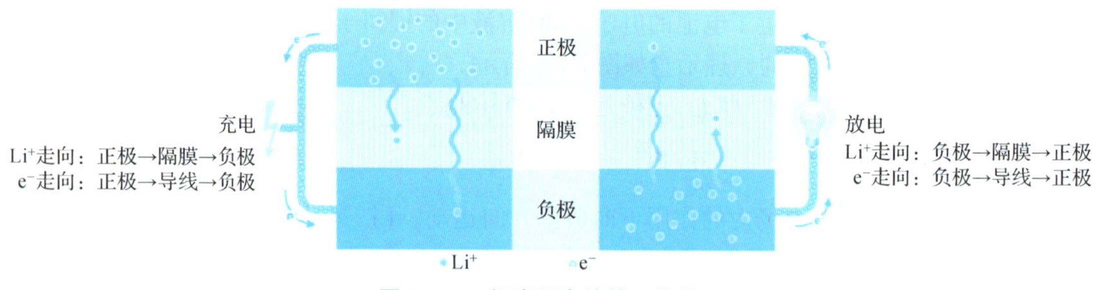

图 3－10　锂离子电池的工作原理

充电时，Li+（锂离子）正极脱嵌经过电解质嵌入负极，负极处于富锂态，正极处于贫锂态，同时电子的补偿电荷通过外电路流到负极，保持负极的电平衡。

放电时则相反，Li+（锂离子）从负极脱嵌经过电解质嵌入到正极，正极处于富锂态，负极处于贫锂态，同时电子的补偿电荷通过外电路流到正极，保持正极的电平衡。

从充放电的可逆性看，锂离子电池反应是一种理想的可逆反应。锂离子电池的电极反应表达式：

正极反应式：$LiMO_2 \rightleftharpoons Li_{1-x}MO_2 + xLi^+ + xe^-$

负极反应式：$nC + xLi^+ \longleftrightarrow Li_xC_n + xe^-$

总反应式：$LiMO_2 + nC \longleftrightarrow Li_{1-x}MO_2 + Li_xC_n$

式中，M 代表镍（Ni）、钴（Co）、锰（Mn）等金属元素。

4．锂离子电池的优点

（1）单体电池的工作电压高达 3.2～3.8 V。磷酸铁锂电池的工作电压按 3.2 V 计算，较为可靠。

(2) 比能量大。目前能达到的实际比能量为 100～115 W·h/kg 和 240～253 W·h/l (2 倍于 Ni－Cd,1.5 倍于 Ni－MH),未来随着技术的发展,比能量可高达 150 W·h/kg 和 400 W·h/l。

(3) 循环寿命长。一般均可达到 1 500 次以上,甚至 3 000 次以上,对于小电流放电的电器,电池的使用期限将倍增,增加了电器的竞争力。电池在深度充放电时,对电池的伤害较大,对长期使用的锂电池,电池的容量变化为 25%～75%,放电深度控制在 50%的 DOD 较为合适。经常可以见到这种说法,"因为充放电的次数是有限的,所以应该将手机电池的电尽可能用光再充电",其实锂电池的寿命与这无关。

(4) 安全性能好。无公害、无记忆效应。作为 Li－ion 前身的锂电池,因金属锂易形成枝晶发生短路,缩减了其应用领域。锂电池中不含镉、铅、汞等对环境有污染的元素。部分工艺(如烧结式)的 Ni－Cd 电池存在的一大弊病——"记忆效应",严重束缚电池的使用,但 Li－ion根本不存在这方面的问题。

(5) 自放电小。室温下充满电的锂电池储存 1 个月后的自放电率为 10%左右,大大低于其他电池碱电池,与阀控铅酸电池相当。

(6) 内阻小。蓄电池的内阻主要是电流回路中的非金属物质造成的。铅电池的内阻受控于硫酸溶液的电阻,锂电池的内阻受控于有机电解质。

钴酸锂类型材料为正极的锂离子电池不适合用作大电流放电,过大电流放电时会降低放电时间(内部会产生较高的温度而损耗能量),并可能发生危险,但现在生产的磷酸铁锂正极材料锂电池,可以以 20C 甚至更大的大电流进行充放电。

(7) 可实现快速充电。

5. 锂离子电池的缺点

(1) 电池成本较高。主要表现在 $LiCoO_2/LiFePO_4$的价格高,电解质体系提纯困难。

(2) 单节电池需要保护线路控制,成组电池需要配套管理系统。

① 过充保护:电池过充将破坏正极结构而影响性能和寿命,同时过充电使电解液分解,内部压力过高而导致漏液等问题,故必须在最高限压 4.1～4.2 V 下充电。

② 过放保护:过放会导致活性物质的恢复困难,故也需要有保护线路控制。

6. 磷酸铁锂电池和三元锂电池对比分析

(1) 特性对比

◆ 安全性的区别

磷酸铁锂电池的安全性能比三元锂电池要高,主要是因为磷酸铁锂电池的耐热性能比较好,热失控温度可达到 800℃以上,即磷酸铁锂电池没达到 800℃基本不会自燃。而三元锂电池则不同,热失控温度基本在 200℃左右,所以对于炎热的地区来说,三元锂电池自燃风险会更高。

◆使用寿命不同

电池的容量衰减是电动车的痛点之一,磷酸铁锂电池的完全充放电循环次数大于 3 000 次,而三元锂电池比磷酸铁锂电池寿命短,完全充放电循环小于 2 000 次。

◆能量密度不同

磷酸铁锂电池的能量密度为 120 W·h/kg,三元锂电池的能量密度为 200 W·h/kg。相同质量的两种电池三元锂电池的续航里程要大于磷酸铁锂电池。

◆耐低温性能不同

三元锂电池的耐低温性能优于磷酸铁锂电池，例如同样在−20℃时，三元锂电池能够释放出约70%的电量，磷酸铁锂电池能释放出约55%的电量。

◆成本不同

三元锂电池所必需的镍、钴元素为贵金属，而磷酸铁锂电池不含贵重金属材料，所以三元锂电池的成本相对较高。

(2) 应用场景对比

◆磷酸铁锂电池应用场景

① 大型电动车辆：公交车、电动汽车、观光巴士等。

公交车采用磷酸铁锂电池首先基于安全上的考虑，其次是成本和能量密度。因为城市公交的空间比较大，可配置更多的磷酸铁锂电池。

② 轻型电动车：电动自行车、高尔夫球车、小型平板电瓶车、铲车、清洁车、电动轮椅等。

③ 电动工具：电钻、电锯、割草机等。

◆三元锂电池应用场景

三元锂电池广泛应用于移动和无线电子设备、电动工具、电动汽车等领域。

磷酸铁锂电池和三元锂电池全面对比见表3-4。

表3-4 磷酸铁锂电池和三元锂电池全面对比

	磷酸铁锂电池	三元锂电池
化学式	$LiFePO_4$	$LiNi_xCo_yMn_{1-x-y}O_2$
晶体结构	橄榄石状	层状
价格	低	高
Li^+扩散系数(cm^2/s)	10^{-15}—10^{-12}	10^{-12}—10^{-10}
正极比容量(mA·h/g)	140—160	150—210
能量密度(W·h/kg)	120	200
理论容量(A·h/g)	170	278
首次充放电效率	95%—97%	85%—88%
循环寿命(次数)	>3 000	1 500～2 000
安全性能(分解温度/℃)	700	200
低温性能(−20℃释放容量)	55%	70%
稳定性	强	弱
汽车领域应用	中低端乘用车、商用车	中高端乘用车

7. 过充与过放对锂离子电池的影响

(1) 过充电的影响

过充电指蓄电池充满电，在达到充电截止电压后还继续充电。如一个电池额定电压3.7 V，充电截止电压4.25 V，电池电压超过了4.25 V还继续充电就叫过充，见图3-11。

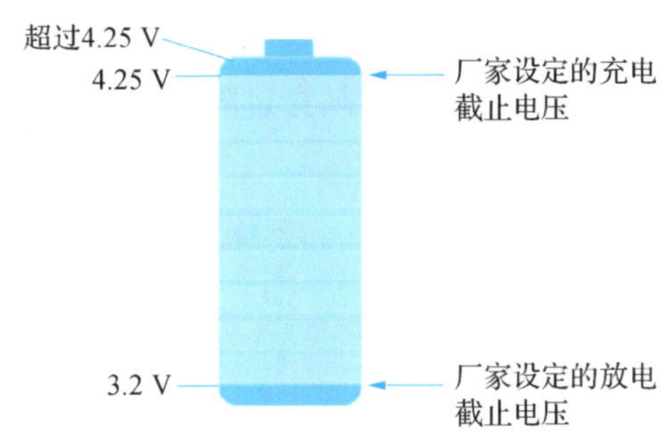

图 3-11　锂离子电池过充示意图

过充可能导致：正极材料结构变化；容量损失；分解放出的氧与电解液剧烈氧化反应进而燃烧爆炸；电解液有机溶剂电解质锂盐分解；负极析锂。

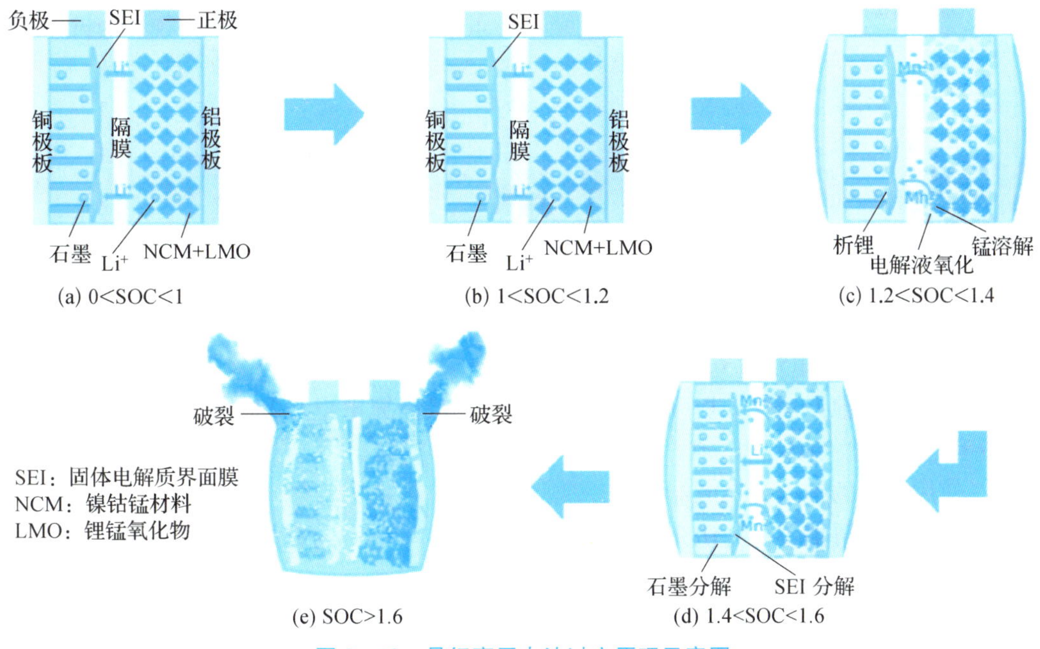

图 3-12　是锂离子电池过充原理示意图

(2) 过放电的影响

过放电是指蓄电池在放电过程中，低于电池放电的截止电压值后还继续放电。如三元锂电池设定的放电截止电压为 3.2 V，低于 3.2 V 还继续放电就是过放，见图 3-13。

图 3-13　锂离子电池过放示意图

过放可能导致：

负极铜极板溶解；正极形成铜枝晶；铜枝晶穿过隔膜导致正负极短路，图 3－14 是锂离子电池过放原理示意图。

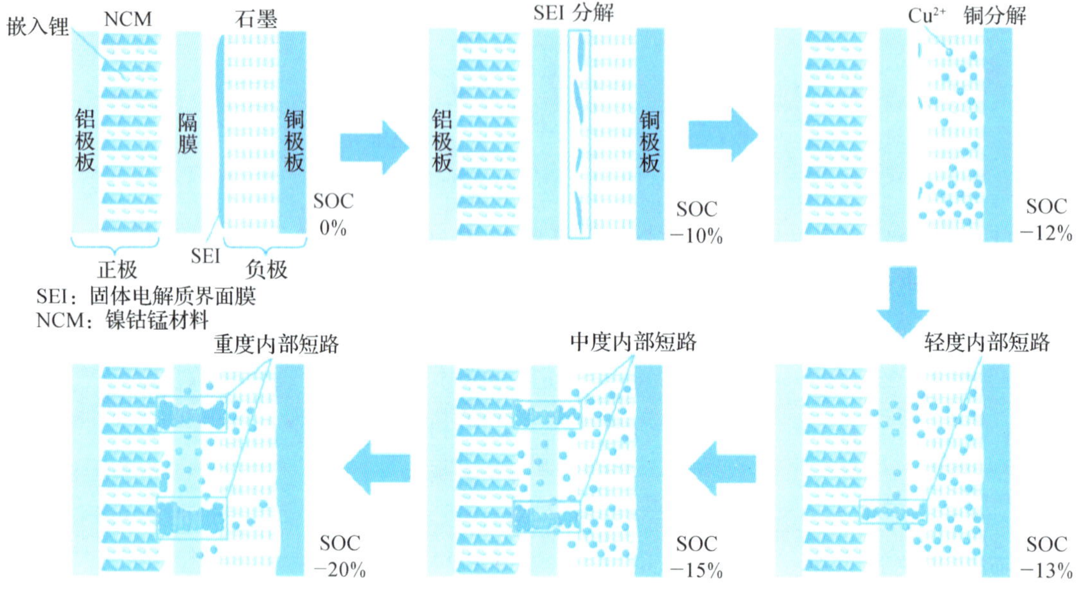

图 3－14 锂离子电池过放原理示意图

(3) 避免锂离子电池过充或者过放的措施

① 使用锂电池专用保护板(BMS)，保护板设定最高充电电压和最低放电电压，避免电池过充和过放，更好地保护电池。

② 使用配套的锂电池充电器。

③ 充电时尽可能不使用快充。

三、固态电池

目前绝大多数商用锂电池使用液态电解质，从能量密度角度讲，液态电解质的电压窗口较窄，不能充分发挥电极的储能潜力。从安全性角度讲液态电解质具有较高的可能性产生短路现象，造成起火和爆炸。因此，开发新型锂电池迫在眉睫。

全固态电池因其使用固态电解质，从根本上避开了上述由于电解质带来的问题，而成为新型锂电池研究的重要方向和热点。由于固态电解质具有更高的电压窗口，可以使电池在更宽的电压范围内进行工作，充分发挥电极材料的储能潜力。

此外，固态电解质的使用使得金属锂为负极变成了可能，将锂电池潜力最大化，能有效提高锂电池的能量密度。另一方面，固态电解质相较于液态电解质其抑制锂枝晶生长的能力更强，在预防短路带来的起火和爆炸等安全问题方面更加合适。

1. 固态电池结构

固态电池是采用固态电极和固态电解质的一种锂电池。

传统锂离子电池包括正极、负极、电解液、隔膜四大组成部分，而固态锂电池是一种采用固体电极和固体电解质的锂离子电池，不使用有机电解液和塑料类高分子隔膜，电池负极未

来可以用锂金属替代石墨和硅作为原材料。

表 3-5　液态锂电池、半固态和全固态电池的体系差异

	液态	半固态	全固态
正极	三元/铁锂	三元高镍/超高镍	三元高镍、富锂锰基、硫/空气
负极	石墨为主，可以掺硅	硅基负极/锂金属负极	锂金属负极
隔膜	湿法/干法隔膜	湿法+涂覆，孔径更大	不需要隔膜
电解质	液态占比 10—20wt%	液态占比 1—10wt%/LiTFSI 占比提升	固态电解质

按照电解质固液比例的不同，固态电池可简单分为半固态、准固态和全固态三种，固态电解质比例依次上升。半固态电池基于高安全性、与现有产线的高兼容性以及良好的经济性，成为当下液态电池向全固态电池过渡的最优选择。

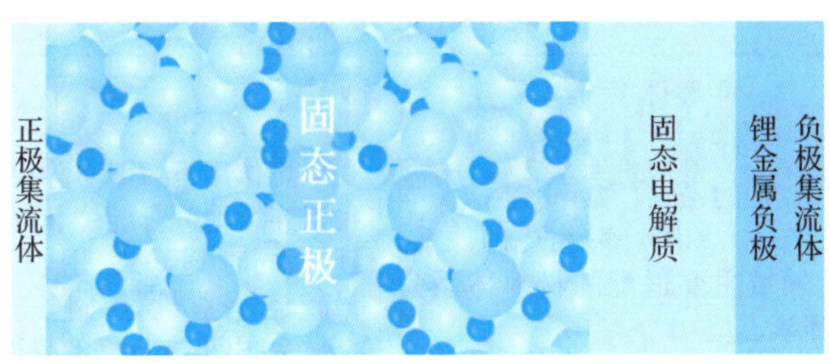

图 3-15　固态电池的内部结构

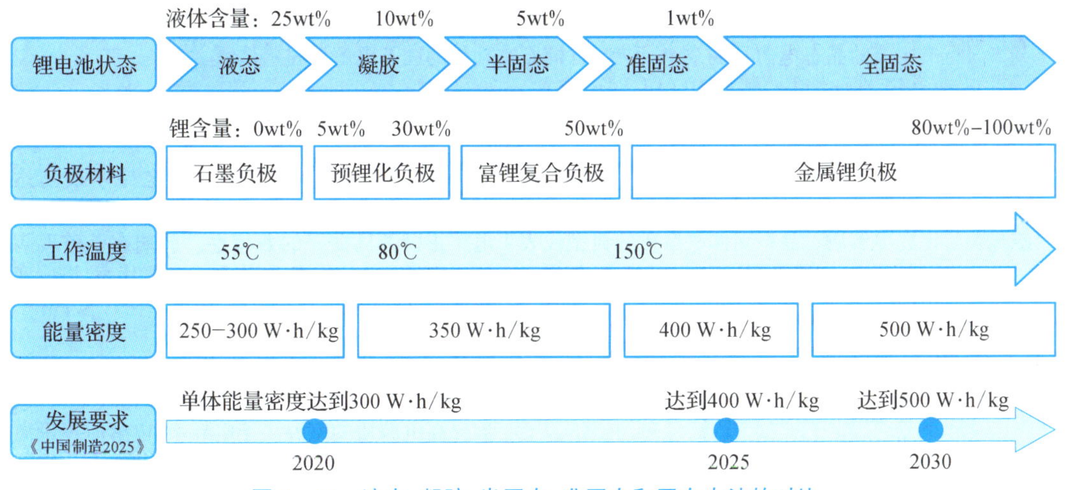

图 3-16　液态、凝胶、半固态、准固态和固态电池的对比

(1) 电解质

电解质类型包括无机固态和聚合物固态，性能各有优劣。

固态电解质是固态锂离子电池的核心组成部分，可同时作为电池的隔膜以及电池的电解质。电解质的核心作用是起着在正负极之间传输 Li^+ 的作用。理想的固态电解质应满足离子电导率高、界面阻抗低、结构稳定安全性高、机械强度高、价格低廉等特点。目前来看，根据电解质的不同，主要可分为聚合物固态电解质和无机固态电解质。前者代表性的体系是 PEO 聚环氧乙烷；后者是氧化物、硫化物和卤化物体系。

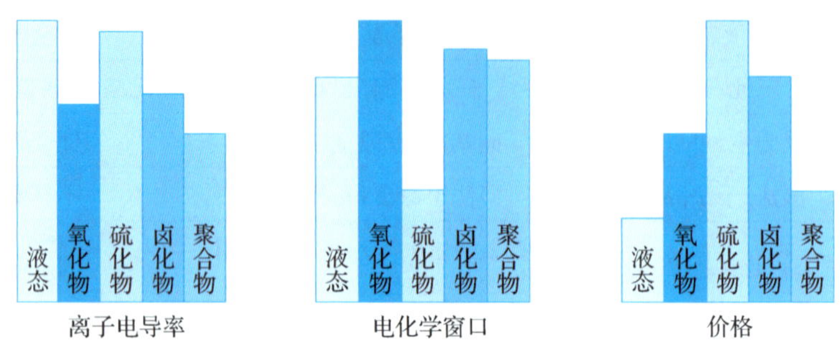

图 3-17 几类固态电解质的对比

表 3-6 几类固态电解质的介绍

电解质类型	主要体系	优点
聚合物	由高分子量的聚合物和锂盐（如 $LiClO_4$、$LiAsF_6$、$LiPF_6$ 等）组成的体系。目前商业领域主要适配的材料体系为 PEO（聚环氧乙烷）	在电场作用下，PEO 链段中的氧原子和锂离子可以连续地进行配位和解离过程，实现锂离子的迁移，同时 PEO 对锂盐有较高的溶解度，并且质量较轻、黏弹性好、制备工艺简单、不易脆裂、与金属 Li 电极有良好的界面稳定性
氧化物	除可用在薄膜电池中的锂磷氧氮 LiPON 型非晶态电解质之外，当前商用化主要聚焦在晶态电解质材料的研究，主流的晶态电解质材料体系有：石榴石（LLZO）结构、钙钛矿（LLTO）结构、NASICON 钠超离子导体型等	电化学窗口宽、化学稳定性高、机械强度较大，是理想的固态电解质材料体系
硫化物	按结晶形态分为晶态、玻璃态及玻璃陶瓷电解质。晶态固体电解质的典型代表是 Thio-LISICON 和 $Li_2SiP_2S_{12}$ 体系	Thio-LISICON 体系室温离子电导率最高达 2.2×10^{-3} S/cm；$Li_2SiP_2S_{15}$ 体系对金属 L 和高电压正极都具良好的兼容性。玻璃态及玻璃陶瓷电解质以 $Li_2S-P_2S_5$ 体系为主要代表，组成变化范围宽，离子电导率可达 10^{-4}—10^{-2} S/cm
卤化物	常见卤化物电解质有三类：Lia-M-Cl_6、Lia-M-Cl_4 及 Lia-M-Cl_8 类卤化物，前两类的离子电导率可达到 10^3 S/cm	相较于氧化物及硫化物，一价卤素阴离子与 Li^+ 的相互作用比 S^{2-} 或 O^{2-} 更弱且半径较更大，极大提高电解质的室温离子电导率，电解质理论离子电导率可达 10^{-2} S/cm 量级。同时，卤化物一般具有较高的氧化还原电位与高压正极材料具有更好的兼容性，实现在高电压窗口下的稳定循环

无机固态-氧化物：优点是机械和热稳定性好；缺点是离子电导率低、界面问题严重。

无机固态-硫化物：优点是离子电导率高、高柔韧性；缺点是稳定性差、成本高，电化学窗口窄。

无机固态-卤化物：优点是高柔韧性，容易加工，氧化电位较高；缺点是还原电位不够低、材料成本高。

聚合物电解质：优点是高柔韧性，容易加工，良好的界面接触；缺点是离子电导率低（需要高温）、电化学窗口窄、高压下会被氧化。

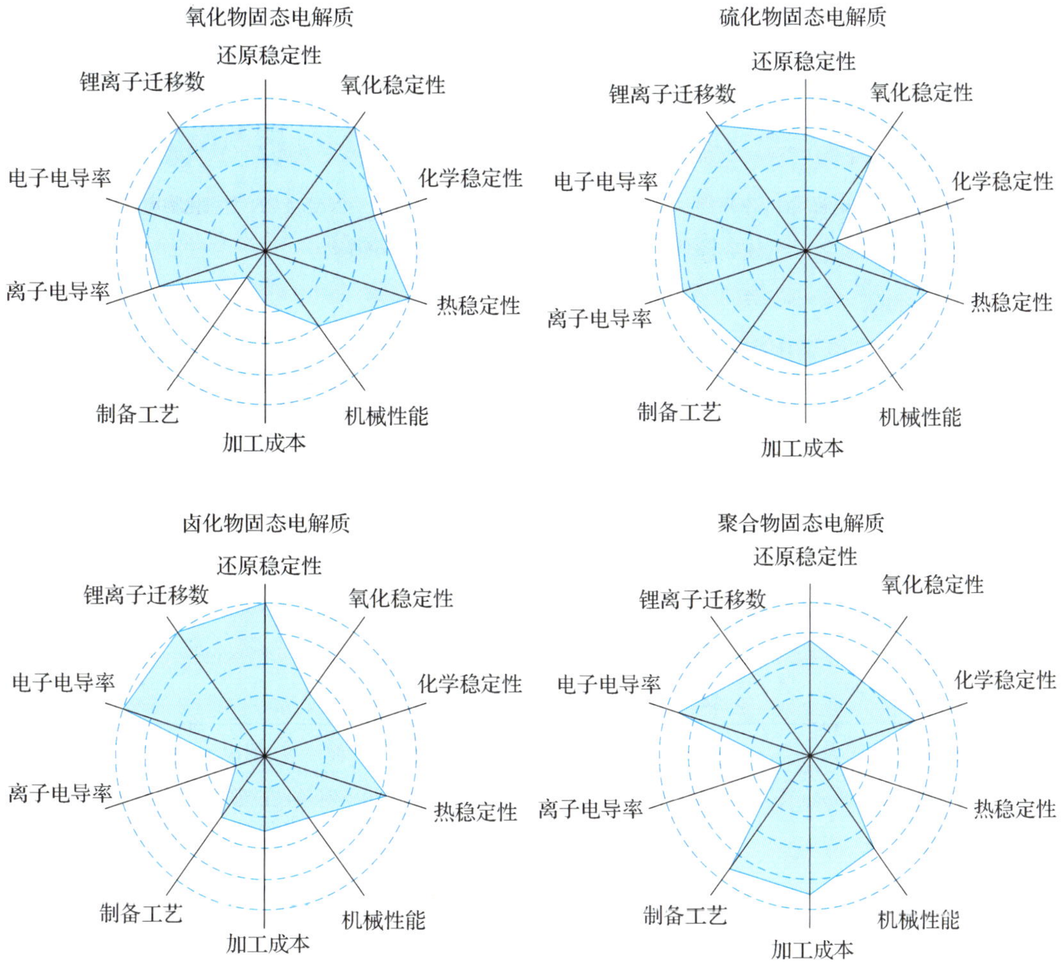

氧化物固态电解质

还原稳定性　氧化稳定性　化学稳定性　热稳定性　机械性能　加工成本　制备工艺　离子电导率　电子电导率　锂离子迁移数

硫化物固态电解质

还原稳定性　氧化稳定性　化学稳定性　热稳定性　机械性能　加工成本　制备工艺　离子电导率　电子电导率　锂离子迁移数

卤化物固态电解质

还原稳定性　氧化稳定性　化学稳定性　热稳定性　机械性能　加工成本　制备工艺　离子电导率　电子电导率　锂离子迁移数

聚合物固态电解质

还原稳定性　氧化稳定性　化学稳定性　热稳定性　机械性能　加工成本　制备工艺　离子电导率　电子电导率　锂离子迁移数

图 3-18　几类固态电解质的性能对比

在中国，卫蓝新能源、清陶能源、赣锋锂业、辉能科技、力神电池、山东金启航等企业主要研发方向为以氧化物材料为基础的固液混合技术路线，具体来看氧化物的主要构型包括三种：

Perovskite 钙钛矿型：LLTO（锂镧钛氧/钛酸镧锂，$Li_{0.33}La_{0.56}TiO_3$）

Garnet 石榴石型：LLZO（锂澜锆氧/锆酸镧锂，$Li_7La_3Zr_2O_{12}$）

Nasicon 钠超离子导体型：LATP（磷酸钛铝锂，$Li_{1.3}Al_{0.3}Ti_{1.7}(PO_4)_3$）

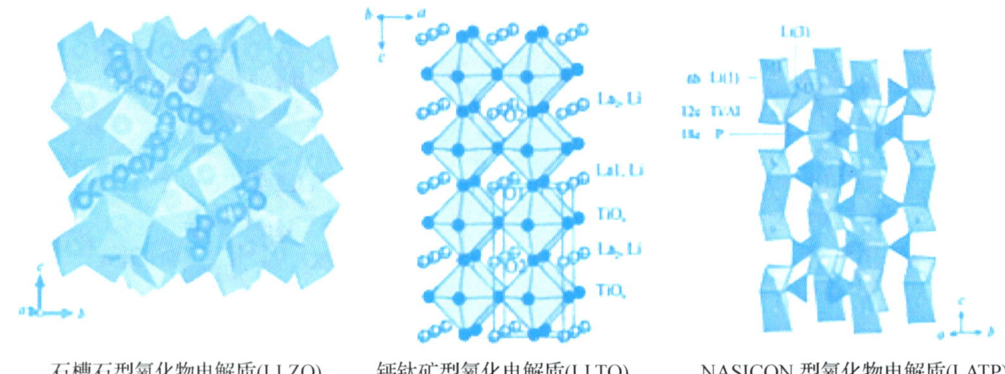

石榴石型氧化物电解质(LLZO)　钙钛矿型氧化电解质(LLTO)　NASICON 型氧化物电解质(LATP)

图 3-19　三种氧化物电解质的结构

(2) 正、负极

固态电池的正极采用高镍三元等,负极可选硅负极和锂金属。

正极材料:主要沿用高镍三元路线,正在向超高镍、富锂锰基、高压尖晶石镍锰酸锂等高能量密度的新型材料迭代升级。

负极材料:主要包括金属锂负极、碳族负极和氧化物负极(含硅氧)。金属锂具备较高的理论比容量和较低的负电极电位,但成本较高、安全性较差;碳材料主要包括石墨、硬碳、软碳、碳纳米管、石墨烯等,其中石墨负极技术已经成熟,但比容量偏低;硅负极有着比石墨高近 10 倍的理论比容量,但硅在吸收锂离子时体积膨胀巨大,这会导致电池的快速衰减。

表 3-7　固态电池负极材料性能对比

材料	代表	优点	缺点
金属锂	金属锂	较高的理论比容量和较低的负电极电位	低熔点(180.54℃),在充放电过程中容易形成锂枝晶,可能导致电池短路,以及锂与电解液反应产物易包覆锂,使其与负极失去电接触等
碳材料	石墨、硬碳、软碳、碳纳米管、石墨烯等	成本低、电化学稳定性好、循环性能优异等	理论比容量相对较低,表面性质不均匀导致石墨片层剥落,首次循环效率低,充放电循环性能较差
硅材料	硅碳负极、硅氧负极等	比石墨高近 10 倍的理论比容量	硅在吸收锂离子时体积膨胀巨大,这会导致电池的快速衰减

2. 固态电池性能

固态电池的最大优势在于高安全性和高能量密度,此外在轻量化、循环寿命和工作温度范围等方面也具备优势。

(1) 高安全性:固态电池具备本征安全性。对于液态锂电,热失效原理包括碳酸酯类低沸点组分易燃易挥发;高温下电解液与正负极反应,产生气体;聚乙烯膜易熔融,低温易皱缩。而固态锂电的固态电解质的熔沸点很高,而且无液态电解液,因而无燃烧热源。

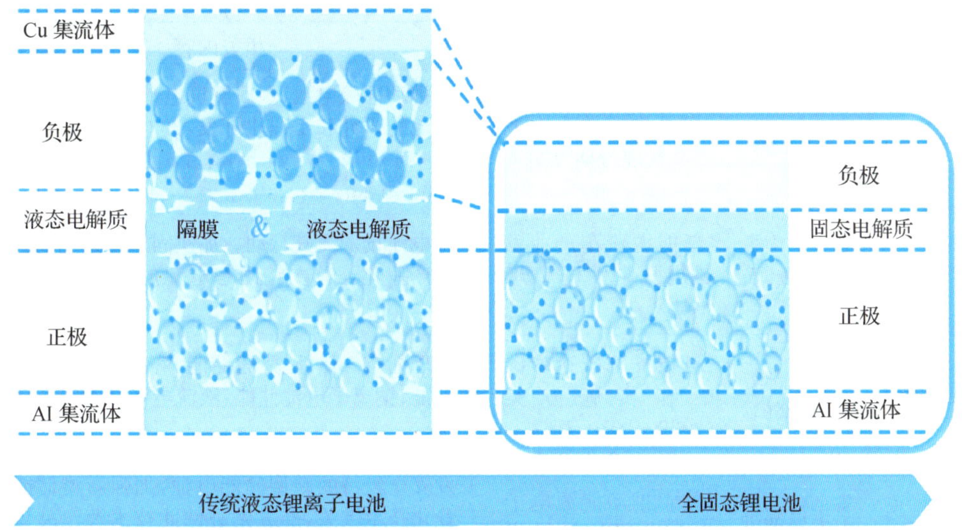

图 3-20　全固态电池的安全性优势

(2) 低温性：固态电池具备宽温域，范围为－30℃到 100℃。

(3) 轻量化：在液态锂电池中，隔膜和电解液合计占据电池近 40%的体积和 25%的质量，在被固态电解质取代后，电池的厚度可以大幅降低，同时安全性提高后，可以省去电池内部的温控组件，进一步提高体积利用率。

(4) 高能量密度：固态电池的正负极均采用高比能电极材料，且轻量化后，可大幅度提升体积及质量能量密度。

(5) 长循环寿命：固态电池克服了锂枝晶现象，不需要承受液态电解质中的化学物质带来的电极生锈或电解质中固态层的积累而降低电池寿命，理想状态下固态电池循环性能可以达到 45 000 次左右。

3. 固态电池国内外现状

国内：目前国内对于关键共性技术及产业化技术主要采用产学研用创新联合体的形式，前瞻性技术以高校和科研院所为主，补贴相对较少，以市场化驱动为主。

主要布局者覆盖了老牌电池企业、背靠顶级科研院所的初创企业、上游原材料企业以及汽车企业等多个领域。其中，卫蓝新能源、清陶能源、赣锋锂业、辉能科技、力神电池、山东金启航等企业主要研发方向为以氧化物材料为基础的固液混合技术路线。恩力动力、中科固能、高能时代、宁德时代等布局硫化物路线。

表 3-8　中国近些年对固态电池的政策

时　间	主　体	政　策	相关内容
2015 年 5 月	国务院	《中国制造 2025》	2025 年、2030 年，我国动力电池单体能量密度分别需达到 400 W·h/kg、500 W·h/kg。

（续表）

时　间	主　体	政　策	相关内容
2017 年 2 月	工信部	《促进汽车动力电池产业发展行动方案》	积极推动锂硫电池、金属空气电池、固态电池等新体系电池的研究和工程化开发，2020 年单体电池比能量达到 400 W·h/kg 以上、2025 年达到 500 W·h/kg。
2020 年 11 月	国务院	《新能源汽车产业发展规划（2021—2035 年）》	实施电池技术突破行动。加快固态动力电池技术研发及产业化。首次将固态电池的研发上升到国家层面。
2022 年 8 月	科技部等九部门	《科技支撑碳达峰碳中和实施方案（2022—2030 年）》	研发压缩空气储能、飞轮储能、液态和固态锂离子电池储能、钠离子电池储能、液流电池储能等高效储能技术。
2023 年 1 月	工信部等六部门	《关于推动能源电子产业发展的指导意见》	开发安全经济的新型储能电池，加强新型储能电池产业化技术攻关，推进先进储能技术及产品规模化应用；加快研发固态电池，加强固态电池标准体系研究。
2024 年 2 月	工信部	《锂电池行业规范条件（2024 年）》	新增固态电池相关要求：固态单体电池能量密度≥300 W·h/kg，电池组能量密度≥260 W·h/kg，循环寿命≥1 000 次且容量保持率≥80%。

海外：日本目前以丰田公司总牵头，联合日产和本田公司、松下电池等 5 家电池公司，三井金属等 15 家材料公司，京都大学和国家材料研究所等 15 家高校和研究所，共同推进固态电池量产。此外欧盟和美国均发布了固态电池发展规划。

日韩：日本在固态电池技术的研发上起步较早，特别是在硫化物固态电解质这一前沿领域，韩国在固态电池领域的研发策略聚焦于硫化物技术的同时，也在氧化物和聚合物体系上进行技术研究和储备。

美国：固态电池技术的发展主要由初创企业推动，如 Solid Power、Quantum Scape、Factorial Energy、Lonic Materials 等，在硫化物、氧化物和聚合物都有布局。

表 3-9　国内外固态电池政策

战略规划	固态电池内容	支持资金	组织方式
《日本绿色成长战略》和《日本电池工业战略》	日本 NEDO 在下一代电池规划中，将固态电池作为扭转当前日系动力电池市场份额落后的抓手。	提供 9 000 万美元支持全固态电池技术开发；计划为丰田公司提供 3 000 亿日元作为全固态电池产业化的补助资金。	丰田公司总牵头，联合日产和本田公司、松下电池等 5 家电池公司，三井金属等 15 家材料公司，京都大学和国家材料研究所等 15 家高校和研究所。
欧盟《BATTERY 2030+》	固态电池被列为欧洲电动汽车用第 4 代锂电池的技术发展方向。	欧盟批准固态电池投资专项计划，由欧盟多国共同出资 32 亿欧元，同时从私人投资商中筹集 50 亿欧元，用于发展固态电池。	/

（续表）

战略规划	固态电池内容	支持资金	组织方式
美国《美国锂电池2021—2030年国家蓝图》	对固态电池发展作出部署。	能源部为26个实验室项目提供2.09亿美元资金，主要用在固态锂金属电池和快充技术的研发。	/
韩国《"K电池"国家战略》	明确了发展固态电池的重要价值。	韩国政府决定将在未来5年投资300亿韩元（约合人民币1.6亿元）用于支持开发全固态电池。	/
《"十四五"新能源汽车重点研发专项》《汽车产业中长期发展规划》和《新能源汽车产业发展规划》	支持固液混合电池和全固态电池的研发和产业化。	累计支持国家资金超10亿。	关键共性技术及产业化技术主要采用产学研用创新联合体的形式；前瞻性技术主要以高校和科研院所为主。

四、钠离子电池

伴随着锂离子电池的发展普及，社会对锂资源的需求已经严重超过资源现有的供应水平，导致锂离子电池的成本越来越高。因此，进一步寻找无资源限制、清洁绿色发展的新型储能设备代替锂离子电池至关重要。为解决这一难题，与锂离子电池同时开发但被忽略了的钠离子电池重新受到广泛的关注研究。钠金属在地壳的储量远远高于锂金属，这使得发展钠离子电池成本更低。

钠离子电池的发展已取得许多重要的成果，如宁德时代在2021年7月29日发布第一代的钠离子电池，这是钠离子电池商业化量产的第一步，但与锂离子电池相比商业化进程较为缓慢。随着电池技术的不断更新发展，钠离子电池的优势逐渐被发现和关注，这使得钠离子电池成为大规模储能应用理想选择之一，具有较高的研究价值。

1. 钠离子电池特点

与锂离子电池相比，钠离子电池具有以下方面的优势：① 储量丰富。钠在地球上有丰富的储量，分布在陆上和海上，开采方便，因此钠的价格较低且价格水平相对稳定。② 适用性高。钠与铝不会发生合金化合反应，在正负极材料的选择上均可以使用铝箔，比起锂离子电池的负极材料则需使用价格更高的铜箔，钠离子电池在集流体使用上成本更低。③ 安全性高。钠的电荷密度低，在水系或非水系电解液中扩散速率快，且可以适应30℃～80℃的高温，不会造成电池能量衰减，表现出良好的稳定性，安全性高。

2. 钠离子电池结构

目前，钠离子电池按照包装的形式分为方形电池、圆柱状电池、纽扣电池等，钠离子电池组成结构包括：正负极材料、电解质、隔膜和电流收集器等部件。

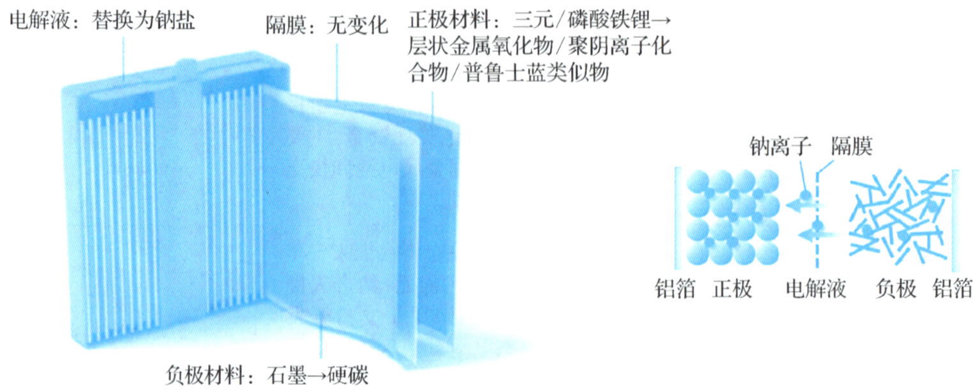

图 3-21 钠离子电池结构

隔膜的作用在于能够有效阻止电子在传输过程中与电解液发生反应造成内部短路，隔膜是表面存在细孔的介质层，允许钠离子在正负极材料之间迁移。

在钠离子电池中，电解质起着平衡和传输电荷的载体作用，电解液的选择满足离子传输、绝缘性和安全稳定性。目前广泛研究的适用于钠离子电池的电解质主要有液态类电解质例如碳酸酯溶剂，固态电解质例如硫化物，NASICON 型固态电解质和盐类电解质例如六氟磷酸钠（NaPF6）、高氯酸钠（$NaClO_4$）等。这些电解质材料具有优异的电导率和稳定性、循环性等性能，是目前研究中使用最广泛的电解质。

正极材料主要包括层状金属氧化物 Na_xCoO_2，聚阴离子化合物如 $NaFePO_4$、$NaVPO_4F$ 等，普鲁士蓝类化合物如 $Na_{1.81}Fe[Fe(CN)_6]_{0.83} \cdot 2.04H_2O$ 等。正极材料负责提供活性钠离子和高电位氧化还原电对，要满足具有较高的工作电压。正极材料在 SIBs 里占有较大的质量分数，也显示出更大的空间来提升全电池的工作电压。

负极材料负责提供低电位氧化还原电对，满足较高的工作电压，且不易和电解液发生有机反应，在一定程度上能提升钠离子电池的能量密度。负极材料发挥着负载和释放 Na 离子的作用，对电池的整体动力性能有着重要的影响。由于钠离子较大的原子半径，钠离子无法在石墨类负极材料中高效率地脱嵌，因此理想的负极材料应具有较高的比容量、低氧化还原电位、良好的循环寿命和较高的首圈库仑效率的特点。

3. 钠离子电池工作原理

钠离子电池的工作原理是和锂离子电池相似的“摇椅式运动”原理，即储能反应取决于 Na^+ 在电极材料中的嵌入和脱出过程，钠离子电池工作原理如图 3-22 所示。

电池在充电过程中，Na^+ 从正极材料中脱出并在电解液中开始迁移，穿过隔膜嵌入存储在负极材料中。与此同时，外部电子向负极方向移动，负极的电势降低，正极的电势升高，使得正负极之间电压差升高，保持体系的电荷守恒以实现充电。

放电过程中则相反，Na^+ 从负极材料脱出，穿过电解液和隔膜，最后嵌入正极材料，电子则从外部电路向正极方向移动，为外部设备提供电化学能量，从而实现钠离子电池的放电过程。通过钠离子的来回穿梭实现电子的传输过程，以达到能量的转化与储存。

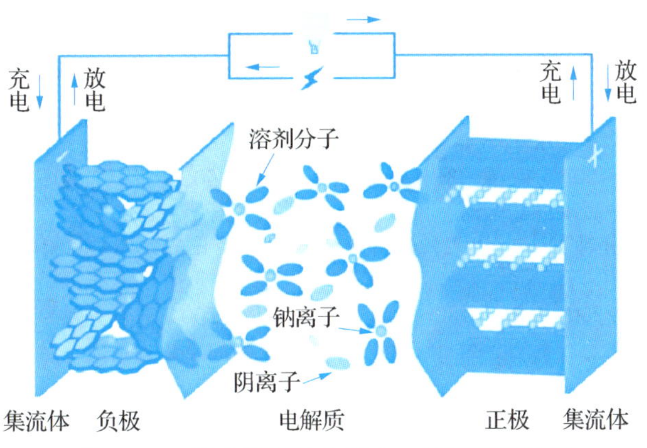

图 3-22　钠离子电池充放电工作原理示意图

【知识点 3】　燃料电池

燃料电池(Fuel Cell,FC)是一种化学电池,它直接把物质发生化学反应时释放出的能量转换为电能,工作时需要连续地向其供给活性物质(起反应的物质)——燃料和氧化剂。由于它是把燃料通过化学反应释放出的能量变为电能输出,因此被称为燃料电池。

燃料电池可以采用多种燃料,甚至是内燃机用的所有燃料,但是真正起电化学反应的,仅仅是其中的氢和氧化剂中的氧。因此,氢燃料电池在氢燃料制取、储存及携带等方面,以及非氢燃料电池重整系统的效率、体积、质量大小及反应速度等方面的技术还需进一步提高。

一、燃料电池的分类

1. 按燃料电池的运行机理分类

根据燃料电池运行机理的不同,可分为酸性燃料电池和碱性燃料电池。

2. 按电解质分类

根据燃料电池中使用电解质种类的不同,可分为质子交换膜燃料电池(PEMFC)、碱性燃料电池(AFC)、磷酸燃料电池(PAFC)、熔融碳酸盐燃料电池(MCFC)、固体氧化物燃料电池(SOFC)、直接甲醇燃料电池(DMFC)、再生型燃料电池(RFC)、锌空燃料电池 (ZAFC)、质子陶瓷燃料电池(PCFC)等。

表 3-10　燃料电池性能对比

燃料电池类型	碱性燃料电池(AFC)	磷酸燃料电池(PAFC)	熔融碳酸盐燃料电池(MCFC)	固体氧化物燃料电池(SOFC)	质子交换膜燃料电池(PEMFC)
规模	1～100 kW	1～2 000 kW	250～2000 kW	1～250 kW	1～1 000 kW
燃料种类	H_2/O_2	重整气空气	合成气/空气	合成气/空气	H_2/空气
电解质	KOH	H_3PO_4	$(Li,K)CO_3$	氧化锆系陶瓷系	全氟璜酸膜

（续表）

燃料电池类型	碱性燃料电池(AFC)	磷酸燃料电池(PAFC)	熔融碳酸盐燃料电池(MCFC)	固体氧化物燃料电池(SOFC)	质子交换膜燃料电池(PEMFC)
发电率(%)	40～60	35～60	45～60	50～60	40～60
启动时间	几分钟	2—4 h	>10 h	>10 h	几分钟
工作温度(℃)	25～200	180～220	600～700	800～1 000	−40～100
应用	航天器 潜水器	特殊部门 主备电站	清洁电站	清洁电站	车辆，潜艇 小型发电 备用电源

3. 按燃料使用类型分类

根据燃料电池的燃料使用类型不同，可分为直接型燃料电池、间接型燃料电池、再生型燃料电池。

4. 按燃料种类分类

根据燃料电池使用燃料的种类，可分为氢燃料电池、甲醇燃料电池、乙醇燃料电池等。

5. 按工作温度分类

根据燃料电池工作温度的不同，可分为低温型（温度低于 200℃）、中温型（温度为 200℃～750℃）、高温型（温度为 750℃～1 000℃）、超高温型（温度高于 1 000℃）。

6. 按燃料状态分类

根据燃料电池的燃料状态不同，可分为液体型燃料电池、气体型燃料电池。

二、燃料电池电动汽车对燃料电池的要求

FCEV 对燃料电池性能的基本要求有以下几方面。

(1) 燃料电池的比能量不低于 150～200 W・h/kg，比功率不低于 300～400 W/kg，要求达到或超过美国先进电池联合体(USABC)所提出的电池性能和使用寿命的指标。

(2) 可以在−20℃的条件下起动和工作，有可靠的安全性和密封性，不会发生燃料气体的结冰和燃料气体的泄漏。

(3) 各种结构件有足够的强度和可靠性，可以在负荷变化情况下正常运转，并能够耐受 FCEV 行驶时的振动和冲击。

(4) FCEV 除排放达到零污染的要求外，动力性能要求基本达到或接近内燃机汽车的动力性能的水平，性能稳定可靠。

(5) 各种辅助技术装备的外形尺寸和辅助技术装备的质量应尽可能地减小，以符合 FCEV 的装车要求。

(6) 燃料充添方便、迅速，燃料电池能够方便地进行电极和催化剂的更换和修理。

(7) 所配置的辅助电源，应能满足提供起动电能和储存制动反馈电能的要求。

三、质子交换膜燃料电池

质子交换膜燃料电池(PEMFC)采用可传导离子的聚合膜作为电解质，所以也叫聚合物

电解质燃料电池(PEFC)、固体聚合物燃料电池(SPFC)或固体聚合物电解质燃料电池(SPEFC)。

1. 质子交换膜燃料电池的基本结构

质子交换膜燃料电池由质子交换膜、催化剂层、扩散层、集流板(又称双极板)组成,如图3-23所示。

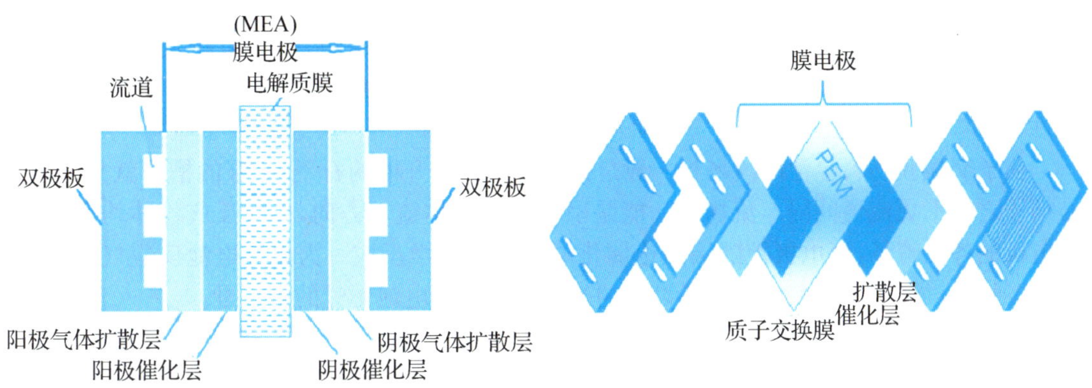

图3-23　质子交换膜燃料电池结构示意图

(1) 质子交换膜。质子交换膜(PEM)是质子交换膜燃料电池中最重要的部件之一,其性能好坏直接影响电池的性能和寿命。质子交换膜燃料电池中的质子交换膜与一般化学电源中使用的隔膜有很大不同,它不只是一种将阳极的燃料与阴极的氧化剂隔开的隔膜材料,它还是电解质和电极活性物质(电催化剂)的基底,即兼有隔膜和电解质的作用。另外,PEM还是一种选择透过性膜,在质子交换膜的高分子结构中,含有多种离子基团,它只允许H^+穿过,其他离子、气体及液体均不能通过。

(2) 电催化剂。为了加快电化学反应速度,气体扩散电极上都含有一定量的催化剂。质子交换膜燃料电池电催化剂主要有铂系和非铂系两类,目前多采用铂催化剂。由于这种电池是在低温条件下工作的,因此,提高催化剂的活性,防止电极催化剂中毒很重要。

(3) 电极。质子交换膜燃料电池电极是一种多孔气体扩散电极,一般由扩散层和催化层构成。扩散层是导电材料制成的多孔合成物,起着支撑催化层,收集电流,并为电化学反应提供电子通道、气体通道和排水通道的作用。催化层是进行电化学反应的区域,是电极的核心部分,其内部结构粗糙多孔,因而有足够的表面积以促进氢气和氧气的电化学反应。因此,电极制作的好坏对电池的性能有重要影响。

(4) 膜电极。膜电极(MEA)是通过热压将阴极、阳极与质子交换膜复合在一起而形成的。为了使电化学反应顺利进行,多孔气体扩散电极必须具备质子、电子、反应气体和水的连续通道。MEA性能不仅依赖于电催化剂活性,还与电极中4种通道的构成及各种组分的配比、电极孔分布与孔隙率、电导等因素密切相关。

理想的电极结构必须满足以下条件:反应区必须透气(即高气体渗透性);气体所到之处需要有催化剂粒子,即催化剂必须分布在能接触到气体分子的表面;催化剂又必须与阳离子交换膜(Nation)接触,以保证反应产生的离子顺利通过(即高质子传导性);作为催化剂载体的炭黑导电性要高,这将有利于电子转移(即高导电性),因为催化剂不能连成片(必须有很大的催化活性表面才能提高催化反应速度,而片状金属表面积小),难以作为电导体，所以催化剂粒子上反应产生或需要的电子必须通过导电性物质与电极沟通；催化剂的稳定性要好。高分散、细颗粒的铂催化剂表面自由能大，很不稳定，需要掺入一些其他催化剂以降低其表面自由能，或者掺入少量含有能与催化剂形成化学键或弱结合力元素的物质。

(5) 集流板与流场。集流板又称双极板，是电池的重要部件之一，其作用是分隔反应气体，收集电流，将各个单电池串联起来和通过流场，为反应气体进入电极及水的排出提供通道。目前，制备 PEMFC 双极板广泛采用的材料是碳质材料、金属材料及金属与碳质的复合材料。而对金属板，为改善其在电池工作条件下的抗腐蚀性能，必须进行表面改性。

质子交换膜燃料电池的流场板一般是指按一定间隔开槽的石墨板，开的槽子就是流道，在槽子之间形成流道间隔。流场的功能是引导反应气体流动方向，确保反应气体均匀分配到电极的各处流场，经电极扩散层到达催化层参与电化学反应。为提高电池反应气体的利用率，通常排放尾气越少越好，流场设计的好坏直接影响电池尾气的排放量。

在常见的 PEM 燃料电池中，有的流场板与双极板是分体的，如网状流场板等；有的流场板与双极板是一体的，如点状流场和部分蛇形流场板等，这样流场除了具有上述流场板的功能以外，还要兼顾双极板的作用。至今已开发点状、网状、多孔体、平行沟槽、蛇形和交指型流场。

通常，质子交换膜燃料电池的运行需要一系列辅助设备与之共同构成发电系统。质子交换膜燃料电池系统一般由电堆、氢气系统、空气系统、水热管理系统和控制系统等构成。

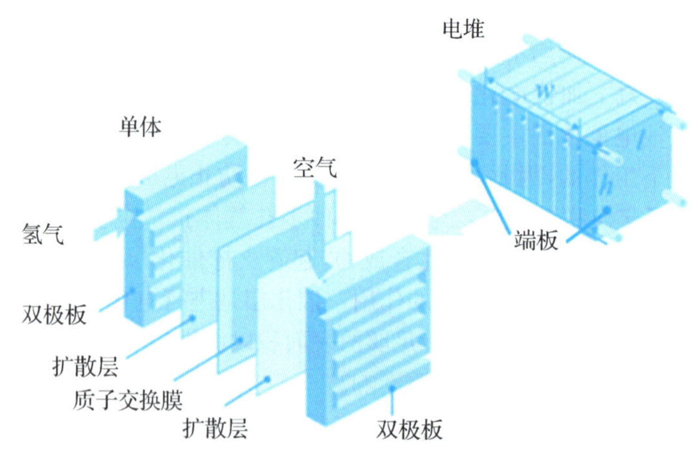

图 3-24　质子交换膜燃料电池堆

电堆是系统的核心，承担把化学能转化成电能的任务；氢气系统提供燃料电池正常工作所需氢气；空气系统提供燃料电池正常工作所需空气；水热管理系统保证燃料电池堆所需空气、氢气的温度和湿度，保证电堆在正常温度下工作；控制系统通过检测传感器信号和需求信号，利用一定的控制策略保证系统正常工作。

2. 质子交换膜燃料电池的工作原理

质子交换膜燃料电池在原理上相当于水电解的“逆”装置。其单电池由阳极、阴极和质

子交换膜组成，阳极为氢燃料发生氧化的场所，阴极为氧化剂还原的场所，两极都含有加速电极电化学反应的催化剂，质子交换膜为电解质。

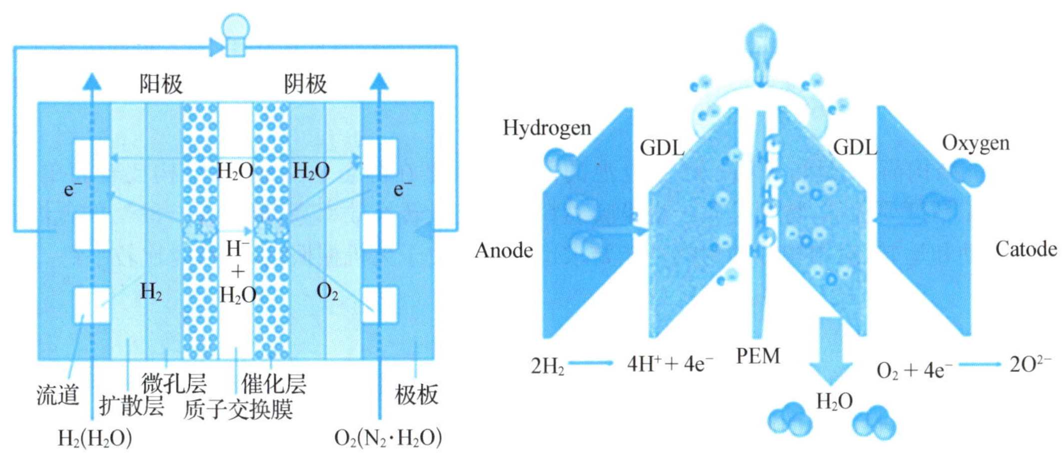

图 3-25　质子交换膜燃料电池工作原理

导入的氢气通过阳极集流板（双极板）经由阳极气体扩散层到达阳极催化剂层，在阳极催化剂作用下，氢分子分解为带正电的氢离子（即质子）并释放出带负电的电子，完成阳极反应；氢离子穿过膜到达阴极催化剂层，而电子则由集流板收集，通过外电路到达阴极，电子在外电路形成电流，通过适当连接可向负载输出电能；在电池另一端，氧气通过阴极集流板（双极板）经由阴极气体扩散层到达阴极催化剂层。在阴极催化剂的作用下，氧与透过膜的氢离子及来自外电路的电子发生反应生成水，完成阴极反应；电极反应生成的水大部分由尾气排出，一小部分在压力差的作用下通过膜向阳极扩散。阴极和阳极发生的电化学反应为

$$2H_2 \longrightarrow 4H^+ + 4e^-$$

$$4H^+ + 4e^- + O_2 \longrightarrow 2H_2O$$

电池总的反应为

$$2H_2 + O_2 \longrightarrow 2H_2O$$

上述过程是理想的工作过程，实际上，整个反应过程中会有很多中间步骤和中间产物的存在。

四、燃料电池的特点

1. 燃料电池的优点

燃料电池与蓄电池相比，具有以下优点。

（1）节能、转换效率高。燃料电池在额定功率下的效率可以达到 60%，而在部分功率输出条件下运转效率可以达到 70%，在过载功率输出条件下运转效率可以达到 50%～55%。燃料电池的高效率随功率变化的范围很宽，在低功率下运转效率高，特别适合于汽车动力性能的要求。

燃料电池短时间的过载能力，可以达到额定功率的 200%，非常适合汽车在加速和爬坡时的动力需求。

(2) 排放基本达到零污染。用碳氢化合物作为燃料的燃料电池主要生成物质为水、二氧化碳和一氧化碳等，属于“超低污染”，氢氧燃料电池的反应产物只有清洁的水。

(3) 无振动和噪声、寿命长。这主要与燃料电池的工作过程有关，它是通过燃料和氧化剂分别在两个电极上发生反应，由电解液和外电路构成回路，将反应中的化学能直接转化为电能，所以在整个工作过程中，没有噪声和机械振动的产生，从而减少机械器件的磨损，延长了使用寿命。

(4) 结构简单、运行平稳。燃料电池的能量转换是在静态下完成的，结构比较简单，构件的加工精度要求低，特别是质子交换膜燃料电池能量转换效率高，能够在－80℃的低温条件下起动和运转，对结构件的耐热性能要求也不高。由于无机械振动，运行时比较平稳。

2. 燃料电池的缺点

燃料电池的缺点如下。

(1) 燃料种类单一。目前，不论是液态氢、气态氢，还是碳水化合物经过重整后转换的氢，它们均是燃料电池的唯一燃料。氢气的产生、储存、保管、运输、灌装或重整，都比较复杂，对安全性要求很高。

(2) 要求高质量的密封。燃料电池的单体电池所能产生的电压约为1 V，不同种类的燃料电池的单体电池所能产生的电压略有不同。通常将多个单体电池按使用电压和电流的要求组合成为燃料电池发动机组，在组合时，单体电池间的电极连接时，必须要有严格的密封。因为密封不良的燃料电池，氢气会泄漏到燃料电池的外面，降低了氢的利用率并严重影响燃料电池发动机的效率，还会引起氢气燃烧事故。由于要求严格的密封，燃料电池发动机制造工艺很复杂，给使用和维护带来很多困难。

(3) 价格高。制造成本高，电池价格昂贵。

(4) 需要配备辅助电池系统。燃料电池可以持续发电，但不能充电和回收燃料电池汽车再生制动的反馈能量。通常在燃料电池汽车上还要增加辅助电池，来储存燃料电池富余的电能和在燃料电池汽车减速时接收再生制动时的能量。

【知识点4】 超级电容器

超级电容器(Super capacitor)是二十世纪七八十年代发展起来的一种具有超级储电能力，可提供强大脉冲功率的物理二次电源，它是介于蓄电池和传统静电电容器之间的一种新型储能装置。超级电容器主要利用电极/电解质界面电荷分离所形成的双电层，或借助电极表面快速的氧化还原反应所产生的法拉第准电容来实现电荷和能量的储存。

一、超级电容器结构

超级电容器(SCs)相较于传统电容器有更高的能量密度和功率密度，它通常由两个电极、电解液和隔膜组成。由于它具备高速充放电、高功率密度和长循环寿命等优点，在便携式电子设备、可再生能源管理系统和混合动力汽车领域都有巨大的潜力。

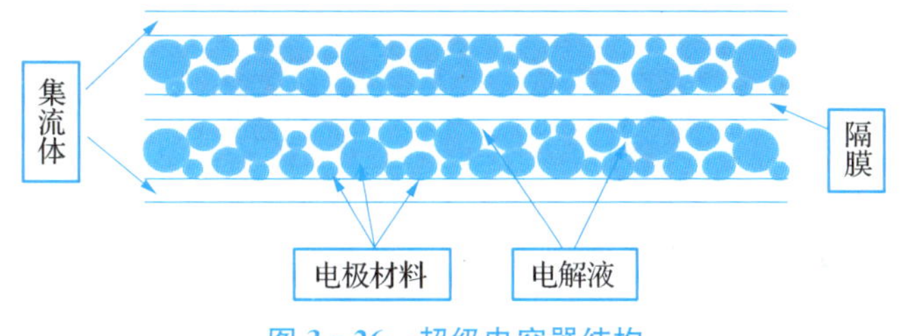

图 3-26　超级电容器结构

二、超级电容器分类及原理

根据储能原理的不同，超级电容器可大致分为三类，分别为双电层电容器（EDLCs）、赝电容电容器（PCs）和混合超级电容器（HSCs）。

1. 双电层电容器

双电层电容器通过电极材料与电解质溶液接触后在其表面产生稳定且符号相反的双层电荷来储存电能。在电容器电极间加上不足以引起电解液分解的电压，在电场力的作用下电解液中的正负离子分别向正负电极快速移动，并在电极材料的表面形成双电层。在双层电荷中的电解液以离子形式出现，尺寸可达到纳米级，从而使电容器能得到纳米级的电极距离。双电层在电极材料表面形成，所以较大的比表面积可能有助于材料获得更大的双电层电容。

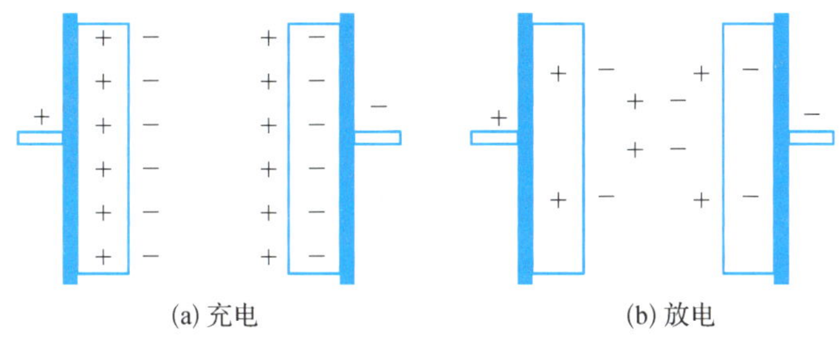

图 3-27　双电层电容器储电原理

2. 赝电容器

赝电容器储能机理是在电极材料表面或体相的二维或准二维空间上的活性物质进行欠电位沉积，发生高度可逆的化学吸/脱附或通过氧化还原反应来储能。

充电时，电极材料和电解液发生快速的氧化还原反应或法拉第过程，使电极材料的电位发生改变，两电极之间产生电势差，形成赝电容。放电时，电极又与电解液发生充电过程的逆反应，使两电极电势差逐渐降低。

从储能原理上看，赝电容器的电极上通常会发生一些氧化还原反应给电极造成一些不可逆的损伤，这导致赝电容器的稳定性和使用寿命远不如拥有碳电极的双电层电容器，但赝电容器通常具有较高的能量密度和电容量，这也使赝电容器成为重点研究的电容器种类之一。

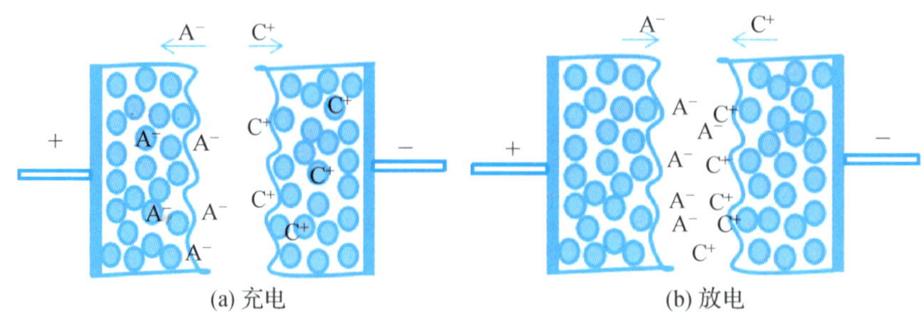

图 3-28　氧化还原类赝电容器的储电原理

3. 混合型电容器

混合型电容器的储能原理则同时具备了双电层电容器和赝电容器的特征。通常一个电极选用双电层电容材料，另一个电极选用赝电容材料便可构成混合型电容器。混合型电容器的优势在于可以吸取双电层电容器和赝电容器两者的长处，容易达到实际应用需求的高功率密度和高能量密度。

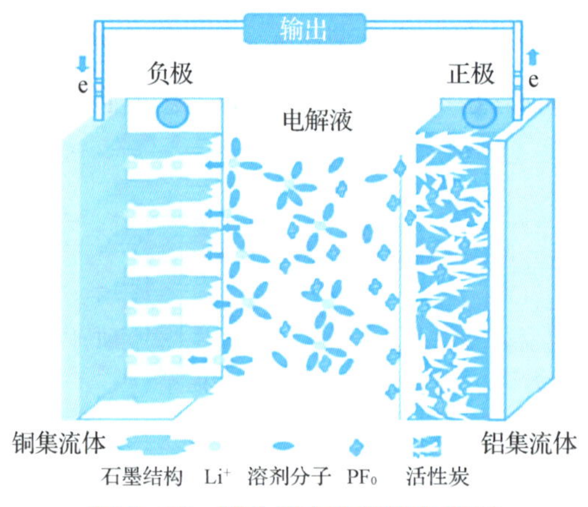

图 3-29　混合型电容器储电原理

三、超级电容器电极材料

1. 碳材料

双电层电容器的碳电极材料常用的主要有活性炭、石墨烯、碳纳米管等。活性炭化学性质不活泼，能提供稳定双电层电容，并且与其他碳材料相比活性炭的制备方法简单，成本较低。同时，运用合适的活化方法可改善活性炭结构，使其电化学性能更加优异。

石墨烯也是常用的电极材料，其具有完美的二维晶体结构，它的晶格是由六个 sp2 杂化的碳原子围成的蜂窝状结构，厚度为一个原子层，它的优势在于具有高的离子迁移速率以及比表面积要大于一般碳材料。然而，石墨烯在制备电极时容易紧密堆积使材料比表面积减小，而且石墨烯层片间的电阻也会对其电化学性能造成不利影响。

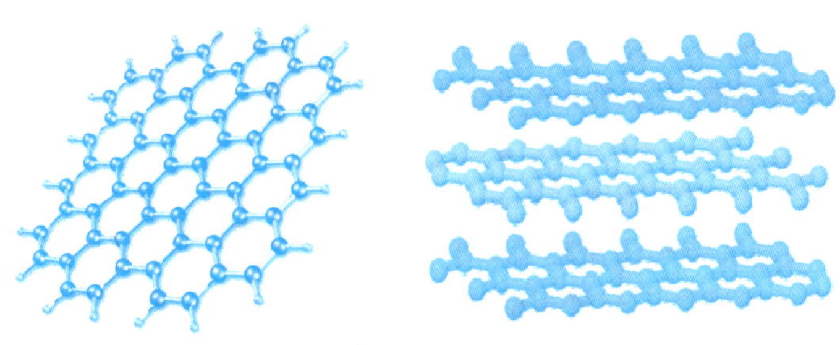

图 3－30　石墨烯结构

碳纳米管可看作由石墨烯卷曲而成，是一种纳米尺度的中空管状碳材料。碳纳米管可以分为单壁碳纳米管和多壁碳纳米管。碳纳米管较均匀的孔径和良好的导电率都是其拥有良好双电层电容的重要因素，但碳纳米管也具有较强的疏水性和易出现团聚现象的缺陷限制其电化学性能。

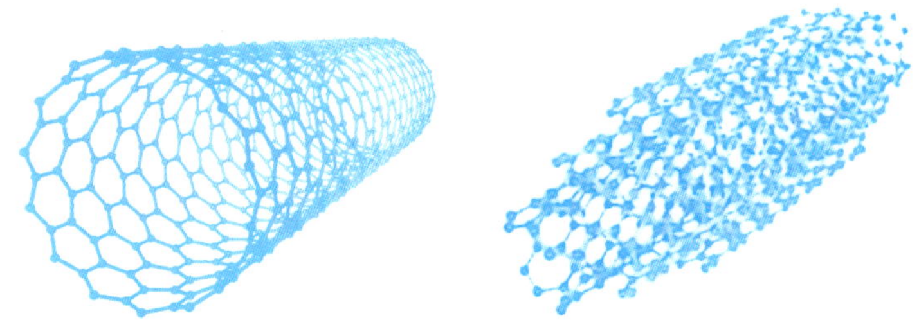

图 3－31　碳纳米管结构

2. 过渡金属化合物

过渡金属化合物作为典型的赝电容材料，其理论比电容和能量密度明显大于碳材料。在工作电压下过渡金属化合物材料会快速发生可逆的氧化还原反应，而电子的传递就是通过氧化态物质与还原态物质之间的相互转化实现的。因此，作为电极材料的过渡金属化合物通常其金属元素都有多种化合价态。虽然较优异的比电容和能量密度使过渡金属化合物在电极材料领域有较好的发展前景，但过渡金属化合物的电导率通常较低，导致材料功率密度较低、循环稳定性较差，所以人们尝试将过渡金属化合物与碳基材料复合，使两种材料进行协同作用，提升电极材料的电化学性能。

3. 导电聚合物

聚乙炔、聚苯胺、聚吡咯和聚噻吩等导电聚合物类是常见的赝电容材料。导电聚合物具有较高的理论电容、宽的温度范围、制备方法多样等优点。但在充放电过程中，导电聚合物容易发生形变，这导致聚合物电极的循环寿命受到影响。

4. 复合材料

碳材料、过渡金属化合物、导电聚合物各有优势和缺陷。为了改善电极材料性能，部分研究者将这几类材料进行两者或三者的复合，得到复合材料。这样的复合材料可以弥补单种材料的缺点，拥有更好的电化学性能。

四、超级电容器电解液

除电极材料外，超级电容器的电解液也是影响其性能的主要因素之一。超级电容器的电解液主要可分为水系电解液、有机系电解液和离子液体。挑选电解液可以从工作电压范围、工作温度范围、离子浓度、电阻率、电化学稳定性、毒性和经济成本等方面进行考虑，但目前还没有一类电解液具备所有优势，常用的几类电解液各有利弊。

1. 水系电解液

水系电解液在超级电容器领域的运用较为广泛。水系电解液一般以水为溶剂，溶解电解质制得。由于水系电解液离子浓度高，离子半径小，因此，具有电阻率较低，内阻小的特点。除此之外，水系电解液易于充分浸渍微孔，能较好地利用电极材料表面积，且水系电解液成本低廉，是最早应用于超级电容器的电解液种类。

根据 pH 的不同，水系电解液可分为酸性电解液、碱性电解液和中性电解液三类，其中酸性电解液常见的有 H_2SO_4，碱性电解液最常见的有 KOH，中性电解液常用的有 Na_2SO_4、KCl 和 NaCl 等。

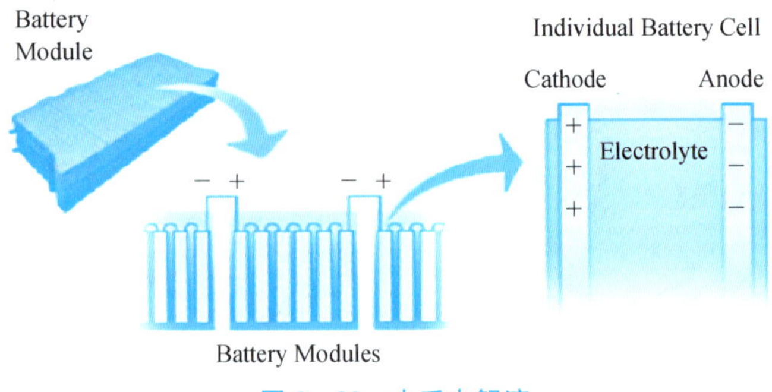

图 3-32　水系电解液

2. 有机系电解液

有机电解液是一类以有机物为溶剂的电解液，如四氟硼酸四乙基铵（Et_4NBF_4）或四氟硼酸甲基三乙基铵（$MeEt_3NBF_4$）。目前有机电解液占据了商业市场主导地位，这是由于有机电解液能接受更大的充放电电流和更高的工作电压，使电容器的能量密度明显提升，同时有机电解液也拥有更长的使用周期。

3. 离子液体

离子液体一般是指完全由阴离子和阳离子构成且熔点低于 100℃ 的盐，通常由有机阳离子和有机或无机阴离子组成，且通过选择构成盐的离子还能够控制其熔点。离子液体的优势包括：热稳定性好、不易燃、挥发性小、电化学稳定性高和种类繁多等，因此，近年来离子液体成为超级电容器电解液的研究热点。

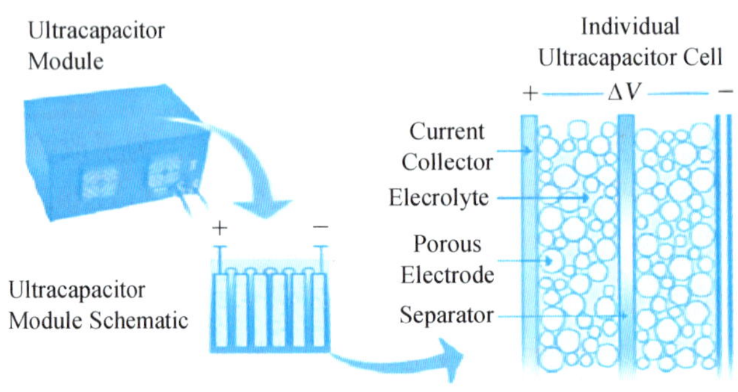

图 3-33　有机/离子电解液

五、超级电容器的特点

超级电容器具有多种独特的特性，这些特点使得超级电容器在多个领域具有广泛的应用潜力。以下是超级电容器的主要特点：

（1）高功率密度

超级电容器能够提供比传统电容器或电池更高的功率密度，这意味着它能在短时间内释放或吸收大量能量。这一特性使得超级电容器在需要瞬时高功率输出的场合，如汽车启动、电力峰值负载等，具有显著优势。

（2）快速充放电

超级电容器具有极快的充放电速度，可以在几分钟甚至几秒钟内完成充放电过程，远快于传统电池。这一特性使其在需要快速能量补给的应用中非常有用，如电动汽车的快速充电、移动电子设备的能量补给等。

（3）长循环寿命

超级电容器的充放电循环次数可达数百万次以上，远高于传统电池。这种长循环寿命意味着超级电容器具有非常长的使用寿命，可以降低更换成本，并减少对环境的影响。

（4）高可靠性和稳定性

超级电容器的工作温度范围宽，能在极端气候条件下稳定工作，且不易受到损坏。此外，相比锂离子电池等储能技术，超级电容器在过充、过放、短路或高温条件下的安全性更高，不易发生爆炸或起火。

（5）绿色环保

超级电容器在使用过程中不产生污染物，是一种环保的储能技术。这符合现代绿色环保理念，有助于推动可持续发展。

（6）高能量密度

尽管超级电容器的能量密度通常低于传统电池，但它仍然能够储存大量电荷，提供较高的能量密度。这使得超级电容器在某些应用中可以作为辅助能源或后备电源使用。

（7）电压记忆功能

超级电容器具有电压记忆功能，即在不接电源的情况下，能够保持一定的电压水平。这一特性使得超级电容器在某些需要保持电压稳定的场合具有优势。

（8）宽温度范围

超级电容器的工作温度范围通常较宽，可以在－40℃到85℃之间正常工作（不同来源给出的具体数值可能有所不同），这使得它能够适应各种环境条件。

【知识点5】　飞轮电池

飞轮电池是20世纪90年代才提出的新概念电池，它突破了化学电池的局限，用物理方法实现储能。

一、飞轮电池的结构

飞轮电池的基本结构如图3－34所示，主要包括5个基本组成部分：采用高强度玻璃纤维（或碳纤维）复合材料的飞轮本体；电动/发电双向电机；悬浮飞轮本体和电机转子的轴承；电力电子转换器；真空室。下面对飞轮电池的各主要部分进行介绍：

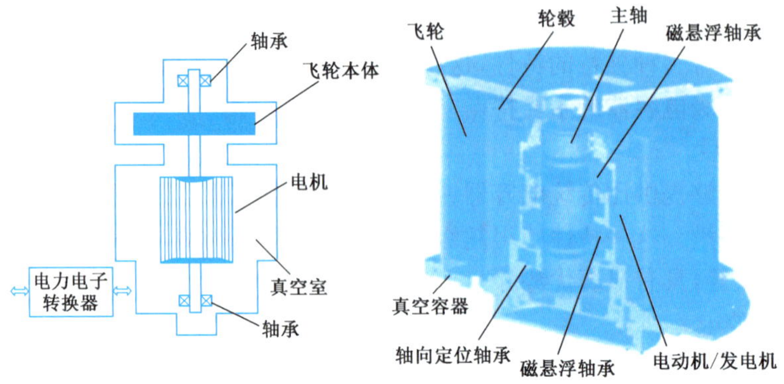

图 3-34　飞轮电池结构

1. 飞轮本体

飞轮本体是飞轮电池中的关键器件。飞轮最大储能容量与其材料比强度成正比，因此，选择高比强度的材料是提高飞轮电池储能效率的关键。电机转子的高转速会给飞轮本体带来很大的负荷，所以飞轮材料必须具有很高的强度。在实际应用中，还希望它拥有很高的储能密度(单位质量所储存的能量)。飞轮本体的储能密度与飞轮材料的比强度(强度与密度的比值)是正比关系，比强度越高，飞轮本体的储能密度就越高，因而飞轮本体在选择制造材料时应选择具有密度小、比强度高特点的材料。

最初飞轮本体是采用碳钢等金属材料来制作的，虽然这种材料具有工艺成熟、价格便宜、结构简单等优点，但也存在着致命的缺点，比如：低能量存储密度、需要多点支撑以及会产生较大的空气动力学噪声等。20 世纪 90 年代以来，随着先进复合材料的发展，飞轮本体的制作材料也出现更多的选择。目前飞轮本体材料主要有：高强度铝合金、优质钢、钛合金、碳纤维、硼纤维等，碳纤维/环氧复合材料比强度最高，与优质钢相比，其比强度可达优质钢的 3 倍以上。此外碳纤维/环氧复合材料还具有减振性能好、比模量高、破损安全性好和高温性能等优点，而碳纤维/环氧复合飞轮与传统的金属飞轮相比，则具有强度高、质量小、结构紧凑、能达到很高的能量储存密度等优点，是制造飞轮本体的理想材料。

2. 轴承

轴承是制约飞轮电池发展的重要因素之一，其作用是用来支撑高速旋转的飞轮本体。轴承主要承受飞轮本体的重量，另外还有由于飞轮重心偏离引起的离心力和高速旋转的飞轮本体产生的陀螺效应力。目前飞轮电池中的轴承主要有超导悬浮、永磁悬浮、电磁悬浮、机械轴承四种。

国际上对轴承技术的研究主要集中于超导磁悬浮轴承和磁悬浮系统的研究和开发。美国 NASA CLEEN 研究中心研发的用于国际空间站的飞轮电池所采用的就是电磁悬浮轴承，另外还配有当电磁悬浮轴承失效时的辅助机械轴承，其工作效率可达 90%。而美国 TSI 特赛公司研制出的超低损耗轴承，其摩擦系数只有 0.000 01。

3. 电机

飞轮电池中用作能量转换的器件是一个既可工作于电动机状态，又可工作于发电机状态的双向电机，它是飞轮电池的核心动力部件。在充电时，电机作为电动机运行，由外界电

能驱动电机，电机转子带动飞轮本体加速旋转至设定的某一转速；在放电时，电机又作为发电机运行，向外输出电能，此时飞轮本体转速不断地下降。由此看来，高效率、低损耗的双向电机是能量高效转换的关键。目前飞轮电池采用的电机主要有永磁无刷直流/交流电机、感应电机和开关磁阻电机。在实际应用中多采用永磁无刷直流/同步电机。永磁电机成本低、结构简单、恒功率调速范围宽、高效率，而且其转子速度可达到很高，甚至是 200 000 r/min，另外永磁电机的调速比较容易。德国西门子公司生产的飞轮电池就是采用 3 相高效永磁无刷电机，其能量转换效率大 95%。

4. 电力电子转换器

电力电子转换器的工作效率对整个飞轮电池充放电系统的效率有直接的影响。电力电子转换器通过控制电机，实现电能与机械能之间的相互转换。输入的电能经过电力电子转换器转换后驱动电机，而输出电能也是经过电力电子转换器转换后给负载提供符合要求的电能。总之，飞轮电池的电力电子转换器必须具有调频、调压的功能。电力电子转换器主要采用的电力电子器件是 IGBT(绝缘栅双极型晶体管)或者 MOSFET(金属氧化物半导体场效应管)，通过电源逆变和脉宽调制技术(PWM)来对飞轮电池进行充放电。美国 RPM 公司的电力电子转换器采用正弦电流脉宽调制技术，通过反馈直流电压、交流电流和飞轮转速来防止过速。

该系统主要包括保护电路、轴承伺服电路、电机控制、LCD 显示模块，其功率损耗只有 2 W。此外，美国马里兰大学也研发出“敏捷微处理器电力转换系统”用于飞轮电池电力电子转换器的控制。本文主要是针对和飞轮电池相关的电力电子转换器控制技术进行研究。

5. 真空室

真空室的主要作用是可以屏蔽事故并且给飞轮本体和电机提供真空环境。由于飞轮本体的转速极高，其惯性也很大。

二、飞轮电池工作原理

飞轮电池是一种机电能量转换与储存装置，其工作原理为：电池处于充电模式时，电机作为电动机运行，由工频电网提供的电能经电力电子转换器驱动电机加速，电机带动飞轮加速储能，能量以机械能形式储存在高速旋转的飞轮本体中，如图 3-35 所示。

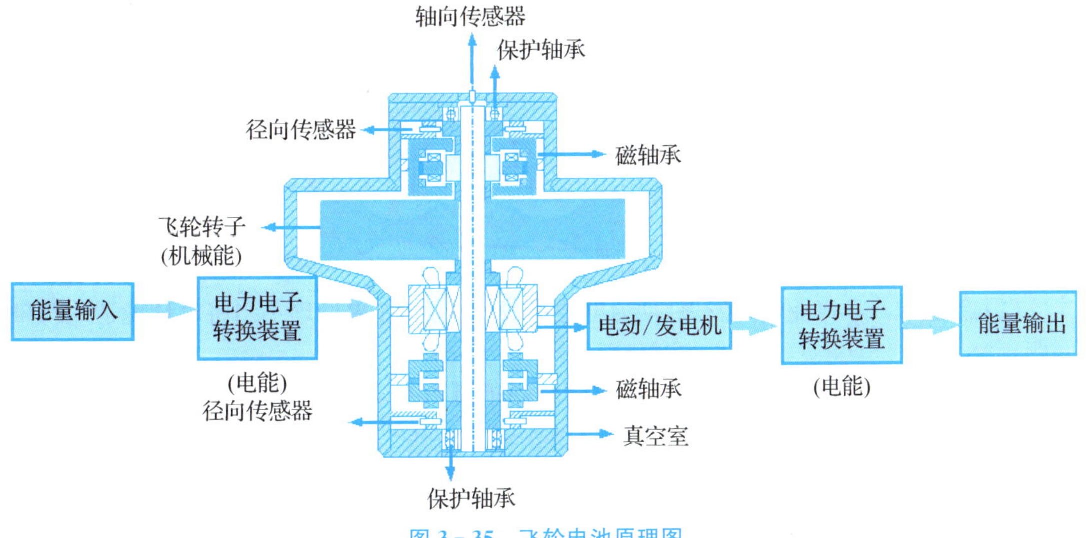

图 3-35　飞轮电池原理图

当飞轮达到设定的最高转速以后，系统处于能量保持状态；当系统接收到一个释放能量的控制信号，飞轮电池释放能量，高速旋转的飞轮利用其惯性作用带动电机减速运行，电机释放的电能经电力电子转换器输出适用于负载要求的电能，机械能转换为电能。由此，整个飞轮电池实现了电能的输入、储存和输出。

三、电池性能的比较

现在广泛使用的储能电池是基于电化学原理的化学电池。它将电能转变为化学能储存，再转化为电能输出，主要优点是价格低廉、技术成熟，但存在污染严重、效率低下、充电时间长、用电时间短、使用过程中电能不易控制等缺点。

另一种储能电池是超导电池，它把电能转化为磁能储存在超导线圈的磁场中，超导状态下线圈没有电阻，所以能量损耗非常小，效率也高，对环境污染也小。但由于超导状态是在线圈处于极低温度下才能实现，维持线圈处于超导状态所需要的低温需耗费大量能量，而且维持装置过大，不易小型化，民用的市场前景并不看好。

飞轮电池则兼顾了两者的优点，虽然近阶段的价格较高，但伴随着技术的进步，必将有一个非常广阔的应用前景。

表 3－11　3 种典型储能电池的性能

性　能	储能电池		
	化学电池	飞轮电池	超导电池
储能方式	化学能	机械能	磁能
使用寿命	3～5 a	＞20 a	≈20 a
技术	成熟	验证	验证
温度范围	限制	不限	不限
外形尺寸(同功率)	大	最小	中间
储能密度	小	大	大
放能深度	浅	深	深
价格	低	高	较高
环境影响	污染	无污染	无污染

【知识点 6】　电池的梯次利用

一、动力电池回收利用认知

1. 动力蓄电池回收利用的意义

(1) 新能源汽车产业快速发展，动力电池退役量庞大，如果处理不当将对环境造成污染问题；

(2) 回收利用中的梯次利用可以有效降低新能源汽车动力蓄电池成本，实现动力蓄电池剩余价值的充分利用；

(3) 打造新能源汽车产业真正的绿色循环经济，为产业进一步发展提供可靠的钴、锂、镍等资源支持，推动产业的健康发展。

动力蓄电池回收利用的意义见图 3 - 36。

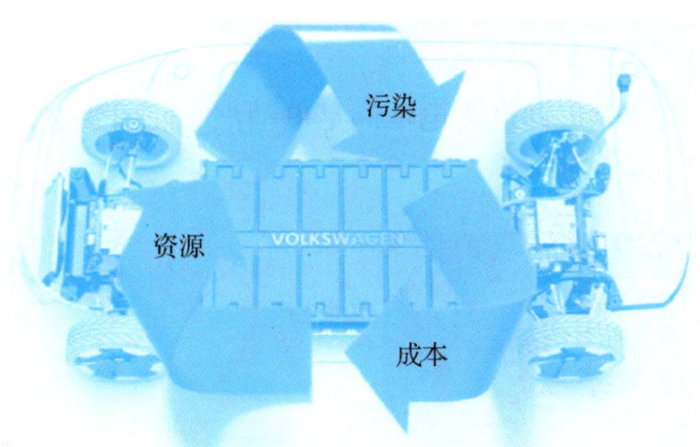

图 3 - 36　动力蓄电池回收利用的意义

2. 动力蓄电池回收利用模式

动力蓄电池的回收利用过程主要分为：

（1）梯次利用：主要针对电池容量降低使得电池无法使电动车正常运行，但是电池本身没有报废，仍可以在别的途径继续使用，例如用于低速电动车、电力储能；

（2）资源再回收：主要针对电池容量损耗严重，使得电池无法继续使用，只能将电池进行资源化处理，回收有利用价值的再生资源。

动力蓄电池回收利用产业链见图 3 - 37。

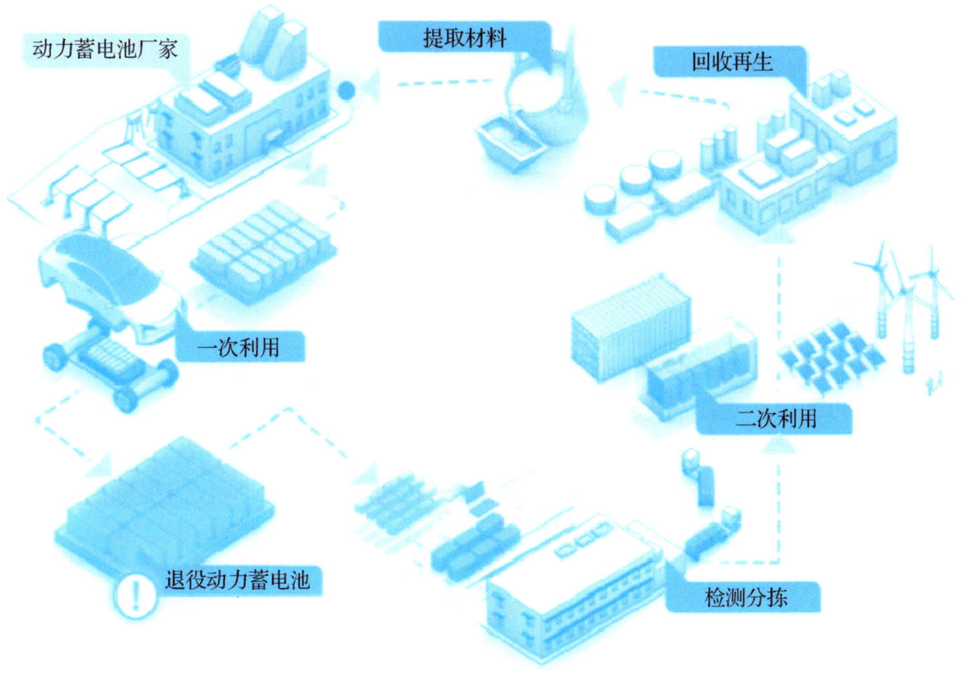

图 3 - 37　动力蓄电池回收利用产业链

3. 动力蓄电池使用的不同阶段

依据电池容量的衰减程度可将使用动力蓄电池的使用分为以下几个阶段(见图 3-38)。

(1) 整包使用阶段

电池容量大于或等于 80%,即动力电池满足电动汽车使用要求,作为正常能源电池在新能源汽车中被使用。

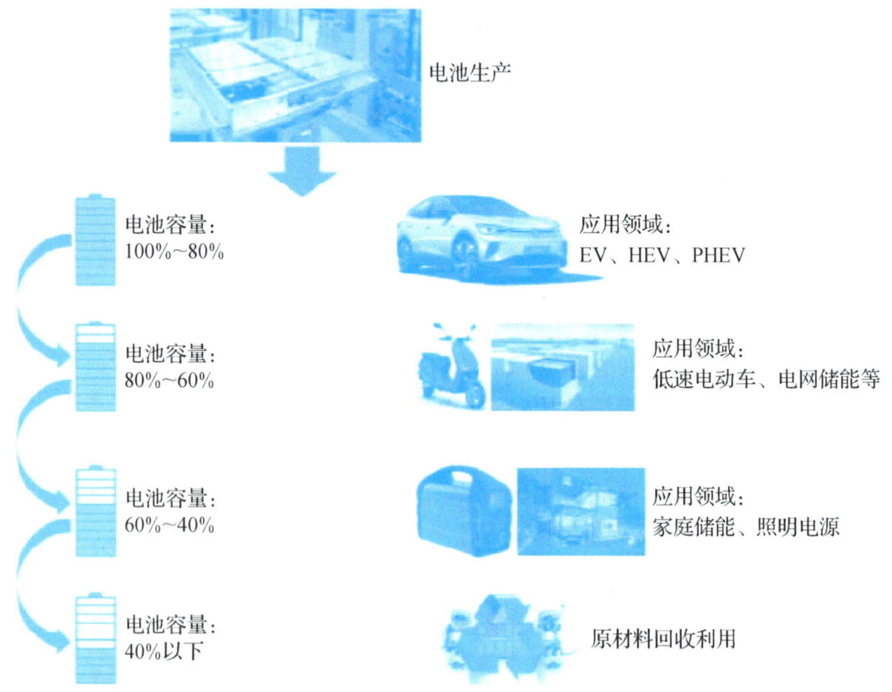

图 3-38　动力蓄电池使用的不同阶段

(2) 电池组梯次利用阶段

电池使用容量处于 60%~80%,可以选择梯次利用或者包装再造,前者可应用于储能、通信基站、太阳能、低速电动车等。

(3) 单体电池梯次利用

可用容量衰减至 40%~60%,则由专业厂家回收拆解成单体电池,以串、并联的方式以多种组合形式再配组。重组后电池主要使用在用户侧/微电网。

(4) 资源再回收阶段

当可用容量衰减至 40%以下,此时电池已经可以进行报废处理,仅需提炼回收电池内部部分零件及稀有化学成分,回收金属元素。

二、梯次利用认知

1. 梯次利用的定义

梯次利用是指车用动力电池退役后,整体或经过拆解、分类、检测、重组与装配等相关工艺,能够以电池包或模块或单体的形式再次应用到包括但不限于基站备电、储能、低速动力等相关目标领域的过程。

2. 梯次利用的目的

梯次利用已经退役的动力电池，可延长电池使用寿命，充分发挥其剩余价值，能够缓解当前电池退役体量大而导致的回收压力，降低电动汽车的产业成本，带动新能源汽车行业的发展。

对退役动力电池进行有效的梯次利用将有助于降低电动汽车用户及电力系统的储能成本，即让较高的储能成本能够在较长的使用寿命中在一次、二次用户中进行分摊。

3. 梯次利用主要应用领域

退役动力蓄电池虽然仍保留有75%～80%的容量，但是经过长时间的使用，电池内部阻抗增大活性锂损失相对严重，正负极电极材料存在不同程度的损失，电池的倍率性能、充放电性能和高低温性能都有所下降，因此对于退役动力电池的梯次利用应该选择使用条件较为温和、对电池性能要求相对较低的场合。如移动充电桩/车、低速电动车、AGV电源、家庭储能电源、不间断电源(UPS)基站电源、风光路灯储能等。退役动力蓄电池梯次利用主要领域见图3-39。

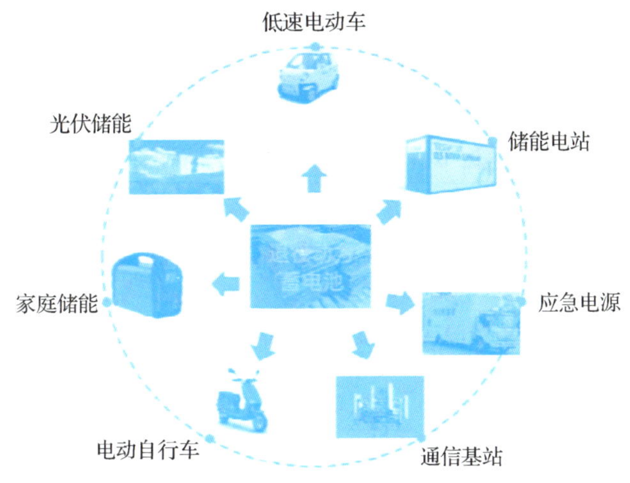

图3-39　动力蓄电池梯次利用领域

梯次利用的核心是需要对退役动力蓄电池进行一系列复杂的拆解、分类、检测和分析，科学地判断其生命周期价值以及可再使用性，从而设计出符合该产品的梯次等级和应用领域。

退役动力蓄电池的梯次利用包含拆解、分类、检测余能、重组与装配等过程，见图3-40。这里对拆解、分类和检测余能过程进行介绍。

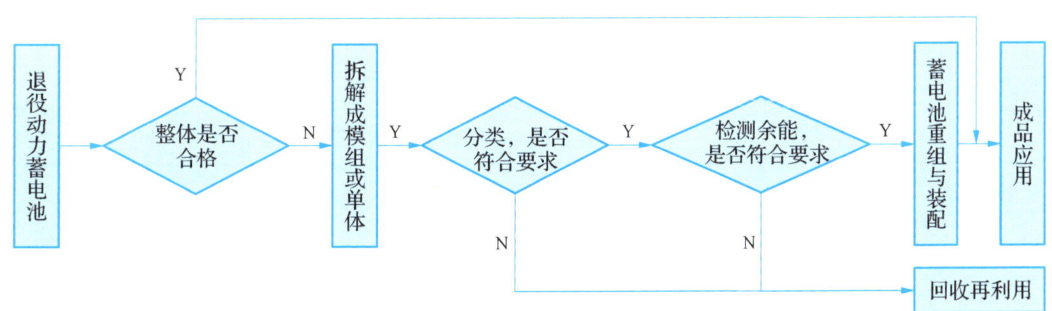

图3-40　动力蓄电池梯次利用过程

三、梯次利用的过程

1. 拆解

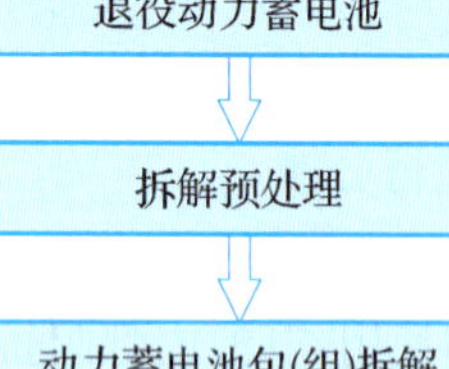

退役动力蓄电池单体

图 3－41　退役动力蓄电池拆解流程

2020 年国家出台了《GB/T 34015.2—2020 车用动力电池回收利用梯次利用　第 2 部分：拆卸要求》指导企业如何安全、高效地将退役动力蓄电池从电动汽车中进行移除、分类。

退役动力蓄电池拆解的作业程序应严格遵循安全、环保和资源循环利用三原则，严格按作业流程进行操作。退役动力蓄电池拆解标准流程见图 3－41。

2. 分类

退役动力蓄电池高梯次利用前必须进行筛选分类，将符合要求的蓄电池进行梯次利用，不合要求的进行资源回收再利用。

国家出台了《GB/T 34015.3—2021 车用动力电池回收利用梯次利用　第 3 部分：梯次利用要求》，用于指导梯次利用企业对退役电池开展可梯次利用性的判断，对退役动力蓄电池包、模块和单体电池进行分类。

表 3－12　退役动力蓄电池的外观要求

对象	要求
退役车用动力蓄电池包或模块	外壳完好，外观不应有开裂、漏液或火烧痕迹，表面应平整、干燥、无外伤，且排列整齐，连接完好。
单体电池	不应有泄漏、破损、腐蚀，表面应平整无外伤、无污物，且标识清晰、正确。

表 3－13　退役动力蓄电池余能要求

应用场景	对象	要求
车用电池的梯次利用产品	退役车用动力蓄电池包或模组	25℃±2℃条件下，退役车用动力蓄电池包或模组的 $1I_3$(A)电流值的放电容量应不低于出厂标称容量的 60%。
	退役车用动力蓄电池单体	25℃±2℃条件下，退役车用动力蓄电池单体的 $1I_3$(A)电流值的放电容量应不低于出厂标称容量的 65%。
储能电池和其他应用场景的梯次利用产品	退役车用动力蓄电池包或模组	25℃±2℃条件下，退役车用动力蓄电池包或模组的 $1I_5$(A)电流值的放电容量应不低于出厂标称容量的 50%。
	退役车用动力蓄电池单体	25℃±2℃条件下，退役车用动力蓄电池单体的 $1I_5$(A)电流值的放电容量应不低于出厂标称容量的 55%。
不适于梯次利用的产品	退役车用动力蓄电池包、模组、单体	25℃±2℃条件下，当退役车用动力蓄电池的 $1I_3$(A)电流值的放电容量达到电池生产厂家规定的寿命终止条件或低于标称容量的 40%时，应终止梯次利用。

注：

(1) I_3　为 3 h 率放电电流(A)，其数值等于额定容量值的 1/3。

(2) I_5　为 5 h 率放电电流(A)，其数值等于额定容量值的 1/5。

3. 余能检测

在做梯次利用之前需要进行外观检查、极性检测、电压判别和充放电电流判别等初筛过

程，为车用动力电池的余能检测提供评价依据。《GB/T 34015—2017 车用动力电池回收利用余能检测》规定的检测流程见图 3-42。

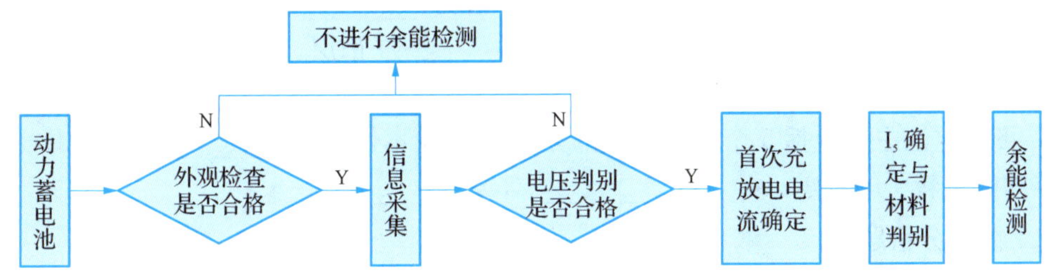

图 3-42　退役动力蓄电池余能检测流程

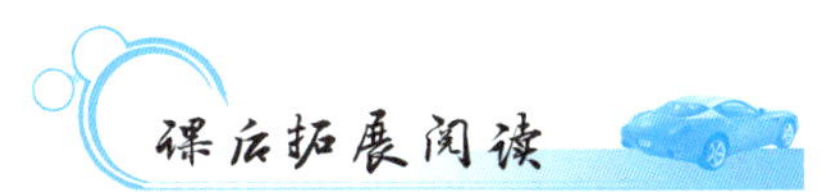

电芯里的中国脊梁：动力电池守护能源命脉的硬核担当

中国动力电池产业从依赖进口到全球主导（市占率 65%），是国家科技自立自强的缩影。2015 年“白名单”政策护持本土企业起步，2020 年取消补贴后的全面市场化竞争，倒逼出宁德时代 CTP、比亚迪刀片电池等颠覆性创新。其本质是国家对能源命脉的守护——通过突破锂资源循环利用、钠离子电池等战略技术，既降低钴镍对外依存度，又将储能度电成本压缩 80%，为全球电动化提供“中国芯”保障。

产业升级不仅体现于能量密度 300 Wh/kg 的技术巅峰，更在于全生命周期责任担当。从欧盟《新电池法》合规应对，到“全固态电池”攻关写入十四五规划；从四川锂矿绿色开采标准，到电池回收“梯次利用+再生冶金”模式全国推广，彰显中国制造从“产品输出”向“标准输出”的质变。而“一带一路”沿线电池工厂的建设，更将中国绿色产能转化为当地工业化引擎。

当中国电池技术授权奔驰、特斯拉，当宁德时代德国工厂服务欧洲电动化转型，这不仅是产业链话语权的提升，更是“推动全球能源公平”的实践。从业者当以“每一度电皆含责任”的信念，筑牢国家能源安全的基石。

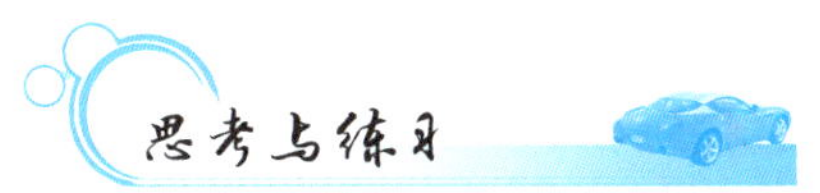

一、填空题

1. 电动汽车储能装置主要有蓄电池、__________、超级电容器和__________等。其中__________是电动汽车最常用的能量存储装置，也是目前制约电动汽车发展的关键因素。

2. 化学电池是利用物质的化学反应发电，按工作性质分为________、蓄电池、________和储备电池。

3. 镍氢电池正极是活性物质________，负极是储氢合金，用__________作为电解质，在正、负极之间有________，共同组成镍氢单体电池。

4. 磷酸铁锂电池正极材料采用__________，呈________结构。负极采用层状________，呈六边形结构。

5. 燃料电池发电系统包括________、空气子系统、________、冷却子系统、________。

6. 质子交换膜燃料电池由质子交换膜、____________、扩散层、________（又称双极板）组成。

7. 超级电容如果按储能机理主要分为三类：________，__________，__________。

8. 飞轮电池主要包括5个基本组成部分：(1) 飞轮本体；(2) ____________；(3) 悬浮飞轮本体和电机转子的轴承；(4) ____________；(5) __________。

二、简答分析题

1. 电动汽车对动力电池的要求主要有如下哪几点？
2. 为什么 Li-ion 电池又叫摇椅式电池？
3. 简述锂离子电池的优缺点。
4. 超级电容称得上“超级”的原因是什么？
5. 简述飞轮电池的工作原理。

模块二　新能源汽车电机驱动系统

特斯拉 Model 3：永磁同步电机助力高效性能

特斯拉作为全球新能源销售的佼佼者，越来越受到传统车企的青睐。Tesla Model 3 车型（如图 3-29）没有继续沿用首批三款车型中采用的自制交流感应异步驱动电机，而是改用永磁同步交流(PMAC)电机。与感应式电机相比，PMAC 电机较为复杂，但仍然相当简单且可靠。PMAC 电机体积较小、重量较轻，一定程度上比感应式电机效率更高，特别是在低载和高载时。几乎其他所有 EV 制造商都使用这种类型的电机。PMAC 和感应电机在满载时的效率都非常高。大型(>100 hp)PMAC 同步电机的满载效率一般为 98%，而高质量感应电机为 92%至 95%。20%负载时，感应电机的效率下降到 80%左右，而 PMAC 电机在这种轻载条件下的效率仍保持在 88%。

Model 3 高性能四驱版的前轮驱动由驱动电机、电机控制器以及单挡变速箱构成；后轮和前轮驱动相似，集成度非常高。双电机全时四驱版 Model 3 的续航里程为 498 km，百公里加速时间为4.5 s，最高时速为 225 km/h。

图 3-43　特斯拉 Model 3

除了异步电动机和永磁同步电动机以外，还有哪些电动机可以作为电动汽车的驱动电机？通过本章的学习，读者可以得到答案。

电动机是电动汽车驱动系统的核心部件，其性能的好坏直接影响电动汽车驱动系统的性能，特别是电动汽车的最高车速、加速性能及爬坡性能等。

【知识点 1】 电动汽车电机基础认知

一、电动汽车电机驱动系统的组成与类型

1. 电动汽车电机驱动系统的组成

电机驱动系统是电动汽车的心脏，它由电动机、功率转换器、控制器、各种检测传感器和电源(蓄电池)组成，其任务是在驾驶员的控制下，高效率地将蓄电池的电量转化为车轮的动能，或者将车轮的动能反馈到蓄电池中(如图 3-44 中)。图 3-45 是电机驱动系统的基本组成框图。

图 3-44　电机驱动系统工作过程

早期的电动汽车主要采用直流电机系统，但直流电机有机械换向装置，必须经常维护。随着电力电子技术的发展，交流调速逐渐取代直流调速。现代电动汽车常用的驱动系统有 3 种：异步电机系统、永磁无刷电机系统和开关磁阻电机系统。

功率换器按所选电机类型，有 DC/DC 功率转换器、DC/AC 功率转换器等形式，其用途是按所选电动机驱动电流的要求，将蓄电池的直流电转换为相应电压等级的直流、交流或脉冲电源。

检测传感器主要对电压、电流、速度、转矩以及温度等进行检测，其作用是改善电动机的调速特性，对于永磁无刷电动机或开关磁阻电动机，还要求有电动机转角位置检测。

控制器是由驾驶员操纵变速杆、加速踏板和制动踏板等，相应输入前进、倒退、起步、加速、制动等信号，以及各种检测传感器反馈的信号，通过运算、逻辑判断、分析比较等适时向功率转换器发出相应的指令，使整个驱动系统有效运行。

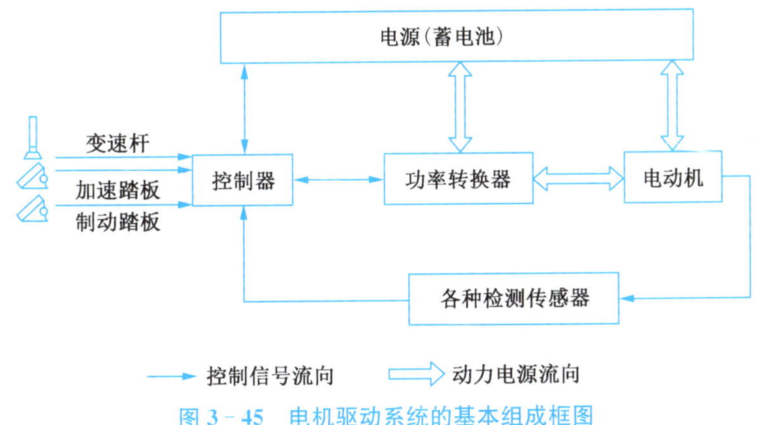

图 3-45　电机驱动系统的基本组成框图

2. 电动汽车电机驱动系统的类型

电动汽车电机驱动系统按所选电动机的类型可分为直流电动机、无刷直流电动机、异步电动机、永磁同步电动机和开关磁阻电动机等。

(1) 直流电动机。直流电动机具有起动加速时驱动力大、调速控制简单、技术成熟等优点。但是直流电动机的电枢电流由电刷和换向器引入，换向时产生电火花，换向器容易烧蚀，电刷容易磨损，需经常更换，维护工作量大。接触部分存在磨损，不仅使电动机效率降低，还限制了电动机的工作转速。新研制的电动汽车基本不采用直流电动机。

(2) 无刷直流电动机。无刷直流电动机是一种高性能的电动机，它既有交流电动机结构简单、运行可靠、维护方便等诸多优点，又具备运行效率高、无励磁损耗、运行成本低和调速性能好等特点。因此，它在电动汽车上的应用日益广泛。

(3) 异步电动机。异步电动机在电动汽车上的广泛应用是因为异步电动机采用变频调速时，可以取消机械变速器，实现无级变速，使传动效率大为提高。另外，异步电动机很容易实现正反转，再生制动能量的回收也更加简单。当采用笼型转子时，异步电动机还具有结构简单、坚固耐用、价格便宜、工作可靠、效率高和免维护等优点。

(4) 永磁同步电动机。永磁同步电动机结构上与无刷直流电动机相似，不同之处在于它采用正弦波驱动，所以在具备无刷直流电动机优点的同时，还具有噪声低、体积小、功率密度大、转动惯量小、脉动转矩小、控制精度高等特点，特别适用于混合动力电动汽车电机驱动系统，可以达到减小系统体积、改善汽车加速性能和行驶平稳等目的。因此，永磁同步电动机受到了全世界各大汽车生产厂家的重视。

(5) 开关磁阻电动机。开关磁阻电动机是一种新型电动机。因其结构简单、坚固、工作可靠、效率高，调速系统运行性能和经济指标比普通的交流调速系统好，而具有很大的潜力，被公认为是一种极有发展前途的电动汽车驱动电动机。

随着电子技术和计算机技术的飞速发展，新的电机理论与控制方式层出不穷，推动新的电机驱动系统迅猛发展。高密度、高效率、轻量化、低成本、宽调速牵引电机驱动系统已成为各国研究和开发的主要热点，如永磁式开关磁阻电动机、转子磁极分割型混合励磁结构同步电动机、永磁无刷交流电动机等。

表 3-14　4 种典型电动机的性能

项目/类型	直流电动机	交流电动机	永磁电动机	开关磁阻电动机
转速范围/($r \times min^{-1}$)	4 000～6 000	12 000～20 000	4 000～10 000	>15 000
功率密度	低	中	高	较高
功率因数	—	82～85	90～93	60～65
峰值效率(%)	85～89	94～95	95～97	85～90
负荷效率(%)	80～87	90～92	85～97	78～86
过载能力(%)	200	200～500	300	300～500
恒功率区比例	—	1∶5	1∶2.25	1∶3
电动机质量	重	中	轻	轻

（续表）

项目/类型	直流电动机	交流电动机	永磁电动机	开关磁阻电动机
电动机外形尺寸	大	中	小	小
可靠性	一般	好	优良	好
结构坚固性	差	好	一般	优良
控制操作性能	最好	好	好	好
控制器成本	低	高	高	一般

二、电动机的额定指标

电动机的额定指标是指根据国家标准以及电动机的设计、试验数据而确定的额定运行数据，是电动机运行的基本依据。电动机的额定指标主要包括以下各项。

（1）额定功率。额定功率是指额定运行情况下轴端输出的机械功率（W 或 kW）。

（2）额定电压。额定电压是指外加于线端的电源线电压（V）。

（3）额定电流。额定电流是指电动机额定运行（额定电压、额定输出功率）情况下电枢绕组（或定子绕组）的线电流（A）。

（4）额定频率。额定频率是指电动机额定运行情况下电枢（或定子侧）的频率（Hz）。

（5）额定转速。额定转速是指电动机额定运行（额定电压、额定频率、额定输出功率）的情况下，电动机转子的转速（r/min）。

当电动机在额定运行情况下输出额定功率时，称为满载运行，这时电动机的运行性能、经济性及可靠性等均处于优良状态。输出功率超过额定功率时称为过载运行，这时电动机的负载电流大于额定电流，将会引起电动机过热，从而减少电动机使用寿命，严重时甚至烧毁电动机。电动机的输出功率小于额定功率时称为轻载运行，轻载时电动机的效率和功率因数等运行性能均较差，因此，应尽量避免电动机轻载运行。

三、电动汽车对电动机的要求

电动汽车在行驶过程中，会频繁地起动/停车、加速/减速等，这就要求电动汽车中的电动机比一般工业用的电动机性能更高，基本要求如下。

（1）电动机的运行特性要满足电动汽车的要求，在恒转矩区，要求低速运行时具有大转矩，以满足电动汽车起动和爬坡的要求；在恒功率区，要求低转矩时具有高的速度，以满足电动汽车在平坦的路面能够高速行驶的要求。

（2）电动机应具有瞬时功率大、带负载起动性能好、过载能力强、加速性能好、使用寿命长的特点。

（3）电动机应在整个运行范围内，具有很高的效率，以提高一次充电的续驶里程。

（4）电动机应能够在汽车减速时实现再生制动，将能量回收并反馈给蓄电池，使得电动汽车具有最佳的能量利用率。

（5）电动机应可靠性好，能够在较恶劣的环境下长期工作。

（6）电动机应体积小、质量轻，一般为工业用电动机的 1/3～1/2。

（7）电动机的结构要简单坚固，适合批量生产，便于使用和维护。

(8) 价格便宜,从而能够减少电动汽车的整体价格,提高性价比。

(9) 运行时噪声低,减少污染。

四、电动汽车电机驱动系统的发展趋势

电动汽车电机驱动系统具有以下发展趋势。

(1) 电机的功率密度不断提高,永磁电机应用范围不断扩大。电机作为电动汽车动力系统中一个重要的动力输出源,其自身的性能直接影响到了电动汽车的整体性能。一方面,汽车所需求的电机输出和回收功率不断提高,以满足不同工况不同车型的需求;另一方面,这种新型机电一体的传动系统尺寸受到车内空间的限制。这就需要电动汽车用电机向高性能和小尺寸发展。不断提高电机本身的功率密度,用相对小巧的电机发挥出大的功率成为各汽车及电机厂商的发展方向。

(2) 电机的工作转速不断提高,回馈制动的高效区不断拓宽。回馈制动是混合动力机电一体化技术的一个基本特点。伴随着对混合度要求的提升,相应回馈制动范围的需求也会越来越大。采用回馈高效的电机,适当的变速系统和控制策略,可以使回馈制动的允许范围适应更多工况,使整车节能更加有效,延长行车里程,这是混合动力汽车向真正实用性必须迈出的一步。

(3) 电机驱动系统的集成化和一体化趋势更加明显。车用电机及其控制系统的集成化主要体现在电机与发动机、电机与变速器、电机与底盘系统的集成度不断提高。对于混合发动机与起动发电一体机,其发展从结构集成到控制集成和系统集成,电机与变速器的一体化越来越明显,汽车动力的电气化成分越来越高,不同耦合深度的机电耦合动力总成系统使得电机与变速器两者之间的联系变得越来越紧密。在高性能电动汽车领域,全新设计开发的底盘系统、制动系统、轮系将电机和动力传动装置进行一体化集成,融合程度越来越深。

(4) 电机驱动系统的混合度与电功率比不断增加。对于混合动力汽车来说,虽然目前市场上分布了轻混、中混、强混等各种混合程度的混合动力车型,但从各种混合度车型的节育减排效果来看,混合程度越高,汽车的节能能力越强。电功率占整车功率的比例正在混合动力汽车领域逐渐提高,电机已不再单单作为发动机的附属设备。各车厂正在逐渐将小排量发动机和大功率电机运用在汽车驱动上。

(5) 车用电机驱动控制系统的集成化和数字化程度不断加大。车用电机驱动控制系统集成化程度也不断加大,将电机控制器、低压 DC/DC 变换器,以及发动机控制器、变速器控制器、整车控制器等进行不同方式的集成正在成为发展趋势。

同时,高速高性能微处理器使得电机驱动控制系统进入一个全数字化时代。在高速高性能的数字控制芯片的基础上,高性能的控制算法、复杂的控制理论得以实现。同时,面向用户的可视化编程,通过代码转化和下载直接进入微处理器,可不断提高编程效率和可调试性。

【知识点 2】 直流电动机

直流电动机就是将直流电能转换成机械能的电动机,是电动机的主要类型之一,它具有结构简单、技术成熟、控制容易等特点,在早期的电动汽车或希望获得更简单结构的电动汽车中应用,特别是场地用电动车和专用电动车。

一、直流电机的工作原理

直流电机的工作原理可用图 3-46 所示的最简模型进行说明。图中，两个空间位置固定的瓦形永磁体N极与S极之间，安放一个绕固定轴（几何中心）旋转的铁制圆柱体（统称为电枢铁心，大多用冲制为圆形的硅钢片叠压而成）。铁心与磁极之间的间隙称为气隙。设铁心表面只敷设了两根导体 ab 和 cd，并连接成单匝线圈 $abcd$。线圈首、末端分别与弧形铜片（通称为换向片）相连。换向片与电枢铁心一道旋转，但换向片之间以及换向片与铁心和转轴之间均相互绝缘。由换向片构成的整体叫作换向器，而整个转动部分称为电枢，寓意为实现机电能量转换之中枢。为了把电枢与外电路连通，特别装置了两把电刷（图中示意为矩形片A和B，实际电机中多为瓦形体，弧度与换向片一致）。电刷的空间位置也是固定的。

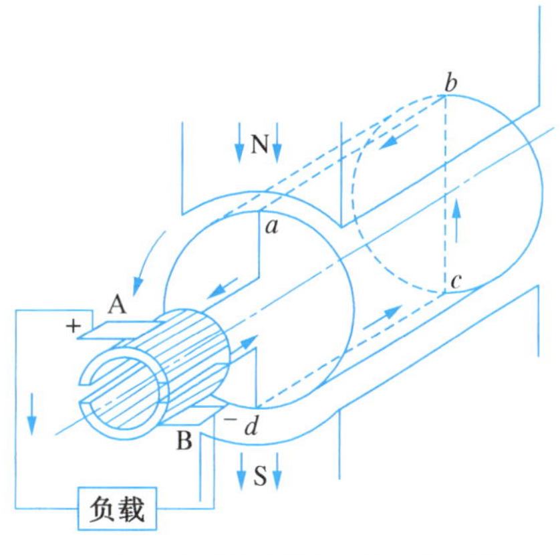

图 3-46　直流电机的工作原理

当原动机以恒定转速 n 沿逆时针方向拖动电枢旋转时，上述模型电机就成了一台直流发电机。由电磁感应定律，每根导体内感应电动势的瞬时值为

$$e = B_{\delta} l v$$

式中，e 为导体所处位置的气隙磁通密度；l 为导体的有效长度，即导体切割磁力线部分的长度；v 为导体切割磁力线的线速度，其与铁心半径 R 和转速 n(r/min)之间的关系为

$$v = \frac{2\pi R n}{60}$$

综上可知，直流电机电枢绕组所感应的电动势是极性交替变化的交流电动势，只是由于换向器配合电刷的作用才把交流电动势“换向”成为极性恒定的直流电动势。正因为如此，通常把这种类型的电机称为换向器式直流电机。

以上分析说明了直流发电机中电动势和电流产生的过程，现在再讨论其中的能量转换过程。当电流沿 $dcba$ 方向流过线圈时，由左手定则可知，线圈所受电磁力是企图阻止电枢旋转的。原动机要维持电机以恒速旋转，就必须克服此电磁力做功，从而将机械能转换为电能输出供负载使用，电机作发电机运行。反之，若跨接于A、B两端的负载改为极性保持一致的直流电源，则线圈中的电流路径将变为 $abcd$，产生的电磁力及相应的电磁转矩为反时针方向，从而可拖动旋转机械逆时针旋转，将电能转换为机械能，电机作电动机运行。

直流电机中的机电能量转换过程使我们对电机的可逆性原理有了更直观、更深入的了解。事实上，单纯从电机的电端口看，电机作发电机或电动机运行的区别就在于电流方向发生了变化。电流自端口正极流出时为发电机，流入则为电动机。更一般地，与上述发电机端口电压及电流方向一致的正方向称为发电机惯例，而与电动机端口电压及电流方向一致的正方向称为电动机惯例，如图 3-47 所示。

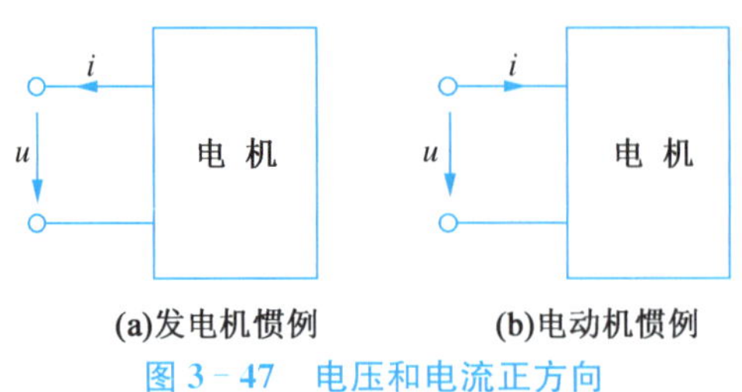

(a)发电机惯例　　(b)电动机惯例

图 3-47　电压和电流正方向

二、直流电机的主要结构部件

直流电机的结构形式很多,但总体上总不外乎由定子(静止部分)和转子(运动部分)两大部分组成。图 3-48 即为普通直流电机的结构图。直流电机的定子用于安放磁极和电刷,并作为机械支撑,它包括主磁极、换向极、电刷装置、机座等。转子一般称为电枢,主要包括电枢铁心、电枢绕组、换向器等。下面逐一简要说明。

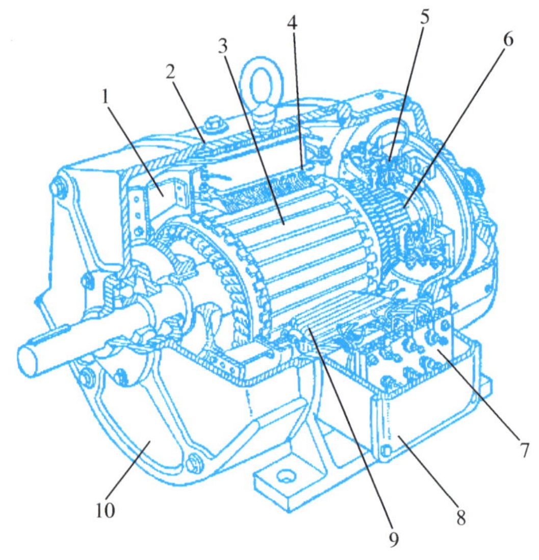

图 3-48　直流电机的结构图

1-风扇;2-机座;3-电枢;4-主磁极;5-刷架;
6-换向器;7-接线板;8-出线盒;9-换向极;10-端盖。

1. 主磁极

主磁极简称主极,用于产生气隙磁场。绝大部分直流电机的主极都不用永久磁铁,而是图 3-49 所示的结构形式(主极铁心外套励磁绕组),即由励磁绕组通以直流电流来建立磁场。为降低电机运行过程中磁场变化可能导致的涡流损耗,主极铁心一般用 1 mm～1.5 mm厚的低碳钢板冲片叠压而成。极靴与电枢表面形成的气隙通常是不均匀的,并有极靴中部圆弧与电枢外圆同心但两侧极尖间隙稍大的同心式气隙,以及极靴圆弧半径大于电枢外圆半径的偏心式气隙两种。由于电机中磁极的 N 极和 S 极只能成对出现,故主极的极数一定是偶数,并且要以交替极性方式沿机座内圆均匀排列。

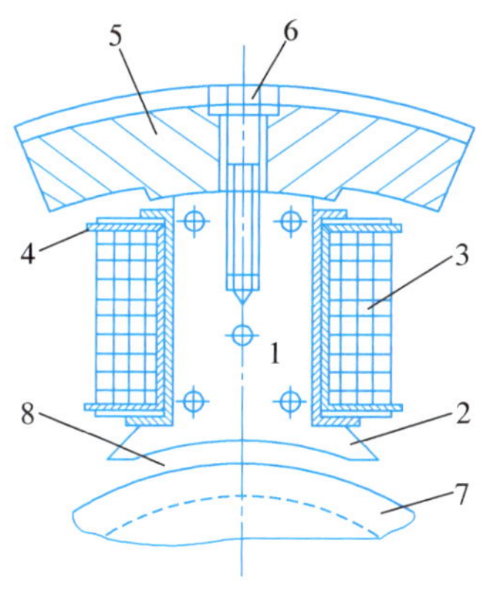

图 3-49　主磁极

1-主极铁心；2-极靴；3-励磁绕组；4-绕组绝缘；5-机座；6-螺杆；7-电枢铁心；8-气隙。

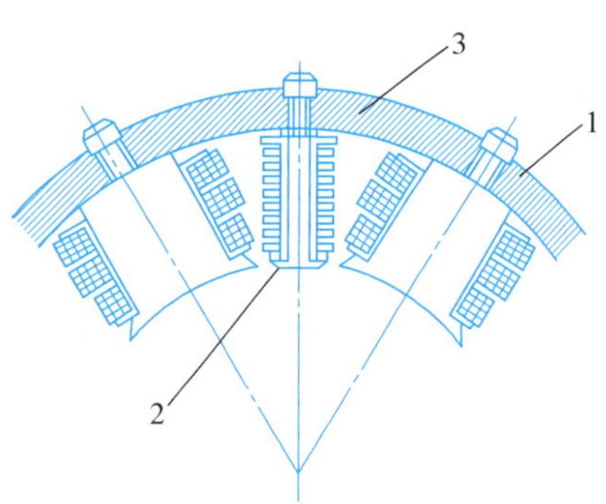

图 3-50　电机中的主极和换向极

1-主极；2-换向极；3-磁轭。

2. 机座

机座的主体是极间磁通路径的一部分，称为磁轭。主极、换向器一般都直接固定在磁轭上（如图 3-50 和图 3-51）。机座一般用铸钢或用薄钢板焊接成圆形，抑或多边形，磁轭部分也有采用薄钢板叠压方式的。通常，机座的底脚部分与基础固定。

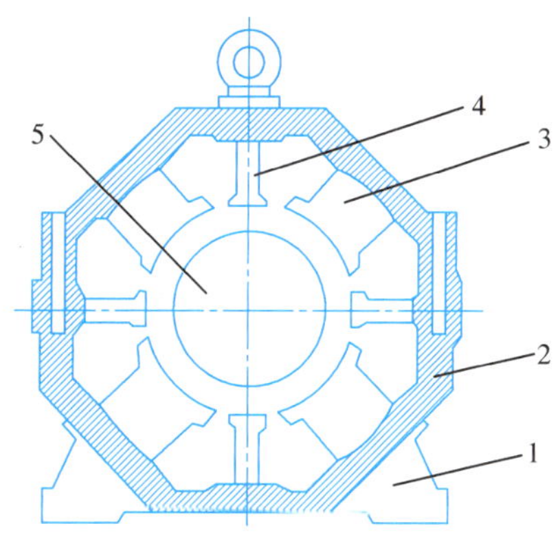

图 3-51　多边形机座示意图

1-机座；2-磁轭；3-主极；4-换向极；5-电枢。

3. 电枢铁心

电枢铁心是用来构成磁通路径并嵌放电枢绕组的。为了减少涡流损耗，电枢铁心一般用厚 0.35 mm～0.5 mm 的涂有绝缘漆的硅钢片叠压而成。嵌放绕组的槽型通常有矩形和梨形两种（如图 3-52）。对于小容量电机，铁心叠片（也叫冲片）尽可能采用整形圆片；而大容量电机则可能要多片拼接，并且还要沿轴向方向分段，段与段之间再设置径向通风道，以加强冷却。需要说明的是，电枢铁心的轴向通风道是铁心叠片上预留的通风孔叠压后形成的（如图 3-52）。

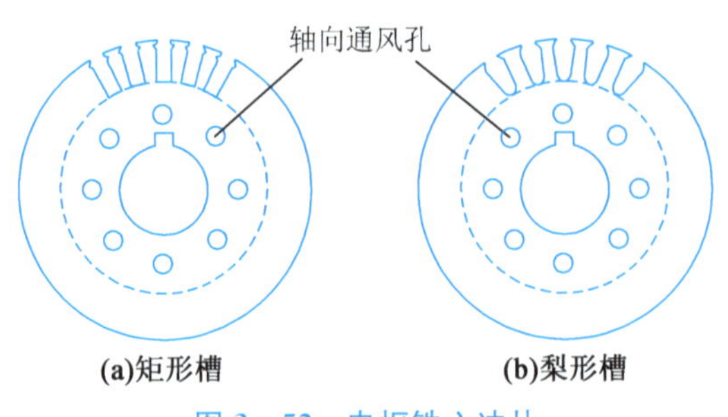

图 3-52　电枢铁心冲片

4. 电枢绕组

电枢绕组是用来感应电动势，通过电流并产生电磁力或电磁转矩，使电机能够实现机电能量转换的核心构件。电枢绕组由多个用绝缘导线绕制的线圈连接而成。小型电机的线圈用圆铜线绕制，较大容量时用矩形截面铜材绕制(如图 3-53)，各线圈以一定规律与换向器焊连。导体与导体之间，线圈与线圈之间以及线圈与铁心之间都要求可靠绝缘。为防止电机转动时线圈受离心力作用而甩出，槽口要加槽楔固定。唯一例外的是无槽电机，此时电枢绕组均匀敷设在电枢表面，但依然需要牢固绑扎，并且只可能在小容量直流电机中采用。

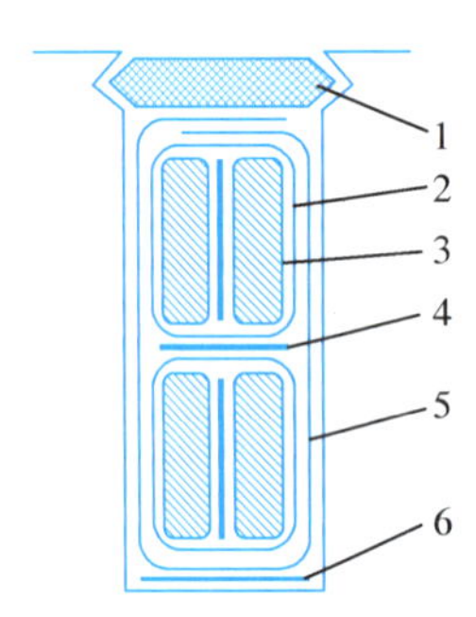

图 3-53　电枢绕组在槽中的绝缘情况

1-槽楔；2-线圈绝缘；3-导体；
4-层间绝缘；5-槽绝缘；6-槽底绝缘。

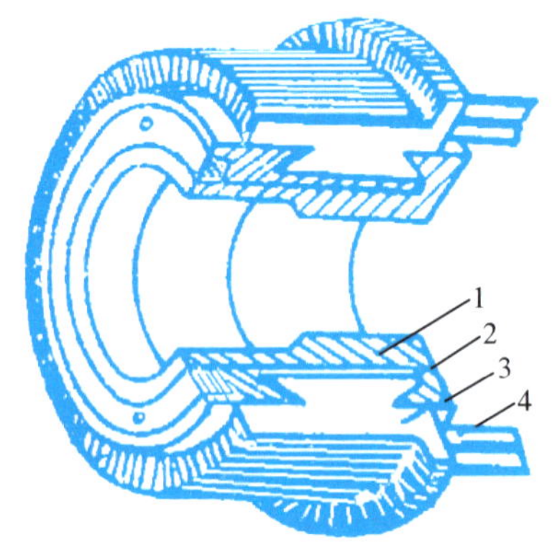

图 3-54　换向器

1-V 形套筒；2-云母环；3-换向片；4-连接片。

5. 换向器

换向器的作用是把电枢绕组内的交流电动势用机械换接的方法转换为电刷间的直流电动势。换向器由多片彼此绝缘的换向片构成，有多种结构形式，图 3-54 为最常见的一种。

6. 电刷装置

电刷的作用之一是把转动的电枢与外电路相连接，使电流经电刷进入或离开电枢；其二是与换向器配合作用而获得直流电压。电刷装置由电刷、刷握、刷杆和汇流条等零件构成。图 3-55 是电刷的一种结构形式，图 3-56 是一种电刷装置。

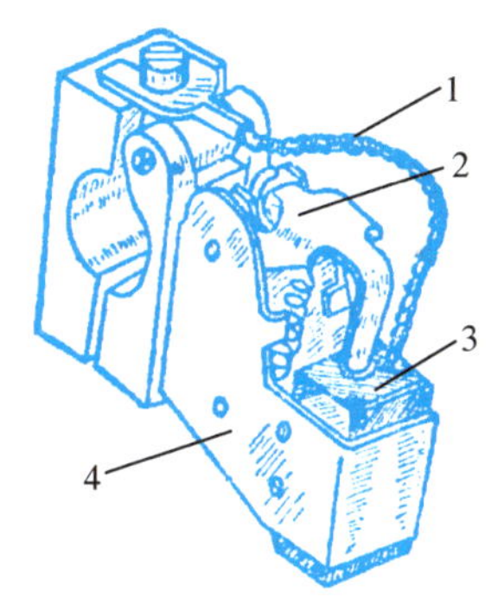

图 3－55　普通的握刷和电刷

1－铜丝辫；2－压紧弹簧；3－电刷；4－刷盒。

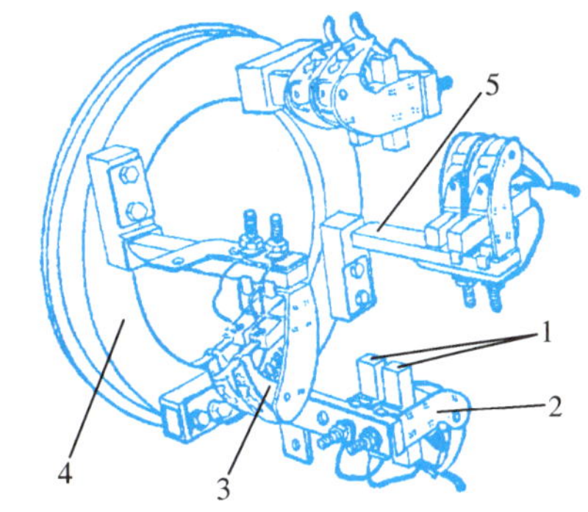

图 3－56　普通的电刷装置

1－电刷；2－刷握；3－弹簧压板；4－座圈；5－刷杆。

三、直流电动机的励磁方式

励磁方式是指励磁绕组的供电方式。直流电机按供电方式可分为四类，下面分别介绍。

1. 他励直流电机

所谓他励，顾名思义，就是励磁绕组由其他直流电源单独供电，如图 3－57(a)所示。图 3－57 中，U 为电枢电压，U_f 为励磁电压，I_a 为电枢电流，I_f 为励磁电流，I 为主电源电流，正方向假定采用电动机惯例。

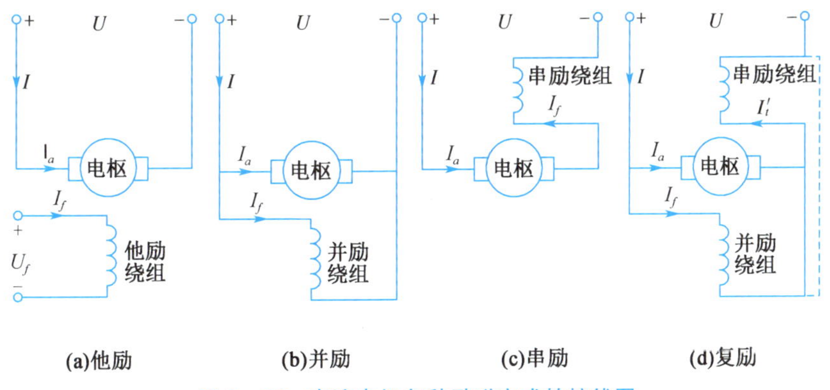

图 3－57　直流电机各种励磁方式的接线图

2. 并励直流电机

接线图如图 3－57(b)所示。此时励磁绕组与电枢绕组并联，电枢电压即励磁电压。

3. 串励直流电机

励磁绕组与电枢绕组串联，电枢电流即励磁电流，如图 3－57(c)所示。

4. 复励直流电机

励磁绕组分为两部分，一部分与电枢绕组串联，另一部分与电枢绕组并联，如图 3－57(d)所示。复励直流电机还可进一步细分，如按实线连接为短复励，虚线连接为长复励；两部分绕组产生的磁场相消为差复励，相长则为积复励。

四、直流电动机的控制

1. 直流电动机的起动

电力拖动机组从静止到稳定运行首先必须通过起动过程。从机械方面看，起动时要求电动机产生足够大的电磁转矩来克服机组的静止摩擦转矩、惯性转矩以及负载转矩（如果带负载起动的话），才能使机组在尽可能短的时间里从静止状态进入到稳定运行状态。从电路方面看，起动瞬间 $n=0$，$E=0$，而 R_a 很小，由于

$$I_a=\frac{U-E}{R_a}=\frac{U}{R_a}=I_{st}$$

表明起动电流 I_{st} 将达到很大的数值，通常为额定电枢电流的十几倍甚至更大，以致电网电压突然降低，影响其他用户的用电，也使电机本身遭受很大电磁力的冲击，严重时还会损坏电机。因此，适当限制电机的起动电流是必要的，尽管这与机械上希望产生较大电磁转矩（$T_{st}=C_T\Phi I_{st}$）的要求相矛盾。事实上，研究电机的起动方法只是为了尽量缓解这一矛盾。直流电动机的常用起动方法有直接起动、电枢回路串电阻起动和降压起动三种。下面分别介绍。

(1) 直接起动。如上所述，直流电机不宜采用直接起动。因此，这里所讲的直接起动只限于小容量电机，对电网和自身的冲击都不太大，但操作简便，无需添加任何起动设备。

所谓直接起动，是指不采取任何措施，直接将静止电枢投入额定电压电网的起动过程。以并励电动机为例，接线图如图 3－58 所示。电源及励磁回路开关 K_f 先于电枢回路开关 K_a 合上，以确保电枢回路得电前磁场已经建立。

直接起动过程中电枢电流和转速的变化规律如图 3－59 所示。考虑电枢回路电感 L_a 的作用，电流不突变，但很快上升至最大冲击值 I_{st}，不过，此时转子已开始转动，并具有一定速度，$E>0$，因此，实际的起动电流冲击值 I_{st} 会略小于 $U/_{Ra}$。

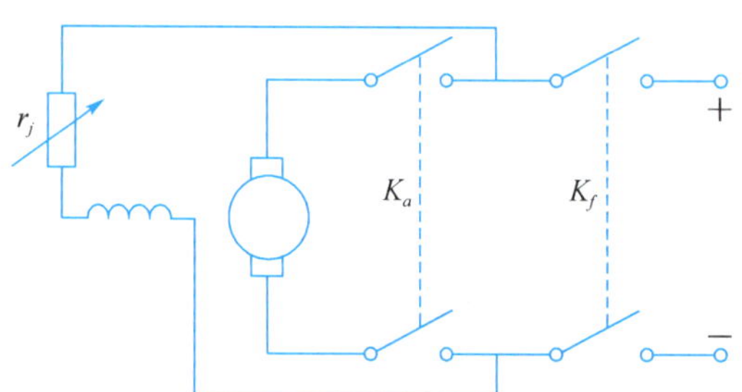

图 3－58　并励电动机直接起动接线图

(2) 电枢回路串电阻起动。起动时将起动电阻 R_{st} 枢回路，以限制起动电流，起动结束后将电阻切除。串接起动电阻后的起动电流为：

$$I_{st}=\frac{U}{R_a+R_{st}}$$

在实际工程中，可以根据具体需要选择 R_{st} 的数值，以有效限制起动电流。起动电阻一般采用变阻器形式，可设为分段切除式，也可以使用无级调节。图 3－60 为一并励电动机逐段切除起动电阻的电流、转速变化过程图。设为三级切除，各段电阻值的设计由 I_{max} 和 I_{min} 界定，切除时刻自动控制。可以设想，若起动电阻可以无级均匀切除，并且可以用计算机和

相应的伺服机构自动控制实施，则获得线性起动过程也是完全可能的。

(3) 降压起动。降压起动是通过降低端电压来限制起动电流的一种起动方式。降压起动对抑制起动电流最有效，能量消耗也比较少，但需要专用调压直流电源，投资较大。不过，近代已广泛采用可控硅整流电源，无论是调节性能还是经济性能都已经很理想，因此，降压起动有越来越多的应用，尤其是大容量直流电动机和各类直流电力电子传动系统。

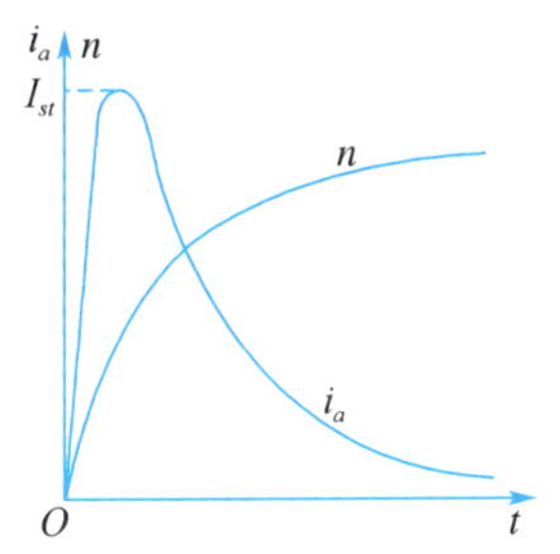

图 3-59　直接起动过程中的电枢电流与转速曲线

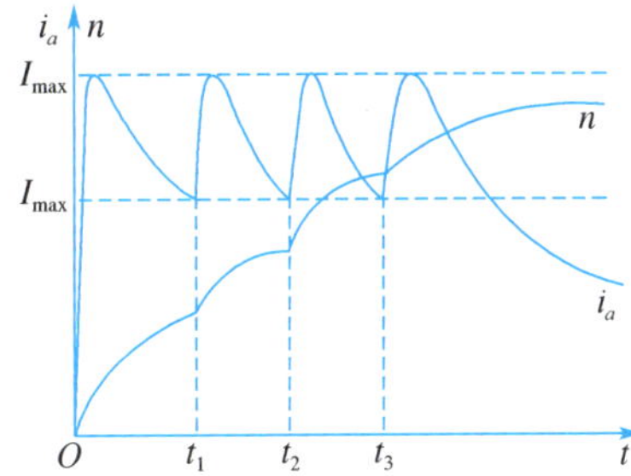

图 3-60　并励电动机串电阻起动过程(三级切除)

2. 直流电动机的调速

调速是电力拖动机组在运行过程中的最基本要求，直流电动机具有在宽广范围内平滑经济调速的优良性能。直流电动机有电枢回路串电阻、改变励磁电流和改变端电压三种调速方式。分述如下。

(1) 电枢回路串电阻调速。电枢回路串入调节电阻 R_j 后，速度调节量可求得

$$\Delta n = n_j - n_0 = -\frac{R_j}{C_E\Phi}I_a = -\frac{R_j}{C_E C_T \Phi^2}T_{em}$$

式中，负号表明 R_j 的串入使特性变软，即速度下降，如图 3-61 所示。此外，由于调速前后负载转矩不变(设为恒转矩负载)，调速前后的电枢电流值亦保持不变，这也是串电阻调速的特点。但串入电阻后损耗增加，输出功率 $P_2 = T_2\Omega \propto \Omega$ 减小，效率降低，很不经济，因此，这种调速方法只在不得已时才采用。

(2) 改变励磁电流调速。调节励磁电流，改变主磁通 Φ，可以平滑地较大范围地改变电机的速度，图 3-61 即为并励电动机改变励磁电流的调速情况，仍设为恒转矩调速，下标 1，2 代表调节前后的物理量，有

$$C_T\Phi_1 I_{a1} = C_T\Phi_2 I_{a2} \text{ 或 } \frac{I_{a2}}{I_{a1}} = \frac{\Phi_1}{\Phi_2}$$

进而假设不计磁路饱和，忽略电枢反应和电枢回路电阻的影响，还可得出

$$\frac{n_2}{n_1} \approx \frac{\Phi_1}{\Phi_2} \approx \frac{I_{f2}}{I_{f1}}$$

表明在负载转矩不变的情况下，减小励磁电流将使电机转速升高，电机输出功率随之增加；与此同时，电枢电流增加，输入功率也增加，从而电动机的效率几乎不变。

由此可见，改变励磁电流调速较之串电阻调速要优越，也实用得多。但与串电阻调速只能下调降速的特点相反，改变励磁调速通常也只适合于上调升速，也就是说，要真正大范围宽广调速，它们都有局限性。

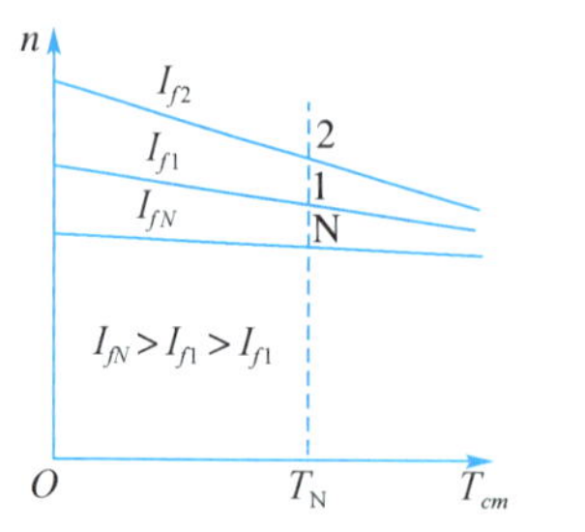

图 3-61　并励电动机改变励磁电流调速

(3) 改变端电压调速。改变电枢电压是一种比较灵活的调速方式。转速既可升高也可降低，配合励磁调节，调速范围还可以更加宽广。因而，它已发展成为一种普遍应用的调速方式。

当然，调压调速需要专用直流电源，但这在现代电力电子传动系统中已经是最基本的配置。辅以对整流电源的先进控制策略和调制方案，系统不但可以获得最为理想的调速性能，而且可以集正反转切换、降压起动以及后面将要介绍的能量回馈制动等功能于一身，最终实现传统电力传动系统难以企及的最优化运行性能指标。

3. 直流电动机的制动

在电力拖动机组中，无论是电机停转，还是由高速进入低速运行，都需要对电动机进行制动，即强行减速。制动的物理本质就是在电机转轴上施加一个与旋转方向相反的力矩。这个力矩若以机械方式产生，如摩擦片、制动闸等，则称之为机械制动；若以电磁方式产生，就叫作电磁制动。电机学中所讲的制动主要是指电磁制动，并有能耗制动、反接制动、回馈制动三种形式。下面分别介绍。

(1) 能耗制动。以并励电动机为例，接线图如图 3-62 所示。制动时，开关 K 从"电动"掷向"制动"，励磁回路不变，电枢回路经制动电阻 R_L 闭合。此时电机内磁场依然不变，电枢因惯性继续旋转，并且感应出电动势在电枢回路中产生电流，但电流方向与电动势相反。相当于一台他励发电机，电磁转矩的方向与旋转方向相反，因而产生制动作用，使转子减速，直至所有可转换利用的惯性动能全部转化为电能，消耗在制动电阻 R_L 及机组本身上，机组停止转动。

能耗制动利用机组动能来取得制动转矩，操作简便，容易实现，但制动时间较长(低速时制动转矩很小)，必要时可加机械制动闸。

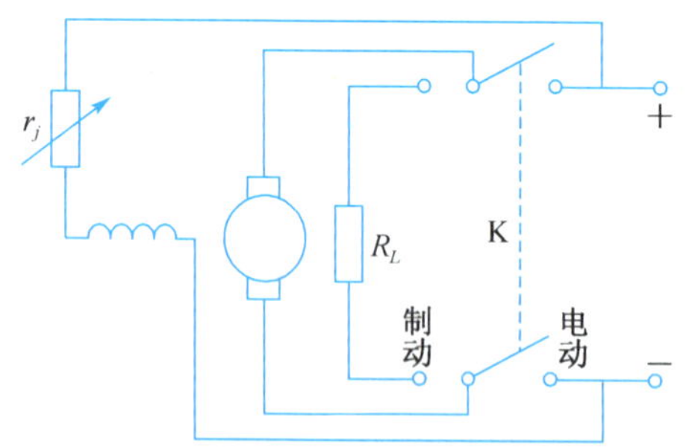

图 3-62　并励电动机能耗制动接线图

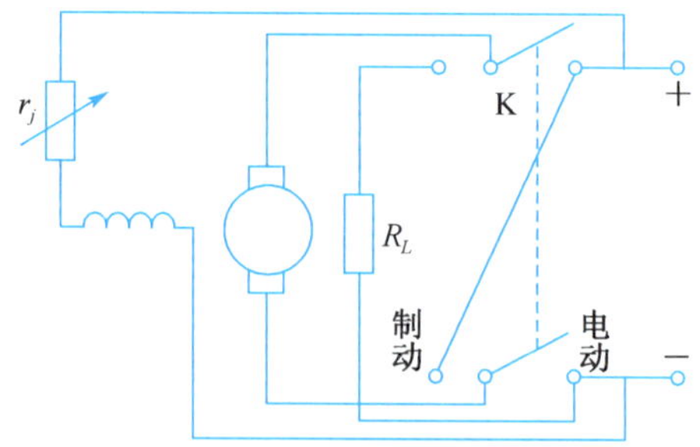

图 3-63　并励电动机反接制动接线图

(2) 反接制动。在保持励磁电流不变的条件下，利用反向开关把电枢两端反接到电网上的制动方式称为反接制动。此时电网电压反过来与反电动势同方向，电枢电流

$$I_a=-\frac{U+E}{R_a}$$

其数值很大，并与原电动机运行时的电流方向相反，随之产生很大的与旋转方向相反的制动转矩，产生强烈的制动作用。并励电动机反接制动的接线图如图 3-63 所示。

反接制动的优点是能很快地使机组停转，但缺点是电流过大，其数值几乎是直接起动电流的两倍(额定电流的 30 倍以上)，对电机冲击太大，有必要加以限制。为此，反接时电枢回路中串入了足够大的电阻 R_L，使 I_a 的冲击值被控制在一个合理的允许范围之内。

$$I_a = -\frac{U + E}{R_a + R_L}$$

应注意的是，当转速接近零值时，应及时把电源断开，否则电机将反转运行起来。

需要说明的是，能耗制动和反接制动都是把机组的动能，甚至电网供给的功率全部消耗在电枢回路中的电阻 $R_a + R_L$ 上，很不经济。因此，应探讨更先进的制动方式。下面介绍的回馈制动就是一种比较好的方式。

(3) 回馈制动。以串励电动机为例，当串励电动机拖动电车或电力机车下坡时，若不制动，速度会越来越快而达到危险程度。设想此时将串励改为并励或他励，则当转速升高至某一数值，即 $E>U$ 时，电流将反向，电机进入发电机运行状态，电磁转矩起制动作用，限制了转速的进一步上升，将下坡时机车的位能转换为电能回馈给电网，故称为回馈制动。

【知识点 3】　异步电动机

异步电动机又称感应电动机，是由气隙旋转磁场与转子绕组感应电流相互作用产生电磁转矩，从而实现电能量转换为机械能量的一种交流电动机。

异步电动机的种类很多。最常见的分类方法是按转子结构和定子绕组相数分类。按照转子结构来分，有笼型异步电动机和绕线型异步电动机；按照定子绕组相数来分，有单相异步电动机、两相异步电动机和三相异步电动机。异步电动机是各类电动机中应用最广、需要量最大的一种电动机。在电动汽车中，主要使用笼型异步电动机。下面介绍的异步电动机就是指三相笼型异步电动机。

一、异步电机的基本类型和基本结构

异步电机定子相数有单相、三相两类。三相异步电机转子结构有笼形和绕线式两种，单相异步电机转子都是笼形。异步电机主要由固定不动的定子和旋转的转子两部分组成，定、转子之间有气隙，在定子两端有端盖支撑转子。图 3－64 所示是绕线式异步电动机的结构图。

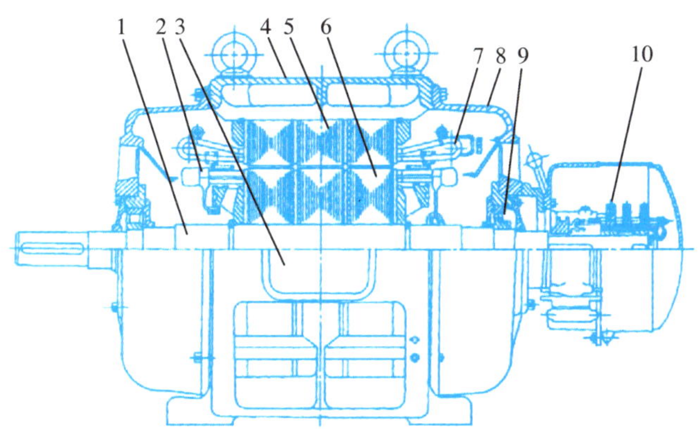

图 3－64　绕线式异步电动机的结构图

1－转轴；2－转子绕组；3－机座；4－出线盒；5－定子铁心；
6－转子铁心；7－定子绕组；8－后端盖；9－风扇。

1. 定子

异步电机的定子由定子铁心、定子绕组和机座三部分构成。定子铁心的作用是作为电机磁路的一部分和嵌放定子绕组。为了减少交变磁场在铁心中引起的损耗,铁心一般采用导磁性能良好、比损耗小的 0.5 mm 厚低硅钢片(冲片)叠成,如图 3-65 所示。为了嵌放定子绕组,在定子冲片中均匀地冲制若干个形状相同的槽。槽形有三种:半闭口槽、半开口槽、开口槽,如图 3-66 所示。半闭口槽适用于小型异步电机,其绕组是用圆导线绕成的。半开口槽适用于低压中型异步电机,其绕组是成型线圈。开口槽适用于高压大中型异步电机,其绕组是用绝缘带包扎并浸漆处理过的成型线圈。

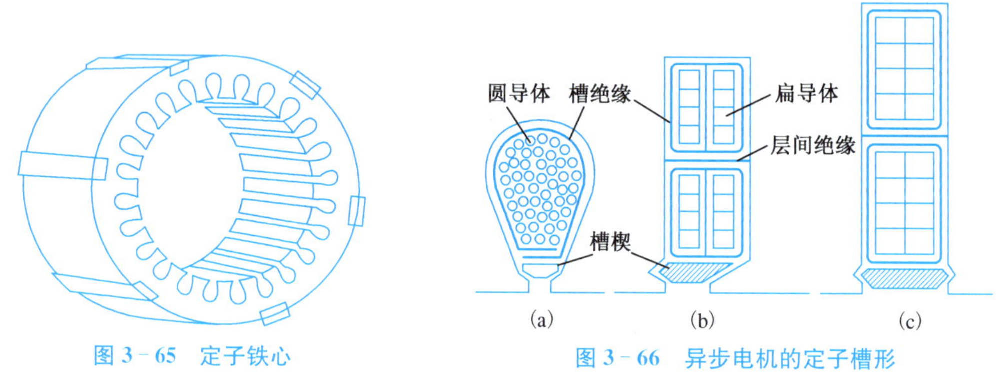

图 3-65　定子铁心

图 3-66　异步电机的定子槽形

定子绕组是电机的电路,其作用是感应电动势、流过电流、实现机电能量转换。定子绕组在槽内部分与铁心间必须可靠绝缘,槽绝缘的材料、厚度由电机耐热等级和工作电压来决定。机座的作用主要是固定和支撑定子铁心,因此要求有足够的机械强度。

2. 转子

异步电机的转子由转子铁心、转子绕组和转轴构成。转子铁心是电机磁路的一部分,一般由 0.5 mm 硅钢片冲制后叠压而成。转轴起支撑转子铁心和输出机械转矩的作用,转子绕组的作用是感应电动势、流过电流和产生电磁转矩。其结构型式有两种:笼型和绕线式。

(1) 笼型绕组。在转子铁心均匀分布的每个槽内各放置一根导体,在铁心两端放置两个端环,分别把所有的导体伸出槽外部分与端环联接起来。如果去掉铁心,则剩下来的绕组的形状就像一个松鼠笼子。这种笼型绕组可以用铜条焊接而成,如图 3-67 所示,也可以用铝浇铸而成,如图 3-68 所示。

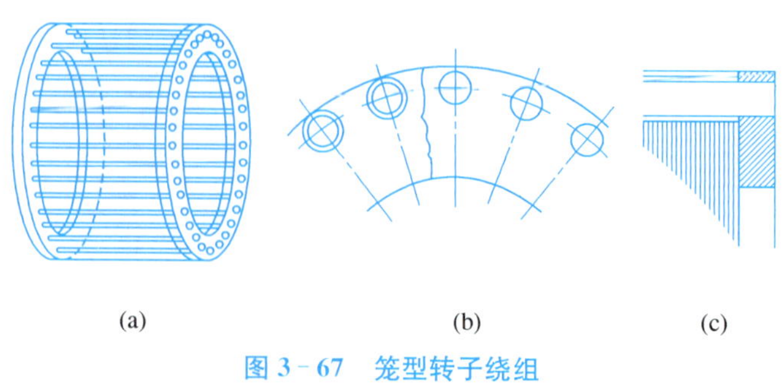

图 3-67　笼型转子绕组

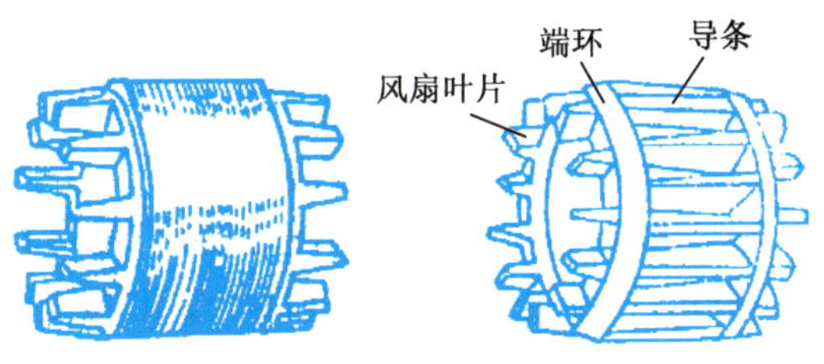

图 3-68　笼型铸铝转子

(2) 绕线式绕组。绕线式绕组是与定子绕组相似的对称三相绕组，一般接成星形。将三个出线端分别接到转轴上三个滑环上，再通过电刷引出电流。绕线式转子的特点是可以通过滑环电刷在转子回路中接入附加电阻，以改善电动机的起动性能、调节其转速，其接线示意图如图 3-69 所示。

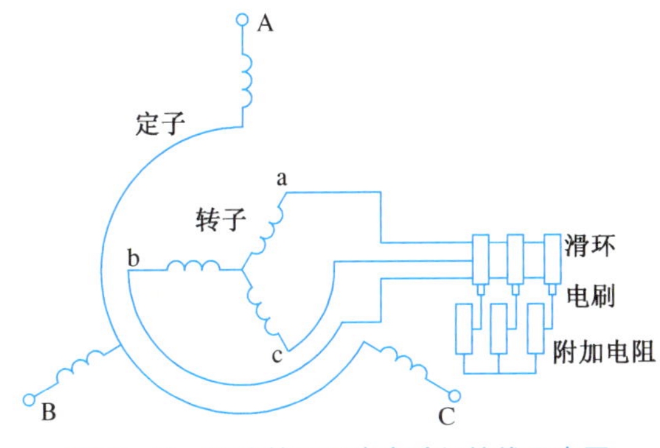

图 3-69　绕线转子异步电动机接线示意图

3. 气隙

异步电机定、转子之间气隙很小，对于中小型异步电机，气隙一般为 0.2 mm～1.5 mm。气隙大小对异步电机的性能影响很大。为了降低电机的空载电流和提高电机的功率，气隙应尽可能小，但气隙太小又可能造成定、转子在运行中发生摩擦，因此，异步电机气隙长度应为定、转子在运行中不发生机械摩擦所允许的最小值。

二、异步电机的基本工作原理

当异步电机定子绕组接到三相电源上时，定子绕组中将流过三相对称电流，气隙中将建立基波旋转磁动势，从而产生基波旋转磁场，其同步转速取决于电网频率和绕组的极对数

$$n_1=\frac{60f_1}{p}$$

这个基波旋转磁场在短路的转子绕组(若是笼型绕组则其本身就是短路的，若是绕线式转子则通过电刷短路)中感应电动势并在转子绕组中产生相应的电流，该电流与气隙中的旋转磁场相互作用而产生电磁转矩。由于这种电磁转矩的性质与转速大小相关，下面将分三个不同的转速范围来进行讨论。

为了描述转速，引入参数转差率。转差率为转子转速和与同步转速 n_1 之差(n_1-n)与

同步转速 n_1 之比值，以 s 表示。

$$s=\frac{n_1-n}{n_1}$$

当异步电机的负载发生变化时，转子的转差率随之变化，使得转子导体的电势、电流和电磁转矩发生相应的变化，因此，异步电机转速随负载的变化而变动。按转差率的正负、大小，异步电机可分为电动机、发电机、电磁制动三种运行状态，如图 3-70 所示。图中 n_1 为旋转磁场同步转速，并用旋转磁极来等效旋转磁场，2 个小圆圈表示一个短路线圈。

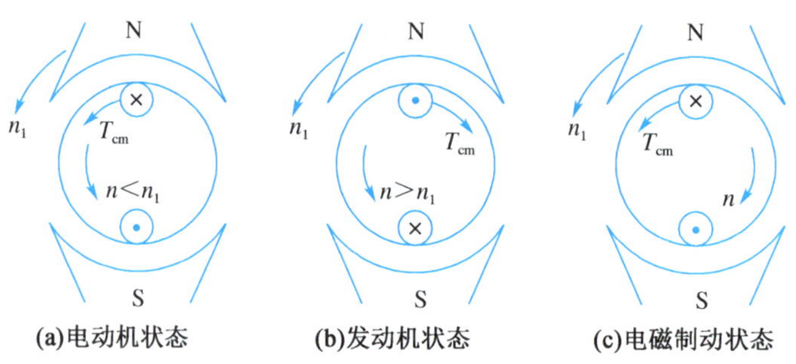

图 3-70　异步电机的三种运行状态

1. 电动机状态

当 $0<n<n_1$，即 $0<s<1$ 时，如图 3-70(a)所示，转子中导体以与 n 相反的方向切割旋转磁场，导体中将产生感应电动势和感应电流。该电流与气隙中磁场相互作用而产生一个与转子转向同方向的电磁力矩，即拖动性质的力矩，该力矩能克服负载制动力矩而拖动转子旋转，从轴上输出机械功率。根据功率平衡，该电机一定从电网吸收有功电功率。

如果转子被加速到 n_1，此时转子导体与旋转磁场同步旋转，它们之间无相对切割，因而导体中无感应电动势，也没有电流，电磁转矩为零。因此，在电动机状态，转速 n 不可能达到同步转速 n_1。

2. 发电机状态

用原动机拖动异步电机，使其转速高于旋转磁场的同步转速，即 $n>n_1$，$s<0$，如图 3-70(b)所示。转子上导体切割旋转磁场的方向与电动机状态时相反，从而导体上感应电动势、电流的方向与电动机状态相反，电磁转矩的方向与转子转向相反，电磁转矩为制动性质。此时异步电机由转轴从原动机输入机械功率，通过电磁感应由定子向电网输出电功率(电流方向为⊙，与电动机状态相反)，电机处于发电机状态。

3. 电磁制动状态

由于机械负载或其他外因，转子逆着旋转磁场的方向旋转，即 $n<0$，$s>1$，如图 3-70(c)所示。此时转子导体中的感应电动势、电流与在电动机状态下的相同。但由于转子转向与旋转磁场方向相反，电磁转矩表现为制动转矩，此时电机运行于电磁制动状态，即由转轴从原动机输入机械功率的同时又从电网吸收电功率(因电流与电动机状态同方向)，两者都变成了电机内部的损耗。

综上所述，转速(转差率)与电机运行状态可用图 3-71 表示。

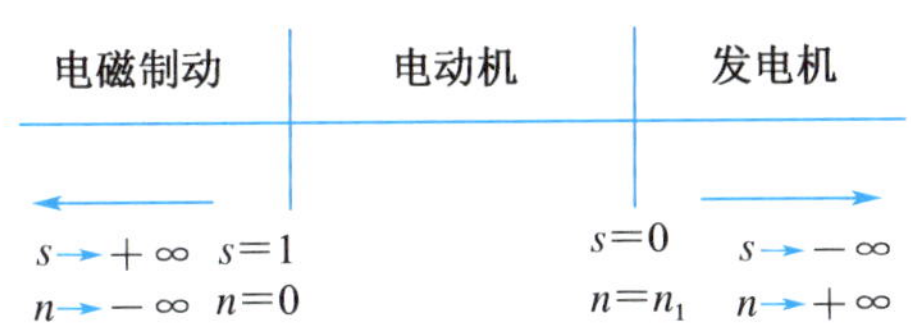

图 3－71　异步电机的三种运行状态

三、三相异步电动机的工作原理

1. 交流异步电动机的转动原理

三相异步电动机是利用旋转磁场转动的，其工作原理可通过以下演示实验来直观地了解。演示实验如图 3－72 所示，一个装有手柄的蹄形磁铁以轴座 O_1 为支撑自由转动；在蹄形磁铁两磁极之间有一个鼠笼转子，鼠笼转子以轴座 O_2 为支撑自由转动；轴座 O_1 和轴座 O_2 在同一条轴线上。蹄形磁铁和鼠笼转子之间无机械联动关系，二者均可各自独立自由地转动。当摇动手柄使蹄形磁铁顺时针方向旋转时，其磁场也是旋转的，称为旋转磁场，旋转磁场的转速用 n_0 表示，转子的转速用 n 表示。

当摇动手柄使蹄形磁铁顺时针方向以转速 n_0 旋转时，磁场的磁感应线就切割鼠笼转子上的铜条，相当于转子铜条逆时针方向切割磁感应线，闭合的铜条中就会产生感应电流，其方向可用右手定则判定，如图 3－72 所示。通电的铜条受到磁场力 F 的作用而使转子转动，F 的方向可根据左手定则判定，从判定的结果可知转子转动方向与蹄形磁铁旋转方向一致。手柄摇得快，转子转得也快；手柄摇得慢，转子转得也慢。同理，如果让蹄形磁铁逆时针方向旋转时，转子也随之按逆时针方向旋转。

鼠笼转子的转动方向虽然与旋转磁场的转动方向相同，但转子转速 n 不可能达到旋转磁场的转速 n_0。因为如果两者相等，转子与旋转磁场之间就不存在相对运动，转子导体就不能切割磁感应线，转子上也就不再产生感应电流及电磁转矩。由此可见，鼠笼转子的转速与旋转磁场的同步转速之间必须存在差值而不能同步。因此，称笼型电动机为交流异步电动机或交流感应电动机。

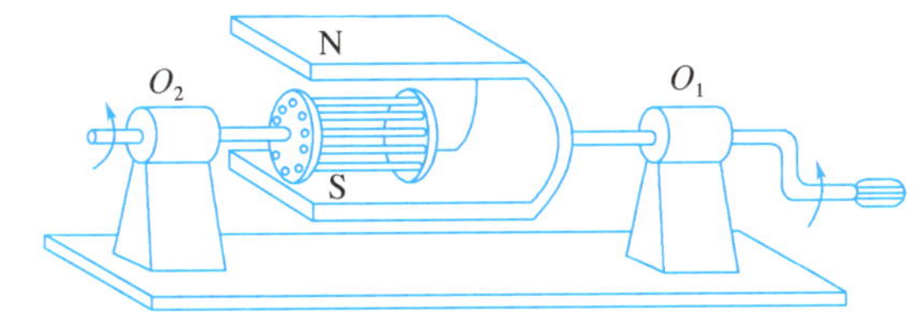

图 3－72　鼠笼转子转动原理演示

2. 旋转磁场的产生

将定子三相绕组连成如图 3－73(a)所示的星形接法，三相绕组的首端 U_1、V_1、W_1 分别与三相交流电的相线 A、B、C 相连接，三相绕组中通过的三相对称交流电流如图 3－73(b)所示。

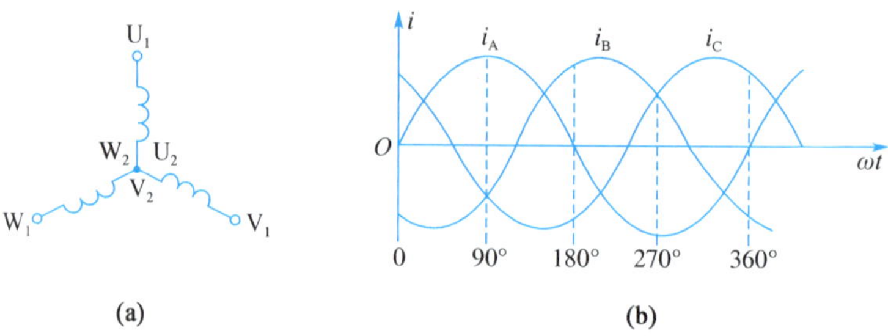

图 3-73　通过定子绕组的三相对称电流

为了讨论方便，选定交流电在正半周时，电流从绕组的首端流入，从末端流出；反之，在负半周时，电流流向相反。图 3-74 是定子绕组在三相交流电不同相位时合成旋转磁场的示意图。

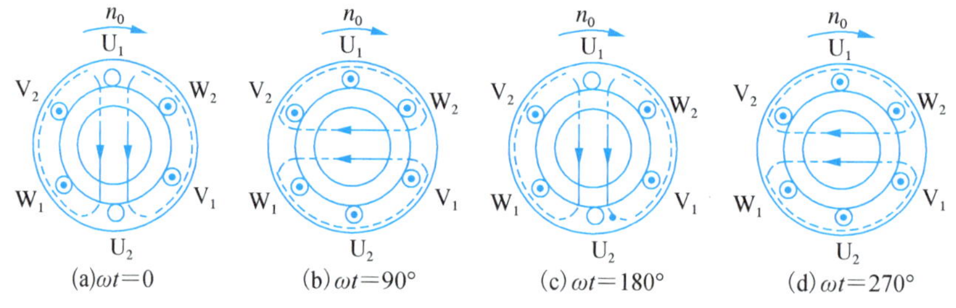

图 3-74　三相电流产生的旋转磁场（$p=1$）

当 $\omega t=0$ 时，A 相电流为零；B 相电流为负值，电流由 V_2 端流进，V_1 端流出；C 相电流为正，电流从 W_1 端流进，W_2 端流出。根据右手螺旋法则，可以判定出此时定子三相绕组电流产生的合成磁场方向，如图 3-74(a)所示。

当 $\omega t=90°$ 时，此时 A 相电流为正，电流由 U_1 端流入，U_2 端流出；B 相电流为负，电流由 V_2 端流进，V_1 端流出；C 相为负，电流从 W_2 端流入，W_1 端流出。这一时刻合成磁场的方向如图 3-74(b)所示，磁场方向已在空间顺时针方向转过了 90°。

同理，可分别得出 $\omega t=180°$，$\omega t=270°$ 和 $\omega t=360°$ 时定子三相绕组电流产生的合成磁场方向，分别如图 3-74(c)、(d)、(a)所示，$\omega t=360°$ 时与 $\omega t=0°$ 时的合成磁场方向相同。由此可见，电流变化一个周期，合成磁场在空间也旋转了一周。电流继续变化，磁场也不断地旋转。

从上述分析可知，三相电流通过定子绕组所产生的合成磁场，是随电流的交变而在空间产生旋转的磁场。这种旋转磁场与蹄形磁铁在空间旋转所起的作用是相同的。

3. 旋转磁场的转速

定子绕组磁场的旋转速度又称同步转速，它与三相电流的频率和磁极对数有关。图 3-74所示的定子绕组，它在任一时刻合成的磁场只有一对磁极（磁极对数 $p=1$），即只有两个磁极，对只有一对磁极的旋转磁场而言，三相电流变化一周，合成磁场也随之旋转一周，如果是 50 Hz 的交流电，旋转磁场的同步转速就是 50 r/s 或 3 000 r/min，在工程技术中，常用 r/min 来表示转速。

如果定子绕组合成的磁场有两对磁极（磁极对数 $p=2$），即有四个磁极，可以证明，电流

变化一个周期，合成磁场在空间旋转 180°。由此可以推广得出：p 对磁极旋转磁场每分钟的同步转速为

$$n_0 = \frac{60f}{p}(\mathrm{r/min})$$

工频 50 Hz 时，对应于不同磁极对数 p，其旋转磁场的同步转速见表 3－15 所示。

表 3－15　三相异步电动机旋转磁场的同步转速（f＝50 Hz）

P	1	2	3	4	5	6
n_0/(r/min)	3 000	1 500	1 000	750	600	500

当磁极对数一定时，如果改变交流电的频率，则可改变旋转磁场的同步转速，这就是变频调速的基本原理。

必须指出，转子的转动方向虽然与旋转磁场的转动方向相同，但转子转速 n 不可能达到旋转磁场的同步转速 n_0。因为如果两者相等，则转子与旋转磁场之间就不存在相对运动，因而转子导体就不能切割磁感应线，转子上也就不再产生感应电流及电磁转矩。可见，鼠笼转子的转速与旋转磁场的同步转速之间必须存在差值而不能同步，这也正是异步电动机名称的由来。

如果要改变当前旋转磁场的旋转方向，只要任意对调两根相线与定子绕组的连接，便可改变定子三相绕组中三相交流电的相序，实现反向转动。读者可自己分析。

综上所述，三相异步电动机的工作原理是由定子绕组产生旋转磁场，在转子导体中产生感应电流，转子电流与旋转磁场相互作用形成电磁转矩，转子就转动起来。通常把旋转磁场的转速 n_0 与转子转速 n 的差值称为转差，转差与 n_0 的比值称为转差率 s，通常用百分数表示，即

$$s = \frac{n_0 - n}{n_0} \text{ 或 } s = \frac{n_0 - n}{n_0} \times 100\%$$

四、三相异步电动机的运行

了解三相异步电动机的运行状态，对正确使用电动机是非常重要的，电动机的运行状态因负载不同和供电等因素，有以下几种运行状态。

1. 空载运行

空载运行是三相异步电动机接到额定频率和额定电压的三相交流电源上，转子轴上不带任何机械负载而空转的运行。其特点如下。

① 空载运行时的阻力转矩主要是由转子转动时的轴承摩擦和风阻形成，一般很小。

② 空载的转速高，转差率在 0.05%～0.5%。

③ 空载运行的电流称空载电流，由于定子与转子间存在空气间隙等因素，因此，空载电流较大。

2. 有载运行

有载运行是三相异步电动机接到额定频率和额定电压的三相交流电源上，转子轴上带着机械负载转动的运行。这里所指的有载负载等于或小于额定负载，其特点如下。

① 电动机在小于额定负载或等于额定负载时可长期正常稳速运行。

② 转子的稳定转速随负载阻力转矩增大有所下降，转差率在 1%～6%。

③ 有载运行的效率在小负载时很低，负载增大，效率随之增高。通常在负载为额定负载的 75%～80%时效率最高。

3. 过载运行

三相异步电动机转子轴上所带机械负载大于额定负载的运行称为过载运行。其特点如下。

① 转子转速随过载阻力转矩增大而下降，直至停转。

② 电动机的输入电流和功率都增大，电动机的温度升高，严重时可烧坏电动机。因此，不允许电动机过载运行。

4. 欠压运行

三相异步电动机的工作电压低于额定电压的运行称为欠压运行。转子的转动能量来源于定子的输入电能。理论和实验证明，三相异步电动机的电磁转矩与电源电压 U 的平方成正比，即 $T \propto U^2$，所以电源电压的波动对电动机的电磁转矩及运行将产生很大影响。当带载启动时，可能因电压过低而不能启动。当带载运行时，如果电压降低，将使电磁转矩大大下降，转子转速降低，旋转磁场对转子的切割速度增大，使转子和定子电流也随之增大，运行发热会增加，严重时会烧坏电动机。

5. 单相运行

电动机在额定条件下启动运转后，由于故障造成供电的一根火线断路，电动机在两根火线通电情况下工作，这种运行称为单相运行或缺相运行。单相运行时，定子绕组产生的不再是旋转磁场，而是脉动磁场，转子原来是转动的，所以可以继续转动，但已不稳定。单相运行时电流增大很明显，在有载运行时，很快可将电动机烧坏。因此，必须加装单相运转保护电路。如果在断相的情况下，三相异步电动机由静止启动，是不会转动起来的，只会产生振动声。

五、三相异步电动机的控制

1. 三相异步电动机的启动

电动机接通电源后开始转动，转速不断上升直至达到稳定转速，称为启动过程。在电动机通电的瞬间，定子旋转磁场的转速可以同时达到同步转速，但是，转子却是静止的，两者之间的转速差最大，此时转子产生的感应电流也最大，电路输入给电动机的电流也最大，往往可以达到电动机额定电流的几倍到十几倍，对电动机和电网的冲击比较大。因此，三相异步电动机的启动有直接启动和降压启动两种方式。

(1) 直接启动　对于功率不超过 10 kW 的小功率电动机，它的启动电流不至于造成较大的影响，可以直接启动，即直接加额定电压。直接启动的方式可用闸刀开关、交流接触器、空气自动开关等控制电器将电动机直接接上电源启动。因此，直接启动又称全压启动。

(2) 降压启动　对较大功率的电动机，不能直接加额定电压启动，需要采用降压启动的方式减小启动电流，待转子的转速接近额定转速时，再改换为额定电压正常运行；或采用连续调压的方式从低压开始启动，随转子的转速增大而逐渐把电压调到额定电压。

降压启动有 Y—△换接降压启动和自耦变压器降压启动。

① Y—△换接降压启动　Y—△换接降压启动只适用于正常运行时定子绕组为△接法的电动机。图 3 - 75 是 Y—△启动电路。

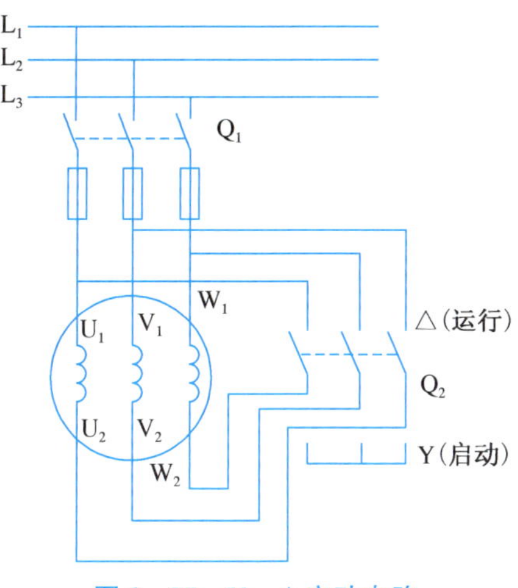

图 3－75　Y—△启动电路

它是利用一个转换开关 Q_2 来实现的。在启动时，Q_2 向下合，使定子绕组连接成 Y 形，此时加在每相定子绕组上的电压是电源线电压的 $1/\sqrt{3}$ 倍，设每相绕组的等效阻抗 Z，此时 Y 形连接的线电流

$$I_{LY}=I_{PY}=\frac{U_L/\sqrt{3}}{Z}$$

当定子绕组连接成△形时，线电流

$$I_{L\triangle}=\sqrt{3}\,I_{P\triangle}=\sqrt{3}\,\frac{U_L}{Z}$$

两种连接方式比较，可得

$$\frac{I_{LY}}{I_{L\triangle}}=\frac{U_L/(\sqrt{3}Z)}{\sqrt{3}U_L/Z}$$

因此，用 Y 形连接的降压启动，可使启动电流减小到直接启动时的 1/3；待启动后，再将 Q_2 向上合，使定子绕组连接成△形，使电动机在额定条件下运行。Y—△启动具有设备简单、体积小、寿命长、动作可靠等优点。因此，Y—△启动得到了广泛的应用。在实际应用中，Y—△启动是通过自动控制电路完成的。

② 自耦变压器降压启动　自耦变压器降压启动的电路如图 3－76 所示，利用一台三相自耦降压变压器来实现，自耦降压变压器的输出电压一般有 3 个等级，分别为电源电压的 55%、64%、73%，供用户根据启动情况选择。在启动时，先将开关 Q_2 合到“启动”位置，而后再接上电源开关 Q_1，此时定子绕组电压降低了；待启动后，再将 Q_2 合到“运行”位置，定子绕组便加上正常的工作电压。降压启动可以减小启动电流，但电动机的启动转矩也降低了，所以降压启动一般用于轻载或空载下启动。

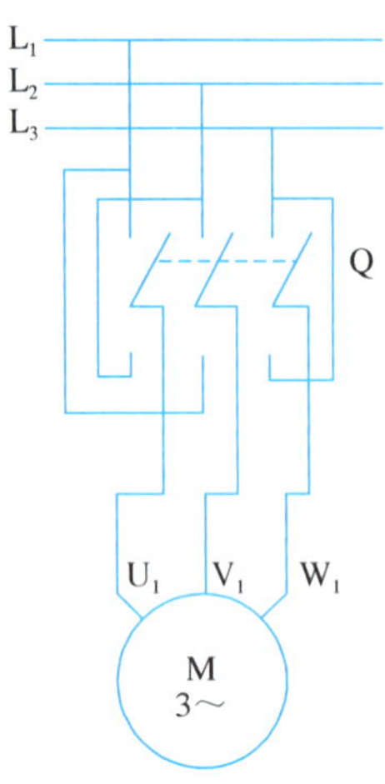

图 3-76　自变压器降压启动的电路图

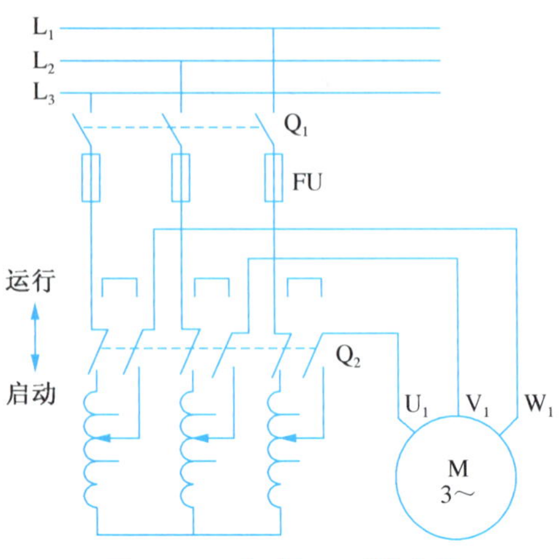

图 3-77　电动机正反转电路

2. 三相异步电动机的反转

三相异步电动机的转向取决于旋转磁场的转向，而后者又取决于三相电源接入电动机定子绕组的相序。因此，只要把异步电动机的三根电源线中的任意两根对调一下，就能改变三相电源接入电动机定子绕组的相序，从而改变电动机的转向。图 3-77 为控制异步电动机正、反转的接线简图，将开关 Q 向上合，三相异步电动机在中间位置，使异步电动机停转后再使开关 Q 向下合，则由于 L_1、L_2 两根电源线顺序交换而使异步电动机反转。需要说明的是，直接反转使转子及定子绕组受到的冲击电流比启动时要大得多，故通常不允许采用直接反转。

3. 三相异步电动机的调速

为了提高生产效率或满足生产工艺的要求，许多生产机械在工作中都需要调速。例如车床切削加工时，精加工用高转速，粗加工用低转速；轧钢机在轧制不同品种和不同厚度的钢材时，也必须有不同的工作速度；用三相异步电动机驱动的电动车，根据行驶需要，也需要调速（三相交流电由蓄电池的直流电经电源变换器变换而来）。

电动机在额定负载下所能得到的最高转速和最低转速之比，称为调速范围，例如 3∶1，5∶1等。如果在一定范围内转速可以连续调节，称作无级调速，无级调速的平滑性好。调速不连续时，称为有级调速，有级调速的级数有限。

三相电动机的调速就是用人为的方法改变它的转速，以满足生产机械的要求。三相异步电动机的转速为

$$n=(1-s)n_0=(1-s)\frac{60f}{p}$$

由上式可知，改变电源频率 f、定子绕组的磁极对数和转差率 s 都能达到调节电动机转速的目的。笼型电动机主要应用于调压调速、变频调速和变极调速。

调压调速常用于轻负载，如电风扇等。调压的方法可用串联可调电感，如电感式风扇调速器，也可用自耦变压器调压调速，较先进的是用电子交流调压器调速，如双向晶闸管交流等。

变极调速是以改变定子绕组的串并联来实现定子磁极对数的改变，从而改变转速。这种方法的调速是有级的，一般不超过 4 速，多用的是 2 速。

变频调速可在较宽范围内实现平滑的无级调速，且有硬的机械特性。随着变频技术的发展，变频电源可靠性提高，成本降低，这种调速方法将成为异步电动机主要的和理想的调速方法而得到更广泛应用。

变频调速就是改变异步电动机供电电源的频率，采用一套专门的交流变频装置来实现，如图 3－78 所示，由整流器将工频 50 Hz 三相交流电经整流器变换为直流电，直流电再由逆变器变换为可调频率和可调电压的三相交流电提供给电动机。

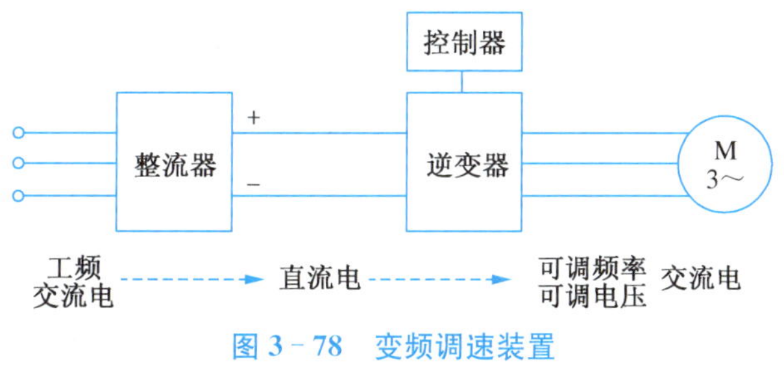

图 3－78　变频调速装置

变频频率 f_x 范围一般为 0.5～320 Hz。变频频率 f_x 改变，会使电动机的感抗随之改变，励磁电流和磁通也会改变。因此，在调频的同时也需调整输出电压 U_x，这就是电压—频率协调控制的变频方式。

4. 三相异步电动机的制动

所谓制动就是刹车。当切断电动机的电源后，电动机的转动部分有惯性，它将继续转动一定时间后才能停止。为了提高生产效率和保证工作安全可靠，往往要求电动机停得既快又准确，除采用某些机械制动外，还需要对电动机本身实行制动，也就是断开电源后给它加一个与转向相反的转矩，使电动机很快停转。通常有反接制动和能耗制动两种方法。

(1) 反接制动。反接制动就是当运行的电动机断电后，立即将电源的三根导线中的任意两根对调，再接通电动机，使旋转磁场改变旋转方向，产生的与转子惯性旋转方向相反的电磁转矩，对转子起制动作用，使电动机转速很快降低；当转速接近零时，再将电动机的电源切断，否则电动机将会反转。上述制动过程，一般要由专用的电动机正反转控制电路来完成。

(2) 能耗制动。能耗制动是在断开三相电源的同时，将直流电流接入定子绕组中产生固定的磁场，而转子由于惯性继续按原方向转动而产生感应电流。根据右手定则和左手定则不难判定，这时转子和固定磁场相互作用产生的新转矩，其方向与电动机的转向相反，因此起制动作用。当电动机停转时，由于转子和固定磁场没有相对速度，转子绕组中没有感应电动势和电流产生，制动转矩随之消失。能耗制动另需加直流电源，成本较高。

【知识点 4】　永磁同步电动机

一、永磁同步电动机的结构

永磁同步电机是指转子是永磁体(见图 3－79)，转子转速与定子旋转磁场转速相同的三相交流电机。

永磁同步电机主要由转子、定子、壳体(内部有冷却水道)、端盖、转子位置传感器和温度传感器等组成见图 3－79 所示。

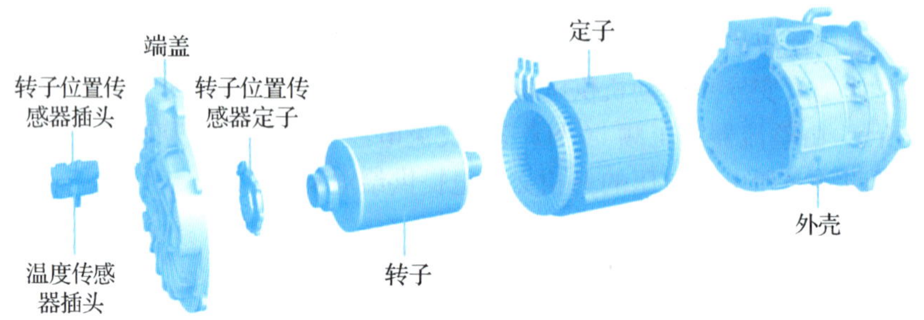

图 3－79　永磁同步电机结构

1. 定子

定子由铁芯和绕组构成,见图 3－80。电枢铁芯一般采用硅钢冲片叠压而成。对于具有高效率指标或频率较高的电动机,为了减少铁耗,可以考虑使用低损耗冷轧无取向硅钢片。绕组则普遍采用分布、短距绕组;对于极数较多的电动机,则普遍采用分数槽绕组;需要进一步改善电动势波形时,也可以考虑采用正弦绕组或其他绕组。

图 3－80　定子结构

2. 转子

永磁同步电机的转子包括永磁体、铁芯、转子轴等,见图 3－81 所示。

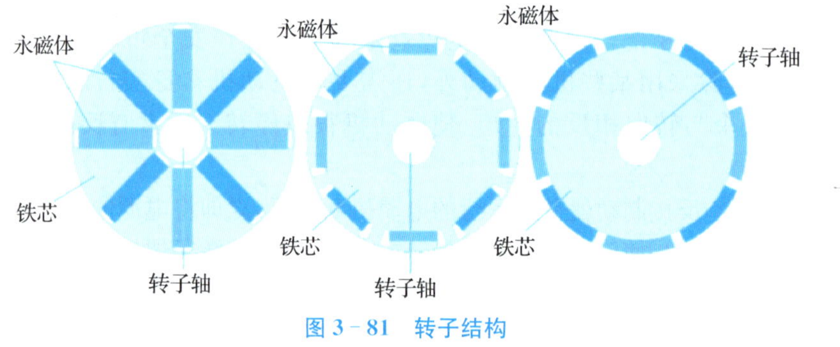

图 3－81　转子结构

根据永磁体在转子铁芯中的位置可以分为表面式和内置式两大类。其中表面式转子结构又分为表贴式和嵌入式;内置式转子磁路结构分为径向式、切向式、混合式和 V 型径向式。

(1) 表面式永磁转子

① 表贴式转子结构图 3－82 左图就是一个安装有永磁体磁极的转子,永磁体磁极安装在转子铁芯圆周表面上,又称为表面凸出式永磁转子。磁极的极性与磁通走向见图 3－82 右图,这是一个 4 极转子。

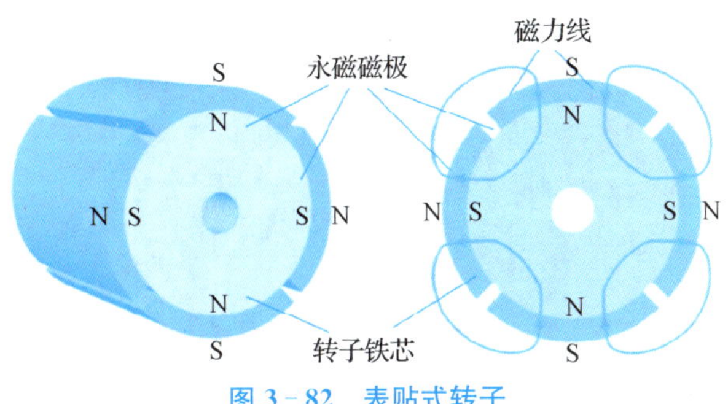

图 3-82　表贴式转子

② 外表嵌入式转子结构

图 3-83 左图是另一种安装有永磁体磁极的转子，永磁体嵌装在转子铁芯表面，称为表面嵌入式永磁转子。磁极的极性与磁通走向见图 3-83 右图，这也是一个 4 极转子。

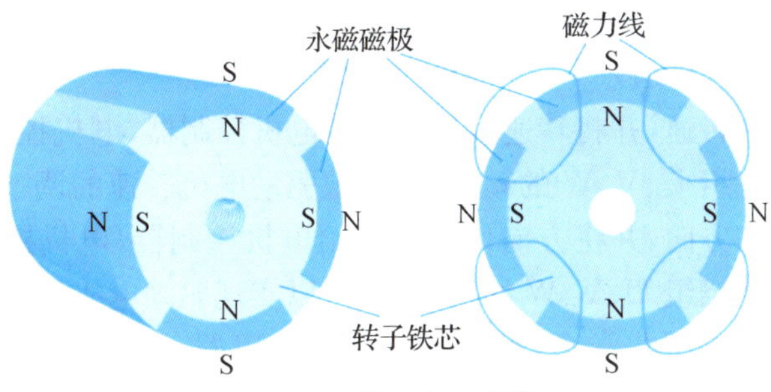

图 3-83　表面嵌入式转子

(2) 内置式永磁转子

在较大的电机用得较多的是在转子内部嵌入永磁体，称为内置式永磁转子(或称为内埋式永磁转子或内嵌式永磁转子)，永磁体嵌装在转子铁芯内部，铁芯内开有安装永磁体的槽，永磁体的布置主要形式见图 3-84，在每一种形式中又有采用多层永磁体进行组合的方式。

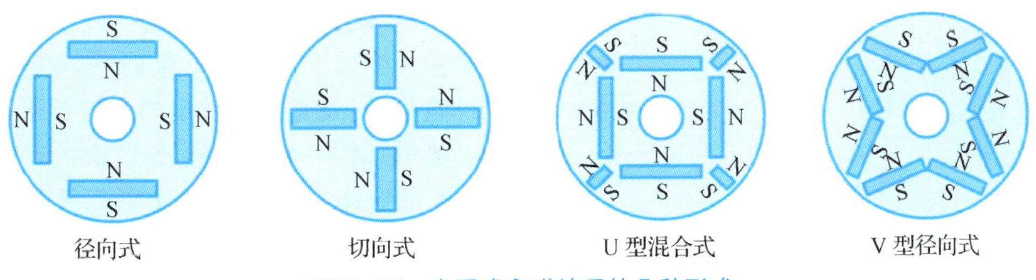

图 3-84　内置式永磁转子的几种形式

3. 转子位置传感器

电机控制器对同步电机的激活需要检测转子位置，以便确定定子的三相绕组通电顺序。检测转子位置由电动机转子位置传感器完成。转子位置传感器由转子轴上的转子和安装在中间壳体上的定子组成，见图 3-85。

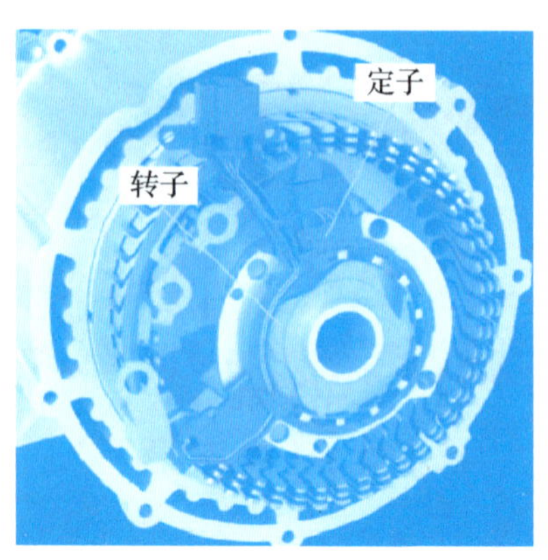

图 3-85　电机转子位置传感器

转子位置传感器是用于检测驱动电机转动部件运转情况的传感器，主要具有以下功能：

◆检测驱动电机转子的位置，经电机控制器内解码器解码后可获知电机转子位置，从而控制相应的 IGBT 功率管导通；

◆检测驱动电机的转速，并将转速信号传递给电机控制器，电机控制器根据实际需求调节驱动电机定子三相绕组 U、V、W 的频率，以实现驱动电机转速的调整；

◆检测驱动电机的方向，并将方向信号传递给电机控制器，电机控制器根据实际需求，调节驱动电机定子三相绕组 U、V、W 的通电相序，以实现驱动电机旋转方向的调整。

转子位置传感器的类型非常多，常用的有光电编码器、霍尔式位置传感器和旋变传感器等。

（1）光电编码器

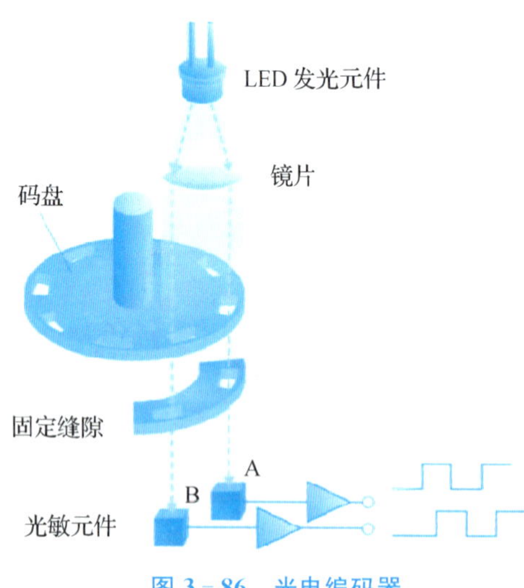

图 3-86　光电编码器

① 结构

光电编码器是一种将旋转位置信息转化为光脉冲信号以对其进行检测的传感器，主要由发光元件、光敏元件及码盘组成，见图 3-86。发光元件发出的光是无方向性的扩散光，所以要使用凸透镜将扩散光变成平行光。码盘是一个刻有光栅（孔）的圆盘，可对发光元件发出的光进行通透/遮挡处理。光敏元件一般是由硅（Si）、锗（Ge）、铟镓（InGaP）等半导体材料制作的光电二极管、光电晶体管。

② 工作原理

当安装在驱动电机转轴上的码盘旋转时，固定的发光元件发出的光经过码盘，产生透光和不透光的光脉冲。光敏元件检测到这些光脉冲后，经过放大并转换成数字信号输出至处理系统或变频器。因此，光电编码器的输出以数字信号形式反映了驱动电机的角度位置。

如果使用示波器同时测量光电编码器的 A 相信号和 B 相信号，会发现以下规律：

◆电机转速越高，信号波形频率越高，见图 3－87。

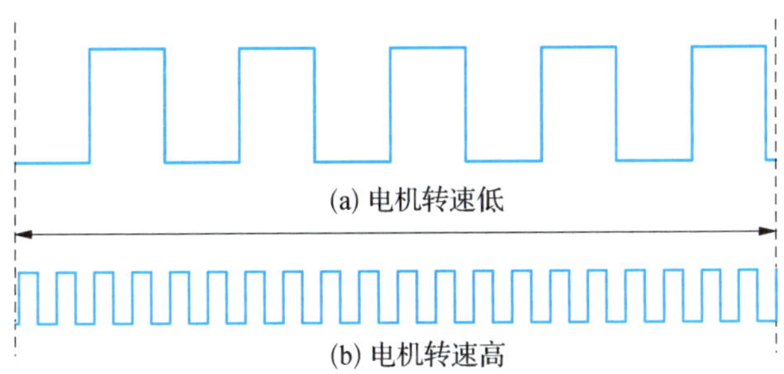

(a) 电机转速低

(b) 电机转速高

图 3－87　光电编码器的输出信号频率

◆光电编码器每旋转一周，A、B 相输出同样数量的脉冲，且 A 相信号与 B 相信号的相位差为 90°。如果 A 相信号超前于 B 相信号 90°，电机正转，见图 3－87(a)；反之，电机反转，见图 3－88(b)。

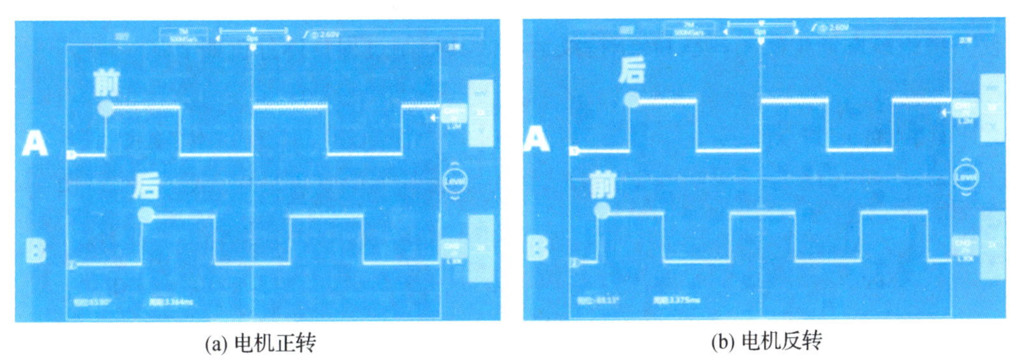

(a) 电机正转　　(b) 电机反转

图 3－88　通过波形判断旋转方向

③ 光电编码器与旋变传感器的区别

◆光电编码器更精确，采用的是脉冲计数，旋变传感器的是模拟量反馈；

◆光电编码器多是方波输出的，旋转传感器是正余弦的，通过芯片解算出相位差，旋变传感器的转速比较高，可以达到上万转，光电编码器则相对较低；

◆旋变传感器的应用环境温度是－55℃到＋155℃，光电编码器则是－10℃到＋70℃。

④ 光电编码器的应用

光电编码器适用于需要一定精度的伺服控制系统及中空贯通轴型电机，同时由于不受周围磁场影响也可用于强磁场环境，例如可用在大直径电机设备等。

(2) 霍尔式位置传感器

① 结构

霍尔式位置传感器是一种利用霍尔效应检测电机转子旋转磁场位置的传感器，并将磁场的极性转换成电信号，传递至对应的晶体管的控制极。定子绕组的励磁电流根据霍尔传感器的信号进行切换，形成旋转磁场，驱动转子旋转。

在驱动电机系统中，为了便于检测转子磁极的位置一般将霍尔式位置传感器安装在电机靠近转子磁极的位置，三个霍尔式位置传感器互成 120°分布，见图 3－89。

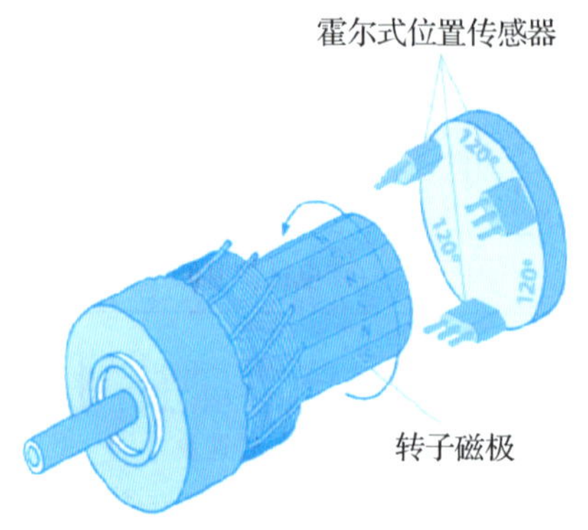

图 3-89　霍尔式位置传感器

② 工作原理

霍尔式位置传感器安装在靠近转子磁极的位置，输出端分别连接到两个晶体三极管的基极，用于输出极性相反的电压，控制晶体三极管的导通与截止，从而控制绕组线圈中的电流，使其绕组线圈产生磁场，吸引转子持续运转。其控制过程具体分析如下：

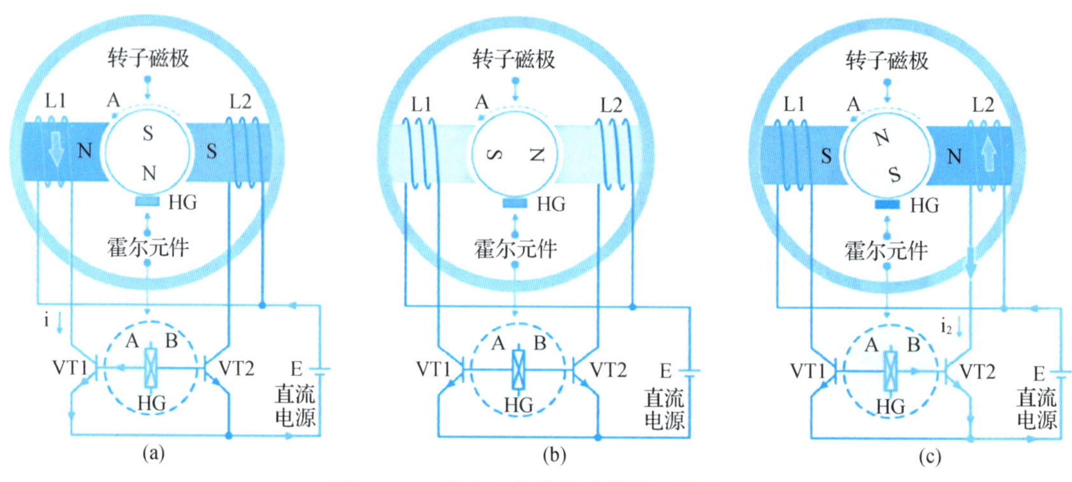

图 3-90　霍尔式位置传感器的工作原理

◆ N 极靠近霍尔式位置传感器时，传感器感应到磁场信号，并转换成电信号，即其 AB 端输出左右极性不同的电信号，A 为正、B 为负，VT1 导通，VT2 截止，L1 绕组中有电流，L2 绕组无电流，因此 L1 绕组产生的磁场 M 极吸引 A 极，排斥 N 极，电机转子逆时针方向转动，见图 3-90(a)。

◆当电机转子转动 90°后，转子磁极位置(N、S)发生变化，霍尔式位置传感器处于转子磁极 N、S 的中性位置，无磁场信号，此时霍尔式位置传感器无任何信号输出，VT1 和 VT2 均截止，无电流流过，电机的转子因惯性而继续转动，见图 3-90(b)。

◆转子再次转过 90°后，S 极转到霍尔式位置传感器的位置，霍尔式位置传感器受到与前次相反的磁极作用，输出 B 为正，A 为负，此时 VT2 导通，VT1 截止，L2 绕组有电流，靠近转子一侧产生磁场 N，并吸引转子 S 磁极，使转子继续按逆时针方向转动，见图 3-90(c)。

③ 霍尔式位置传感器的应用

霍尔式位置传感器在具有质量轻、尺寸小、制造成本低和便于大规模生产等优点的同时，存在着对环境条件要求严、温度适应范围窄和可靠性差等缺点。因此，霍尔式位置传感器被广泛地用于计算机的软硬盘驱动器、激光打印机、视听设备和家用电器等民用电动机产品中。

(3) 旋变传感器

① 结构

旋变传感器又称为旋转变压器，是一种电磁式传感器，主要由定子（也叫信号盘）和转子组成，图 3－91 为大众 ID.4 的旋变传感器安装位置与结构。

定子主要包含定子铁芯和定子线圈，定子铁芯一般由铁镍软磁合金或冲有槽孔的硅钢片叠压而成，定子线圈则固定安装在定子铁芯的不同槽内。转子为不规则结构，由硅钢片叠压而成，由驱动电机的转子轴带动旋转。

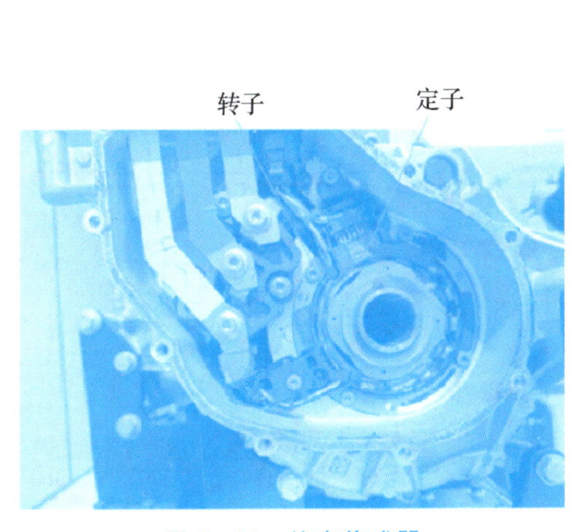

图 3－91　旋变传感器

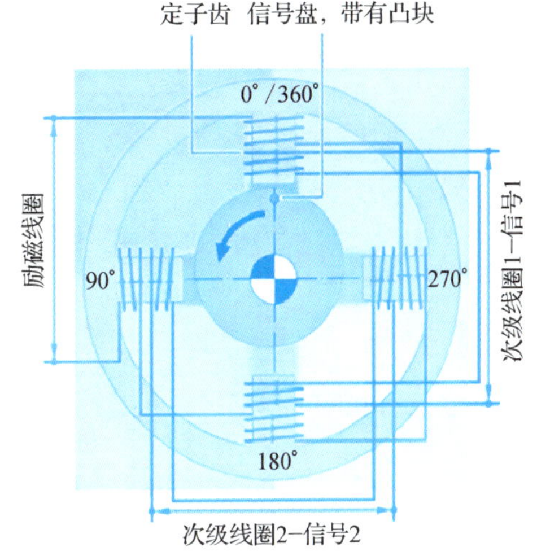

图 3－92　简化后的旋变传感器

② 工作原理

旋变传感器结构比较复杂，为更好说明，将其结构简化。如图 3－92 是简化后的旋变传感器。

图 3－92 中有 4 个定子齿和 1 个凸块，每个定子齿有一个励磁线圈和一个次级线圈。这些励磁线圈是串联的对置的两个次级线圈也是串联的（次级线圈 1 和 2），它们输出的正弦信号（信号 1）和余弦信号（信号 2）相位相差 90°。

◆信号的产生

加载到励磁线圈上的是交流电压，该交流电压会产生一个交变的磁场。就像变压器那样，该磁场会在次级线圈 1 和 2 中感应出交流电压。传感器转子与硅钢片制的定子齿之间的距离会改变磁通量。这个距离越小，磁通量就越大，次级线圈中感应出的交流电压的振幅就越大，见图 3－93。

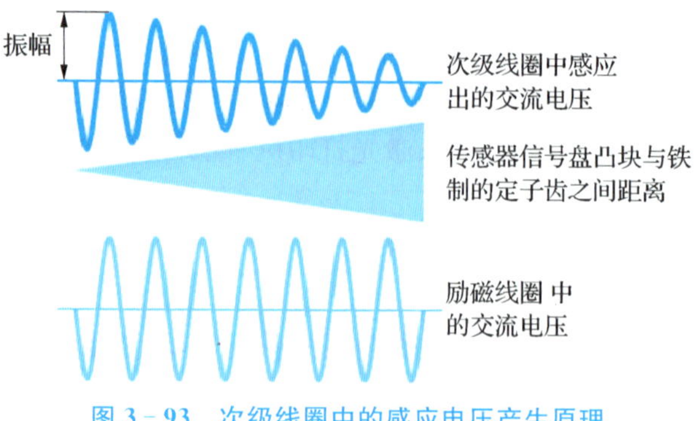

图 3-93　次级线圈中的感应电压产生原理

信号盘凸块尖点处于标记着 0°/360°的定子齿处(见图 3-94),在次级线圈 1 中会感应出最大的电压(见图 3-95)。

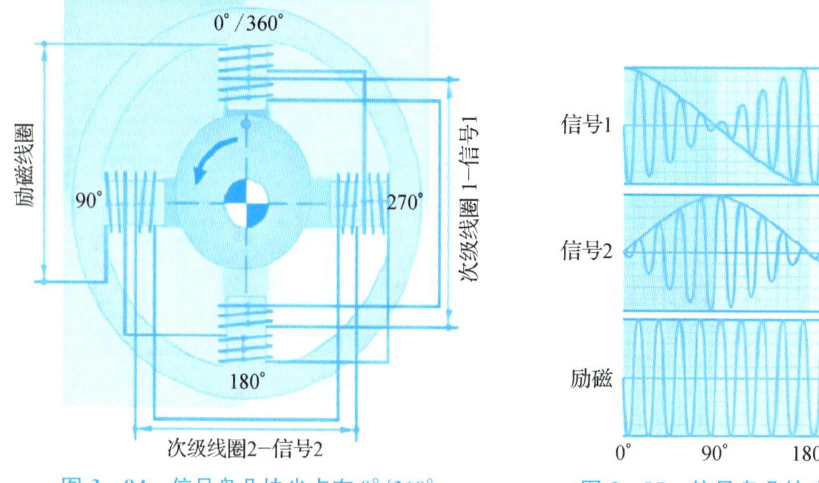

图 3-94　信号盘凸块尖点在 0°/360°

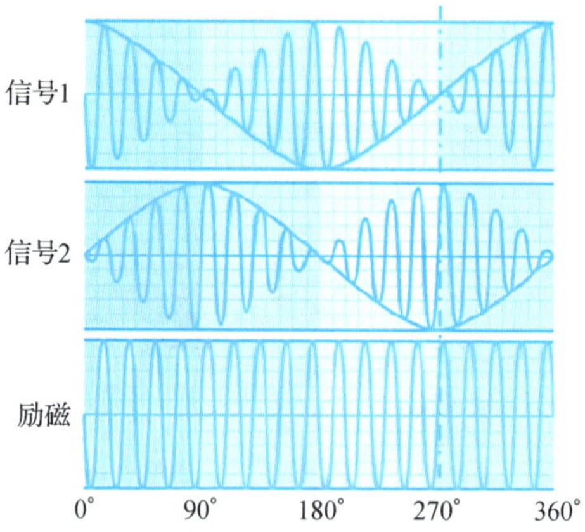

图 3-95　信号盘凸块尖点在 270°时波形

◆信号识别

转速:电机控制器计算次级线圈的信号频率算出电机转速。

方向:次级线圈 1 的信号和次级线圈 2 的信号在相位上相差 90°。当电机顺时针旋转时,次级线圈 2 的电压先逐渐上升,旋转 90°后次级线圈 1 的电压开始逐渐上升;当电机逆时针旋转时,次级线圈 1 的电压先逐渐上升,旋转 90°后次级线圈 2 的电压开始逐渐上升。电机控制器通过接收到次级线 1 和次级线 2 信号电压上升的先后顺序来判断电机转向。

位置:旋变传感器通过识别次级线圈 1 或次级线圈 2 与信号盘凸块尖点的绝对位置来确定转子具体位置的。

③ 旋变传感器的特点与应用

旋变传感器结构简单、占用空间尺寸极小,且励磁绕组、正弦绕组和余弦绕组均固装在定子上,还采取无刷式结构,大大提高了系统的可靠性,其检测角位移精度极高,此外旋变传感器的抗干扰能力较好,更适合车辆对电机驱动的多种要求。

④ 不同类型的转子位置传感器性能比较

不同类型的转子位置传感器性能比较见表 3-16：

表 3-16 不同类型的转子位置传感器性能比较

类型	结构	体积	安装位置	输出信号	精度	功耗	可靠性	环境要求	温度范围
光电编码器	较复杂	较大	较方便	较大	较高	较小	较差	较严	一般
霍尔式位置传感器	简单	小	难	小	低	大	差	严	窄
旋变传感器	复杂	大	方便	大	高	小	高	不严	宽

4. 电机温度传感器

电机温度传感器一般安装在定子绕组上，见图 3-96(a)所示。温度传感器用来检测绕组温度，防止电机温度过高造成损坏。电机温度传感器常使用 NTC 电阻，见图 3-96(b)所示。

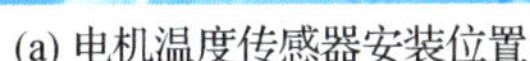

(a) 电机温度传感器安装位置

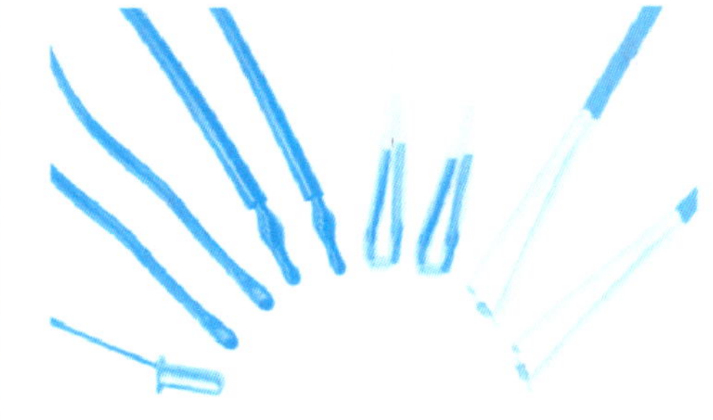

(b) NTC 电阻

图 3-96 电机温度传感器

(1) 电机温度传感器安装位置

根据车型的不同，电机上安装的温度传感器数量也会有所不同。

① 一个温度传感器

大众 ID.4 的驱动电机上设计了 1 个温度传感器，安装在定子线圈上，以尽可能准确检测定子线圈温度，见图 3-97 所示。

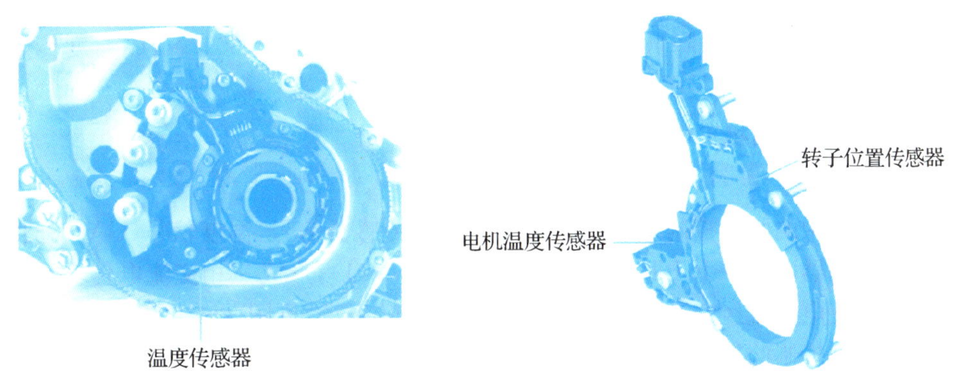

图 3-97 电机温度传感器

② 两个温度传感器

部分车型还采用冗余设计，即在定子上集成了两个驱动电机温度传感器，分别安装于定子的两个线圈之间，见图 3－98。

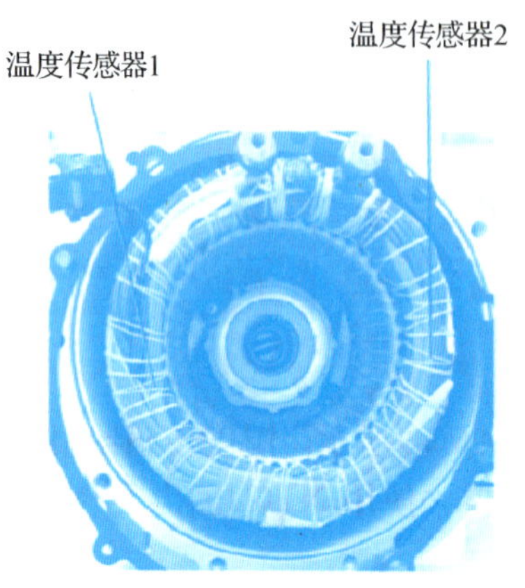

图 3－98　两个温度传感器安装位置

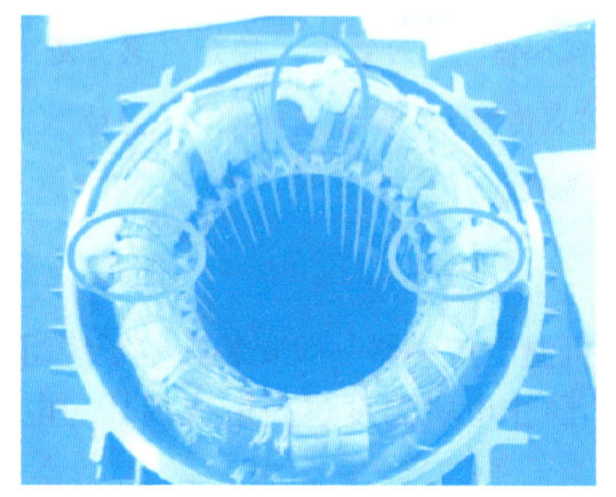

图 3－99　三个温度传感器嵌入电机定子绕组

一旦第一个定子温度传感器损坏了，那么另一个温度传感器仍可执行温度监控功能。只有当两个传感器都失效时，才会有故障。如果两个传感器都出现故障，则必须更换电机。

③ 三个温度传感器

以北汽 EU260 驱动电机为例，在驱动电机绕组上安装了 3 个正温度系数的 PT1000 铂电阻温度传感器，分别为 U 相温度传感器、V 相温度传感器和 W 相温度传感器，分别用于检测三相绕组的温度，其安装位置类似于图 3－99。

(2) NTC 和 PTC 温度传感器工作原理

对于不同车型的驱动电机，电机绕组温度传感器的规格也是不一样的。有正温度系数(PTC)，也有负温度系数(NTC)的驱动电机温度传感器。负温度系数传感器的电阻会随着温度的升高而降低随着温度的降低而升高，代表性车型为大众 ID.4 和比亚迪 e5 等。正温度系数传感器的电阻值会随着温度的升高而增加，随着温度的降低而减小，代表性车型为北汽 EU260。NTC 温度传感器和 PTC 温度传感器的特性图见图 3－100。

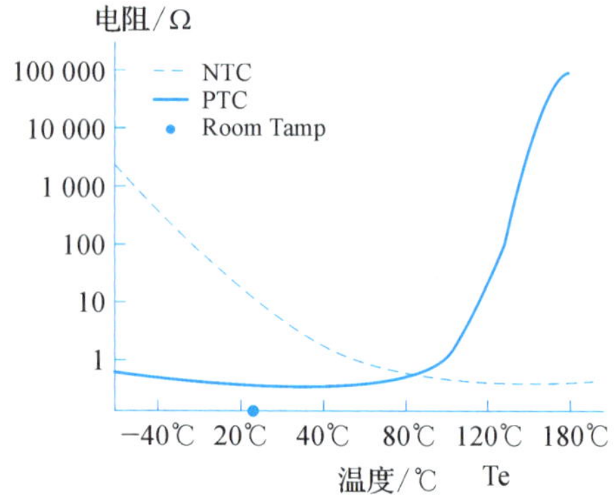

图 3－100　NTC 温度传感器和 PTC 温度传感器的特性图

二、永磁同步电动机工作原理

1. 永磁同步电机控制原理

电机控制器中的驱动控制单元接收到转子位置传感器信号、温度信号、CAN 通信等信息确定电机控制器内 6 个 IGBT 的导通顺序(见图3－101)，形成三相交流电传输给定子绕组。当三相交流电流流经定子绕组时，电机内形成旋转磁场，见图 3－102，通过根据转子的旋转位置和速度控制此旋转磁场，转子内的永磁体受到旋转磁场的吸引，从而产生扭矩。产

生的扭矩实际上与电流大小成比例，转速由交流电的频率控制。

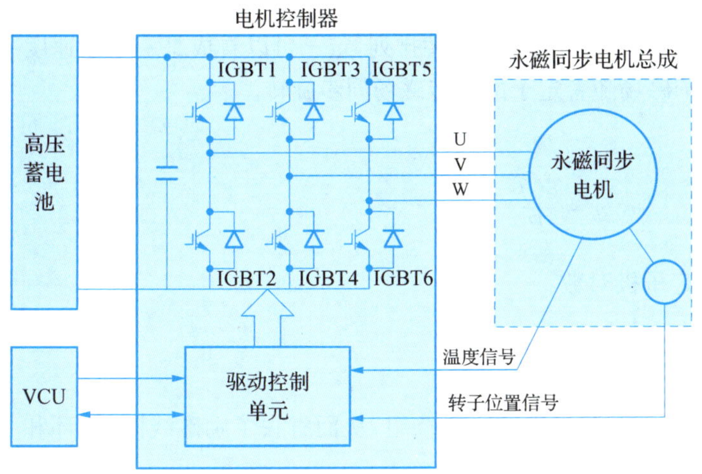

图 3－101 永磁同步电机控制原理框图

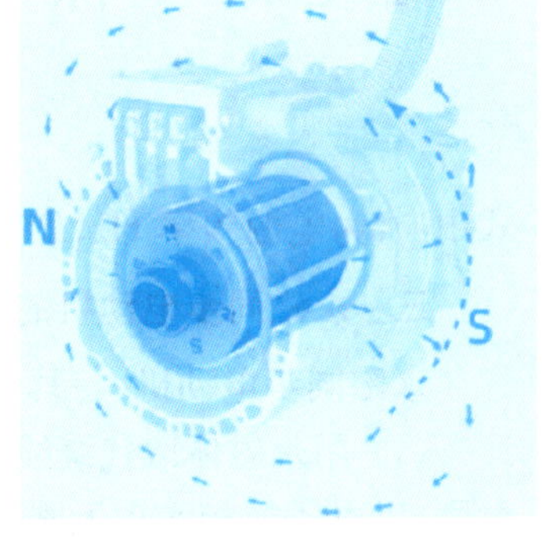

图 3－102 永磁同步电机工作原理

2. 定子旋转磁场的产生原理

永磁同步电动机的定子是三相对称绕组，三相正弦波电压在定子三相绕组中产生对称三相正弦波电流并在气隙中产生旋转磁场(见图 3－103)。转子磁场与旋转磁场同步旋转并力图使定子、转子磁场轴线对齐。当外加负载转矩以后，转子磁场轴线将落后定子磁场轴线一个功率角，负载越大，功率角也越大，直到一个极限角度，电动机停止。

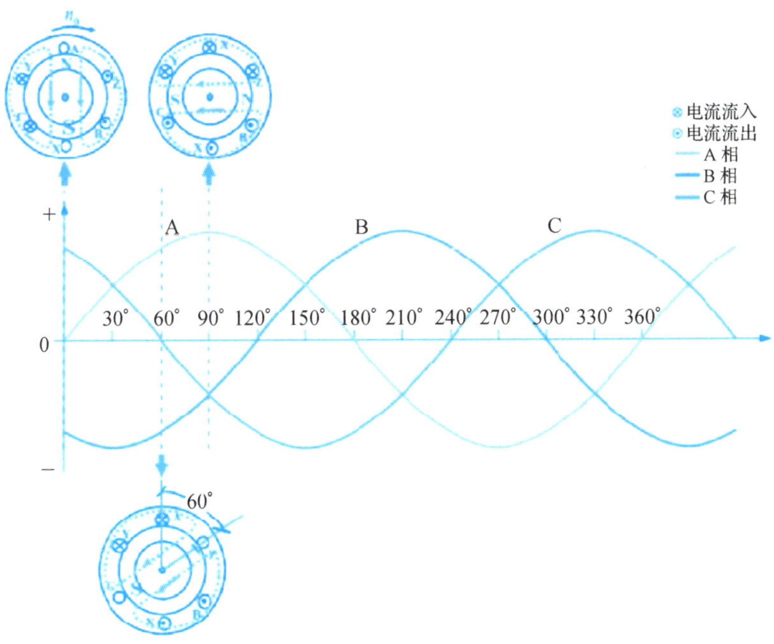

图 3－103 定子旋转磁场产生原理

由此可见，同步电动机在运行中，转速必须与频率严格成比例旋转，否则会失步停转。所以它的转速与旋转磁场同步，其静态误差为零。在负载扰动下是功率角变化，而不引起转速变化，它的响应时间是实时的。

3. 永磁同步电机的转速

电动机的转子是一个永磁体，N、S 极沿圆周方向交替排列，定子可以看成是一个以速度 n 旋转的磁场。电动机运行时，转子磁场随着定子的旋转磁场同步旋转。

同步电动机转速可表示为：

$$n=\frac{60f}{P}$$

式中：f 为电源频率 Hz；P 为电机定子极对数。

三、永磁同步电动机的特点

永磁同步电动机，与其他电动机相比，具有以下优点。

(1) 用永磁体取代绕线式同步电动机转子中的励磁绕组，从而省去了励磁线圈、滑环和电刷，以电子换相实现无刷运行，结构简单、运行可靠。

(2) 永磁同步电动机的转速与电源频率间始终保持准确的同步关系，控制电源频率就能控制电动机的转速。

(3) 永磁同步电动机具有较硬的机械特性，对于因负载的变化而引起的电动机转矩的扰动具有较强的承受能力，瞬间最大转矩可以达到额定转矩的 3 倍以上，适合在负载转矩变化较大的情况下运行。

(4) 永磁同步电机转子为永久磁铁，无需励磁，因此电动机可以在很低的转速下保持同步运行，调速范围宽。

(5) 永磁同步电动机与异步电动机相比，不需要无功励磁电流，因而功率因数高，定子电流和定子铜耗小。

(6) 体积小，质量轻，近年来随着高性能永磁材料的不断应用，永磁同步电动机的功率密度得到很大提高，比起同容量的异步电动机来，体积和重量都有较大的减少，使其适合用在很多特殊场合。

(7) 结构多样化，应用范围广。永磁同步电动机由于转子结构的多样化，产生了特点和性能各异的许多品种，从工业到农业，从民用到国防，从日常生活到航空航天，从简单电动工具到高科技产品，几乎无所不在。

但是，永磁同步电动机还存在以下缺点。

(1) 由于永磁同步电动机转子为永磁体，无法调节，必须通过加定子直轴去磁电流分量来削弱磁场，这会增大定子的电流，增加电动机的铜耗。

(2) 永磁同步电动机的磁钢价格较高。

四、永磁同步电动机的运行特性

永磁同步电动机的运行特性主要包括机械特性和工作特性。

永磁同步电动机稳态正常运行时，转速始终保持同步速不变，因此，其机械特性为平行于横轴直线，调节电源频率来调节电动机转速时，转速将严格地与频率成正比例变化，如图 3-104所示。

永磁同步电动机的工作特性是指当电源电压恒定时，电动机的输入功率 P_1，电枢电流

I_1，效率 η，功率因数 $\cos\varphi$ 等随输出功率变化的关系，如图 3－105 所示。

从图 3－105 中可以看出，在正常工作范围内，永磁同步电动机的功率因数比较平稳，效率特性也能保持较高的水平。电动机的输入功率和电枢电流近似与输出功率成正比例。

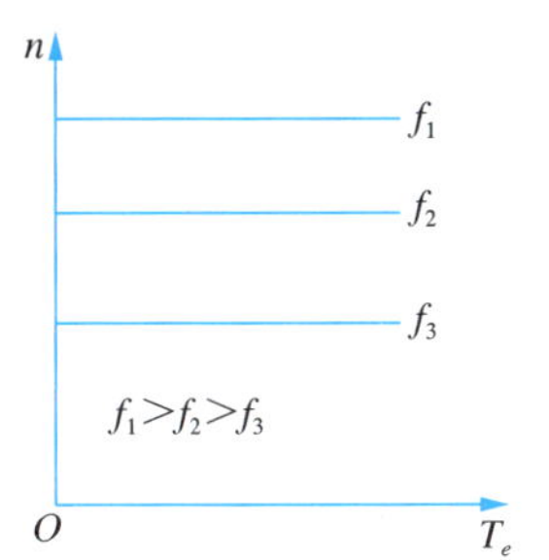

图 3－104　永磁同步电动机的机械特性

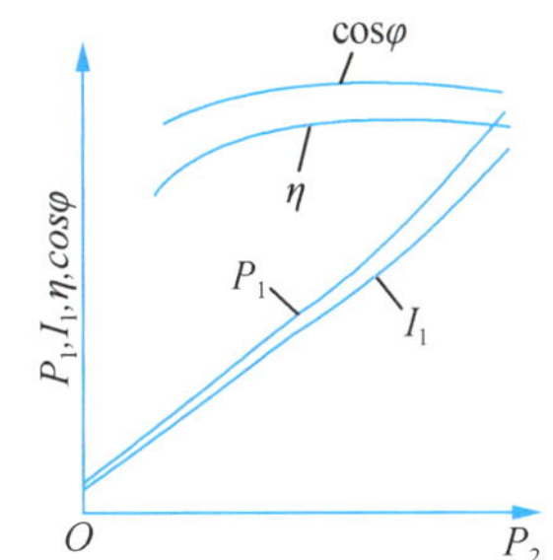

图 3－105　永磁同步电动机的工作特性

【知识点 5】　开关磁阻电动机

一、开关磁阻电机的工作机理

电机可以根据转矩产生的机理粗略地分为两大类：一类是由电磁作用原理产生转矩；另一类是由磁阻变化原理产生转矩。

在第一类电机中，运动是定、转子两个磁场相互作用的结果。这种相互作用产生使两个磁场趋于同向的电磁转矩，这类似于两个磁铁的同极性相排斥、异极性相吸引的现象。目前大部分电机遵循这一原理，例如一般的直流电机和交流电机。

第二类的电机，运动是由定、转子间气隙磁阻的变化产生的。当定子绕组通电时，产生一个单相磁场，其要遵循“磁阻最小原则”，即磁通总要沿着磁阻最小的路径闭合。因此，当转子轴线与定子磁极的轴线不重合时，便会有磁阻力作用在转子上并产生转矩使其趋向于磁阻最小的位置。即两轴线重合位置，这类似于磁铁吸引铁质物质的现象。开关磁阻电机就是属于这一类型的电机。

二、开关磁阻电机系统结构

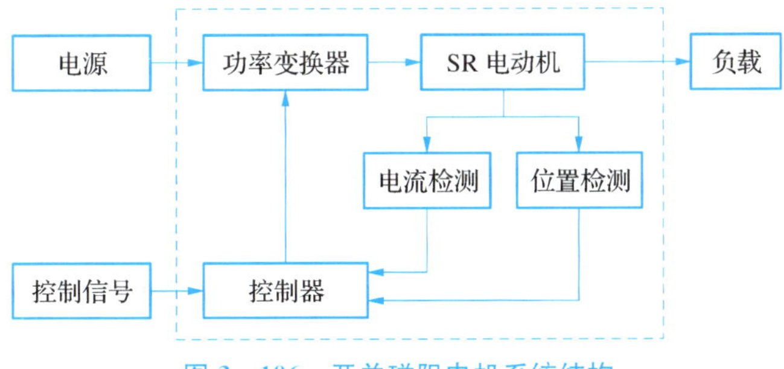

图 3－106　开关磁阻电机系统结构

开关磁阻电机(Switch Resistance Motor，缩写 SRM)也叫可变磁阻式电机，其结构如图 3－106所示。开关磁阻电机主要由磁阻电机、功率变换器、传感器和控制器四部分组成。

1. 磁阻电机

开关磁阻电机的定子和转子采用凸极结构，定子和转子由硅钢片叠片组成，定子上空间相对的两个极上的线圈串联或并联构成一相绕组，定子集中绕组，绕组为单方向通电，转子上无绕组。开关磁阻电动机的定子和转子极数不同，有多种组合方式，最常见的是三相 6/4 结构和四相 8/6 结构。如图 3－107 所示为三相 6/4 的开关磁阻电动机定子和转子结构，三相开关磁阻电动机的定子有 6 个凸极，转子上有 4 个凸极。

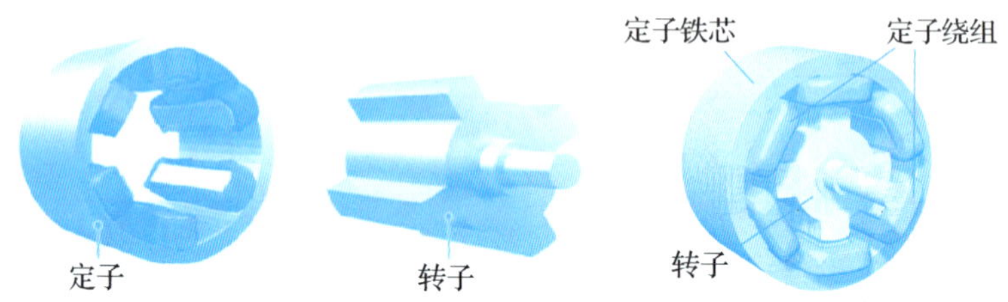

图 3－107　开关磁阻电机三相 6/4 结构

四相开关磁阻电动机的定子上有 8 个凸极，转子上有 6 个凸极。在定子相对称的两个凸极上的集中绕组相互串联，构成一相。转子上没有任何绕组。因此，定子上有 6 个凸极的为三相开关磁阻电动机，定子上有 8 个凸极的为四相开关磁阻电动机，如此类推。由于开关磁阻电动机的定子凸极数不同，形成不同极数的开关磁阻电动机，见表 3－17。

表 3－17　相数、定子极数、转子极数的关系

相数	3	4	5	6	7	8	9
定子极数	6	8	10	12	14	16	18
转子极数	4	6	8	10	12	14	16
步进角	30°	15°	9°	6°	4.28°	3.21°	2.5°

2. 功率变换器

功率变换器的作用是将电源提供的电压变换为开关磁阻电机所需要的电压。由于只需要给开关磁阻电机提供单向电流，因此功率变换器的电路结构简单。开关磁阻电机的功率变换器主电路的结构形式与供电电压、电机相数以及主开关器件的种类等有关。

3. 控制器

控制器是系统的核心，它综合处理控制台指令、转子位置信号、相电流信号以及故障信号，控制功率变换器中主开关器件的开断，实现对开关磁阻电机运行状态的控制。

4. 位置、电流检测单元(传感器)

转子位置传感器用于检测转子的位置，转子位置信号是各相主开关器件正确进行逻辑切换的依据，是整个开关磁阻正常运行的基础。

这里要求位移传感器具有输出信号较大、抗干扰能力强、位置精度高、温度范围宽、环境适应能力强、耐振动、寿命长和安装定位方便的特点。通常采用光电器件、霍尔元件或电磁线圈法进行位置检测，采用无位置传感器的位置检测方法是开关磁阻的发展方向，对降低系统成本、提高系统可靠性有重要意义。

输入电流的大小是SR中不可缺少的一个参数，实时的电流信号为电流斩波控制和防止过电流提供了根据。

三、开关磁阻电机工作原理

磁阻电动机是利用磁阻最小原理，也就是磁通总是沿磁阻最小的路径闭合，利用磁引力拉动转子旋转。

图3-108是磁阻电动机的正视图，定子六个齿极上绕有线圈，径向相对的两个线圈是连接在一起的，组成一"相"，该电机有三相（A、B、C相线圈），结合定子与转子的极数，该电机为三相6/4结构。

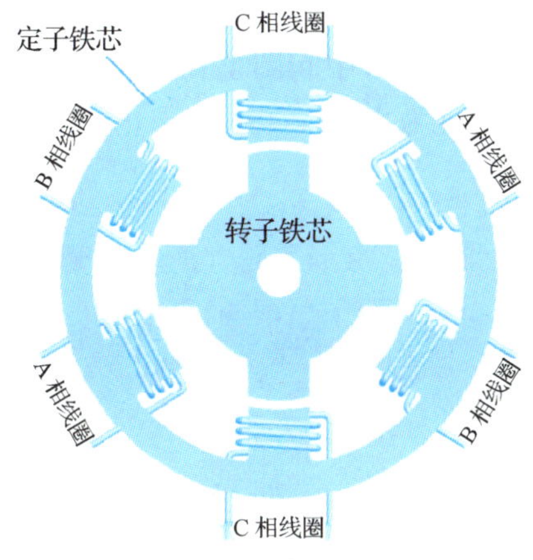

图3-108 磁阻电动机的正视图

图3-108中A相红色的线圈是通电线圈，B相和C相黄色的线圈没有电流通过；通过定子与转子的深蓝色线是磁力线；把转子启动前的转角定为0度。

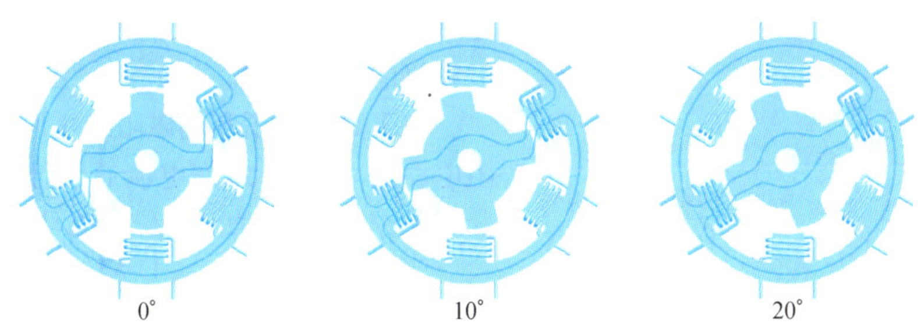

图3-109 磁阻电动机工作原理(a)

从左面图起，A相线圈接通电源产生磁通，磁力线从最近的转子齿极通过转子铁芯，磁力线可看成极有弹力的线，在磁力的牵引下转子开始逆时针转动；中间图是转子转了10度的图，右面图是转到20度的图，磁力一直牵引转子转到30度为止，到了30度转子不再转动，此时磁路最短。

为了使转子继续转动，在转子转到30度前已切断A相电源，在30度接通B相电源，磁通从最近的转子齿极通过转子铁芯，见下左图，于是转子继续转动。中间图是转子转到40度的图，右面图是转到50度的图，磁力一直牵引转子转到60度为止。

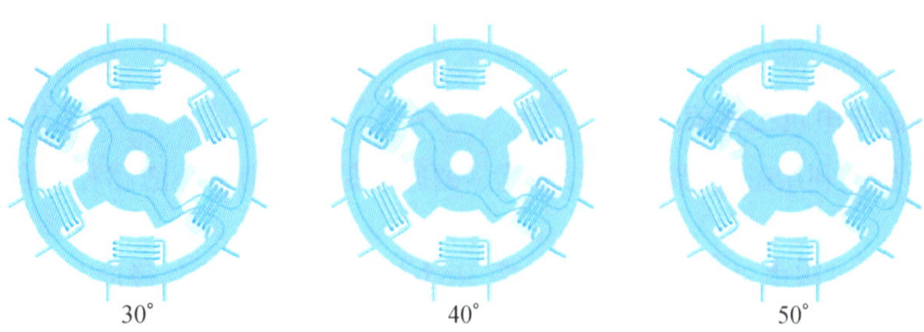

图 3-109　磁阻电动机工作原理(b)

在转子转到 60 度前切断 B 相电源,在 60 度时接通 C 相电源,磁通从最近的转子齿极通过转子铁芯,见下左图。转子继续转动,中间图是转子转到 70 度的图,右面图是转到 80 度的图,磁力一直牵引转子转到 90 度为止。

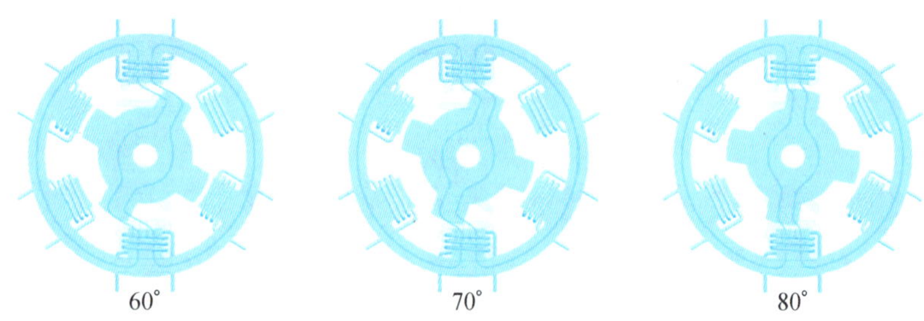

图 3-109　磁阻电动机工作原理(c)

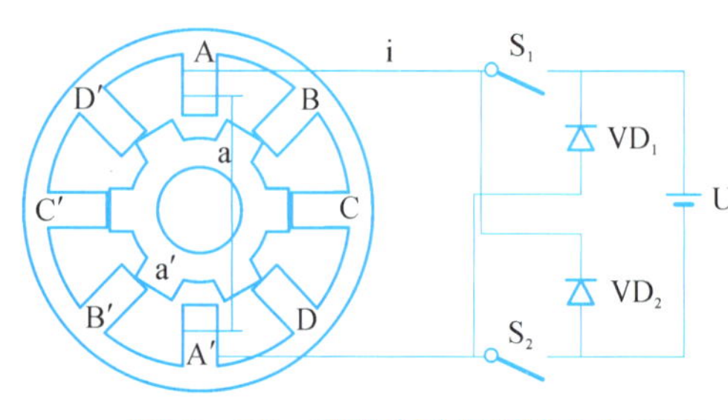

图 3-110　磁阻电动机旋转方向控制

当转子转到 90 度前切断 C 相电源,转子在 90 度的状态与前面 0 度开始时一样,重复前面过程,接通 A 相电源,转子继续转动,这样不停地重复下去,转子就会不停地旋转。这就是磁阻电动机的工作原理。

由于是运用了利用磁阻最小原理,故称为磁阻电动机,又由于线圈电流通断、磁通状态直接受开关控制,故称为开关磁阻电动机。

顺序给 A—B—C—D 相绕组通电,这些脉动磁阻转矩的平均转矩将使转子按逆时针方向连续转动起来;反之,依次给 D—C—B—A 相绕组通电,则转子会沿顺时针方向转动。

通过分析可知:电流的方向对转矩没有任何影响,电动机的转向与电流方向无关,而仅取决于相绕组的通电顺序。若通电顺序改变,则电动机的转向也发生改变。

四、开关磁阻电动机的特点及特性

1. 开关磁阻电动机的特点

开关磁阻电动机与其他电动机相比,具有以下优点。

(1) 可控参数多,调速性能好。可控参数有主开关开通角、主开关关断角、相电流幅值、直流电源电压,控制方便,可四象限运行,容易实现正转、反转和电动、制动等特定的调节

控制。

(2) 结构简单,成本低。开关磁阻电动机转子无绕组,也不加永久磁铁,定子为集中绕组,比传统的直流电动机、永磁电动机及感应电动机都简单,制造和维护方便;它的功率变换器比较简单,主开关元件数较少,电子器件少,成本低。

(3) 损耗小,运转效率高。开关磁阻电动机的转子不存在励磁及转差损耗,功率变换器元器件少,相应的损耗也小,控制灵活,易于在很宽的转速范围内实现高效节能控制。

(4) 起动转矩大,起动电流小。在15%额定电流的情况下就能达到100%的起动转矩。由于开关磁阻电动机结构和工作方式特殊,也存在如下一些缺点。

① 转矩脉动现象较大。

② 振动和噪声相对较大,特别是在负载运行的时候。

③ 电动机的出线头相对较多,还有位置检测器出线端。

④ 电动机的数学模型比较复杂,其准确的数学模型较难建立。

⑤ 控制复杂,依赖于电动机的结构。

2. 开关磁阻电动机的运行特性

开关磁阻电动机的运行特性可分为3个区域:恒转矩区、恒功率区、串励特性区(自然特性区),如图3-111所示。

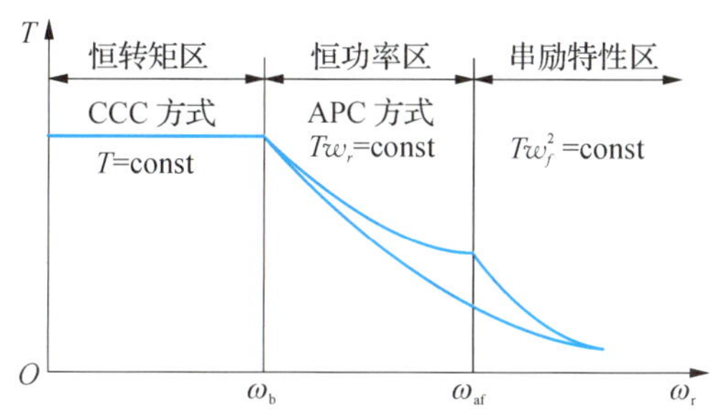

图3-111　开关磁阻电动机的运行特性图

开关磁阻电动机一般运行在恒转矩区和恒功率区。在这两个区域内,电动机的实际运行特性可控。通过控制条件,可以实现在实线以下的任意实际运行特性。

在恒转矩区,电动机转速较低,电动机反电动势小,因此,需采用电流斩波控制(CCC)方式。

在恒功率区,旋转电动势较大,开关器件导通的时间较短,因此,电流较小。当外加电压和开关角一定的条件下,随着角速度的增加,转矩急剧下降,此时可采用角度位置控制(APC)方式,通过按比例地增大导通角来补偿,延缓转矩的下降速度。

在串励特性区,电动机的可控条件都已达极限,电动机的运行特性不再可控,电动机呈现自然串励运行特性,电动机一般不运行在此区域。

电动机运行时存在着第一、第二两个临界运行点,采用不同的可控条件匹配可得到两个临界点的不同配置,从而得到各种各样所需的机械特性。

临界运行点对应的转速称为临界转速,是开关磁阻电动机运行和设计时要考虑的重要参数。第一临界转速是开关磁阻电动机开始运行于恒功率特性的临界转速,定义为开关磁阻电动机的额定转速,对应的功率即为额定功率;第二临界转速是能得到额定功率的最高转速，是恒功率特性的上限，可控条件都达到了极限，当转速再增加时，输出功率将下降。

五、开关磁阻电动机的控制

开关磁阻电动机不同于常规的感应电动机，因其自身结构的特殊性，既可以通过控制电动机自身的参数（如开通角\关断角）来实现，也可以用适用于其他电动机上的控制理论，如PID控制、模糊控制等，对功率变换器部分进行控制，进而实现电动机的速度调节。

针对开关磁阻电动机的自身参数进行控制，目前主要使用的几种基本控制方式有：角度位置控制（APC）、电流斩波控制（CCC）和电压控制（VC）。

1. 角度位置控制

角度位置控制是在加在绕组上的电压一定的情况下，通过改变绕组上主开关的开通角 θ_{on} 和关断角 θ_{off}，来改变绕组的通、断电时刻，调节相电流的波形，实现转速闭环控制。

根据电动势平衡方程式可知，当电动机转速较高时，旋转电动势较大，则此时电流上升率下降，各相的主开关器件的导通时间较短，电动机绕组的相电流不易上升，电流相对较小，便于使用角度位置控制方式。

因为开通角和关断角都可调节，角度位置控制可分为：变开通角、变关断角和同时改变开通角、关断角 3 种方式。改变开通角，可改变电流波形的宽度、峰值和有效值的大小，还可改变电流波形与电感波形的相对位置，从而改变了电动机的转矩和转速。而关断角一般不影响电流的峰值，但可改变电流波形的宽度及其与电感曲线的相对位置，进而改变电流的有效值。故一般采用固定关断角、改变开通角的控制方式。

根据开关磁阻电动机的转矩特性分析可知，当电流波形主要位于电感的上升区时，产生的平均电磁转矩为正，电动机运行在电动状态；当电流波形主要位于电感的下降区时，产生的平均电磁转矩为负，电动机工作在制动状态。而通过对开通角、关断角的控制，可以使电流的波形处在绕组电感波形的不同位置，因此，可以用控制开通角、关断角的方式来使电动机运行在不同的状态。

角度位置控制的优点在于：转矩调节的范围宽；可同时多相通电，以增加电动机的输出转矩，同时减小了转矩波动；通过角度的优化，能实现效率最优控制或转矩最优控制。

根据上面的分析可知，此法不适于低速场合。因为在低速时，旋转电动势较小，使电流峰值增大，必须采取相应措施进行限流，故一般用于转速较高的场合。

2. 电流斩波控制

根据电动势平衡方程式可知，电动机低速运行特别是起动时，旋转电动势引起的压降很小，相电流上升快，为避免过大的电流脉冲对功率开关器件及电动机造成损坏，需要对电流峰值进行限定，因此可采用电流的斩波控制，获取恒转矩的机械特性。电流斩波控制一般不会对开通角、关断角进行控制，它将直接选择在每相的特定导通位置对电流进行斩波控制。

目前电流斩波控制常用的控制方案有两种，方案一对电流上、下限进行限制的控制；方案二限制电流上限值和恒定关断时间的控制。

方案一中，主开关器件在 $\theta=\theta_{on}$ 时导通，绕组电流将从零开始上升，当电流增至斩波电流的上限值时，切断绕组电流，绕组承受反压，电流迅速下降；当电流降至斩波电流的下限值

时，绕组再次导通，重复上述过程，从而形成斩波电流，直至$\theta=\theta_{off}$时实现相关断。方案二同方案一的区别在于，当绕组电流达最大限定值后，将主开关关断一个固定的时间后再开通，这样，电流下降的幅度主要取决于电感量、电感变化率、转速等因素，因此该方式的关键在于合理地选取关断时间的长度。

电流斩波控制的优点在于：它适用于电动机的低速调速系统，可以控制电流峰值的增长，并有很好的电流调节作用。因每相电流波形会呈现出较宽的平顶状，使得产生的转矩比较平稳，转矩的波动相应地比其他控制方式要小。

然而，由于电流的峰值受到了限制，当电动机转速在负载的扰动作用下发生变化时，电流的峰值无法做出相应的改变，使得系统的特性比较软，因此系统在负载扰动下的动态响应很缓慢。

3. 电压控制

电压控制是保持开通角、关断角不变的前提下，使功率开关器件工作在脉冲宽度调制(PWM)方式。通过调节PWM波的占空比，来调整加在绕组两端电压的平均值，进而改变绕组电流的大小，实现对转速的调节。若增大调制脉冲的频率，就会使电流的波形比较平滑，电动机出力增大，噪声减小，但对功率开关器件工作频率的要求就会增大。

按照续流方式的不同，电压控制分为单管斩波和双管斩波方式。单管斩波方式中，连接在每相绕组中的上、下桥臂的两个开关管只有一个处于斩波状态，另一个一直导通。而双管斩波方式中，两个开关管同时导通和关断，对电压进行斩波控制。考虑到系统效率等因素，实际应用中一般常用单管斩波方式。

电压控制的优点在于，它通过调节绕组电压的平均值进而调节电流，因此，可用在低速和高速系统，且控制简单，但它的调速范围有限。

在实际的SRD运用中，也可以采用多种控制方式相组合的方法，如高速角度控制和低速电流斩波控制相组合，变角度电压斩波控制和定角度电压斩波控制等。这些组合方式各有优势及不足，因此，必须针对不同的应用场合和不同的性能要求，合理地选择控制方式，才能使电动机运行于最佳状态。

根据系统性能要求的不同，控制电路的具体结构形式会有很大差异，但一般均应包含以下功能。

(1) 用于接收外部指令信号，如起动、转速、转向信号的操作电路。

(2) 用于将给定量与控制量相比较，并按规定算法计算出控制参数的调节量的调节器电路。

(3) 用于决定控制电路的工作逻辑，如正反转相序逻辑、高低速控制方式的工作逻辑电路。

(4) 用于检测系统中的有关物理量，如转速、角位移、电流和电压的传感器电路。

(5) 用于当系统中某些物理量超过允许值时，采取相应保护措施的保护电路，如过压保护和过流保护。

(6) 用于控制各被控量信号的输出电路，如控制功率开关器件的导通与关断。

(7) 用于指示系统的工作状况和参数状态显示电路，如指示电动机转速、指示故障保护情况的显示。

【知识点 6】 轮毂电机

轮毂电机技术又称为车轮内装式电机技术，是一种将电动机、传动系统和制动系统融为一体的轮毂装置技术，是现阶段先进电动汽车技术研究的热点之一。

从各种驱动技术的特点和发展趋势来看，采用轮毂电机技术是电动汽车的最终驱动形式。随着电池技术、动力控制系统和整车能源管理系统等相关技术研发的不断深入，电动机性能的不断提高，轮毂电机技术将在电动汽车上取得更大成功。

一、轮毂电机结构形式

轮毂电机驱动系统通常由电动机、减速机构、制动器与散热系统等组成。轮毂电机驱动系统根据电机的转子形式主要分成两种结构形式：内转子型和外转子型。图 3 - 112 所示为两种形式轮毂电机的结构简图。通常，外转子型采用低速外转子电机，电机的最高转速为 1 000～1 500 r/min，无任何减速装置，电机的外转子与车轮的轮辋固定或者集成在一起，车轮的转速与电机相同。内转子型则采用高速内转子电机，同时装备固定传动比的减速器。为了获得较高的功率密度，电机的转速通常高达 10 000 r/min。减速结构通常采用传动比为 10∶1 左右的行星齿轮减速装置，车轮的转速为 1 000 r/min 左右。

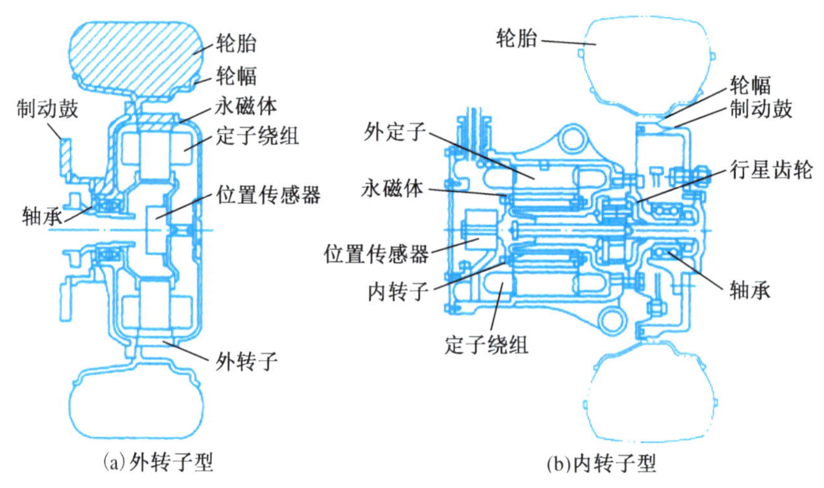

图 3 - 112 轮毂电机的结构形式

高速内转子的轮毂电机的优点是具有较高的比功率，质量轻、体积小、效率高、噪声小、成本低；缺点是必须采用减速装置，使效率降低，非簧载质量增大，电机的最高转速受线圈损耗、摩擦损耗以及变速机构的承受能力等因素的限制。低速外转子电机的优点是结构简单、轴向尺寸小、比功率高，能在很宽的速度范围内控制转矩，且响应速度快，外转子直接和车轮相连，没有减速机构，因此效率高；缺点是如要获得较大的转矩，必须增大发动机体积和质量，因而成本高，加速时效率低，噪声大。这两种结构在目前的电动车中都有应用，但是随着紧凑的行星齿轮变速机构的出现，高速内转子式驱动系统在功率密度方面比低速外转子式更具竞争力。

轮毂电机动力系统由于电机电制动容量小，不能满足整车制动效能的要求，通常需要附加机械制动系统。轮毂电机系统中的制动器可以根据结构采用鼓式或者盘式制动器。由于

电动机电制动容量的存在，往往可以使制动器的设计容量适当减小。大多数的轮毂电机系统采用风冷式进行冷却，也可采用水冷和油冷方式对电机、制动器等的发热部件进行散热降温，但结构比较复杂。

二、轮毂电机应用类型

轮毂电机系统的驱动电机按照电机磁场的类型分为轴向磁通和径向磁通两种类型。轴向磁通电机的结构更利于热量散发，并且它的定子可以不需要铁心；径向磁通电机定子、转子之间受力比较均衡，磁路由硅钢片叠压得到，技术更简单成熟。

轮毂电机的电机类型主要分为永磁、感应、开关磁阻式 3 种，其特点如下：

(1) 无刷永磁同步电机可采用圆柱形径向磁场结构或盘式轴向磁场结构，具有较高的功率密度和效率，以及宽广的调速范围，已在国内外多种电动汽车中获得应用，发展前景十分乐观。

(2) 感应(异步)电机的优点是结构简单、坚固耐用、成本低廉、运行可靠、转矩脉动小、噪声低，不需要位置传感器，转速极限高；缺点是驱动电路复杂、成本高，相对永磁电机而言，异步电机效率和功率密度偏低。

(3) 开关磁阻式电机具有结构简单、制造成本低廉、转速高、转矩特性好等优点，适用于电动汽车驱动；缺点是设计和控制非常困难和精细，运行噪声大。

三、轮毂电机驱动方式

轮毂电机的驱动方式可以分为直接驱动和减速驱动两种基本形式。

直接驱动方式如图 3－113 所示，采用低速外转子电动机，轮毂电机与车轮组成一个完整部件总成，电机布置在车轮内部，直接驱动车轮带动汽车行驶。其主要优点是电机体积小、质量轻、成本低、系统传动效率高、结构紧凑，既有利于整车结构布置和车身设计，也便于改型设计。这种驱动方式直接将外转子安装在车轮的轮辋上驱动车轮转动。由于电动汽车在起步时需要较大的转矩，安装在直接驱动型电动轮中的电动机必须能在低速时提供大转矩；承载大转矩时需要大电流，易损坏电池和永磁体；电机效率峰值区域很小，负载电流超过一定值后效率急剧下降。为了使汽车能够有较好的动力性，电动机还必须具有很宽的转矩和转速调节范围。由于电机工作产生一定的冲击和振动，要求车轮轮辋和车轮支撑必须坚固、可靠；同时，由于非簧载质量大，要保证汽车的舒适性，要求对悬架系统进行优化设计。此方式适用于平路或负载小的场合。

减速驱动方式如图 3－114 所示，采用高速内转子电动机，适合现代高性能电动汽车的运行要求。这种电动轮采用高速内转子电动机，其目的是获得较高的功率。减速机构布置在电动机和车轮之间，起减速和增矩的作用，保证电动汽车在低速时能够获得足够大的转矩。电机输出轴通过减速机构与车轮驱动轴连接，使电机轴承不直接承受车轮与路面的载荷作用，改善了轴承的工作条件；采用固定速比行星齿轮减速器，使系统具有较大的调速范围和输出转矩，消除车轮尺寸对电机输出转矩和功率的影响。但轮毂电机内齿轮的工作噪声比较大，并且润滑方面存在很多问题；其非簧载质量也比直接驱动式电动轮电驱动系统的大，对电机及系统内部的结构方案设计要求更高。

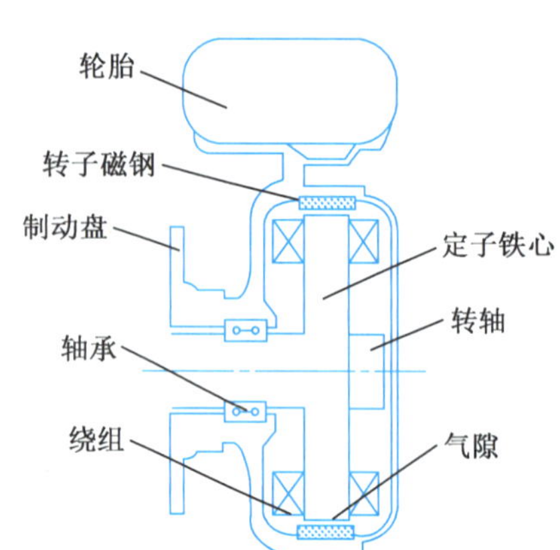

图 3－113　轮毂电机直接驱动方式

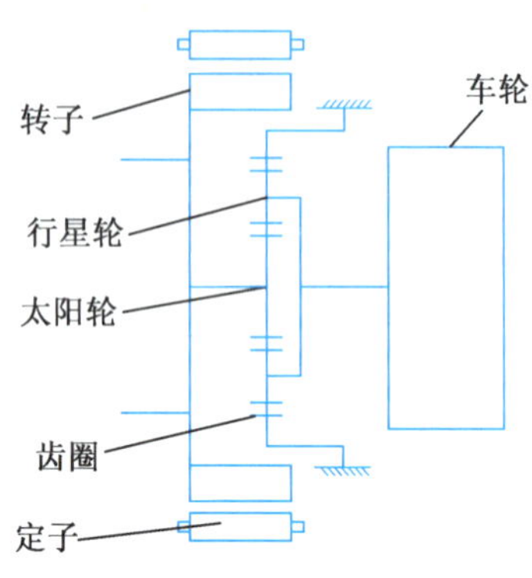

图 3－114　轮毂电机减速驱动方式

四、轮毂电机驱动系统的特点

轮毂电机驱动系统作为一种新兴的电机驱动形式，其布置非常灵活，可以根据汽车驱动方式分别布置在电动汽车的两前轮、两后轮或四个车轮的轮毂中。和其他驱动形式的电动汽车相比，轮毂电机驱动式电动汽车在动力源配置、底盘结构等方面有其独特的技术特征和优势，具体体现在以下几个方面。

(1) 动力控制由硬连接改为软连接。通过电子线控技术，实现各电动轮从零到最大速度的无级变速和各电动轮间的差速要求，从而省略了传统汽车所需的机械式操纵变速装置、离合器、变速器、传动轴和机械差速器等，使驱动系统和整车结构简洁，有效可利用空间大，传动效率提高。

(2) 各电动轮的驱动力直接独立可控，使其动力学控制更为灵活、方便；能合理控制各电动轮的驱动力，从而提高恶劣路面条件下的行驶性能。

(3) 容易实现各电动轮的电气制动、机电复合制动和制动能量回馈，还能对整车能源的高效利用实施最优化控制和管理，节约能源。

(4) 底架结构大为简化，使整车总布置和车身造型设计的自由度增加，若能将底架承载功能与车身功能分离，则可实现相同底盘不同车身造型的产品多样化和系列化，从而缩短新车型的开发周期，降低开发成本。

(5) 若在采用轮毂电机驱动系统的四轮电动汽车上导入线控四轮转向技术，实现车辆转向行驶高性能化，可有效减小转向半径，甚至实现零转向半径，大大增加转向灵便性。

五、轮毂电机驱动系统的关键技术

轮毂电机带来的新的技术挑战，主要包括以下方面。

(1) 轮毂电机系统集驱动、制动、承载等多种功能于一体，优化设计难度大。

(2) 车轮内部空间有限，对电机功率密度性能要求高，设计难度大。

(3) 电机与车轮集成导致非簧载质量较大，使悬架隔振性能恶化，影响不平路面行驶条件下的汽车操控性和安全性。同时，轮毂电机将承受很大的路面冲击载荷，电机抗振要求苛刻。

(4) 汽车在大负荷低速爬长坡工况下容易出现冷却不足导致的轮毂电机过热烧毁问

题，电机的散热和强制冷却问题需要重视。

(5) 车轮部位容易集存水和污物等，导致电机的腐蚀破坏，使寿命和可靠性受到影响。

(6) 轮毂电机运行转矩的波动可能会引起汽车轮胎、悬架、转向系统的振动和噪声，以及其他整车声振问题。

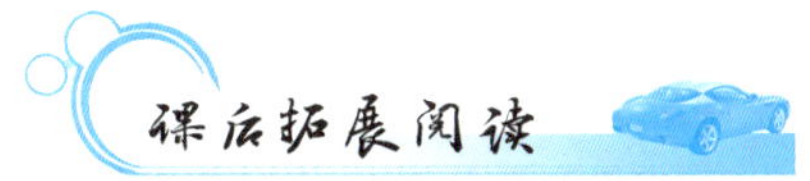

毫米级的中国心跳：驱动电机里的精密突围与静默力量

中国新能源驱动电机从“山寨仿制”到比肩博世、电产，折射高端制造的爬坡之路。2012年永磁同步电机被列为国家重点专项，2023年精进电动800 V碳化硅电机量产，标志着中国在功率密度4.8 kW/kg、效率97.5%等核心指标上实现反超。其驱动力源自国家“突围精密制造短板”的决断——以稀土永磁材料优势为支点，撬动电机、电控、减速器三合一集成技术跨越，打破西方百年技术垄断。

创新不仅在于性能参数，更在于产业链韧性构建。从湖南株洲“电机小镇”聚集200家配套企业，到上海电驱动攻克车规级IGBT模块；从漠河极寒测试数据库积累，到“电机NVH主动抑制算法”开源共享，彰显中国从单点突破到系统集成的进化。而中车时代电气将高铁变流技术移植电车电机，更体现“大国重器”技术外溢的战略协同。

当华为DriveONE电机助力赛力斯问界热销，当中国扁线电机占全球产能70%，这不仅是市场份额的胜利，更是“精密制造”标签的重塑。从业者需秉持“0.01毫米精度定义品质”的工匠精神，让中国电机静默驱动世界车轮。

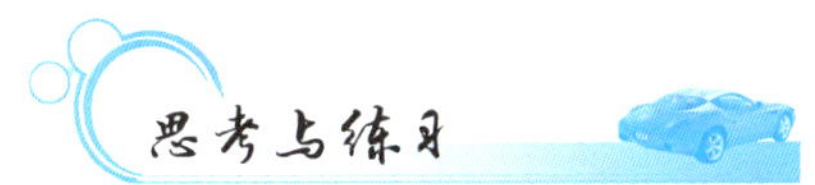

一、填空题

1. 电机驱动系统是电动汽车的心脏，它由电动机、________、控制器、各种________和电源(蓄电池)组成。

2. 电动汽车电机驱动系统按所选电动机的类型可分为__________、无刷直流电动机、异步电动机、__________和开关磁阻电动机等。

3. 电枢绕组是用来__________、通过电流并产生________或电磁转矩，使电机能够实现机电能量转换的核心构件。

4. 直流电动机的常用起动方法有直接起动、____________和__________三种。

5. 直流电动机有______________、改变励磁电流和____________三种调速方式。

6. 直流电动机的制动有能耗制动、____________、____________三种形式。

7. 异步电动机的种类很多，按照转子结构来分，有_________电动机和_________电动机。

8. 异步电机的定子由_________、定子绕组和_______三部分构成。

9. 永磁同步电动机按永磁体在转子上的放置方式不同，又可以形成________和

________结构。

10. 开关磁阻电动机的运行特性可分为3个区域：__________、__________、串励特性区。

11. 轮毂电机驱动系统通常由__________、减速机构、________与__________等组成。

12. 轮毂电机驱动系统根据电机的转子形式主要分成两种结构形式：__________和外转子型。

13. 轮毂电机的驱动方式可以分为__________和__________两种基本形式。

二、简答分析题

1. 电动汽车用电动机主要有哪几种？其特点是什么？
2. 电动汽车对电动机有哪些要求？
3. 直流电动机有哪些类型？
4. 无刷直流电动机的工作原理是什么？其控制方法有哪些？
5. 异步电动机的工作原理是什么？其控制方法有哪些？
6. 永磁同步电动机的运行原理与特性是什么？
7. 开关磁阻电动机的工作原理是什么？其控制方法有哪些？
8. 轮毂电机驱动方式有哪几种？轮毂电机驱动系统有哪些特点？

模块三　新能源汽车能量管理与回收系统

比亚迪汉EV：卓越能量管理、续航性能再突破

图3-115　比亚迪汉EV

在2020年中国汽车风云盛典中，荣登“年度最佳新能源车”奖项的比亚迪汉EV（如图3-115），可以3.9秒加速破百，搭载了新能源车最领先的车身动态稳定技术，配合由前奔驰底盘专家精心调校出的悬挂系统，可以80 km/h时速从容通过麋鹿测试。新车还搭载博士IPB智能集成制动系统，百公里刹车距离32.8米，世界第一。充电10分钟续航135公里，最快充电；25分钟充电30%到80%，真实续航超过600 km，搭载最新智能温控系统低温性能也很好。另外能量回收近35%，意味着汉EV可以开到700多公里。

汉EV搭载的IPB集成制动控制系统采用博世最新技术，不仅制动响应更迅速、控制更精确，还可以显著增强制动能量回收的效率。数据显示，汉制动能量回收系统可回馈的最低速度为2 km/h，覆盖城市拥堵路况下90%以上制动场景，可比其他车型多回收10%的制动能量“反哺”续

航。不止于走走停停的拥堵路况，汉在 ACC 自适应巡航开启时，也同样具备制动能量回收能力。

【知识点 1】　电动汽车能量管理系统

能量管理系统（Energy Management System，EMS）在电动汽车中非常重要，它由硬件系统和软件系统组成，如图 3－116 所示。能量管理系统具有从电动汽车各子系统采集运行数据，控制完成电池的充电，显示蓄电池的荷电状态（SOC），预测剩余行驶里程，监控电池的状态，调节车内温度，调节车灯亮度，以及回收再生制动能量为蓄电池充电等功能。能量管理系统中最主要的是电池管理系统。

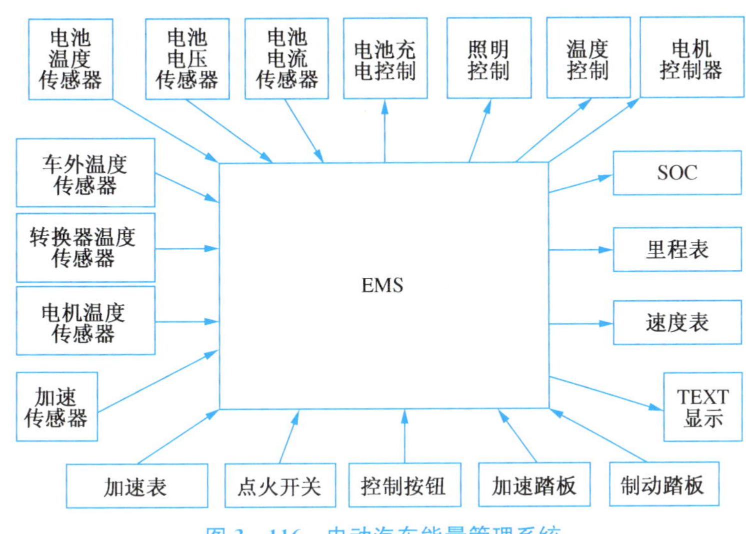

图 3－116　电动汽车能量管理系统

一、电池管理系统的功能

BMS 的全称是 Battery Management System，蓄电池管理系统。蓄电池管理系统是监视蓄电池的状态（温度、电压、荷电状态等），可以为蓄电池提供通信、安全电芯均衡及管理控制，并提供与应用设备通信接口的系统。

1. 电池管理系统的作用

电池管理的核心问题就是 SOC 的预估问题，电动汽车电池操作窗 SOC 的合理范围是 30%～70%，这对保证电池寿命和整体的能量效率至关重要。电动汽车在运行时，电池的放电和充电均为脉冲工作模式，大的电流脉冲很可能会造成电池过充（超过 80%SOC）、深放（小于 20%SOC）甚至过放（小于 10%SOC），因此电动汽车的控制系统一定要对电池的荷电状态敏感，并能够及时做出准确的调整，这样电池能量管理系统才能根据电池容量决定电池的充放电电流，从而实施控制，根据各块电池容量的不同，识别电池组中各电池间的性能差异，并以此做出均衡充电控制和电池是否损坏的判断，确保电池组的整体性能良好，延长电池组的寿命。

准确和可靠地获得电池 SOC 是电池管理系统中最基本和最首要的任务，在此基础上才能对电动汽车的用电进行管理，特别是防止电池的过充及过放。蓄电池的荷电状态是不能直接得到的，只能通过对电池特性——电压、电流、电池内阻、温度等参数来推断。这些参数与 SOC 的关系并不是简单的对应关系。

典型的电池管理系统应具备如下功能。

(1) 实时采集电池系统运行状态参数。实时采集电动汽车蓄电池组中的每块电池的端电压和温度、充放电电流及电池组总电压等。由于电池组中的每块电池在使用中的性能和状态不一致,因而对每块电池的电压、电流和温度数据都要进行监测。

(2) 确定电池的 SOC。准确估测动力电池组的 SOC,从而随时预报电动汽车储能电池还剩余多少能量或储能电池的 SOC,使电池的 SOC 值控制在 30%~70%的工作范围内。

(3) 故障诊断与报警。当蓄电池电量或能量过低需要充电时,及时报警,以防止电池过放电而损害电池的使用寿命;当电池组的温度过高,非正常工作时,及时报警,以保证蓄电池正常工作。

(4) 电池组的热平衡管理。电池热管理系统是电池管理系统的有机组成部分,其功能是通过风扇等冷却系统和热电阻加热装置使电池温度处于正常工作温度范围内。

(5) 一致性补偿。当电池之间有差异时,有一定措施进行补偿,保证电池组表现能力更强,并有一定的手段来显示性能不良的电池位置,以便修理替换。一般采用充电补偿功能,设计有旁路分流电路,以保证每个单体都可以充满电,这样可以减缓电池老化的进度,延长电池的使用寿命。

(6) 通过总线实现各监测模块和中央处理单元的通信。在电动汽车上实现电池管理的难点和关键在于如何根据采集的每块电池的电压、温度和充放电电流的历史数据,建立确定每块电池剩余能量的较精确的数学模型,即准确估计电动汽车蓄电池的 SOC 状态。电池管理系统对外提供了两路 CAN 总线接口,包括一路与整车 CAN 总线网络连接的 CAN1 和一路与具有 CAN 总线接口充电器相连的 CAN2。

表 3-18 电池管理系统的功能

功能	项目	相关装置	说明
电池数据采集	检测单体电池电压	蓄电池从控制单元	检测每个单体电池运行状态、根据电压差判断差异性、累积获取总电压。
	高压蓄电池总电压	蓄电池主控制单元	SOC 计算参考、监测接触器状态。
	温度检测	蓄电池主控制单元、蓄电池从控制单元、温度传感器	检测模组温度、电池箱温度、冷却液温度。
	电流检测	蓄电池主控制单元、电流传感器	检测高压蓄电池正或高压蓄电池负的电流大小。
电池状态估算	SOC	蓄电池主控制单元	计算剩余电量/额定容量的百分比,为仪表显示 SOC 和续航里程提供依据。
	SOH	蓄电池主控制单元	计算容量/额定容量的百分比来判断电池的健康情况。
安全保护	过流保护	蓄电池主控制单元	充放电过程,工作电流超过安全值启动保护措施。
	过压和欠压保护	蓄电池从控制单元	设定充电、放电截止保护电压,当充电、放电压超出设定范围启动分级报警机制,严重时切断回路。
	过温保护	蓄电池从控制单元、温度传感器、仪表	检测电池模组温度,当温度超过一定值时,仪表报警,甚至启动保护措施。

（续表）

功能	项目	相关装置	说明
安全保护	碰撞高压防护	蓄电池主控制单元、碰撞传感器	车辆发生碰撞，检测高压系统有损坏后，快速切断高压电输出。
	漏电保护	蓄电池主控制单元、绝缘检测电阻、漏电传感器	检测到绝缘异常时，根据漏电情况采取不同的安全措施。
	高压互锁	蓄电池主控制单元、互锁回路	检测到互锁回路有断路时，切断高压电输出。
能量管理	充电管理	蓄电池主控制单元	根据电池充电特性控制充电电压、充电电流。
	放电管理	蓄电池主控制单元	根据高压蓄电池 SOC 和单体电压、温度等因素限制输出扭矩、输出功率，甚至切断功率输出。
	均衡管理	蓄电池从控制单元	单体电池由于生产、工作环境具有不一致性，将限制整个电池容量的发挥。 常见的均衡方式有：耗散性均衡、非耗散性均衡、被动均衡、主动均衡。
热管理	冷却	蓄电池主控制单元、冷却水泵、冷却风扇、温度传感器	单体电池充放电过程中会产生大量的热。高压蓄电池温度过高会影响电池的性能，严重甚至发生爆炸和燃烧。
	加热	蓄电池主控制单元、PTC 加热器、温度传感器	环境温度过低会影响单体电池内化学物质的活性，也就影响电池的性能。
信息管理	仪表信息显示	蓄电池主控制单元、仪表	充电状态、充电剩余时间、SOC、续驶里程显示和故障报警。
	信息交互	蓄电池主控制单元、蓄电池从控制单元	BMS 内部通信：蓄电池主控制单元通过内部 CAN 与蓄电池从控制单元间进行通信。
		蓄电池主控制单元、整车控制单元、充电设备、电机控制单元、组合仪表	BMS 外部通信：蓄电池主控制单元通过整车 CAN 与整车控制单元、充电设备、电机控制单元、组合仪表等进行通信。
	历史信息存储与分析	蓄电池主控制单元	精确评估剩余电量，便于高压蓄电池组检修和保养。

（续表）

功能	项目	相关装置	说明
接触器控制	上电	蓄电池主控制单元、预充接触器、正极接触器、负极接触器	控制正极接触器、负极接触器闭合，向外输出高压电。
	下电	蓄电池主控制单元、正极接触器、负极接触器	控制正极接触器、负极接触器断开，切断高压电。
	充电	蓄电池主控制单元、DC充电接触器、负极接触器	控制DC充电接触器、负极接触器闭合，为高压蓄电池充电。
故障管理	故障诊断	蓄电池主控制单元	对高压蓄电池进行故障诊断。
	故障信息记录	蓄电池主控制单元	对故障信息进行记录并存储在蓄电池主控制单元中，便于后续读取故障码。
	故障处理	蓄电池主控制单元、仪表	对故障进行处理，通过仪表进行实时警示，并进行故障保护。

2. 电池管理系统的框架结构

BMS的硬件连接方式主要有集中式、模块式、主从式、分布式。

(1) 集中式BMS

集中式BMS的所有单体电池使用同一蓄电池控制单元，蓄电池从控制单元内部引出若干导线(N个单体电池为N+1根导线)，每根导线分别连接到每个单体电池上，见图3-117。

优点：结构紧凑；价格低廉；检修便利。

缺点：线束比较长，会导致额外的电压压降；线束数量多，排布也相对麻烦；采样通道数有限，适用于较小的高压蓄电池。

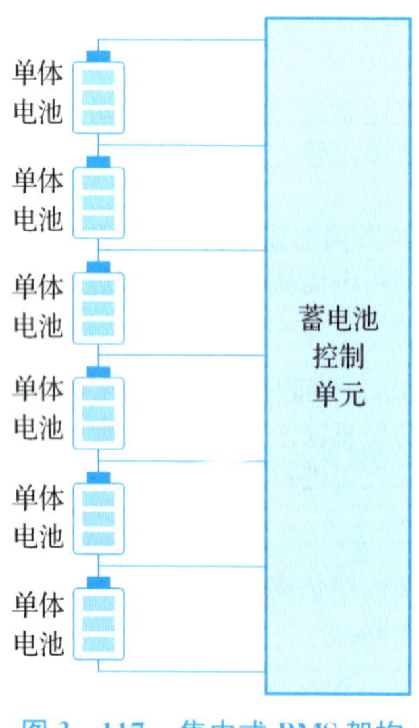

图3-117 集中式BMS架构

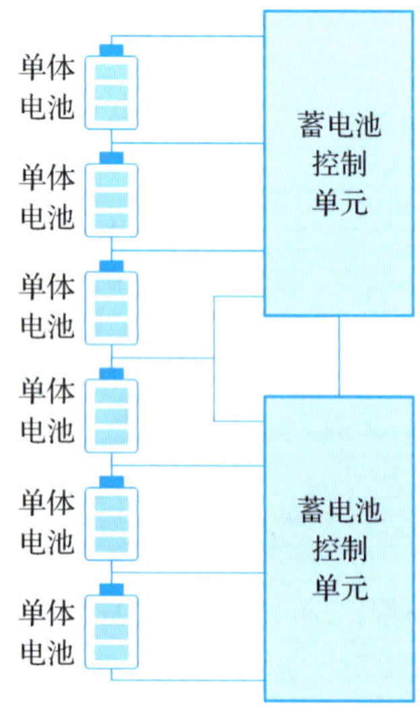

图3-118 模块式BMS架构

(2) 模块式 BMS

模块式 BMS 被分为多个相同的蓄电池控制单元,每个蓄电池控制单元的检测导线分别连接其控制的单体电池,见图 3-118。

优点:可拓展性强,适用于较大的高压蓄电池。

缺点:通信线路单一,其中一个蓄电池控制单元出问题会影响整个系统工作。

(3) 主从式 BMS

主从式 BMS 由一个蓄电池主控制单元与多个蓄电池从控制单元构成。蓄电池主控制单元主要负责计算和通信,各个蓄电池从控制单元则负责测量单体电池电压和模组温度,见图 3-119。

优点:通信连接方式灵活,蓄电池从控制单元各自独立工作,互不影响。

缺点:成本相对较高。

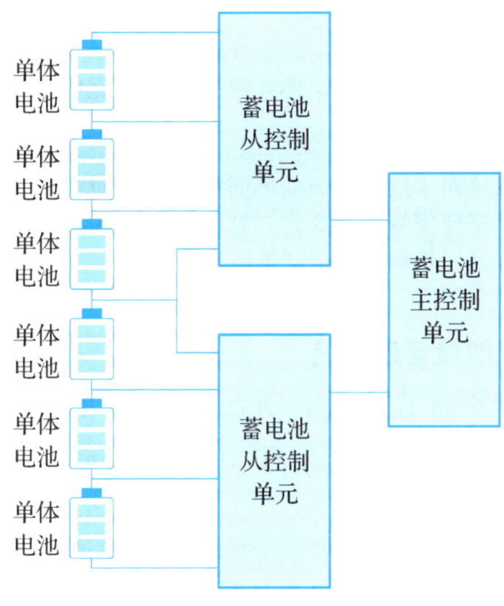

图 3-119　主从式 BMS 架构

(4) 分布式 BMS

分布式 BMS 架构的电子器件与待测单体电池一起被直接安装在电路板上,各个电子器件与蓄电池控制单元串联在一起,见图 3-120。

优点:线束少,采样线不存在额外压降;模组装配的过程简化;适用于较大的高压蓄电池。

缺点:成本较高。

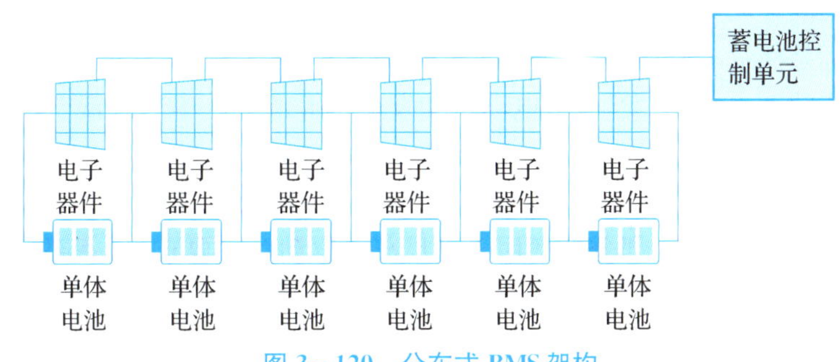

图 3-120　分布式 BMS 架构

3. 电池管理系统的工作模式

表 3-19 电池管理系统的工作模式

工作模式	工作过程
下电模式	在下电模式下,蓄电池管理系统的低压与高压处于不工作状态。蓄电池管理系统控制的所有高压接触器均处于断开状态,低压控制电源处于不供电状态。
准备模式	在准备模式下,蓄电池管理系统所有接触器均处于断开状态。在该模式下,蓄电池管理系统可接受点火开关、整车控制器、电机控制器、充电插头开关等部件发出的信号或受CAN总线控制的低压信号来驱动控制各高压接触器,从而使蓄电池管理系统进入所需工作模式。
放电模式	蓄电池管理系统检测到点火开关的高压上电信号后,系统首先控制进入预充状态;当电容两端电压达到母线电压的90%时,立即进入放电模式。
充电模式	蓄电池管理系统检测到充电唤醒信号后,系统进入充电模式。在充电模式下,系统不响应点火开关发出的任何指令,充电插头提供的充电唤醒信号可作为充电模式的判定依据。
故障模式	蓄电池管理系统对于故障的响应还需根据等级而定。当故障级别较低时,系统可采取报错或者发出报警信号的方式告知驾驶人;而当故障级别较高,甚至伴随有危险时,系统将采取断开高压接触器的控制策略。

二、混合动力电动汽车能量管理系统

作为一种新型的多能量交通工具,混合动力电动汽车的性能与其采用的能量管理策略密切相关,其能量管理策略是传统燃油汽车与纯电动汽车完美结合的纽带,是混合动力电动汽车成败的最终决定性因素。

能量管理策略的控制目标是根据驾驶员的操作,如加速踏板、制动踏板等,判断驾驶员的意图,在满足车辆动力性能的前提下,最优地分配电机、发动机、动力电池等部件的功率输出,实现能量的最优分配,提高车辆的燃油经济性和排放性能。由于混合动力汽车中电池不需要外部充电,能量管理策略还应考虑动力电池的荷电状态平衡,以延长电池寿命,降低车辆维护成本。

混合动力电动汽车的能量管理系统十分复杂,并且随系统组成的不同而呈现出很大差异。下面简单介绍3种混合动力电动汽车的能量管理策略。

1. 串联式混合动力电动汽车的能量管理策略

由于串联式混合动力电动汽车的发动机与汽车行驶工况没有直接联系,因此,能量管理策略的主要目标是使发动机在最佳效率区和排放区工作。为了优化能量分配整体效率,还应考虑传动系统的动力电池、发动机、电动机和发电机等部件。串联式混合动力电动汽车有3种基本的能量管理策略。

(1) 恒温器策略。当动力电池SOC低于设定的低门限值时,起动发动机,在最低油耗或排放点按恒功率模式输出,一部分功率用于满足车轮驱动功率要求,另一部分功率给动力电池充电。而当动力电池组SOC上升到所设定的高门限值时,发动机关闭,由电动机驱动车辆。其优点是发动机效率高、排放低,缺点是动力电池充放电频繁,加上发动机开关时的动

态损耗，使得系统总体的损失功率变大，能量转换效率较低。

（2）功率跟踪式策略。由发动机全程跟踪车辆功率需求，只有在动力电池的 SOC 大于 SOC 设定上限时，且仅由动力电池提供的功率能满足车辆需求时，发动机才停机或怠速运行。由于动力电池容量小，动力电池充放电次数减少而使得系统内部损失减少。但是发动机必须在从低到高的较大负荷区内运行，使得发动机的效率和排放不如恒温器策略。

（3）基本规则型策略。该策略综合了恒温器策略与功率跟踪式策略二者的优点，根据发动机负荷特性图设定了高效率工作区，根据动力电池的充放电特性设定了动力电池高效率的荷电状态范围，并设定一组控制规则，根据需求功率和 SOC 进行控制，以充分利用发动机和动力电池的高效率区，使其达到整体效率最高。

2. 并联式混合动力电动汽车的能量管理策略

并联式混合动力电动汽车的能量管理策略基本属于基于转矩的控制。目前主要有以下 4 类。

（1）静态逻辑门限策略。该策略通过设置车速、动力电池 SOC 上下限、发动机工作转矩等一组门限参数，限定动力系统各部件的工作区域，并根据车辆实时参数及预先设定的规则调整动力系统各部件的工作状态，以提高车辆整体性能。其实现简单，目前实际应用较为广泛，但由于主要依靠工程经验设置门限参数，静态逻辑门限策略无法保证车辆燃油经济性最优，而且这些静态参数不能适应工况的动态变化，无法使整车系统达到最大效率。

（2）瞬时优化能量管理策略。针对静态逻辑门限策略的缺点，一些学者提出了瞬时优化能量管理策略。瞬时优化策略一般是采用"等效燃油消耗最少法"或"功率损失最小法"，二者原理类似。其中"等效燃油消耗最少法"将电机的等效油耗与发动机的实际油耗之和定义为名义油耗，将电机的能量消耗转换为等效的发动机油耗，得到一张类似于发动机万有特性图的电机等效油耗图。在某一个工况瞬时，从保证系统在每个工作时刻的名义油耗最小出发，确定电机的工作范围（用电机转矩表示），同时确定发动机的工作点，对每一对工作点计算发动机的实际燃油消耗，以及电机的等效燃油消耗，最后选名义油耗最小的点作为当前工作点，实现对发动机、电机输出转矩的合理控制。为了将排放一同考虑，该策略还可采用多目标优化技术，采用一组权值来协调排放和燃油同时优化存在的矛盾。"等效燃油消耗最少法"在每一步长内是最优的，但无法保证在整个运行区间内最优，而且需要大量的浮点运算和比较精确的车辆模型，计算量大，实现困难。

（3）全局最优能量管理策略。全局最优能量管理策略是应用最优化方法和最优控制理论开发出来的混合动力系统能量分配策略，目前主要有基于多目标数学规划方法的能量管理策略、基于古典变分法的能量管理策略和基于 Bellman 动态规划理论的能量管理策略 3 种。

研究最为成熟的是基于 Bellman 动态规划理论的能量管理策略，该方法首先建立空间状态方程，然后计算在约束条件下满足性能指标的最优解。为了满足电池荷电状态平衡的约束条件，采用拉格朗日乘子法推导出的性能指标，除了包含燃油消耗外，还包括荷电状态变化量。采用迭代方法计算其拉格朗日系数，可以得到满足荷电状态平衡约束条件的最优解。该方法只能用于特定的驾驶循环，即必须预先精确知道车辆的需求功率，因而不能用于在线控制。

全局最优模式实现了真正意义上的最优化，但实现这种策略的算法往往都比较复杂，计算量也很大，在实际车辆的实时控制中很难得到应用。通常的做法是把应用全局最优算法得到的能量管理策略作为参考，以帮助总结和提炼出能用于在线控制的能量管理策略，如与逻辑门限策略等相结合，在保证可靠性和实际可能性的前提下进行优化控制。

(4) 模糊能量管理策略。该策略基于模糊控制方法来决策混合动力系统的工作模式和功率分配，将“专家”的知识以规则的形式输入模糊控制器中，模糊控制器将车速、电池 SOC、需求功率/转矩等输入量模糊化，基于设定的控制规则来完成决策，以实现对混合动力系统的合理控制，从而提高车辆整体性能。基于模糊逻辑的策略可以表达难以精确定量表达的规则，可以方便地实现不同影响因素(功率需求、SOC、电机效率等)的折中，鲁棒性好，但是模糊控制器的建立主要依靠经验，无法获得全局最优。

3. 混联式混合动力电动汽车的能量管理策略

混联式混合动力电动汽车由于其特有的传动系统结构(如采用行星齿轮传动)，除了采用瞬时优化能量管理策略、全局最优能量管理策略和模糊能量管理策略(与并联式混合动力汽车能量管理策略原理类似)以外，还有如下一些特有的能量管理策略。

(1) 发动机恒定工作点策略。由于采用了行星齿轮机构，发动机转速可以独立于车速变化，这样使发动机始终工作在最优工作点，提供恒定的转矩输出，而剩余的转矩则由电动机提供。这样由电动机负责动态部分，避免了发动机动态调节带来的损失，而且与发动机相比，电动机的控制也更为灵敏，易于实现。

(2) 发动机最优工作曲线策略。发动机工作在万有特性图中的最佳油耗线上，只有当发电机电流需求超出电池的接受能力或者当电动机驱动电流需求超出电动机或电池的允许限制时，才调整发动机的工作点。

混合动力电动汽车的实际运行工况十分复杂，主要包括起步、加速、减速、巡航、上坡、下坡、制动、停车、倒车等。混合动力电动汽车由两种动力源驱动，由于发动机和电动机两套动力系统分别具有不同的高效工作区，为了充分发挥混合动力系统的优势，汽车在不同的运行工况下，应具有多种不同的工作模式，以充分提高车辆整体性能。

【知识点 2】 电动汽车再生制动能量回收系统

再生制动是指电动汽车在减速制动(或者下坡)时将汽车的部分动能转化为电能，转化的电能储存在储存装置中，如各种蓄电池、超级电容和超高速飞轮，最终增加电动汽车的续驶里程。如果储能器已经被完全充满，再生制动就不能实现，所需的制动力就只能由常规的制动系统提供。

图 3-121 为电动汽车的再生制动/液压制动系统的基本结构，当驾驶员踩下制动踏板后，电泵使制动液增压产生所需的制动力，制动控制与电机控制协同工作，确定电动汽车上的再生制动力矩和前后轮上的液压制动力。再生制动时，再生制动控制回收再生制动能量，并且反充到动力电池中。与传统燃油车相同，电动汽车上的 ABS 及其控制阀的作用是产生最大的制动力。

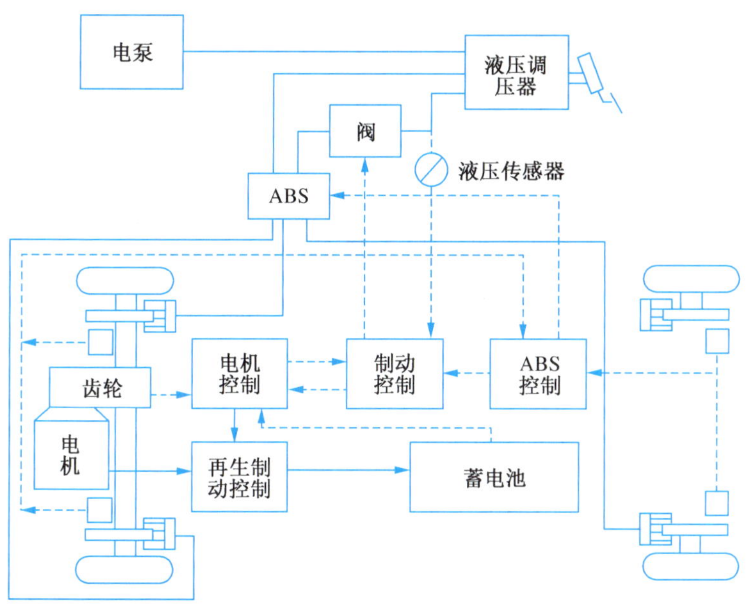

图 3-121　电动汽车的再生制动/液压制动系统的基本结构

一、再生制动能量回收的方法和类型

再生制动能量回收的基本原理是先将汽车制动或减速时的一部分机械能(动能)经再生系统转换(或转移)为其他形式的能量(旋转动能、液压能、化学能等),并储存在储能器中,同时产生一定的负荷阻力使汽车减速制动;当汽车再次起动或加速时,再生系统又将储存在储能器中的能量转换为汽车行驶所需要的动能(驱动力)。

根据储能机理不同,电动汽车再生制动能量回收的方法也不同,主要有 3 种,即飞轮储能、液压储能和电化学储能。

飞轮储能是利用高速旋转的飞轮来储存和释放能量,能量回收系统原理图如图 3-122 所示。当汽车制动或减速时,先将汽车在制动或减速过程中的动能转换成飞轮高速旋转的动能;当汽车再次起动或加速时,高速旋转的飞轮又将存储的动能通过传动装置转化为汽车行驶的驱动力。

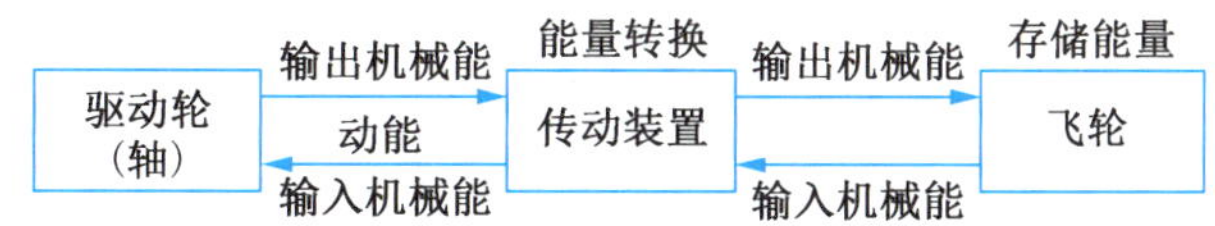

图 3-122　飞轮储能式再生制动能量回收系统原理图

图 3-123 是一种飞轮储能式再生制动能量回收系统示意图。系统主要由发动机、高速储能飞轮、增速齿轮、离合器和驱动桥组成。发动机用来提供驱动汽车的主要动力,高速储能飞轮用来回收再生制动能量及作为负荷平衡装置,为发动机提供辅助的功率以满足峰值功率的要求。

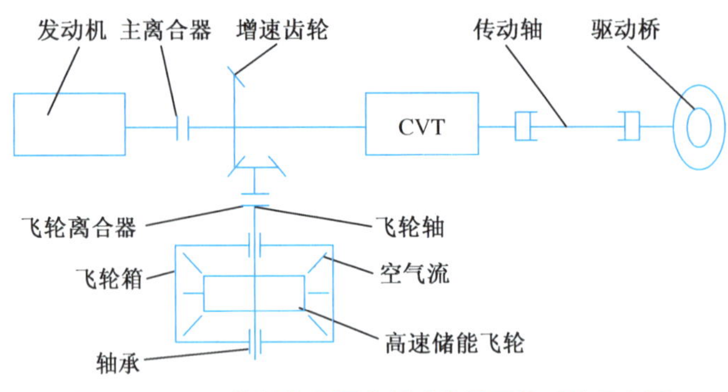

图 3-123　飞轮储能式再生制动能量回收系统示意图

液压储能式再生制动能量回收系统原理图如图 3-124 所示。它是先将汽车在制动或减速过程中的动能转换成液压能,并将液压能储存在液压储能器中;当汽车再次起动或加速时,储能系统又将储能器中的液压能以机械能的形式反作用于汽车,以增加汽车的驱动力。

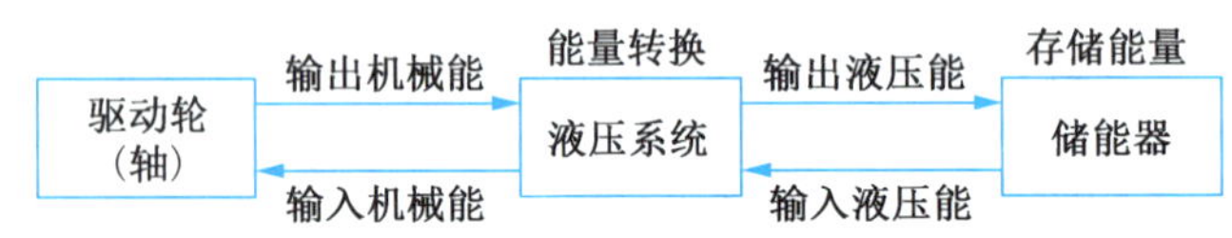

图 3-124　液压储能式再生制动能量回收系统原理图

图 3-125 是液压储能式再生制动能量回收系统示意图。系统由发动机、液压泵/电动机、储能器、变速器、驱动桥、离合器和液压控制系统组成。汽车起动、加速或爬坡时,液控离合器接合,液压储能器与连动变速器连接,液压储能器中的液压能通过液压泵/电动机转化为驱动汽车的动能,用来辅助发动机满足驱动汽车所需要的峰值功率。减速时,电控元件发出信号,使系统处于储能状态,将动能转换为压力能储存在液压储能器内,这时汽车行驶阻力增大,车速降低直至停车。在紧急制动或初始车速较高时,能量再生系统不工作,不影响原车制动系统正常工作。

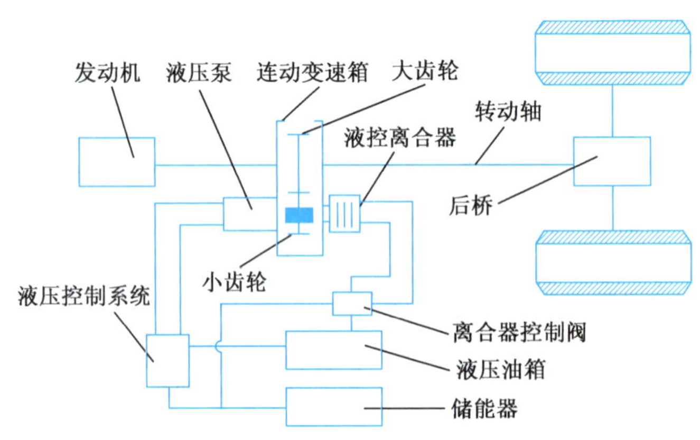

图 3-125　液压储能式再生制动能量回收系统示意图

电化学储能式再生制动能量回收系统原理图如图 3-126 所示。它是先将汽车在制动或减速过程中的动能，通过发电机转化为电能并以化学能的形式储存在储能器中；当汽车再次起动或加速时，再将储能器中的化学能通过电动机转化为汽车行驶的动能。储能器可采用蓄电池或超级电容，由发电机/电动机实现机械能和电能之间的转换。系统还包括一个控制单元，用来控制蓄电池或超级电容的充放电状态，并保证蓄电池的剩余电量在规定的范围内。

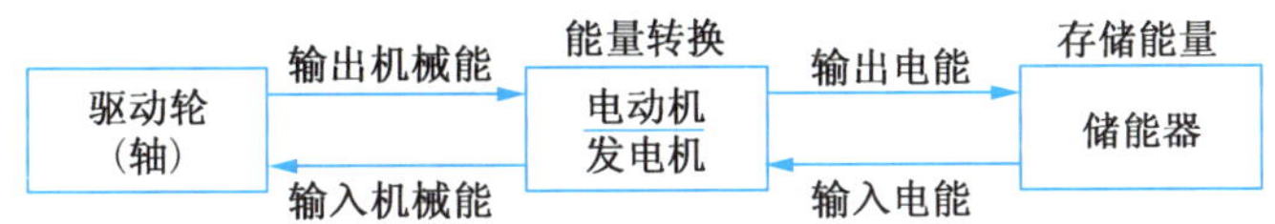

图 3-126　电化学储能式再生制动能量回收系统原理图

图 3-127 是一种用于前轮驱动汽车的电化学储能式再生制动能量回收系统示意图。当汽车以恒定速度或加速度行驶时，电磁离合器脱开。当汽车制动时，行车制动系统开始工作，汽车减速制动，电磁离合器接合，从而接通驱动轴和变速器的输出轴。这样，汽车的动能由输出轴、离合器、驱动轴、驱动轮和从动轮传到发动机和飞轮上。制动时的机械能由电动机转换为电能，存入蓄电池。当离合器再分离时，传到飞轮上的制动能，驱动发电机产生电能，存入蓄电池。在发电机和飞轮回收能量的同时，产生负载作用，作为前轮驱动的制动力。当汽车再次起动时，蓄电池的化学能被转换成机械能用来加速汽车。

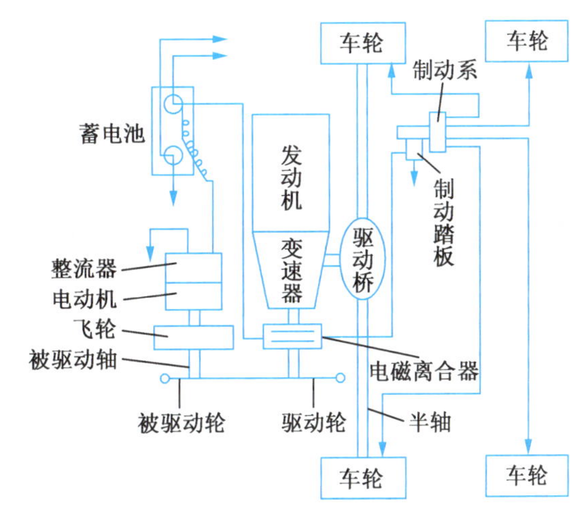

图 3-127　电化学储能式再生制动能量回收系统示意图

电动汽车一般采用这种形式实现再生制动能量回收，采用的办法是在制动或减速时将驱动电动机转化为发电机。

二、电动汽车的再生制动能量回收系统

再生制动能量回收问题对于提高电动汽车的能量利用率具有重要意义。在汽车制动过程中，汽车的动能通过摩擦转化为热能耗散掉，浪费了大量的能量。有关研究数据表明，在几种常见城市工况下，大量的驱动能量被转化为制动能量而消散掉。从平均数值看，制动能量占总驱动能量的 50%左右。

在电动汽车上采取再生制动能量回收方法，有如下作用。

(1) 在目前电动汽车的储能元件没有大的突破与发展的实际情况下，再生制动能量回收装置可以提高电动汽车的能量利用率，延长电动汽车的行驶里程。

(2) 电制动与传统制动相结合，可以减轻传统制动器的磨损，增长其使用周期，达到降低成本的目的。

(3) 可以减少汽车制动器在制动，尤其是缓速下长坡及滑行过程中产生的热量，降低汽车制动器的热衰退，提高汽车的安全性和可靠性。

再生制动系统的结构与原理如图 3-128 所示，由驱动轮、主减速器、变速器、电动机、AC/DC 转换器、DC/DC 转换器、能量储存系统及控制器组成。

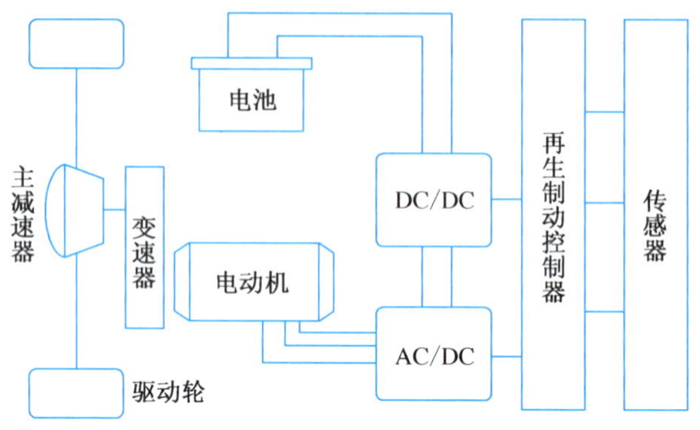

图 3-128　再生制动系统结构与原理

汽车在制动或滑行过程中，根据驾驶员的制动意图，由制动控制器计算得到汽车需要的总制动力，再根据一定的制动力分配控制策略得到电动机应该提供的电动机再生制动力，电动机控制器计算需要的电动机电枢中的制动电流，通过一定的控制方法使电动机跟踪需要的制动电流，从而较准确地提供再生制动力矩，在电动机的电枢中产生的电流经 AC/DC 整流再经 DC/DC 控制器反充到储能装置中保存起来。

在城市循环工况下，汽车的平均车速较低，负荷率起伏变化大，需要频繁地起动和制动，相关研究显示，汽车制动过程中以热能方式消耗到空气中的能量约占驱动总能量的 50%，如果可以将该部分损失的能量加以回收利用，汽车的续驶里程将会得到很大提高。有关资料显示，具有再生制动能量回收系统的电动汽车，一次充电续驶里程可以增加10%～30%。

下面简单介绍几种电动汽车再生制动能量回收系统。

1. Eco-Vehicle 制动控制系统

Eco-Vehicle 是日本开发的一款电动车，该车制动系统使用了传统制动系统不具有的制动压力控制阀单元，控制单元安装在主缸和前后制动器之间的液压回路中，同时压力控制阀还包括主缸压力传感器和两个由制动控制器控制的电磁调节器，如图 3-129 所示。

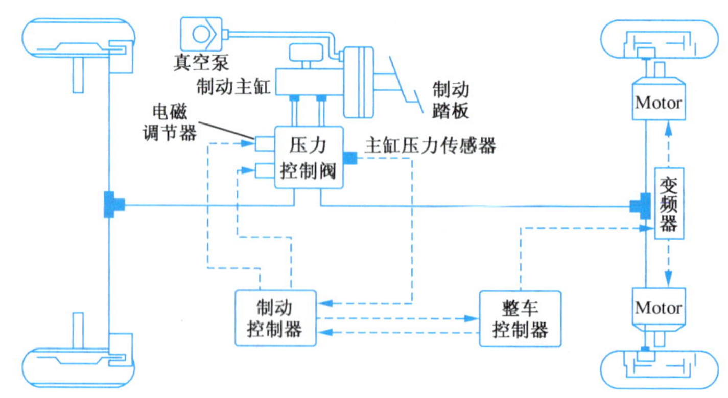

图 3-129　Eco-Vehicle 制动控制系统

压力控制阀单元包含2个阀体，且每个阀体能够独立地作用在前后轮制动器上，同时每个阀体都有一个电磁调节器。利用电磁调节器来控制输出的压力不会直接输送到轮缸，车上的制动控制器控制输出液压制动力。在Eco-Vehicle制动控制系统中，使用压力控制阀减小液压制动力所占比例。压力控制阀中还有一种补偿制动液损失的机械装置，它能够在压力出现起伏波动时减轻踏板的振动。制动控制器根据接收的主缸压力信号做出判断，计算出施加的再生制动力的大小，并将结果以电信号形式发送给汽车控制器，之后汽车控制器参与到再生制动过程中，同时将结果反馈给制动控制器。制动控制器根据反馈信号决定压力控制阀的调节器应处于什么位置，从而控制制动压力的大小。

2. 本田EVPlus制动控制系统

本田EVPlus的制动控制系统与传统的液压(气压)制动系统有所区别，它使用电动真空泵给制动助力器提供动力源；制动过程中将回收能量传递到动力电池中。

本田EVPlus的制动控制系统如图3-130所示。当驾驶员踩下制动踏板一定时间后，电机将以发电方式工作。制动回收的动能经过能量控制单元进入电池，转化为电能储存起来。在制动中，主缸产生的液压制动力矩经过补偿阀，补偿阀根据能量回收制动力矩的大小对液压制动力矩进行相应的调节控制。

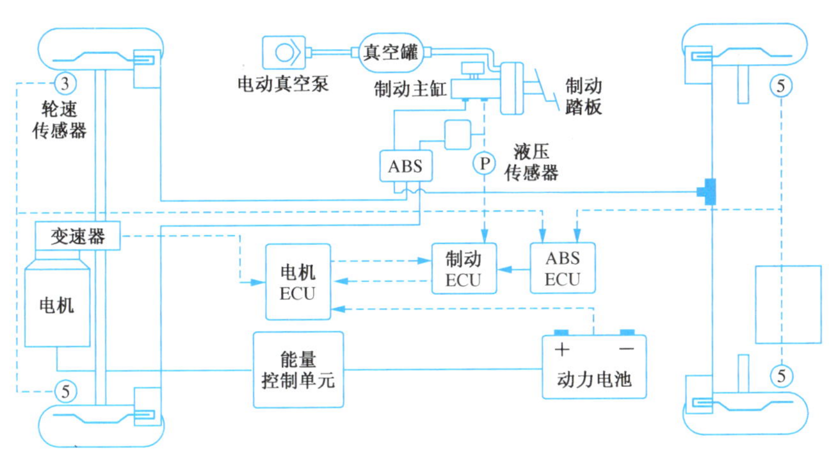

图3-130　本田EVPlus的制动控制系统

3. 再生—液压混合制动系统

图3-131是某电动汽车的再生—液压混合制动系统，它只在前轮上进行再生制动能量回收，前轮上的总制动力矩大小等于电机产生的再生制动力矩与机械制动系统产生的摩擦制动力矩的和。踩下制动踏板后，电动泵使制动液压力增加以产生所需的制动力，制动控制器与电机控制器协同工作以确定再生制动力矩和前后轮上的液压制动力矩大小。在电机再生制动过程中，再生制动控制模块回收再生制动能量并输送到电池中，电动汽车上的ABS及其控制阀的作用都是产生尽可能大的制动力。

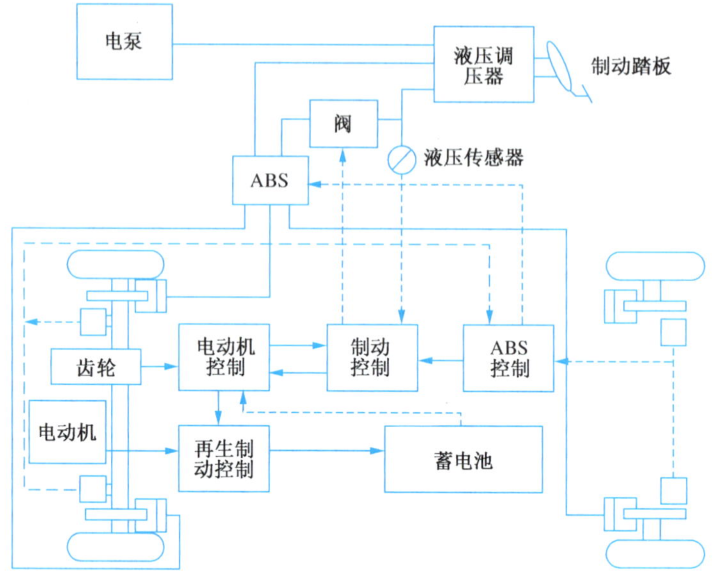

图 3-131　某电动汽车的再生—液压混合制动系统

代码长城:电控系统守护中国汽车数字主权的无声战役

中国新能源电控系统从“黑盒采购”到全栈自研，是国家突破“软肋”的攻坚典范。2016年工信部强制VCU(整车控制器)国产化备案，2024年华为iDVP平台实现座舱、智驾、底盘三域融合，印证中国在功能安全ISO 26262认证领域实现90%本土化。其核心是国家对“软件定义汽车”主导权的争夺——通过构建自主可控的电子电气架构，既保障智能网联数据安全，又培育出地平线、芯驰等芯片生态，扭转汽车“芯荒”困局。

技术破壁不仅体现于9合1超算平台，更在于安全标准的全球引领。从国标《汽车软件升级OTA技术要求》超前欧盟实施，到比亚迪Sic功率模块通过AEC-Q101车规认证；从功能安全团队纳入教育部紧缺人才目录，到“预期功能安全SOTIF”首例国际专利授权，彰显中国从技术追随到规则制定的蜕变。而“开源车用操作系统KernelOS”的发布，更打破基础软件寡头垄断。

当岚图汽车SOA架构实现千余项功能自定义，当中国电控企业获大众MEB平台订单，这不仅是技术输出，更是“汽车数字主权”的觉醒。从业者当以“代码铸就安全长城”的敬畏心，守护智能出行生命线。

一、填空题

1. 电动汽车能量管理系统(EMS)主要由________和________组成。

2. 电池管理系统(BMS)的核心问题是________的预估问题。

3. 电动汽车电池操作窗 SOC 的合理范围是________。

4. 电动汽车再生制动能量回收系统是在汽车减速制动时将部分动能转化为________，并储存在储能装置中。

5. 根据储能机理不同，电动汽车再生制动能量回收的方法主要有飞轮储能、液压储能和________。

6. 在电动汽车的再生制动能量回收系统中，________用来控制蓄电池或超级电容的充放电状态，并保证蓄电池的剩余电量在规定的范围内。

二、单项选择题

1. 下列哪项不是电池管理系统(BMS)的功能？(　　)

A. 实时采集电池系统运行状态参数　　B. 确定电池的 SOC

C. 控制车内空调温度　　D. 故障诊断与报警

2. 集中式 BMS 的优点不包括以下哪一项？(　　)

A. 结构紧凑　　B. 价格低廉　　C. 采样通道数多　　D. 检修便利

3. 分布式 BMS 架构的优点不包括以下哪一项？(　　)

A. 线束少　　B. 采样线存在额外压降

C. 模组装配的过程简化　　D. 适用于较大的高压蓄电池

4. 下列哪项不是电动汽车再生制动能量回收系统的作用？(　　)

A. 提高电动汽车的能量利用率　　B. 减轻传统制动器的磨损

C. 增加汽车行驶时的噪音　　D. 提高汽车的安全性和可靠性

5. 在电动汽车的再生制动过程中，产生的电能通常储存在哪种储能装置中？(　　)

A. 飞轮　　B. 液压储能器

C. 蓄电池或超级电容　　D. 变速器

6. 当电动汽车的储能器已经被完全充满时，所需的制动力主要由什么系统提供？(　　)

A. 再生制动系统　　B. 液压制动系统

C. 常规制动系统　　D. 电动机控制系统

三、判断题

1. 能量管理系统(EMS)在电动汽车中负责从各子系统采集运行数据，但不负责控制电池的充电。(　　)

2. 电池的放电和充电均为脉冲工作模式，大的电流脉冲很可能会造成电池过充、深放甚至过放。(　　)

3. 集中式 BMS 适用于较大的高压蓄电池，因为其线束数量多，排布相对简单。(　　)

4. 电动汽车再生制动能量回收系统可以在任何车速下工作，将制动能量转化为电能储存起来。(　　)

5. 飞轮储能式再生制动能量回收系统是利用高速旋转的飞轮来储存和释放能量。(　　)

6. 电动汽车的再生制动能量回收系统只能增加电动汽车的续驶里程，不能提高电动汽车的安全性。(　　)

模块四 新能源汽车充电技术

模块导读

北京最大充电站落户五棵松，助力绿色冬奥

2020 年 5 月 15 日，北京规模最大的集中式电动汽车充电站(如图 3 - 132)在五棵松体育中心地下停车场投入使用。五棵松体育中心是北京 2022 年冬奥会冰球比赛场馆，为践行“绿色冬奥”理念，北京市加快冬奥会场馆周边电动汽车充电网络布局建设，该充电站共有 200 个充电桩，包括 80 个 60 千瓦直流充电桩和 120 个 7 千瓦交流充电桩，单日可最大提供约 1 300 车次充电服务能力。

图 3 - 132 北京五棵松体育中心地下停车场电动汽车充电站

【知识点 1】 电动汽车充电方法

电动汽车蓄电池的充电方法可以分为常规充电方法和快速充电方法两种。

一、蓄电池常规充电方法

蓄电池的常规充电方法主要有恒流充电法、分段电流充电法、恒压充电法、恒压限流充电法等。

(1) 恒流充电法。恒流充电法是通过调整充电装置输出电压或改变与蓄电池串联的电阻的方式使充电电流强度保持不变的充电方法。该方法控制简单，但由于蓄电池可接受的电流能力是随着充电过程的进行而逐渐下降的，到充电后期，充电电流多用于电解水，产生气体，使析气过甚，此时电能不能有效转化为化学能，多变为热能消耗掉了，因此，常选用分段电流充电法。恒流充电曲线如图 3 - 133 所示，充电电流选择 10 h 率或 20 h 率。恒流充电法能使蓄电池充电比较彻底，但需经常调节充电电压，且充电时间较长。

(2) 分段电流充电法。在充电过程中，为更有效地利用电能，而采用逐渐减小电流的方法。考虑到蓄电池具体情况，分段电流充电法一般分为数段进行充电，如二阶段充电法和三阶段充电法。

① 二阶段充电法。二阶段充电法采用恒电流和恒电压相结合的快速充电方法，其充电曲线如图 3－134 所示。首先，以恒电流充电至预定的电压值，然后，改为恒电压完成剩余的充电。一般两阶段之间的转换电压就是第二阶段的恒电压。

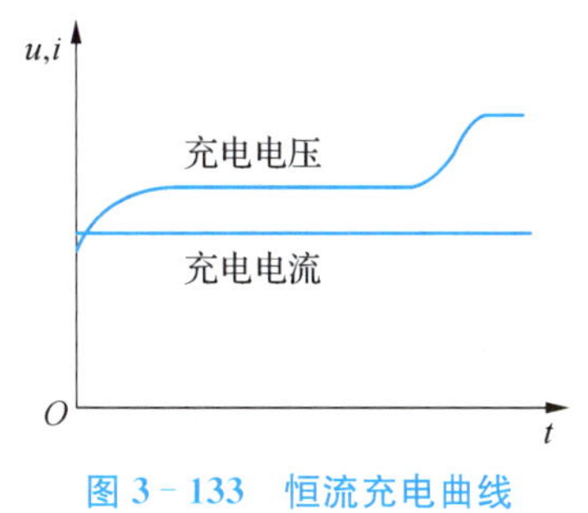

图 3－133　恒流充电曲线

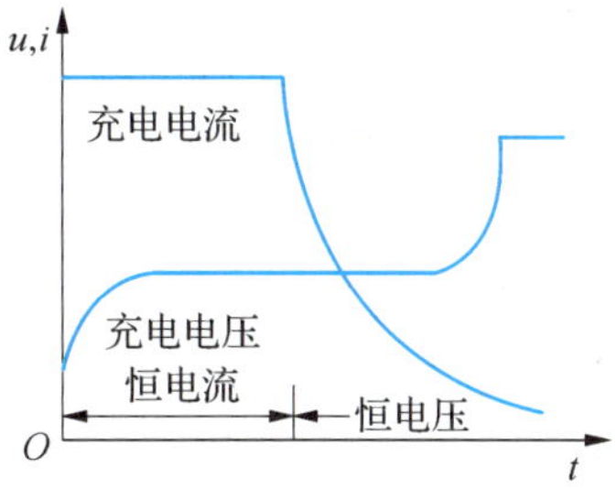

图 3－134　二阶段法充电曲线

② 三阶段充电法。三阶段充电法在充电开始和结束时采用恒电流充电，中间用恒电压充电。当电流衰减到预定值时，由第二阶段转换到第三阶段。这种方法可以将出气量减到最少，但作为一种快速充电方法使用，受到一定的限制。

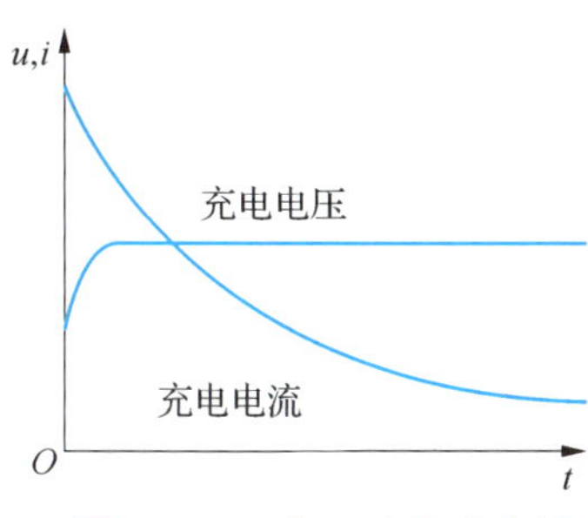

图 3－135　恒压充电法曲线

(3) 恒压充电法。恒压充电法指充电电源的电压在全部充电时间里保持恒定的数值，随着蓄电池端电压逐渐升高，电流逐渐减少。与恒流充电法相比，其充电过程更接近于最佳充电曲线。用恒压充电法快速充电的曲线如图 3－135 所示。由于充电初期蓄电池电动势较低，充电电流很大，随着充电的进行，电流将逐渐减少，因此，只需控制系统即可。

这种充电方法电解水很少，避免了蓄电池过充。但在充电初期电流过大，对蓄电池寿命会造成很大影响且容易使蓄电池极板弯曲，造成蓄电池报废。恒压充电法很少使用，只有在充电电源电压低而电流大时采用，如汽车行驶过程中，蓄电池就是以恒压充电法充电的。

(4) 恒压限流充电法。为了克服恒压充电法中初期电流过大，而使充电设备不能承受的缺点，常采用恒压限流充电法来代替恒压充电法。在充电第一阶段，用恒定的电流充电；在蓄电池电压达到一定电压后，维持此电压恒定不变，转为第二阶段的恒压充电过程；当充电电流下降到一定值后，继续维持恒压充电大约 1 h 即可停止充电。

二、蓄电池快速充电法

为了能够最大限度地加快蓄电池的化学反应速度，缩短蓄电池达到满充状态的时间，同时保证蓄电池正、负极板的极化现象尽量少或轻，提高蓄电池使用效率，快速充电技术近年来得到了迅速发展。

(1) 蓄电池快速充电的原理。由蓄电池的化学反应原理可知，蓄电池在充、放电的过程中要产生氧气。在密封式铅酸蓄电池中，这些正极产生的氧气可以通过隔膜和气室被负极吸收，整个化学反应变成一个循环的反应形式，从而达到免维护的目的。但它的内压是有限的，因此，阴极吸收速度也是有限的。如果充电电压过高，正极产生氧气的速度过快，吸收速度跟不上氧气的产生速度，长时间之后必然造成电池失水，从而诱发蓄电池的微短路、硫酸化等失效现象，损害蓄电池的质量和使用寿命。同时，高速率充电时蓄电池的极化会造成蓄电池内部压力上升、蓄电池温度上升、蓄电池内阻升高等，这不仅会缩短蓄电池寿命，还有可能对蓄电池造成永久性伤害。同时也使蓄电池可接受的充电电流下降，导致蓄电后备厢池不能充到标称容量。

蓄电池的化学反应原理是制定快速充电方法的依据。快速充电要想方设法加快蓄电池的化学反应速度（提高充电电压或电流等），使充电速度得到最大的提高；快速充电又要保证负极的吸收能力，使负极的吸收能力能够跟得上正极氧气产生的速度，同时要尽可能地消除蓄电池的极化现象。这一原理也表明，蓄电池的快速充电的速度是有上限的，不可能无限制地提高蓄电池地充电速度。

提高蓄电池的化学反应速度有两种方式：一是改进蓄电池的结构，以降低欧姆内阻和提高反应离子的扩散速度；二是改进蓄电池的充电方法，允许加大充电电流，缩短充电时间。

（2）几种快速充电方法。

① 脉冲式充电法。脉冲充电法首先是用脉冲电流对蓄电池充电，然后停充一段时间，如此循环，其充电曲线如图3－136所示。充电脉冲使蓄电池充满电量，而间歇期使蓄电池经化学反应产生的氧气和氢气有时间重新化合而被吸收掉，使浓差极化和欧姆极化自然而然地得到消除，从而减轻了蓄电池的内压，使下一轮的恒流充电能够更加顺利地进行，蓄电池可以吸收更多的电量。间歇脉冲使蓄电池有较充分的反应时间，减少了析气量，提高了蓄电池的充电电流接受率。

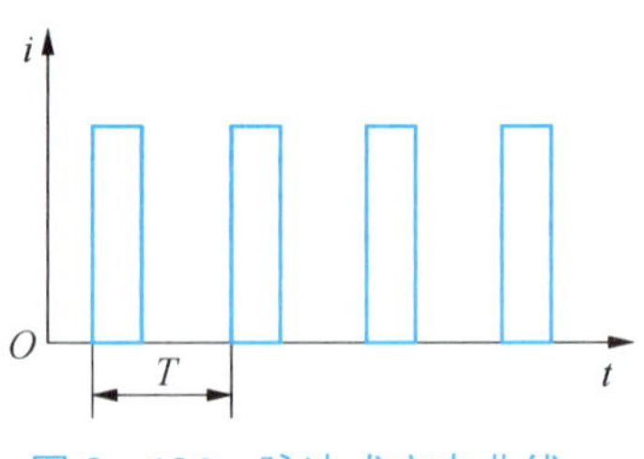

图 3－136　脉冲式充电曲线

② 变电流间歇充电法。变电流间歇充电法是建立在恒流充电和脉冲充电的基础上，其充电曲线如图 3－137 所示。它的特点是将恒流充电段改为限压变电流间歇充电段。充电前期的各段采用变电流间歇充电的方法，保证加大充电电流，获得绝大部分充电量。充电后期采用定电压充电段，获得过充电量，将蓄电池恢复至完全充电态。通过间歇停充，使蓄电池经化学反应产生的氧气和氢气有时间重新化合而被吸收掉，使浓差极化和欧姆极化自然。

变电压间歇充电法。变电压间歇充电法的充电曲线如图 3－138 所示。与变电流间歇充电方法的不同之处在于第一阶段不是间歇恒流，而是间歇恒压。

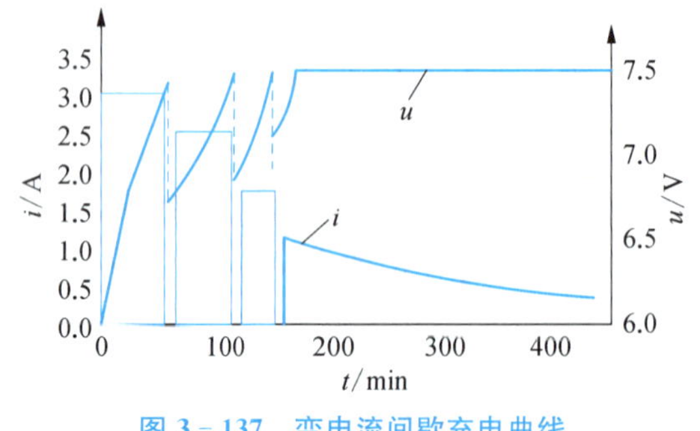

图 3－137　变电流间歇充电曲线

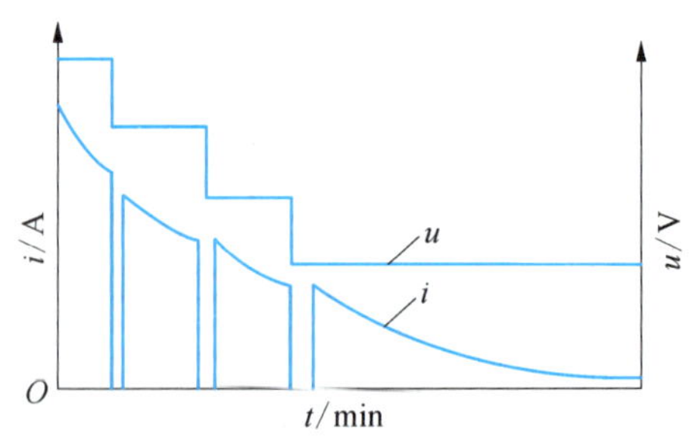

图 3－138　变电压间歇充电曲线

比较图 3－137 和图 3－138 可以看出，图 3－138 更加符合最佳充电的充电曲线。在每个恒电压充电阶段，由于是恒压充电，充电电流自然按照指数规律下降，符合蓄电池电流可接受率随着充电的进行逐渐下降的特点。

【知识点 2】 电动汽车充电装置

蓄电池充电装置是电动汽车不可缺少的系统之一，它的功能是将电网的电能转化为电动车车载蓄电池的电能。

一、电动汽车对充电装置的要求

电动汽车对充电装置的基本要求主要有如下几点。

(1) 安全性。电动汽车充电时，要确保人员的人身安全和蓄电池组的安全。

(2) 使用方便。充电装置应具有较高的智能性，不需要操作人员过多干预充电过程。

(3) 成本经济。成本经济、价格低廉的充电设备有助于降低整个电动汽车的成本，提高运行效益，促进电动汽车的商业化推广。

(4) 效率高。高效率是对现代充电装置最重要的要求之一，效率的高低对整个电动汽车的能量效率具有重大影响。

(5) 对供电电源污染要小。采用电力电子技术的充电设备是一种高度非线性的设备，会对供电网及其他用电设备产生有害的谐波污染，而且由于充电设备功率因数低，在充电系统负载增加时，对其供电网的影响也不容忽视。

二、电动汽车充电装置的类型

1. 按安装位置分类

车载充电装置：车载充电机是固定安装在电动汽车上，将电网的交流电转换成直流电，采用传导方式为电动汽车电池组充电的装置。这种装置便于随车携带，但充电速度相对较慢。

非车载充电装置：非车载充电机安装在电动汽车车体外，将电网的交流电转换成直流电，采用传导方式为电动汽车电池组充电。这种装置通常安装在充电站或充电桩内，充电速度较快。

2. 按充电方式分类

慢充：交流充电桩——固定安装在电动汽车外，与交流电网连接，为电动汽车车载充电机提供交流电源。这种充电桩充电速度较慢，但适合家庭或办公场所长时间停放充电。

快充：直流充电桩——固定安装在电动汽车外，与交流电网连接，将电网的交流电转换成直流电，直接为电动汽车提供直流电源。这种充电桩充电速度快，适合在高速公路服务区或城市快充站使用。

换电：换电站对换下的蓄电池进行统一充电和维护，用户换完蓄电池即可上路，速度比加油还快。但换电模式需要各大厂商统一电池规格和标准，且市场垄断问题限制了其发展。

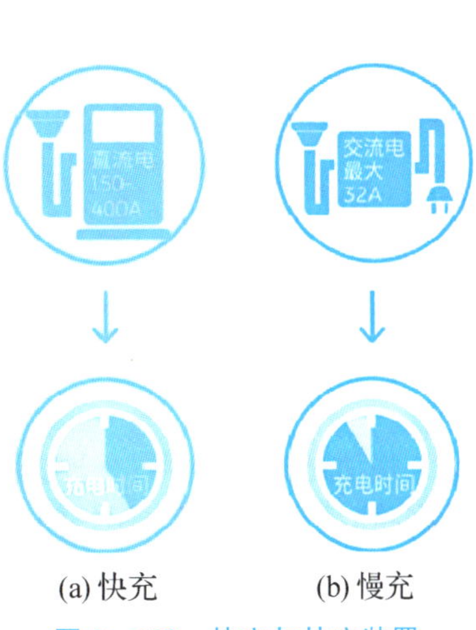

(a) 快充　　(b) 慢充

图 3-139　快充与快充装置

图 3-140　电动汽车的换电

无线充电：无需通过电缆来传递能量，采用电磁感应、电场耦合、磁共振和无线电波等方式进行能量的传递。无线充电模式未来应用前景广阔，但目前受技术成熟度和基础设备限制，还无法大批量应用。

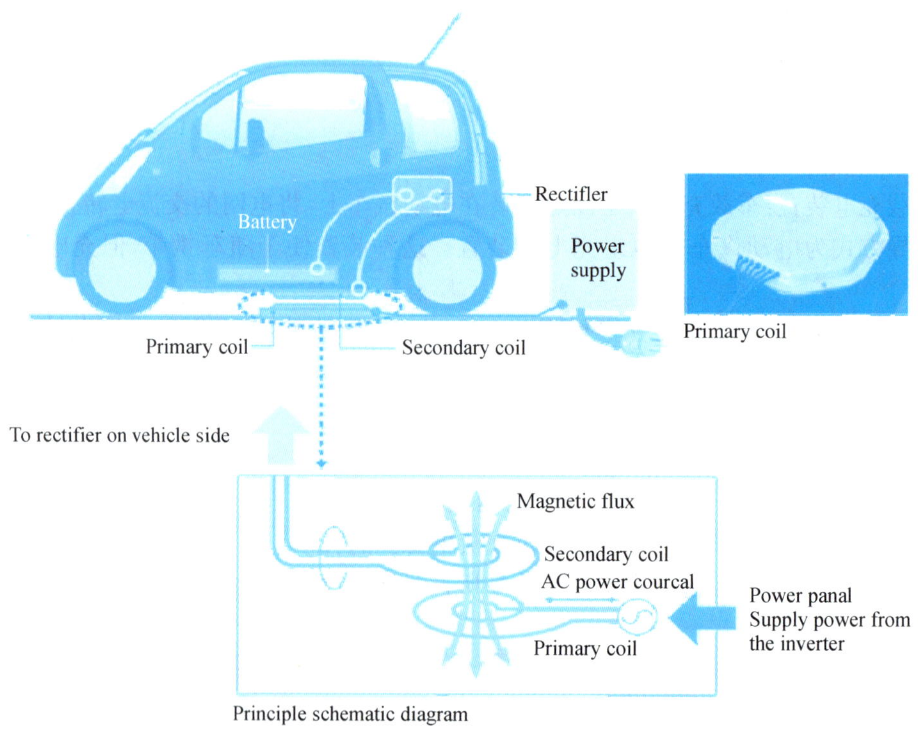

图 3-141　电磁感应式充电原理

移动充电（MAC）：一种更为先进的充电方式，即汽车在行驶过程中充电。MAC 系统埋设在路面之下，不需要额外的空间。

图 3－142　电动汽车移动充电方式

3. 按功能分类

单一功能充电装置：如单一的交流充电桩或直流充电桩，只能提供单一类型的充电服务。

多功能充电装置：如交直流一体化充电桩，既可以实现直流充电，也可以实现交流充电，满足不同用户的充电需求。

4. 按使用场景分类

家用充电装置：如便携式充电电缆和家用交流充电桩，适合在家庭或办公场所使用。

公共充电装置：如公共充电站、快充站和换电站等，适合在高速公路服务区、城市停车场等公共场所使用。

三、充电装置工作原理

1. 交流充电系统结构

交流充电指电网输入给车辆的电压为交流电，可以是 220 V 单相交流电或 380 V 三相交流电。交流电通过标准车辆(交流)接口(充电枪和充电插座)进入车载充电机(OBC)，车载充电机再把交流电转化为直流电给高压蓄电池充电，完成基本的交流充电。交流充电示意图见图 3－143。

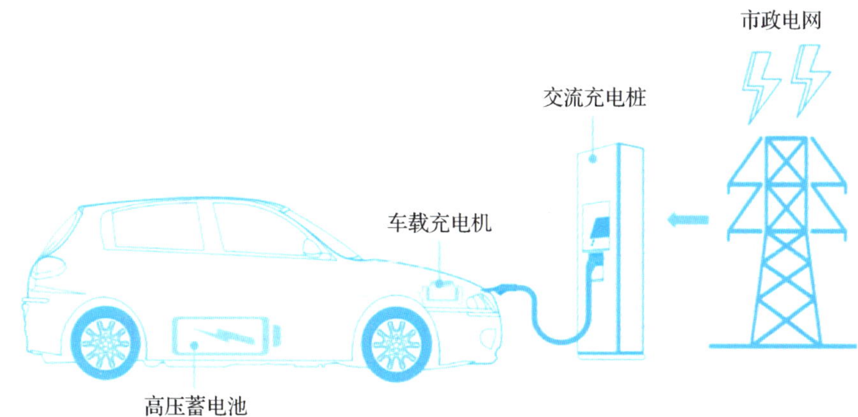

图 3－143　交流充电示意图

交流充电系统主要由高压蓄电池、车载充电机(OBC)、车辆交流充电插座、便携式充电器、交流充电桩或 220 V 交流电源等组成。图 3-144 为某车型的交流充电系统主要部件示意图。

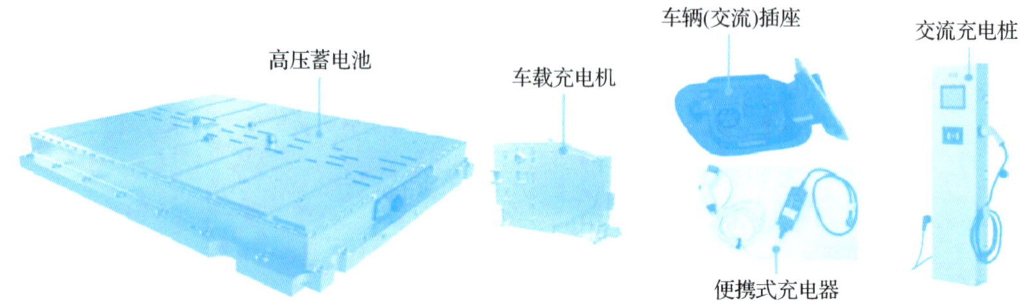

图 3-144 交流充电系统主要部件示意图

其中车辆(交流)插座、车载充电机和高压蓄电池安装在车辆上,便携式充电器在车辆行李箱中,交流充电桩固定在停车场。

(1) 高压蓄电池

高压蓄电池控制单元是实施监控车辆的状态并发出控制指令给车载充电机,使其工作或停止工作控制其工作电流和电压等,是车辆充电的控制大脑。高压蓄电池用于存储来自充电系统的电能。

(2) 车载充电机

车载充电机是交流充电系统的关键部件,其根据控制指令把交流电转化为直流电给高压蓄电池充电见图 3-145。

图 3-145 车载充电机

图 3-146 ID.4 车型车辆(交流)插座安装位置

(3) 车辆(交流)插座

车辆(交流)插座是车辆与外部电网的车辆插头的连接口。车辆交流充电插座在不同车型上的安装位置不同,由具体车型而定。ID.4 车型车辆(交流)插座安装位置见图 3-146,车辆(交流)插座还具有锁枪、温度检测和充电状态显示等功能。

(4) 便携式充电器

便携式充电器是连接外部电网和车辆的充电线,直接给车载充电机提供 220 V AC 电源。便携式充电器的控制保护装置可检测车辆和电网状态,连接或断开给车辆的供电,具有

一定的保护功能。

根据标准要求其输入的充电电流限制在 13 A 以内，输入电压为 220 V 交流电，所以采用便携式充电器充电时，车载充电机的输入最大功率为 2 860 W，充电时间会较长。

(5) 交流充电桩

交流充电桩也是车辆连接外部电网的部件，直接给车载充电机提供 220 V AC 或 380 V AC 电源。它也具有检测车辆和电网状态，连接或断开给车辆供电的功能。充电桩的供电电压有 220 V AC 和 380 V AC，根据充电桩的输出功率而定。根据标准要求，如交流充电桩的输出电流大于 32 A 时，供电电压必须采用 380 V AC。因此使用交流充电桩充电时，充电功率较大，与便携式充电器比，充电时间会缩短。

(6) 车辆(交流)接口端子功能定义

交流充电车辆(交流)接口应符合《GB/T 20234.2—2015 电动汽车传导充电用连接装置 第 2 部分：交流充电接口》要求。

交流充电枪和车辆(交流)插座端子布置见图 3 - 147。

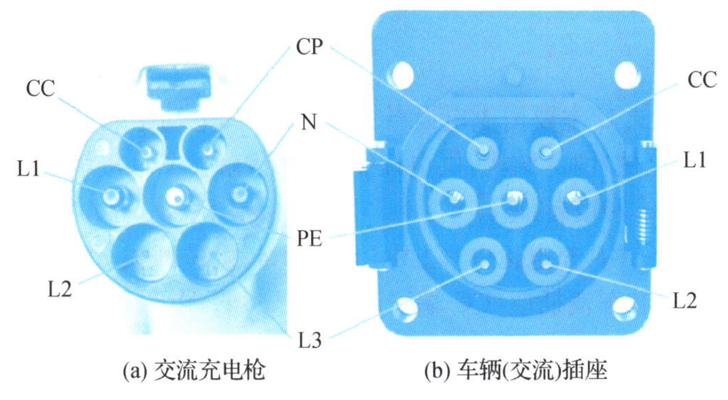

图 3 - 147 交流接口

表 3 - 20 车辆交流接口端子功能定义

端子	额定电压	额定电流	功能定义
L1	250 V	10 A/16 A/32 A	交流电源(单相)
	440 V	16 A/32 A/63 A	交流电源(三相)
L2	440 V	16 A/32 A/63 A	交流电源(三相)
L3	440 V	16 A/32 A/63 A	交流电源(三相)
N	250 V	10 A/16 A/32 A	中线(单相)
	440 V	16 A/32 A/63 A	中线(三相)
PE	—	—	保护接地(PE)，连接供电设备地线和车辆电平台
CC	0 V—30 V	2 A	充电连接确认
CP	0 V—30 V	2 A	控制导引

2. 交流充电系统工作原理

交流充电控制，这里以交流充电桩给电动汽车进行充电控制原理为例，其电路原理见图3－148。

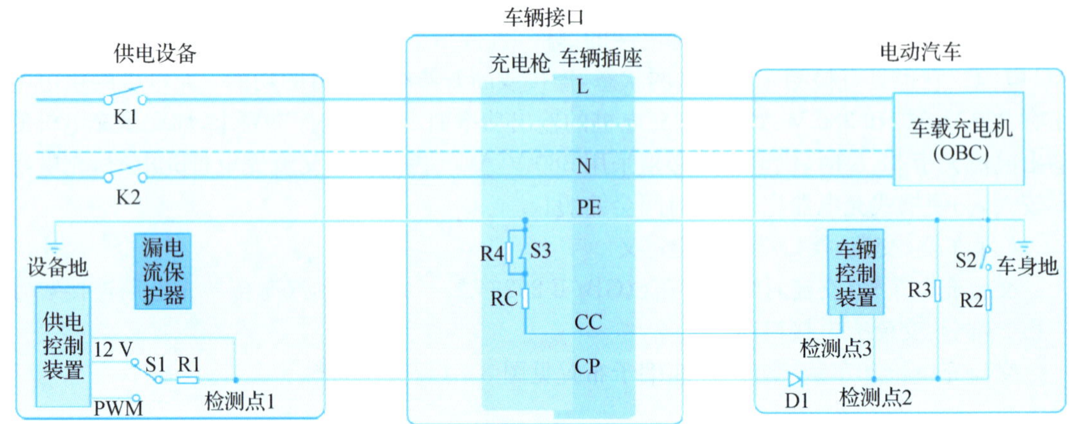

图3－148　交流充电控制原理电路图

充电模式3连接方式C主要由供电设备、车辆接口和电动车辆三部分组成。

(1) 供电设备(充电桩)内部结构：供电控制装置、接触器K1、接触器K2、漏电保护器、电阻R1、开关S1、检测点1和设备地。

(2) 车辆接口内部结构：充电枪(电阻RC、电阻R4、机械开关S3、CC端子、CP端子、PE端子、L1端子、N端子)和车辆插座(CC端子、CP端子、PE端子、L1端子、N端子)。

(3) 电动汽车内部结构：车载充电机、车辆控制装置、二极管D1、电阻R2、电阻R3、开关S2、检测点2、检测点3和车身地。

3. 交流充电过程

(1) 连接确认

① CC信号功能

CC全称Connection confirm，连接确认。CC信号主要功能有以下三个：① 车辆端根据CC信号来判断充电枪是否完成物理连接。② 识别充电电缆额定容量。③ 在充电过程中，车辆控制装置通过周期性监测检测点3，确认车辆接口的连接状态，监测周期不大于50 ms。

② CC信号连接确认过程

车辆控制装置通过测量检测点3与PE之间的电阻值来判断充电枪与车辆插座是否完全连接。充电枪与车辆插座有未连接、半连接和全连接三种状态，见图3－149。

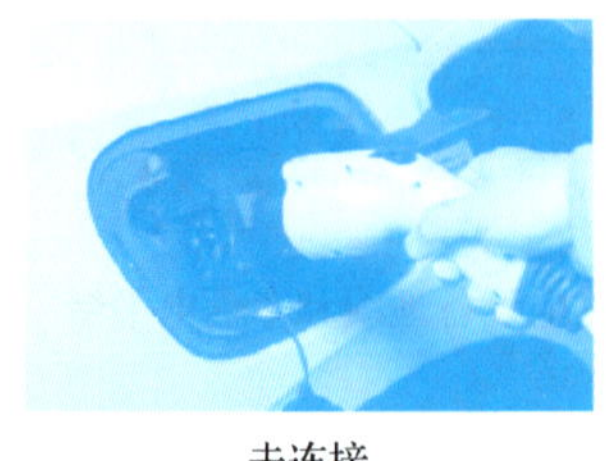

未连接

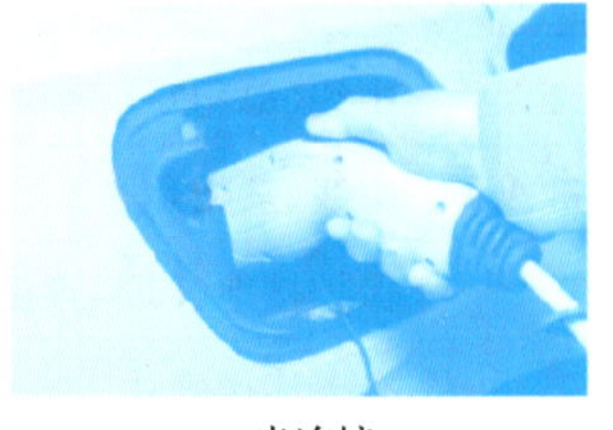

半连接

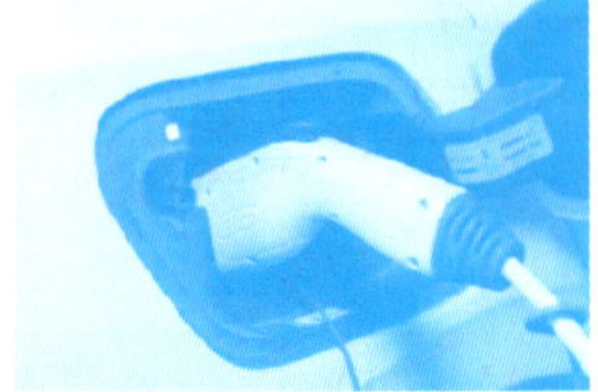

完全连接

图3－149　车辆接口三种状态

(2) 锁定车辆充电插头

充电接口完全连接后，车辆插座内的电子锁应在开始供电(K1 与 K2 闭合)前锁定充电枪并在整个充电流程中保持。如不能锁定，由电动车辆决定下一步操作，例如继续充电流程，通知操作人员并等待进一步指令或终止充电流程。

(3) 识别充电连接装置载流能力

识别充电连接装置载流能力时 CC 信号的另一个功能。检测点 3 车辆控制装置通过测量检测点 3 与 PE 之间的电阻值(即 RC 阻值)来确认当前充电连接装置(电缆)的额定容量，见表 3-21。

表 3-21　RC 阻值对应的充电电缆额定电流

RC 电阻值	充电额定电流
1.5 kΩ	10 A
680 Ω	16 A
220 Ω	32 A
100 Ω	63 A

(4) 识别供电设备供电功率与充电过程检测

CP 信号全称为 controlpilotfunction，控制引导功能信号，也称供电设备和电动车辆的握手信号。

CP 信号主要用于监控电动汽车和供电设备之间(充电)交互，具体功能见表 3-22。

表 3-22　CP 信号功能

设备	CP 信号检测位置	功能描述
供电设备	检测点 1	供电控制装置通过测量检测点 1 的电压值来判断充电连接装置是否完全连接。
		供电控制装置通过测量检测点 1 的电压值判断车辆是否准备就绪。
		在充电过程中，供电控制装置通过周期性监测检测点 1，确认车辆接口的连接状态，监测周期不大于 50 ms。
电动汽车	检测点 2	车辆控制装置通过测量检测点 2 的 PWM 信号，判断充电连接装置是否已完全连接。
		车辆控制装置通过判断检测点 2 的 PWM 信号占空比确认供电设备的最大可供电能力。
		在充电过程中，车辆控制装置通过周期性监测检测点 2，确认车辆接口的连接状态，监测周期不大于 50 ms。

(5) 充电停止

在充电过程中，当充电完成或因为其他因素不能满足继续充电的条件时，车辆控制装置和供电控制装置分别停止充电的相关控制功能。充电停止的条件见表 3－23。

表 3－23　交流充电充电停止的条件

<table>
<tr><td rowspan="3">正常结束或停止充电</td><td>在充电过程中，当达到车辆设置的结束条件或者驾驶员对车辆实施了停止充电的指令时。</td></tr>
<tr><td>在充电过程中，当达到操作人员设置的结束条件、操作人员对供电装置实施了停止充电的指令时。</td></tr>
<tr><td>当检测到 S2 开关断开时。</td></tr>
<tr><td rowspan="7">非正常结束或停止充电</td><td>在充电过程中，车辆控制装置通过检测 PE 与检测点 3 之间的电阻值异常时（判断 S3 断开）。</td></tr>
<tr><td>在充电过程中，车辆控制装置通过检测 PE 与检测点 3 之间的电阻值异常时（判断充电接口完全断开）。</td></tr>
<tr><td>在充电过程中，车辆控制装置通过对检测点 2 的 PWM 信号进行检测，当信号中断时。</td></tr>
<tr><td>在充电过程中，如果检测点 1 的电压值为 12 V、9 V 或者其他非 6 V 的状态时。</td></tr>
<tr><td>在充电过程中，如果剩余电流保护器（漏电断路器）动作。</td></tr>
<tr><td>当供电设备 PWM 信号对应的最大供电电流≤20 A，且车载充电机实际工作电流超过最大供电电流＋2 A 并保持 5 s 时；
当供电设备 PWM 信号对应的最大供电电流＞20 A，且车载充电机实际工作电流超过最大供电电流的 1.1 倍并保持 5 s 时。</td></tr>
<tr><td>当车辆 S2 断开（检测点 1 的电压值为 9 V）时。</td></tr>
</table>

4. 直流充电系统结构原理

直流充电是指外部电网输入给车辆的电压为直流电，即直流充电把 380 V AC 三相电转化为直流电通过直流充电枪和车辆（直流）插座直接给新能源汽车高压蓄电池充电，俗称快充。

直流充电在《GB/T 18487.1—2015 电动汽车传导充电系统　第 1 部分：通用要求》中描述为充电模式 4，见图 3－150。

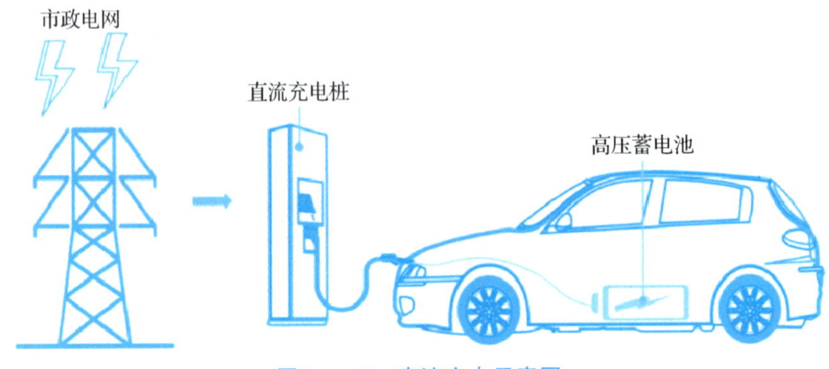

图 3－150　直流充电示意图

直流充电系统的部件主要有直流充电桩、车辆（直流）插座（插座线束）、高压蓄电池和车辆控制器（整车控制器 VCU、BMS 控制单元）等，见图 3－151。

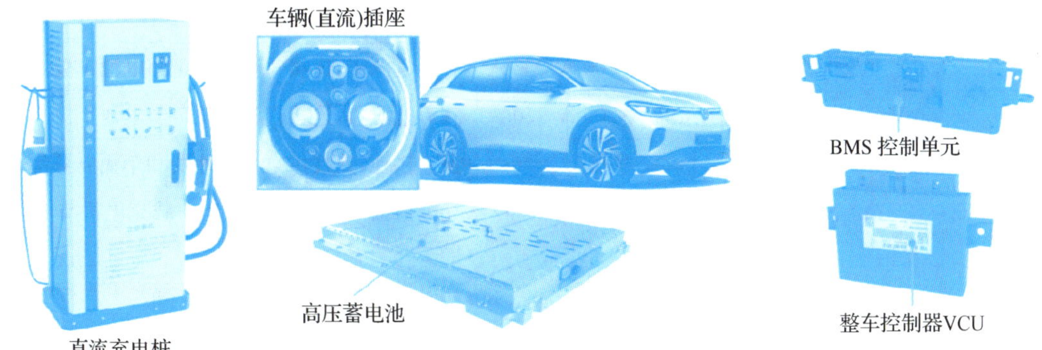

图 3－151　直流充电系统的部件示意图

各部件的作用如下：

（1）车辆（直流）插座

车辆（直流）插座是国家标准件，是车辆连接外部电网的直流接口，共 9 个端子。车辆（直流）插座固定在车辆上，直接连接高压蓄电池的 DC 接触器。

（2）车辆控制器

车辆控制器是实时监控车辆状态，并根据国家标准《GB/T 27930—2015 电动汽车非车载传导式充电机与电池管理系统之间的通信协议》协议格式和内容，发出控制指令给直流充电桩，使其工作或停止工作，控制其输出电流和电压等，是车辆充电的控制大脑。

（3）直流充电桩

直流充电桩是一个大功率的非车载充电机，其把 380 V AC 交流电转化为直流电后，通过标准充电插头和充电插座连接，直接给动力电池充电。其工作功率一般都较大，因此大大缩短充电时间。

5. 车辆（直流）接口端子功能定义

车辆（直流）接口应符合《GB/T 20234.3—2015 电动汽车传导充电用连接装置　第 3 部分：直流充电接口》要求。

直流充电枪和车辆（直流）插座端子布置见图 3－152。

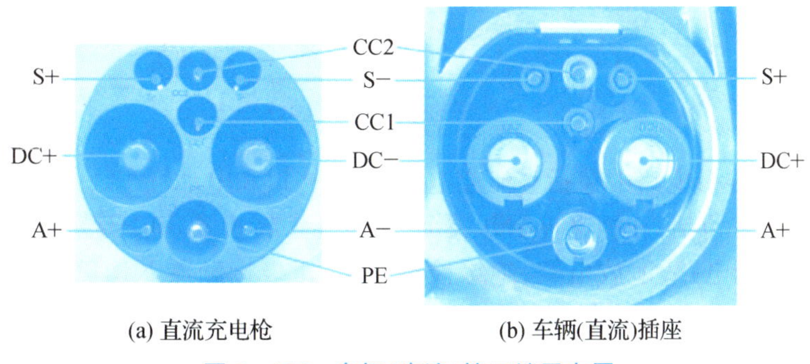

图 3－152　车辆（直流）接口端子布置

车辆(直流)接口端子功能定义见表 3 - 24。

表 3 - 24　车辆直流接口端子功能定义

端子	额定电压	额定电流	功能定义
DC+	750 V/1 000 V	80 A/125 A/200 A/250 A	直流电源正,连接直流电源正与电池正极。
DC−	750 V/1 000 V	80 A/125 A/200 A/250 A	直流电源负,连接直流电源负与电池负极。
PE	—	—	保护接地,连接供电设备地线和车辆电平台。
S+	0 V—30 V	2 A	充电通信 CAN_H,连接非车载充电机与电动汽车的通信线。
S−	0 V—30 V	2 A	充电通信 CAN_L,连接非车载充电机与电动汽车的通信线。
CC1	0 V—30 V	2 A	充电连接确认。
CC2	0 V—30 V	2 A	充电连接确认。
A+	0 V—30 V	20 A	低压辅助电源正,连接非车载充电机为电动汽车提供的低压辅助电源。
A−	0 V—30 V	20 A	低压辅助电源负,连接非车载充电机为电动汽车提供的低压辅助电源。

6. 直流充电系统原理

《GB/T 18487.1—2015 电动汽车传导充电系统　第 1 部分:通用要求》中的直流充电控制导引电路原理图见图 3 - 153。

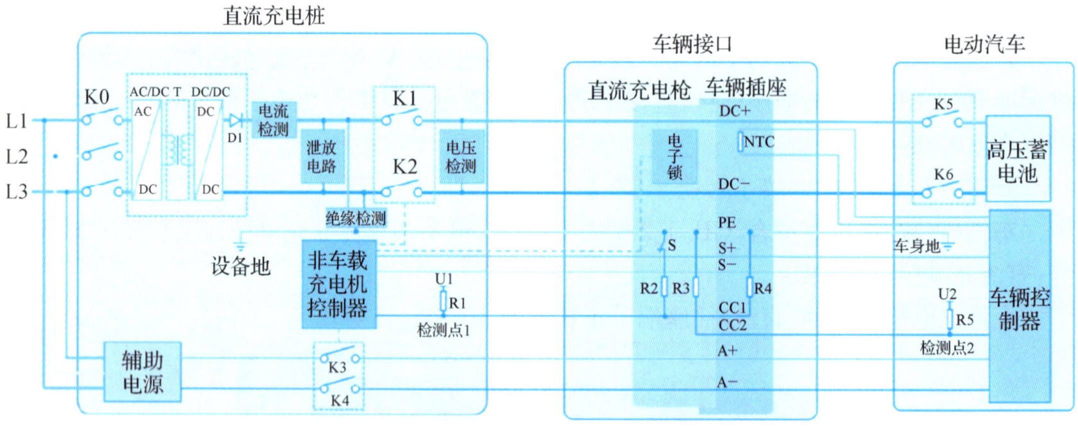

图 3 - 153　直流充电控制导引电路原理图

直流充电控制导引电路中包括直流充电桩、车辆接口和电动汽车。

(1) 直流充电桩包括:三相电控制开关 K0、AC/DC 转换器、变压器 T、DC/DC 转换器、二极管 D1 电流检测电路、泄放电路、绝缘检测电路、正极接触器 K1、负极接触器 K2、设备地、非车载充电机控制器、检测电压 U1、电阻 R1、检测点 1、辅助电源、接触器 K3 和接触器 K4。

(2) 车辆接口包括:直流充电枪(电子锁、常闭开关 5、电阻 R2、电阻 R3、端子 D+、端子

DC－、端子 PE、端子 S＋、端子 S－、端子 CC1、端子 CC2、端子 A＋和端子 A－）、车辆插座（电阻 R1、端子 D＋、温度传感器 NTC、端子 DC－、端子 PE、端子 5＋、端子 5－、端子 CC1、端子 CC2、端子 A＋和端子 A－）

（3）电动汽车包括：正极接触器 K5、负极接触器 K6、高压蓄电池、车身地、检测电压 U2、电阻 R5 检测点 2 和车辆控制器。

直流充电控制过程：

T1：车辆接口未完全连接，保持开关 S 为断状态，将直流充电枪插入车辆插座中。

T2：直流充电枪与车辆插座插合后，松开直流充电枪开关 S，开关 S 闭合，车辆接口完全连接，电子锁反馈可靠锁止信号。

T3：非车载充电机控制器控制 K3 和 K4 闭合，使低压辅助供电回路导通。

T4：非车载充电机控制器启动握手报文。

T4→T5：初始数据交互，非车载充电机控制器获取最高允许充电总电压。在得到充电桩提供的低压辅助电源供电后，车辆控制装置通过测量检测点 2 的电压值判断车辆接口是否已完全连接。

T6：非车载充电机控制器控制绝缘检测电路进行绝缘检测。

T7：非车载充电机控制器闭合 K1 和 K2，输出电压为绝缘监测电压，绝缘监测电压取最高允许充电总电压和充电桩额定电压中的较小值。

T8：车辆充电准备就绪，车辆控制装置控制 K5 和 K6 闭合，电动汽车端充电回路接通。电动汽车负责整个系统的绝缘检测。

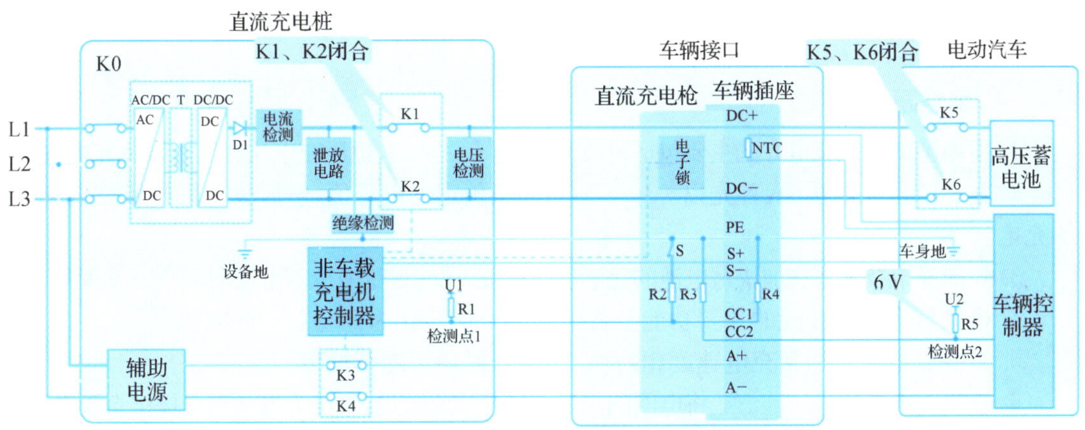

图 3－154　直流充电桩向高压蓄电池充电

T9：达到充电结束条件，车辆控制装置开始周期发送“电池管理系统中止充电报文”，非车载充电机控制器周期发送“充电机中止充电报文”，充电桩停止充电。充电桩停止输出，输出电流在 5 A 以下。

T10：车辆控制装置控制 K5 和 K6 断开；非车载充电机控制器控制接触器 K1、K2 断开。电动汽车停止充电。

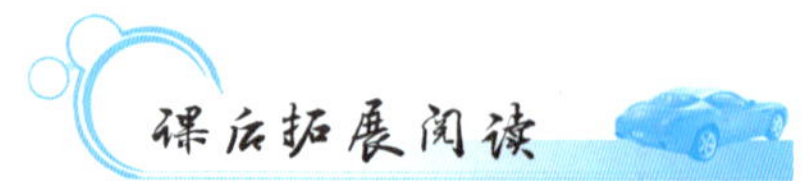

课后拓展阅读

充电枪尖的温度:中国新能源基建的普惠脉动与文明刻度

中国充电网络从“有桩无电”到全球覆盖最密(2023 年保有量 660 万台),是国家新型基础设施建设的典范。2015 年“桩站先行”政策破解里程焦虑,2022 年“光储充检”智能微网模式写入政府工作报告,标志着能源补给网升维为“交通-能源-城市”协同的关键节点。其价值在于国家“让电动化惠及全民”的初心——通过充电服务下乡(覆盖 90%县域)、统建统营小区改造,既消除民生痛点,又以 V2G 技术激活万亿级储能资源,支撑新型电力系统转型。

创新不仅在于 480 kW 超充技术追平加油速度,更在于社会效益最大化。从青海玉树海拔 4 500 米光储充一体站,到深圳公交场站全量接入虚拟电厂;从《充电设备防孤岛保护国标》填补空白,到宁德时代 EVOGO 换电体系开放专利,彰显中国技术普惠的担当。而“ChaoJi 充电国际标准”主导制定,更使中国方案成为亚欧通用规范。

当甘肃农用车用上光伏充电桩,当上海 V2G 车主年获电费收益 4 000 元,这不仅是技术落地,更是“共同富裕”的能源注解。从业者需怀“一度电照亮万家窗”的赤忱,铸就连通城乡的绿色动脉。

思考与练习

一、填空题

1. 蓄电池的常规充电方法主要包括恒流充电法、________、恒压充电法和恒压限流充电法。

2. 在二阶段充电法中,首先以________充电至预定的电压值,然后改为恒电压完成剩余的充电。

3. 快速充电技术旨在加快蓄电池的化学反应速度,同时尽量减少蓄电池的________现象。

4. 电动汽车充电装置的主要功能是将电网的电能转化为________的电能。

5. 车载充电装置通常充电速度相对________,但便于随车携带。

6. 直流充电桩通过________将电网的交流电转换成直流电,直接为电动汽车提供直流电源。

7. 在交流充电系统中,________是连接外部电网和车辆的充电线。

8. 直流充电控制导引电路中,________负责整个系统的绝缘检测。

二、单项选择题

1. 以下哪种充电方法在充电初期电流过大,可能对蓄电池寿命造成很大影响?(　　)

A. 恒流充电法　　B. 恒压充电法

C. 分段电流充电法　　D. 恒压限流充电法

2. 脉冲式充电法的特点是(　　)。

A. 持续使用高电流充电

B. 充电过程中无间歇

C. 使用脉冲电流充电后停充一段时间，循环进行

D. 始终维持恒定电压充电

3. 变电流间歇充电法与变电压间歇充电法的主要区别在于第一阶段（　　）。

A. 都是间歇恒流

B. 都是间歇恒压

C. 前者是间歇恒流，后者是间歇恒压

D. 前者是间歇恒压，后者是间歇恒流

4. 下列哪项不是电动汽车对充电装置的基本要求？（　　）

A. 安全性　　B. 使用方便

C. 成本低廉　　D. 充电速度无限快

5. 以下哪种充电方式适合家庭或办公场所长时间停放充电？（　　）

A. 直流充电桩　　B. 交流充电桩

C. 换电站　　D. 无线充电

6. 车载充电机的主要功能是什么？（　　）

A. 将直流电转换为交流电

B. 将交流电转换为直流电给高压蓄电池充电

C. 直接为电动汽车提供直流电源

D. 监控电动汽车的充电状态

7. 在直流充电系统中，哪个部件负责将 380 V AC 交流电转化为直流电？（　　）

A. 车辆控制器　　B. 直流充电桩

C. 车辆插座　　D. 高压蓄电池

8. 交流充电控制过程中，哪个步骤涉及非车载充电机控制器获取最高允许充电总电压？（　　）

A. T1　　B. T2　　C. T4→T5　　D. T9

三、判断题

1. 恒流充电法在整个充电过程中，充电电流强度始终保持不变。（　　）

2. 三阶段充电法在充电开始和结束时采用恒电压充电，中间用恒电流充电。（　　）

3. 快速充电技术可以通过无限制地提高充电电压或电流来加快蓄电池的化学反应速度。（　　）

4. 电动汽车充电装置的成本经济与否对电动汽车的商业化推广没有影响。（　　）

5. 换电模式需要各大厂商统一电池规格和标准，这是其发展的一个主要限制因素。（　　）

6. 便携式充电器在充电时，车载充电机的输入最大功率为 2 860 W，因此充电时间非常短。（　　）

7. 在直流充电过程中，非车载充电机控制器负责控制充电电流和电压。（　　）

8. 交流充电枪和车辆插座的端子布置不需要符合国家标准。（　　）

模块五 新能源汽车智能网联技术

2023 年我国 PA 级智能网联乘用车渗透率超 46%

2023 年 PA 级智能网联汽车销量快速增长。1—10 月我国 PA 级智能网联乘用车销量达到 794.3 万辆，渗透率达 46.2%。随着智能网联汽车技术的日益进步，得益于自主品牌和新势力在智能网联汽车领域持续发力，PA 级智能网联汽车渗透率实现年平均两位数增长，进入技术驱动的快速发展期，并逐步接近 2025 年 50%的目标值。

高级别自动驾驶实现小规模示范应用。C-V2X 市场化应用实现突破，多个车型前装 C-V2X终端，受限于基础设施覆盖率等问题，整体市场装配率不足 1%。HA 级车辆开始在封闭区域或示范区内广泛示范验证，全国发放 L4 级智能网联汽车测试牌照 3 700 张。

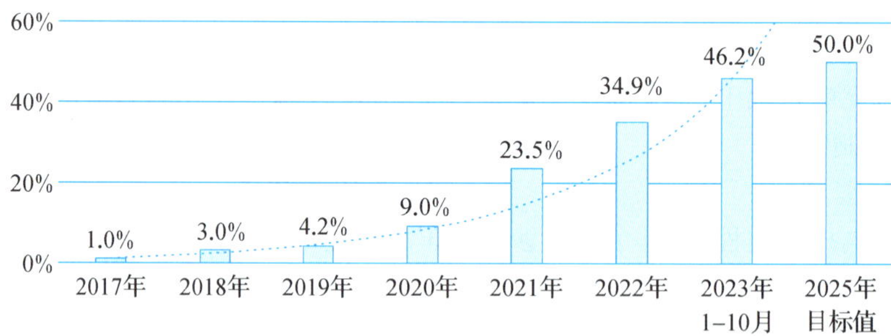

图 3-155 2017—2023 年我国智能网联乘用车 PA 级渗透率

【知识点 1】 智能网联汽车

根据《国家车联网产业标准体系建设指南》对智能网联汽车定义，智能网联汽车是指搭载先进的车载传感器、控制器、执行器等装置，并融合现代通信与网络技术，实现车与 X(人、车、路、云端等)智能信息交换、共享，具备复杂环境感知、智能决策、协同控制等功能，可实现“安全、高效、舒适、节能”行驶，并最终可实现替代人来操作的新一代汽车。

根据我国《智能网联汽车技术路线图》的解释，智能网联汽车具有两个层面：一是智能化，二是网联化。

在智能化层面，汽车配备了多种传感器（摄像头、超声波雷达、毫米波雷达、激光雷达），实现对周围环境的自主感知，通过一系列传感器信息识别和决策操作，汽车按照预定控制算法的速度与预设定交通路线规划的寻径轨迹行驶。

在网联化层面，车辆采用新一代移动通信技术（LTE-V、5G 等），实现车辆位置信息、车速信息、外部信息等车辆信息之间的交互，并由控制器进行计算，通过决策模块计算后控制车辆按照预先设定的指令行驶，进一步增强车辆的智能化程度和自动驾驶能力。

【知识点 2】 智能化汽车

1. 智能化汽车的定义

智能汽车是在普通汽车的基础上增加先进的传感器(雷达、摄像等)、控制器、执行器等装置,通过车载传感系统的环境感知能力,能够自动地分析汽车行驶的安全及危险状态,按照人的意志到达目的地,最终实现替代人来操作的新一代汽车。

图 3-156　智能化汽车

2. 智能化汽车的分类

表 3-25　智能化等级

智能化等级	等级名称	等级定义	控制	监视	失效应对	典型工况
人监控驾驶环境						
1(DA)	驾驶辅助	系统根据环境信息执行转向和加减速中的一项操作,其他驾驶操作都由人完成	人与系统	人	人	车道内正常行驶,高速公路无车道干涉路段,泊车工况
2(PA)	部分自动驾驶	系统根据环境信息执行转向和加减速操作,其他驾驶操作都由人完成	人与系统	人	人	高速公路及市区无车道干涉路段,换道,环岛绕行、拥堵跟车等工况
自动驾驶系统(“系统”)监控驾驶环境						
3(CA)	有条件的自动驾驶	系统完成所有驾驶操作,根据系统请求,驾驶员需要提供适当的干预	系统	系统	人	高速公路正常行驶工况,市区无车道干涉路段

（续表）

智能化等级	等级名称	等级定义	控制	监视	失效应对	典型工况
4(HA)	高度自动驾驶	系统完成所有驾驶操作，特定环境下，系统会向驾驶员提出响应请求，驾驶员可以对系统请求不进行响应	系统	系统	系统	高速公路全部工况及市区有车道干涉路段
5(FA)	完全自动驾驶	系统可以完成驾驶员能够完成的所有道路环境下的操作，不需要驾驶员介入	系统	系统	系统	所有行驶工况

(1) 辅助驾驶阶段(DA)

在辅助驾驶阶段，车辆智能化系统主要根据环境信息执行车辆行驶方向(车道保持)或加减速(通常特指自适应定速巡航控制功能)中的某一项操作，其他操作都由驾驶员来完成，俗话讲就是在特定的路况下可以解放驾驶员的手或脚。

图 3-157　车道保持

(2) 部分自动驾驶阶段(PA)

在部分自动驾驶阶段，车辆智能化系统根据环境信息对车辆的行驶方向和加减速中的多项操作同时提供支援，其他操作由驾驶员完成。

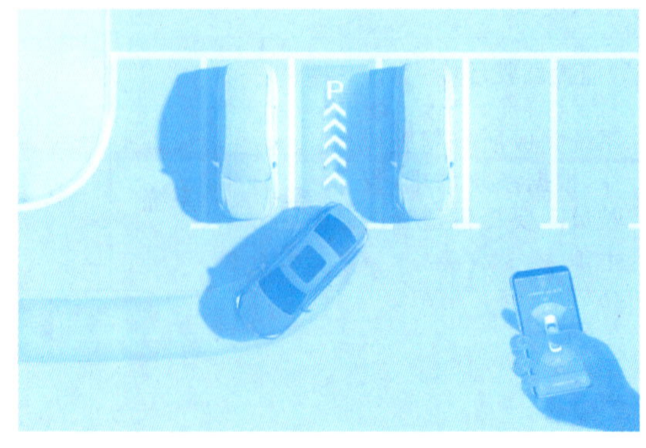

图 3-158　自动泊车

(3) 有条件自动驾驶阶段(CA)

在有条件自动驾驶阶段，所有驾驶操作由智能化系统完成，根据系统请求，驾驶员需要提供适当的干预，否则车辆将滞留原地，直到环境改变允许车辆继续行驶。

图 3－159　有条件自动驾驶

(4) 高度自动驾驶阶段(HA)

在高度自动驾驶阶段，驾驶员能够完成的所有驾驶操作均由车载智能化系统完成，特定环境下系统会向驾驶员提出响应请求，驾驶员可以对系统请求做出响应，也可以不进行响应。

图 3－160　高度自动驾驶车辆

(5) 完全自动驾驶阶段(FA)

在完全自动驾驶阶段，车载智能化系统可以完成驾驶员能够完成的所有道路环境下的操作，始终不需要驾驶员介入，完全自动驾驶适用于所有行驶工况下进行的全部操作。车辆的控制、监视及失效应对均由系统完成，驾驶员可以专心做自己的事情，无须留意车辆的运行。

图 3－161　完全自动驾驶

3. 智能驾驶汽车的关键技术

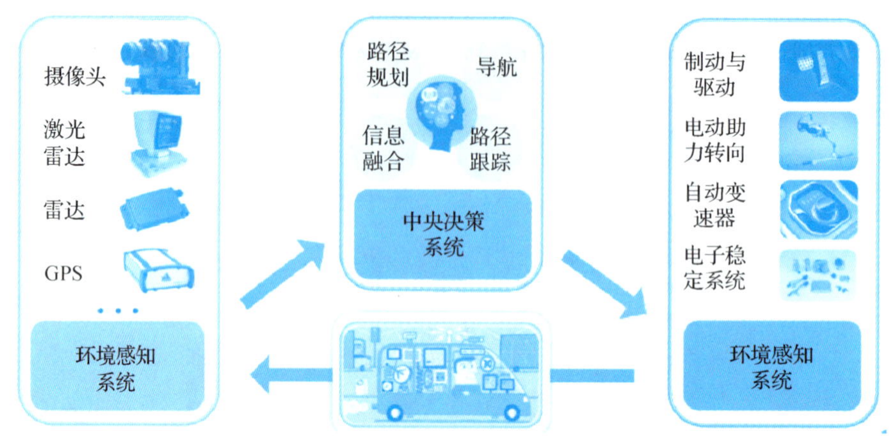

图 3-162　汽车智能驾驶原理

(1) 环境感知技术

环境感知技术是文化地理学界心理学的一种新的研究或成果来分析人地关系的。在汽车智能化领域,环境感知包括车辆本身状态(位姿)感知和外部环境感知。在复杂的路况交通环境下,单一传感器无法完成环境感知的全部,必须整合各种类型的传感器,利用传感器融合技术。

图 3-163　智能驾驶汽车的环境感知

感知包括外界感知和自身感知。外界感知主要目的是感知外在环境,包括静态环境感知和动态环境感知。静态环境感知主要是感知周围位置相对固定不变的物体。动态环境感知主要是感知周围移动的物体。外界感知常用的传感器有单目相机、双目相机、激光雷达、毫米波雷达、超声波雷达。自身感知主要目的是感知自身的运动状态,包括位置、朝向、速度等,常用的传感器有 GPS、IMU、HD Map、SLAM。

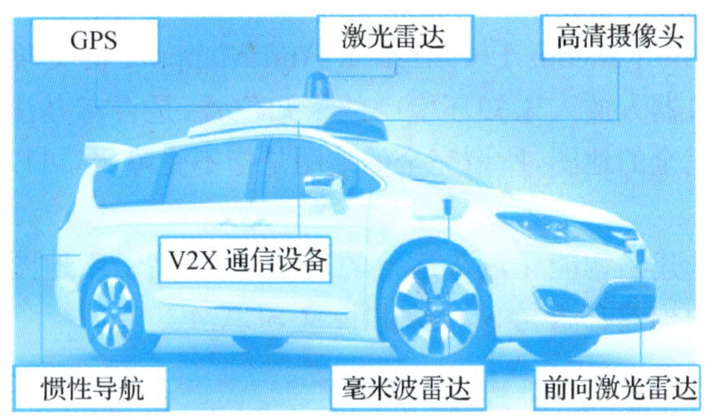

图 3－164　环境感知传感器分布

（2）智能决策技术

智能决策技术是指网联环境下，基于获取的环境状态和自车状态，决定所需采取的驾驶行为。智能决策应用领域较宽，如自适应巡航、车道偏离预警、防碰撞、路径规划、车道保持、导航等。

图 3－165　智能驾驶汽车的智能决策

（3）控制执行技术

决策系统的结论无法直接控制车辆的运行，需要根据智能决策系统的指令对线控底盘进行控制，包括：基于驱动、制动系统的车辆纵向运动控制；基于转向系统的横向运动控制；基于悬架系统的垂向运动控制；基于驱动/制动/转向/悬架的底盘一体化控制；利用通信及车载传感器的车队列协同和车路协同控制。

图 3－166　智能驾驶汽车的控制执行

（4）即时定位与构建地图技术

简称 SLAM，是 Simultaneous Localization And Mapping 英文单词首字母的组合。问题可以描述为将一个机器人放入未知环境中的未知位置，是否有办法让机器人一边移动一边逐步描绘出此环境完全的地图，所谓完全的地图是指不受障碍，可以行进到环境可达的每个角落。

即时定位与地图构建是智能化汽车运行的基础，没有高精度地图，自动驾驶无法谈起。常用的即时定位与地图构建有激光 SLAM 和视觉 SLAM。

图 3－167　即时定位与构建地图

【知识点 3】　网联化汽车

1. 车联网的概念

车联网是以车内网、车际网和车载移动互联网为基础，按照约定的体系架构及其通信协议和数据交互标准，在车—X（X：车、路、行人及互联网等）之间，进行通信和信息交换的信息物理系统。

它是能实现智能交通管理、智能动态信息服务和车辆智能化控制的一体化网络。它是物联网技术在交通系统领域的典型应用。

2. 车联网的等级

表 3－26　车联网的等级

网联化等级	等级名称	等级定义	控制	典型信息	信息传输需求
1	网联辅助信息交互	导航等辅助信息的获取及车辆行驶数据等上传	人	地图，交通流量，交通标志，油耗、里程等信息	传输实时性、可靠性要求较低
2	网联协同感知	实时获取周边交通环境信息，与车载传感器的感知信息融合	人与系统	周边车辆/行人/非机动车位置、信号灯相位、道路预警等信息	传输实时性、可靠性要求较高

（续表）

网联化等级	等级名称	等级定义	控制	典型信息	信息传输需求
3	网联协同决策与控制	基于 V2V，V2I 等各交通参与者间信息交互融合，形成协同决策与控制	人与系统	车—车，车—路间的协同控制信息	传输实时性、可靠性要求最高

3. 车联网的典型场景

车联网以“两端一云”为主体、路基设施为条件，包括智能网联汽车、移动智能终端、车联网服务平台等对象，涉及 V2C（车—云）、V2V（车—车）、V2P（车—人）、V2I（车—路）车内通信五个场景。

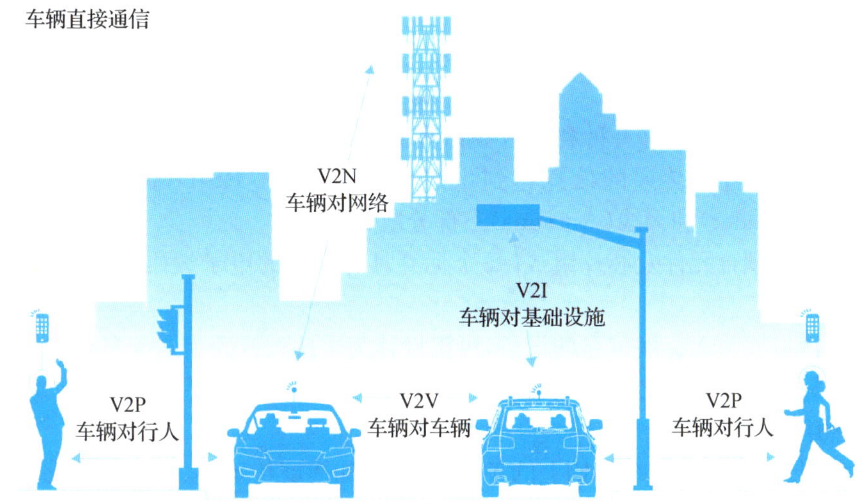

图 3－168　车联网典型场景

4. 车联网的关键技术

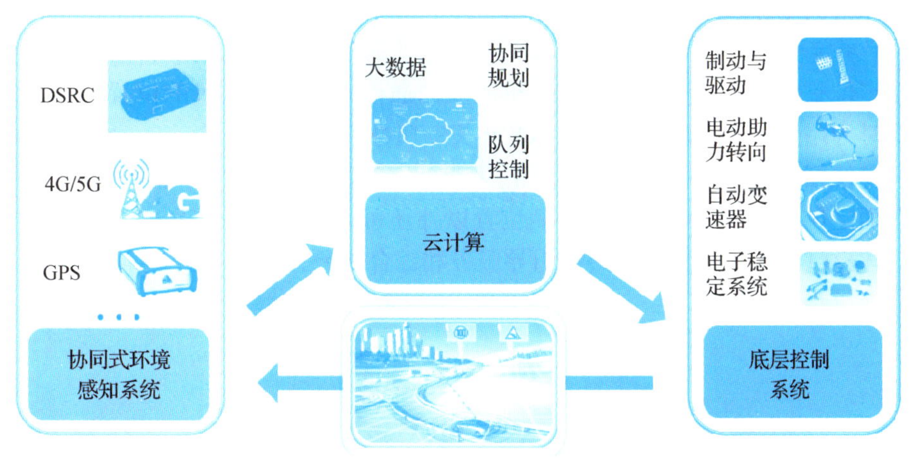

图 3－169　车联网原理

(1) 射频识别技术

射频识别技术通过无线电信号识别特定目标并读写相关数据，无需接触即可实现车辆、道路等对象的自动识别和数据收集。这种技术在智能网联汽车领域有着广泛的应用，主要体现在车辆追踪、车辆识别、门禁控制、停车场管理等方面。

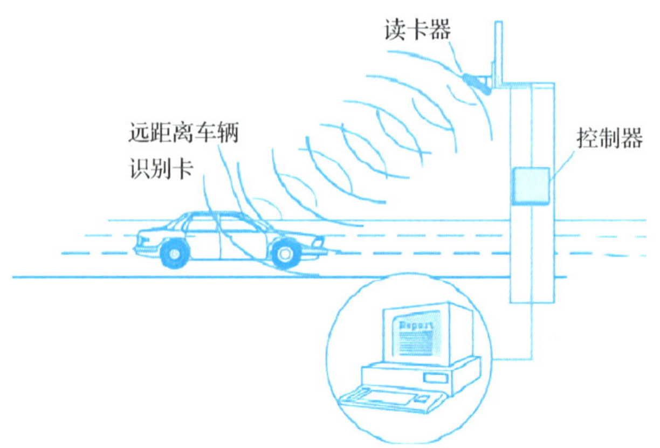

图 3-170　射频识别技术场景

射频识别(RFID)技术是一种利用射频信号通过空间耦合(交变磁场或电磁场)实现无接触信息传递并通过所传递的信息达到识别目的的技术。RFID 系统通常由电子标签(Tag)、阅读器(Reader)和天线(Antenna)三部分组成。

电子标签：由耦合元件及芯片组成，每个标签具有唯一的电子编码，附着在物体上标识目标对象。

阅读器：读取或写入标签信息的设备，可以设计为手持式或固定式等多种工作方式。

天线：在标签和阅读器之间传递射频信号，是 RFID 系统的重要组成部分。

(2) 传感网络技术

传感网络技术利用安装在车辆上的各类传感器，如速度传感器、加速度传感器、陀螺仪、雷达、摄像头、激光雷达(LiDAR)、超声波传感器等，实时采集车辆的运行状态信息(如速度、加速度、方向等)和周围环境信息(如路况、障碍物、行人等)。这些信息通过车载计算单元进行处理和分析，再通过无线通信技术传输给其他车辆、交通基础设施或云端服务器，实现信息的共享和协同处理。

(3) 卫星定位技术

卫星定位是指通过利用卫星和接收机的双向通信来确定接收机的位置，可以实现全球范围内实时为用户提供准确的位置坐标及相关的属性特征。

车辆定位系统是智能网联汽车运行的基础，只有高精度的定位才能实现对车辆的精确控制。车辆定位系统除了可以确定车辆位置以外还可以衍生出一些别的功能，如车辆速度测量、行车路线设计(路径规划)、路径引导服务和综合服务。

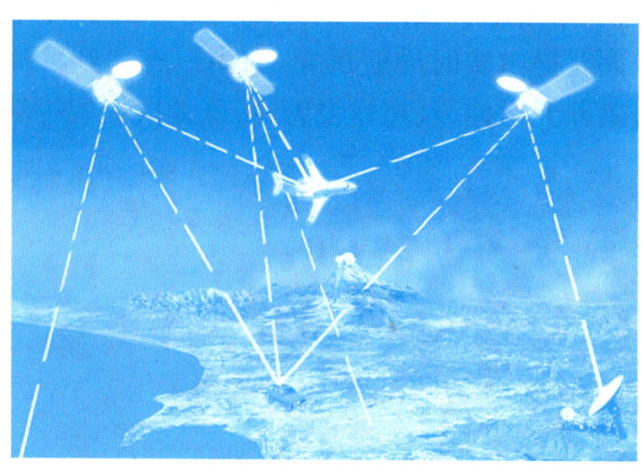

图 3－171　车辆的卫星定位

车辆定位是由全球卫星定位系统和地理信息系统(GIS)组合而成的功能应用，可以实现对车辆的跟踪和定位，进而确定当前的位置，并由位置的改变推算出车辆的运行速度。

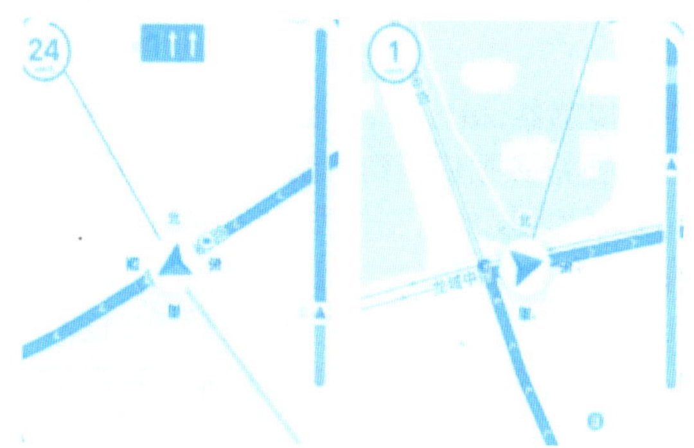

图 3－172　车辆的定位图

路径规划是指依据驾驶员提供的起点、终点、途经点或意愿，自动规划出旅行代价最少的最佳行驶路线。

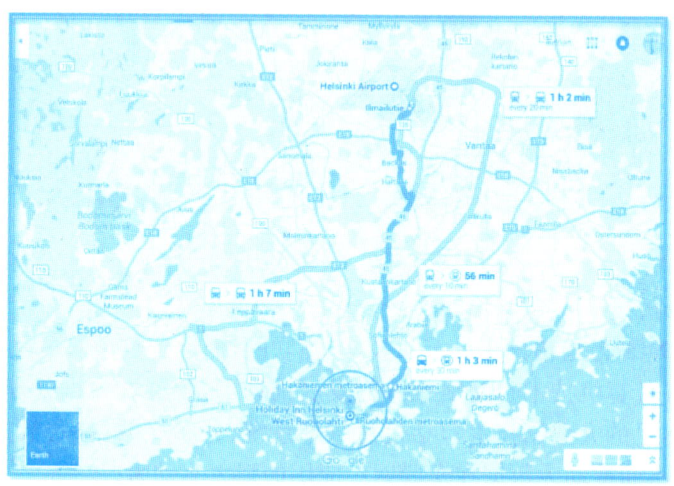

图 3－173　路径规划

路径引导是在出行过程中用语音或图形的方式部分实施引导指令，使驾驶员沿预定行车路线顺利抵达目的地，同时提供实时导航诱导，即用户查找到目的地后，具备告知选择路况参与规划路径的方式、避开拥堵路段、超速报警、特殊地段提醒等功能。

图 3－174　路径引导

(4) 无线通信技术

无线通信技术主要通过传感器、摄像头、雷达等感知装置采集车辆及其周围环境的数据，然后利用无线通信技术将这些数据传输到其他车辆、交通基础设施或云服务器上进行处理和分析。这些技术共同支持了车辆的自主驾驶、实时导航、交通流优化等功能。

主要无线通信技术有：5G 技术、DSRC（专用短程通信）技术、LTE－V（基于 LTE 的车辆对一切通信）、车载 Wi－Fi、蓝牙、UWB（超宽带无线通信技术）等，以支持车辆与车辆（V2V）、车辆与基础设施（V2I）、车辆与行人（V2P）、车辆与云端（V2N）以及车辆内部之间的通信。

图 3－175　车联网的无线通信

(5) 大数据分析技术

大数据（Big Data）是指借助于计算机技术、互联网，捕捉到数量繁多、结构复杂的数据或信息的集合体。在计算机技术和网络技术的发展推动下，各种大数据处理方法已经开始得到广泛的应用。常见的大数据技术包括信息管理系统、分布式数据库、数据挖掘、类聚分析等，这些技术成为不断推动大数据在车联网中应用的强大驱动力。

(6) 标准及安全体系

车联网作为一个庞大的物联网应用系统，包含了大量的数据、处理过程和传输节点，其高效运行必须有一套统一的标准体系来规范，从而确保数据的真实性和完整性，完成各项业务的应用。

标准化已成为车联网技术发展的迫切要求，也是一项复杂的管理技术。另外，车辆联网和获取服务本身也是为了更好地为车辆安全行驶提供保障，因此，安全体系的建立也十分重要。

如果没有很好的数据安全保障，车辆的运行就会受到各种意外的影响，人财物的安全都将无从谈起。

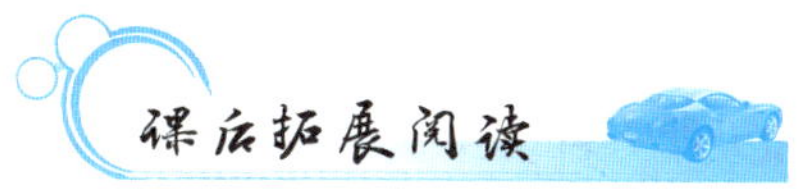

从雄安到巴黎：车路云协同里的中国智慧远征

中国智能网联车从实验室 Demo 到 L4 级商业化运营，是国家数字竞争力的集中爆发。2018 年上海首发自动驾驶路测牌照，2024 年北京开放 L3 准入试点，印证“单车智能＋车路协同”中国路径的正确性。其内核是国家对“未来出行主导权”的战略卡位——通过 C-V2X 标准全球领先优势，既孵化出百度 Apollo、小鹏 XNGP 等自主系统，又以“智慧的路”赋能“聪明的车”，为全球提供车城协同范本。

突破不仅体现于 Robotaxi 超 5 000 万公里路测数据，更在于数字主权的牢牢掌控。从雄安新区全域车路云一体化示范，到深圳立法明确自动驾驶事故责任；从北斗高精定位模块 100%国产化，到华为 MDC 计算平台通过 ASIL-D 功能安全认证，彰显中国对核心技术全栈掌控的决心。而《汽车数据安全管理规定》的严格施行，更成为全球隐私保护的标杆。

当中国 L4 级无人配送车服务巴黎奥运会，当车路云一体化“合肥方案”出口东盟，这不仅是产业输出，更是“数字文明”的中国贡献。从业者当以“每行代码皆铸安全”的使命感，驱动人类驶向可信赖的智能时代。

一、填空题

1. 根据《国家车联网产业标准体系建设指南》的定义，智能网联汽车是指搭载先进的车载传感器、控制器、执行器等装置，并融合现代通信与网络技术，实现车与________（请填写具体对象）智能信息交换、共享的新一代汽车。

2. 在智能化层面，智能网联汽车通过________（请列举至少两种传感器）等多种传感器实现对周围环境的自主感知。

3. 在网联化层面，智能网联汽车采用________（请填写具体通信技术）等新一代移动通信技术，实现车辆信息的交互，并进一步增强车辆的智能化程度和自动驾驶能力。

4. 智能汽车是在普通汽车的基础上增加先进的________(请填写装置名称)、控制器、执行器等装置，通过车载传感系统的环境感知能力，实现自动分析汽车行驶状态的新一代汽车。

5. 在________(请填写自动驾驶阶段)阶段，驾驶员需要对系统请求做出响应，否则车辆将滞留原地。

6. 在汽车智能化领域，环境感知包括车辆本身状态感知和________(请填写感知类型)。

7. SLAM 技术的全称是________(请填写英文全称及中文解释)。

8. 车联网是以车内网、车际网和________为基础，进行通信和信息交换的信息物理系统。

9. 车联网的典型场景包括智能网联汽车、移动智能终端、车联网服务平台等对象，涉及 V2C、V2V、V2P、V2I 以及________五个场景。

10. 射频识别(RFID)系统通常由电子标签、________和天线三部分组成。

11. 车辆定位是由全球卫星定位系统和________组合而成的功能应用。

二、单项选择题

1. 下列哪个阶段属于智能驾驶汽车的最高级别？(　　)

A. 辅助驾驶阶段(DA)　　B. 部分自动驾驶阶段(PA)

C. 完全自动驾驶阶段(FA)　　D. 高度自动驾驶阶段(HA)

2. 智能决策技术主要基于什么来决定驾驶行为？(　　)

A. 车辆速度　　B. 环境状态和自车状态

C. 驾驶员偏好　　D. 道路类型

3. 下列哪种传感器常用于车辆的自身感知？(　　)

A. 激光雷达　　B. 单目相机

C. GPS　　D. 毫米波雷达

4. 在即时定位与地图构建(SLAM)技术中，哪种 SLAM 主要依赖视觉信息？(　　)

A. 激光 SLAM　　B. 雷达 SLAM

C. 视觉 SLAM　　D. 惯性 SLAM

5. 下列哪项不是车联网的关键技术？(　　)

A. 射频识别技术　　B. 传感网络技术

C. 人工智能技术　　D. 无线通信技术

6. 卫星定位技术除了确定车辆位置外，还可以衍生出哪些功能？(　　)

A. 车辆速度测量　　B. 天气预报

C. 音乐播放　　D. 车载游戏

7. 在车联网中，哪种技术主要用于实现车辆与基础设施之间的通信？(　　)

A. 5G 技术　　B. DSRC 技术

C. 车载 Wi-Fi　　D. 蓝牙

8. 下列关于大数据技术在车联网中的应用描述不正确的是哪个？(　　)

A. 大数据技术可以处理数量繁多、结构复杂的数据

B. 大数据技术可以确保数据的真实性和完整性

C. 大数据技术主要用于车联网的实时导航功能

D. 大数据技术包括信息管理系统、分布式数据库等

三、判断题

1. 智能汽车在辅助驾驶阶段可以完全替代驾驶员进行操作。（　　）

2. 在高度自动驾驶阶段，驾驶员可以对系统请求不做出响应，车辆仍然能够继续行驶。（　　）

3. 环境感知技术中，单一传感器足以完成所有环境感知任务。（　　）

4. 即时定位与地图构建（SLAM）技术是智能化汽车运行的基础，没有高精度地图，自动驾驶无法实现。（　　）

5. 车联网是物联网技术在交通系统领域的典型应用。（　　）

6. 射频识别技术只能用于车辆追踪和车辆识别。（　　）

7. 车辆定位系统只能确定车辆的位置，不能衍生出其他功能。（　　）

8. 车联网的高效运行不需要统一的标准体系来规范。（　　）

单元四 其他新能源汽车

知识目标

1. 掌握太阳能汽车和空气动力汽车的类型；
2. 掌握太阳能汽车和空气动力汽车结构原理等。

技能目标

1. 了解太阳能汽车的主要特点和车型；
2. 了解空气动力汽车的特点和车型。

素质目标

1. 树立新能源技术应用的环保理念，理解太阳能汽车和空气动力汽车对可持续发展的意义，增强推动绿色交通的社会责任感；

2. 能够结合技术原理，辩证分析现有车型的优缺点，提出改进建议或创新应用场景（如结合地域光照条件设计太阳能汽车方案）。

单元导读

北京理工大学“光梭 4 号”征战世界太阳能汽车挑战大赛

澳大利亚太阳能汽车挑战赛是目前世界上规模最大、距离最长的太阳能汽车大赛。该项挑战赛自 1987 年开始举办，比赛始于澳大利亚北部的达尔文城市，全程长达 3 000 公里（1 864 英里），最终抵达南部的阿德莱德，历时 5 天，每天行驶约 10 小时。

2023 年，世界太阳能汽车挑战赛迎来了它的第 36 个年头。来自中国的北京理工大学光梭车队（Sun Shuttle）携手他们的太阳能赛车“光梭 4 号”（Sun Shuttle 4），加入了这场竞赛。光梭 4 号是由北京理工大学的张幽彤教授领导的团队研发的，他们充分借鉴了多年来在国际赛事中积累的经验，对汽车进行了全面的升级和优化。

图 4-1　北京理工大学光梭车队"光梭 4 号"

北京国能风光科技有限公司(Neotic Energy)提供了太阳能电池等关键技术支持,并全程赞助了这支团队。光梭车队骄傲地宣布,赛车技术几乎完全自主研发,国产化率高达 95%以上,而锂电池等核心技术则处于国际领先地位。

在上一届 2021 年比赛中,北京理工大学车队斩获第六名的好成绩,而经过两年的技术装备升级和人员培训,通过与组委会及世界各国车队的交流切磋,团队成员在车辆设计、驾驶策略、团队组织和运作等方面都获益匪浅。这是一次将节能环保、科研创新与人才培养相结合的活动,将为我国太阳能车技术以及新能源汽车技术的发展和跻身世界太阳能汽车技术前列奠定宝贵经验。

模块一　太阳能汽车

【知识点 1】　太阳能汽车结构原理

太阳能汽车主要由太阳能电池组、自动阳光跟踪系统、驱动系统、控制器、机械系统等组成。

1. 太阳能电池组

它是太阳能汽车的核心,由一定数量的单体电池串联或并联组成电池方阵;太阳能单体电池由半导体材料制成,当太阳光照射在该半导体材料上时,半导体的电子-空穴对被激发,形成"势垒",也就是 p-n 结;由于势垒的存在,在 p 型层产生的电子向 n 型层移动而带正电,而在 n 型层产生的空穴向 p 型层移动而带负电,于是在半导体元件的两端产生 p 型层为正的电压,即形成了太阳能电池。太阳能电池的电流大小与太阳光照射强度的大小和太阳能电池面积的大小成正比。车用太阳能电池将很多太阳能电池排列组合成太阳能电池板,以产生所需要的大电流和高电压。

2. 向日自动跟踪器

太阳能电池能量的多少取决于太阳能电池板接收太阳辐射能量的数量,由于相对位置的不断变化,太阳电池板接收的太阳辐射能量也在不断变化。向日跟踪器的作用就是保持太阳电池板正对着太阳,最大限度地提高太阳电池板接收太阳辐射能的能力。

3. 驱动系统

太阳能汽车采用的驱动电动机主要有交流异步电动机、永磁电动机、直流电动机等,其驱动系统与 EV 基本相同。

4. 控制器

控制器主要对太阳能电池组进行管理和对电动机进行控制,其作用与电动汽车控制系统相同。

5. 机械系统

机械系统主要包括车身系统、底盘系统和操纵系统等。太阳能汽车最具魅力的可以说是车身了。除满足汽车的安全和外形尺寸要求外，汽车的外形是没有其他限制的。一般来说，太阳能汽车的外形设计要使行驶过程中的风阻尽量小，同时又要使太阳能电池板的面积尽量大。太阳能汽车要求底盘的强度和安全度达到最大，而且重量尽量轻。

太阳能汽车由太阳能电池板在向日自动跟踪器的控制下始终正对太阳，接收太阳光，并转换成电能，向电动机供电，再由电动机驱动汽车行驶。它实际上是一种电动汽车，其工作原理与串联式混合动力汽车(SHEV)基本相同。

太阳能电池的能量较小，而且受天气的影响，在阴天、下雨时，太阳能电池的转换效率会降低或停止，所以太阳能汽车往往与蓄电池组共同组成太阳能混合动力电动汽车。当太阳强烈，转换的电能充足时，由太阳能电池板将太阳能转换为电能后，通过充电器向动力电池组充电，也可以由太阳能电池板直接提供电能，通过电流变换器将电流输送到驱动电动机，驱动汽车行驶，其驱动模式相当于串联式混合动力电动汽车(SHEV)。一般采用智能控制系统来控制其运行。当太阳较弱或阴天时，则靠蓄电池组对外供电。

【知识点 2】 太阳能电动车的关键技术

目前太阳能应用于汽车主要有三种方式：第一种是利用太阳能给蓄电池充电；第二种是太阳能在传统汽车车身上做辅助供电用，不作为汽车的驱动力；第三种是利用太阳能制氢，太阳能先发电，电解水把氢气制出并储存，给汽车里的燃料电池加氧，氧气和氧气发生反应释放出电能，提供给汽车使用。当然，最能充分利用太阳能的方式是将太阳能直接作为汽车的动力，但是因为太阳能的分散性、不稳定性以及太阳能收集装置的效率低、成本高、技术不成熟等缺点，目前还很难实现将太阳能作为电动汽车的主动力源。较多的做法还是将其作为辅助动力，配合储能设备驱动电机。

太阳能电动车的应用技术涉及光电、电机、电子、控制、汽车工程、机械、化学等各个方面。作为电动车密不可分的一部分，其应用技术可以归纳为五个主要方面：光电技术、车体技术、电力驱动技术、储能电池技术和能量管理系统技术。

1. 光电技术

太阳能电池也称作光伏电池，是太阳能电动车的主要能量转换装置。硅光伏电池是目前太阳能电池的主要构成部分，提高光电转换效率是目前研究的重点。

半导体的禁带宽度决定了光伏电池转换效率的理论极限。单晶硅光伏电池是最早问世的太阳能电池，用硅来制造光伏电池，原料丰富，但提炼困难。所以人们在生产单晶硅光伏电池的同时，又研究了多晶硅光伏电池和非晶硅光伏电池。单晶硅光伏电池转换效率的理论极限是 28%，多晶硅光伏电池的理论极限是 22%，而非晶硅光伏电池的理论极限是 15%。光伏电池可以从其性能指标、产量、价格等方面来评价，光伏电池的性能指标有短路电压、填充因子、光电转换效率等多项，其中最主要的指标是光电转换率。除硅系列外，还有Ⅱ－Ⅵ族光伏电池(如 CdTe 电池)、Ⅲ－Ⅴ族化合物太阳电池(如 GaAs、InP 电池)、Culnses 薄膜太阳电池和叠层电池。

2. 车体技术

太阳能电池的性能严重制约了太阳能电动车车体技术的发展。首先，目前太阳能电池转换效率低，若要达到车辆行驶所需功率需要安装大面积的太阳能电池，这会使车身过大，行驶不够灵活；其次，受生产材料的影响，太阳能电池板不具备一定的柔性，很大程度上限制了车身外形的设计；最后是车体轻量化技术，汽车工业协会报告称，车辆质量每减少10%，燃油消耗可降低6%～8%。

目前由于太阳能装置的收集率低，车体的有效利用率和太阳能提供的电能有限，因此，在车体的设计中，要重点考虑车身轻量化。优化结构，尽量减少零部件，使用轻量化材料，采用合适的连接方式都是降低整车质量的有效手段。

3. 电力驱动技术

动力传动装置是太阳能车的心脏，必须根据系统要求匹配动力特性和装配系统。电驱动系统包括三方面，即电机技术、控制、功率电子器件。开发高效、廉价的驱动系统是电动车研究的重点之一。尽管现在对哪种电机最适合车辆电驱动还没有确切答案，但是对于电机需具备的特点已经达成了共识。针对电动车辆的特殊要求以及各种驱动电机的特性研究，目前电动车辆驱动电机的形式主要有三种——感应电机、永磁电机以及开关磁阻电机，其中无刷永磁直流电动机是研究重点。

4. 储能电池技术

除了太阳能电池的因素外，储能电池技术也是阻碍太阳能电动车进入实用化阶段的主要因素之一。储能电池与汽车用的汽油燃料相比，其可靠性、使用方便性以及价格方面都有很大差距。因此，储能电池的发展是电动车发展的重要一环。铅酸电池是目前汽车普遍使用的储能电池，但将其用作电动车电源尚有许多不足。现在的储能电池大部分是化学电池，除铅酸电池外，镍氢电池、锂电池、锂聚合物电池等发展势头迅猛。

5. 能量管理系统

电动车能量管理系统是发展电动车的关键技术之一，它对于其整车整体性能有着重要的意义。能量管理系统的功能包括以下几方面：

(1) 电池状态(主要是剩余容量)的监视和报警；

(2) 电池的充放电控制；

(3) 自动管理调配车辆各种用电装置的用电量。

加强对电池及其能量系统的有效管理，合理匹配及正确的使用与维护，不但能大大提高电动汽车的续驶里程，而且在提高电池使用寿命的同时降低了电动车成本。但是，由于储能电池的电容量与电压、电流严重非线性，能量管理系统还缺乏准确的数学模型。

【知识点3】　太阳能汽车特点

太阳能汽车的能源来自太阳，是真正的绿色能源汽车。根据太阳能汽车的要求，它的结构与普通汽车又有很大的不同，概括起来，太阳能汽车的特点如下。

1. 节约能源

太阳能汽车的主要能量来源是太阳，而太阳的能量是取之不尽、用之不竭的，所以说太阳能汽车是一种非常节能的汽车。

2. 能源利用率高

太阳能汽车很少通过齿轮机构传递能量，可以防止能量损耗，同时驱动电机的能量利用率又非常高(可以达到 98%),这一点是内燃机汽车所不能比拟的(最高一般 30%左右)。

3. 减少环境污染

太阳能汽车消耗的能量是电能,不产生废气,这样就减少了大气中的一氧化碳、碳氢化合物的含量,也大大减少了二氧化碳的含量。

4. 灵活、操控性好

太阳能汽车中很多部件都是电子部件,所以可以保证很好的操作性。在电子部件发生损坏时,可以通过信号诊断方便地检测出故障点。

目前研发的太阳能汽车主要用于实验或竞赛,实用型的太阳能汽车还比较少。制约太阳能汽车发展的主要因素是太阳能电池的转换效率低,因此,最有发展前途的太阳能汽车是太阳能电池和蓄电池组合式的汽车。今后,太阳能汽车的研究方向主要集中在提高太阳能电池的转换效率,提升最大功率跟踪技术和蓄电池充放电技术水平等。

模块二　压缩空气动力汽车

压缩空气动力汽车(Air Powered Vehicle,APV)通常称为气动汽车。它使用高压压缩空气为动力源,空气作为介质,汽车运行时将压缩空气存储的压力能转化为其他形式的机械能(汽车动能)。以液态空气和液氨等吸热膨胀做功为动力的其他气体动力汽车也应属于气动汽车的范畴。

【知识点 1】 气动汽车的发展

气动汽车的工作原理与传统汽车最大差别在于汽车动力来源的不同,其发动机的总体结构形式还是可以借鉴传统汽车现有的结构模式,主要还是往复活塞式、旋转活塞式等形式。具体工作原理是:压缩缸吸入外面空气,活塞上升,把空气加压至 20~30 MPa,温度上升至 400℃;储气瓶的高压压缩空气经减压后,通过热交换器吸热,进入作用缸推动负载运动。合理设计通道的压力切换,以及各缸在曲轴上的转角相位关系,将可以获得发动机平稳的动力输出。通过调节进入作用缸的气体压力和流量,可以改变发动机的动力特性。

由法国环保汽车公司 MDI(Motor Development International)设计的“空气车”每加一次空气可行驶 10 h,适合城市的短途客运和货运。该公司创办人兼发明家内格里,以其设计飞机和一级方程式赛车发动机的经验,发明出完全以压缩空气发动机推动的空气车。空气车最高时速达 110 km,平均每加一次空气可行驶 200 km 或 10 h。车上有 4 个总容量为 90 L 的缩空气缸,可储 90 m^3 的空气。由于空气车使用的是压缩空气,为避免损害发动机,所有空气都要先经过滤器过滤沙尘杂质,变成干净空气后才能注入发动机。所以驾驶人在驾驶空气车的同时,还能帮助清新城市内的废气。

气动汽车加气过程非常简单,驾驶人可在家中自行加气,只需把空气车上的空气压缩机接到家中电源上,4 h 后便能自动加满气。将来驾驶人也可以去指定的加气站快速加气,MDI 已开发出一种快速充气技术,使气缸可在 3 min 内完成充气,服务费约 1.5 欧元。为减轻车身重量和使车辆速度更快,空气车的车身和车架分别以强化玻璃纤维和铝管制造。为减少汽车的电线重量,内格里特地为空气车设计了一套无线电控制的电力装置系统,只需一条电线便能供电给包括车灯在内的所有电力装置,使电线质量大大减少了 22 kg,车身的总质量为 700 kg。

美国华盛顿大学1997年研制了一台以液氮为动力的气动原型汽车，其基本工作原理与压缩空气动力汽车相同，只是动力来源于液态氨受热蒸发后气体膨胀做功。液氮无须使用高压罐储存，安全性较好。但液氮的制取和存储需很低的温度，制氮成本不低，储氮费用较大。使用过程中存在氮气逸气量大、液氮汽化的热交换量也很大等问题。

国内近来也有人提出液态空气动力汽车的设想，但其同样存在液氮气体动力汽车的问题。

【知识点2】 气动汽车技术运用

在2014年4月的北京车展上，标致展台展出了配备最新空气混合动力技术的标致2008解剖车，如图4-2所示。这套系统曾在2013年的日内瓦车展上正式亮相过，当时配套车型为雪铁龙C3，官方公布的百公里油耗为2.9 L。而在2014年的日内瓦车展上，这套系统再次参展，并搭载在标致2008车型上，百公里油耗也下降到了2.0 L，低油耗低排放也是这套合动力系统存在的主要意义。

图4-2　标致2008空气混合动力系统(Hybrid Air)

在标致雪铁龙的中远期计划中，未来在混合动力车型方面，将在小型车或紧凑级车型上，主推空气混合动力；而在中大型车上则依旧使用油电混合技术，尤其是其在欧洲市场依旧会推出全新的柴油电动混合动力产品，两套系统会高低搭配，而非替代关系。相比插电式混合动力系统，这套空气混合动力结构并不算复杂，主要包括三部分：汽油发动机、液压机构(液压泵与液压马达)和压缩空气罐系统。其中液压泵和液压马达与变速器是整合到一起(结构布局与油电混合系统相似)的。结构非常紧凑，以便之后轻松地装入小型车的发动机舱内，如图4-3所示。

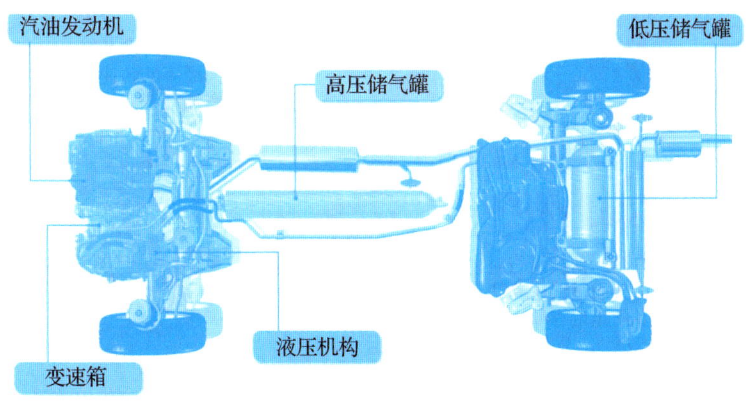

图4-3　标致雪铁龙空气混合动力系统(Hybrid Air)

图 4-4 所示为气体混合动力系统的结构简图，从图中可以看出，压缩气体的能量通过液压油推动液压机构(液压泵与液压马达)将动力传递到驱动桥，其中液压泵起到了传统汽车中发动机一样的作用，官方称它为液压发动机。而制动能量的回收，也是通过液压机构和液压油压缩气体进行能量储存的。

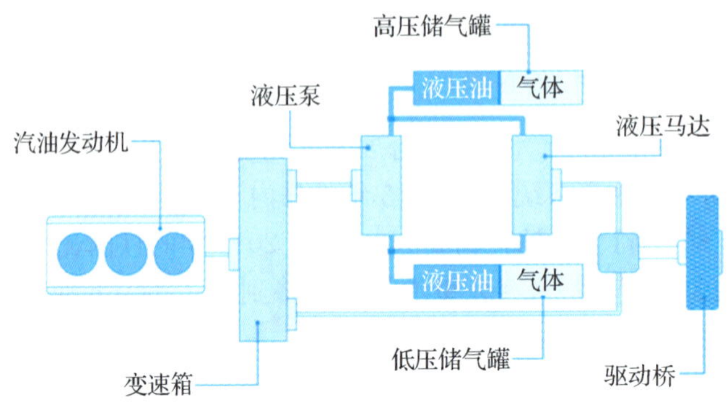

图 4-4 气体混合动力系统的结构简图

系统有四种工作模式如图 4-5，包括高压空气驱动、混合驱动、发动机驱动和能量回收。

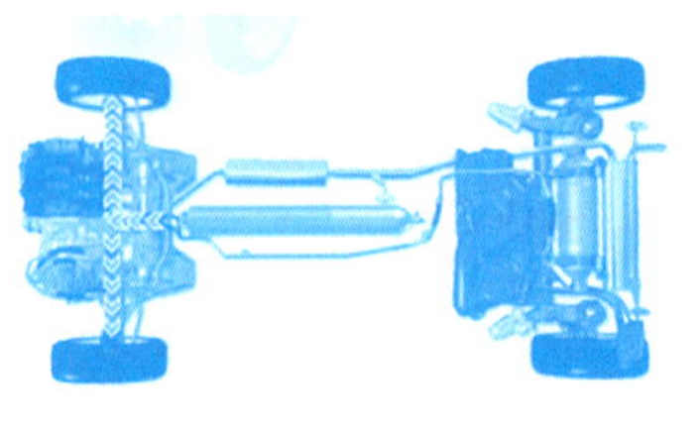

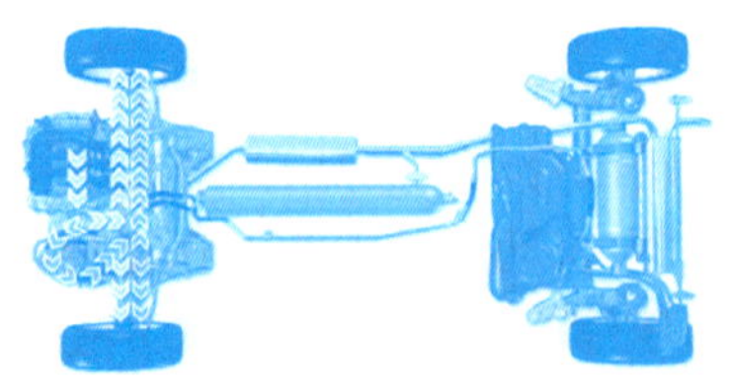

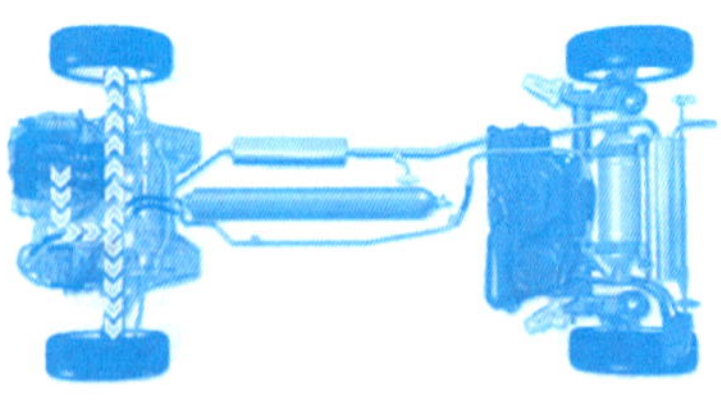

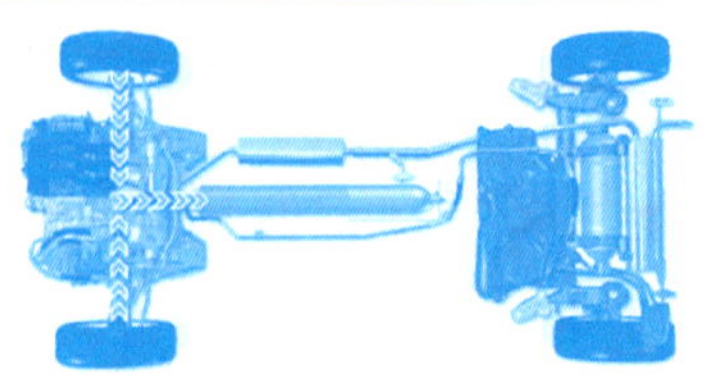

图 4-5 气体混合动力系统工作模式

纯空气驱动主要用于城市道路(时速不超过 70 km/h);而需要加速或爬坡时,两者同时介入工作。与油电混合系统相似,这套系统也允许用户自行切换,当然也可以设置为自动。

混合驱动模式主要是在汽车起动、加速、爬坡等高耗能的时候启动,这个时候汽油机和液压马达同时工作,而两种动力的驱动比例是根据驾驶人的需要,再由整车控制电脑自动调节。动力单元结构布局上,空气混合动力系统在体积以及重量上更有优势,压缩空气系统的布局更紧凑,尺寸也更小,核心由一套液压发动机系统组成。

其汽油发动机是三缸的 1.2 L VTi 发动机,发动机驱动模式主要用于高速定速巡航(这也是发动机最经济的工作区间)。

Hybrid Air 与油电混合技术的原理大体相似,不同的是,将对环境造成污染且会有积累效应和衰减效应的电池更换为压缩气体,由压缩空气和传统汽油机相结合提供动力,节油效果要高于油电混合,而且空气储存装置里的气体并非空气而是惰性气体,会确保使用安全。

与普通油电混合动力一样,纯压缩空气工作模式下,一样可以实现零排放,而且最高车速可达 70 km/h,基本覆盖了市区的大部分行驶路况。但空气混合动力系统制造成本相对于传统的油电混合动力要低不少。官方称,城市驾驶,可以提升 45%的燃油经济性,综合路况的燃油经济性也能提升 35%。

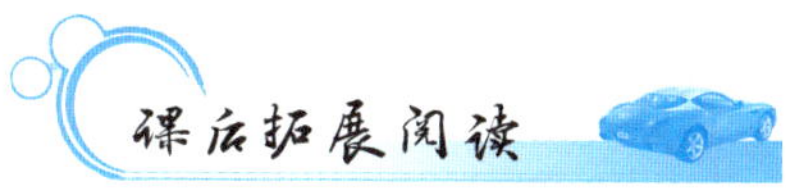

阳光驱动文明:太阳能汽车引领中国零碳革命的战略远征

中国太阳能汽车政策与技术的突破,是双碳战略下产业转型的缩影,彰显绿色发展的国家决心。

2016 年汉能发布全太阳能动力电动汽车,开启商业化探索;2021 年“天津号”纯太阳能车集成 47 项技术,100%核心部件自主研发,实现零排放驱动,标志技术攻坚突破。政策层面,2021 年国家能源局启动整县光伏试点,为太阳能应用筑基;2024 年国家发改委《关于加强电网调峰储能和智能化调度能力建设的指导意见》,为太阳能汽车融入智能电网提供路径。工信部《关于推动能源电子产业发展的指导意见》,推动光伏与汽车终端融合,强化产业链支撑。

政策创新既重技术标准规范,也拓应用场景:从攻克高效电池转换率,到统一充电接口标准;从农村光伏充电试点,到城市太阳能公交示范,构建多元应用生态。当前,太阳能观光车、竞赛车等技术成果涌现,部分城市已落地特种作业车辆应用,展现“绿色制造”实践成效。

这种政策与技术的同频共振,不仅积累“中国方案”经验,更以技术自信激励行业投身全球绿色竞争,为双碳目标注入动能,推动中国在新能源赛道破浪前行。

一、填空题

1. 太阳能汽车主要由太阳能电池组、________、驱动系统、________、机械系统等组成。

2. 太阳能汽车采用的驱动电动机主要有________、永磁电动机、直流电动机等，其驱动系统与________基本相同。

3. 太阳能电池也称作________，是太阳能电动车的主要________装置。

4. 压缩空气动力汽车(APV)使用________为动力源，将压缩空气存储的压力能转化为其他形式的机械能。

5. 法国 MDI 公司设计的“空气车”最高时速可达________，平均每加一次空气可行驶 200 km 或 10 h。

6. 标致雪铁龙的空气混合动力系统(Hybrid Air)在纯空气驱动模式下，最高车速可达________。

二、选择题

1. 太阳能汽车采用的驱动电动机不包括以下哪种？(　　)

A. 交流异步电动机　　B. 永磁电动机

C. 直流电动机　　D. 内燃机

2. 目前太阳能电池的主要构成部分是什么？(　　)

A. 单晶硅光伏电池　　B. 多晶硅光伏电池

C. 非晶硅光伏电池　　D. 以上都是

3. 太阳能汽车的能量管理系统的主要功能不包括以下哪项？(　　)

A. 电池状态的监视和报警

B. 电池的充放电控制

C. 发动机的燃油喷射控制

D. 自动管理调配车辆各种用电装置的用电量

4. 气动汽车的工作原理中，压缩缸将空气加压至多少 MPa？(　　)

A. 10～20 MPa　　B. 20～30 MPa

C. 30～40 MPa　　D. 40～50 MPa

5. 标致雪铁龙的空气混合动力系统(Hybrid Air)在 2014 年北京车展上展示的车型是什么？(　　)

A. 标致 3008　　B. 标致 2008　　C. 雪铁龙 C3　　D. 雪铁龙 C4

6. 美国华盛顿大学 1997 年研制的气动原型汽车使用的动力源是什么？(　　)

A. 压缩空气　　B. 液氮　　C. 液氧　　D. 氢气

三、判断题

1. 气动汽车的加气过程需要专门的加气站，无法在家中完成。(　　)

2. 标致雪铁龙的空气混合动力系统(Hybrid Air)在纯空气驱动模式下可以实现零排放。(　　)

3. 气动汽车的发动机结构形式只能采用往复活塞式，无法借鉴传统汽车的其他结构模式。(　　)

4. 太阳能汽车的驱动系统与电动汽车(EV)基本相同。(　　)

5. 太阳能电池的转换效率不受天气影响，阴天和晴天效率相同。(　　)

6. 太阳能汽车的车体设计需要重点考虑车身轻量化。(　　)

参考文献

[1] 毕马威.2024世界能源统计年鉴[R].能源研究院:2024(第73版).

[2] 西部证券.中美欧三大汽车市场分析及2022年展望[N].证券研究报告,2021年8月27日.

[3] TESLA T SEX Y.汽车行业:特斯拉远景规划及中国供应链的机遇[J].知识星球,2020(3).

[4] 比亚迪公司.比亚迪—DM-i超级混动专用发动机及系统介绍[J].知识星球,2021(6).

[5] 招商证券.比亚迪企业研究:产品周期叠加电池加速外供,迈上新台阶[N].证券研究报告,2021年8月12日.

[6] 西部证券.2021年8月特斯拉系列报告之全球智能电动技术持续引领者[N].证券研究报告,2021年8月27日.

[7] 天风证券.比亚迪企业研究:厚积者终有成,新能源汽车龙头前景可期[N].证券研究报告,2022年1月10日.

[8] 陈黎明,冯亚朋编.电动汽车结构原理与故障诊断(第二版)[M].北京:机械工业出版社,2021.

[9] 朱可宁.混合动力汽车原理及发展趋势研究[J].内燃机与配件,2020(20):47-48.

[10] 徐忠四.增程式电动汽车动力总成关键技术[M].北京:机械工业出版社,2018.

[11] 王钦普,游思雄,李亮等.插电式混合动力汽车能量管理策略研究综述[J].机械工程学报,2017,53(16):1-19.

[12] 宫英伟.混合动力电动汽车结构原理与检修[M].北京:机械工业出版社,2025.

[13] 雷霆,高婧.氢燃料电池乘用车国内外研究发展现状及趋势分析[J].上海汽车,2022(02).

[14] 车兔林,刘卫士,王斌.新能源商用车动力电池发展现状及趋势[J].重型汽车,2019(05):37-39.

[15] 常江雪.电动汽车动力电池发展现状及能量消耗影响因素研究[J].汽车工业研究,2021(03).

[16] 孙培坤.电动汽车动力电池健康状态估计方法研究[D].北京:北京理工大学,2016.

[17] International hydrogen fuel cell association. Overview of Fuel Cell Vehicle Development in China[R]. 2017.

[18] China Hydrogen Alliance. China's hydrogen energy and fuel cell industry white paper[R]. 2017.

[19] 李大兵.有机无机复合固态电解质的合成及电化学性能的研究[D].郑州:郑州大

学,2019.

[20] 李晓伟.离子液体聚合物基固态电解质的设计、制备及其在锂二次电池中的应用研究[D].上海:上海交通大学,2017.

[21] 何亮.基于机器学习理论的固态锂电池荷电状态估计[D].成都:成都大学,2024.

[22] 拱越.全固态电池材料原子尺度原位电子显微学研究[D].北京:中国科学院大学,2019.

[23] 李天凯.二维碳/镁基钠离子电池阳极材料的第一性原理设计[D].南京:南京邮电大学,2023.

[24] 胡壮.钠离子电池正极材料形貌调控极其性能研究[D].长沙:湖南大学,2022.

[25] 王毅军.基于超级电容的纯电动汽车复合电源系统性能优化研究[D].重庆:重庆交通大学,2025.

[26] 张雷,胡晓松,王震坡.超级电容管理技术及在电动汽车中的应用综述[J].机械工程学报,2017,53(16):32-43+69.

[27] 毛嘉萌,王君艳.超级电容在双电源电动车中的应用研究[J].现代电子技术,2015(10).

[28] 张维煜,杨恒坤,朱熀秋.电动汽车用飞轮电池关键技术和技术瓶颈分析[J].中国电机工程学报,2018,38(18):5568-5581.DOI:10.13334/j.0258-8013.pcsee.171884.

[29] 赵升吨,曹杨峰.现代新能源汽车主驱动电机及其发展趋势探讨[J].西安交通大学学报,2024,12.

[30] 刘江,覃思聪,廖永梅,等.电动汽车电机驱动控制系统设计方法[J].中国科技期刊数据库,工业A,2023(4).

[31] 丁晓.震坡,张雷.四轮轮毂电机驱动电动汽车驱动系统参数多目标优化匹配[J].机械工程学报,2021,57(8):195-204.

[31] 苏瑾,汪元鑫,胡金高.一种融合于驱动的电动汽车车载充电器[J].电器与能效管理技术,2019(6).

[32] 郑嘉伟,李红梅.电动汽车车载充电器辅助电源的的高效设计[J].安徽师范大学学报(自然科学版),2016,39(3).

[33] 程增木,康杰.智能网联汽车技术概论[M].北京:机械工业出版社,2021.